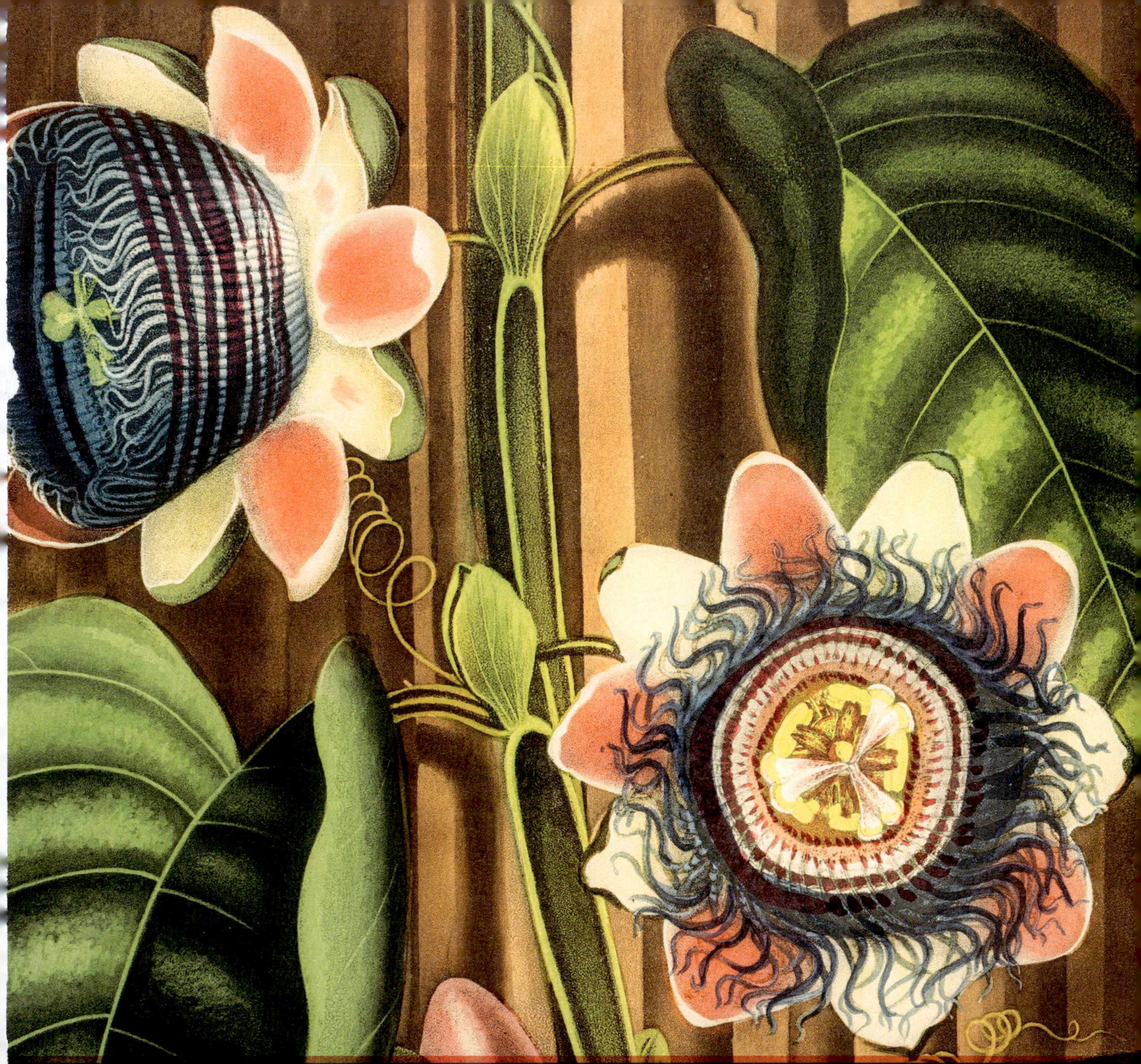

# TRYSORAU

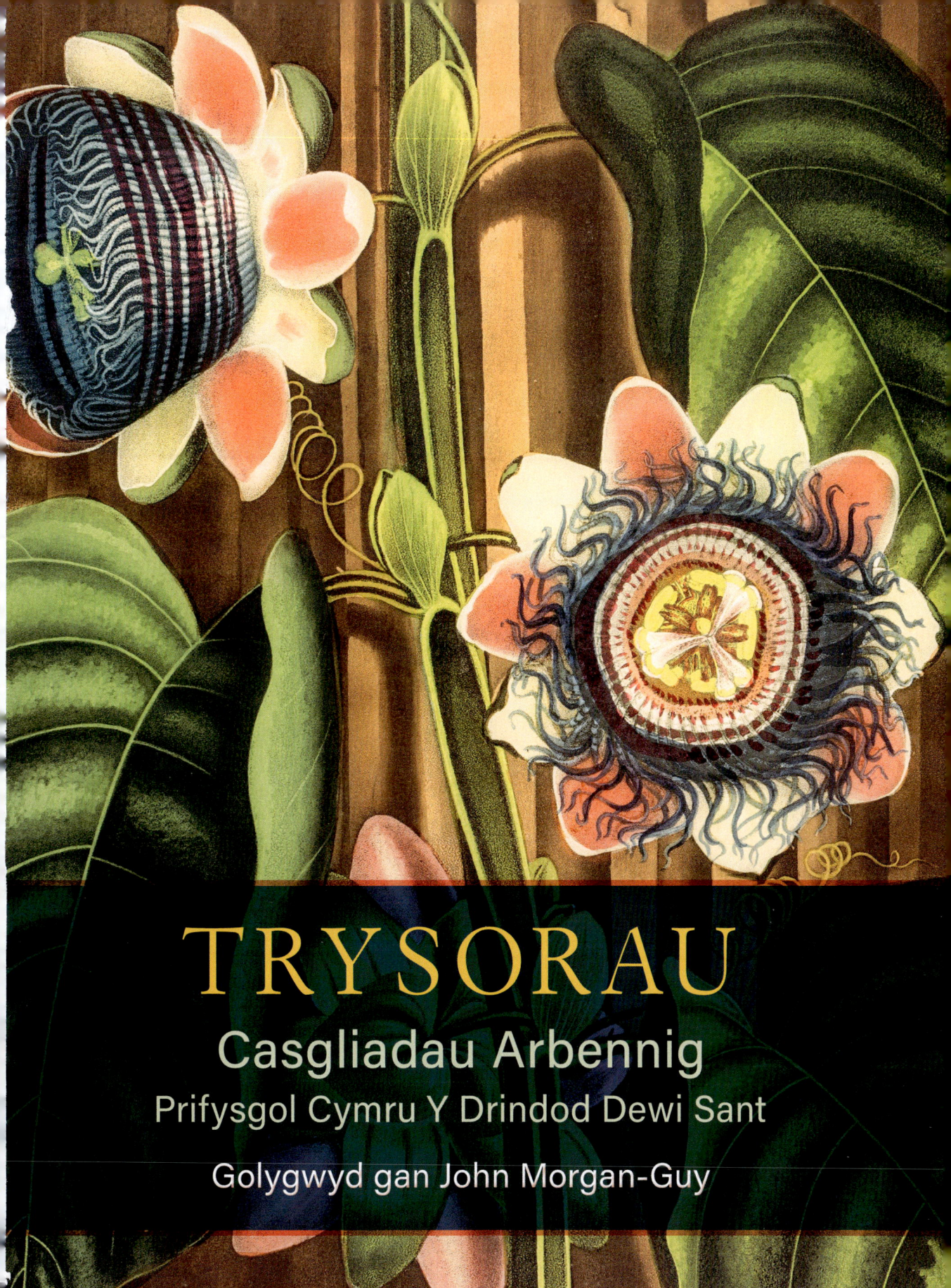

## Casgliadau Arbennig

Prifysgol Cymru Y Drindod Dewi Sant

Golygwyd gan John Morgan-Guy

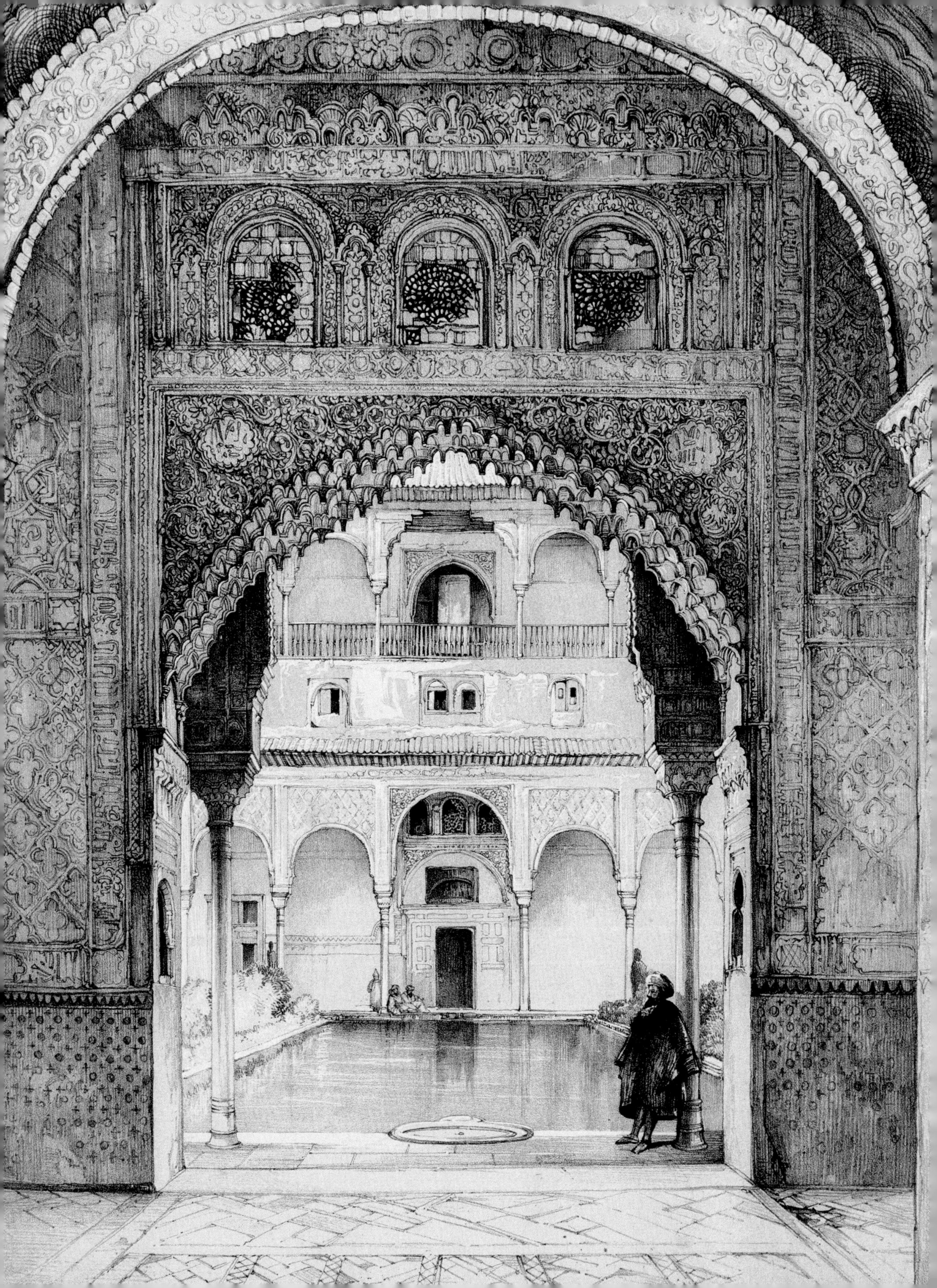

# TRYSORAU

## Casgliadau Arbennig

### Prifysgol Cymru Y Drindod Dewi Sant

Golygwyd gan John Morgan-Guy

Ffotograffiaeth a dylunio gan Martin Crampin

Gwasg Prifysgol Cymru

2022

www.gwasgprifysgolcymru.org

Mae cofnod catalogio'r gyfrol hon ar gael gan y Llyfrgell Brydeinig.

ISBN: 978-1-78683-925-1
eISBN: 978-1-78683-927-5



**Clawr blaen**
Priflythyren o Feibl Llanbedr Pont Steffan

**Clawr cefn**
Sarah Stone, *Superb Warblers*, 1789, o John White, *Journal of a voyage to New South Wales with sixty-five plates of non descript animals, birds, lizards, serpents, curious cones of trees and other natural productions*

**Tudalen hanner teitl**
Peter Charles Henderson, *The Quadrangular Passion-flower*, 1802, ysgythrwyd gan J. Hopwood yr hynaf, o R. J. Thornton, *A new illustration of the sexual system of Linnæus*

**Wynebddarlun**
John Frederick Lewis, *Door of the Hall of Ambassadors*, 1835, ysgythrwyd gan W. Gauci, o J. F. Lewis, *Lewis's sketches and drawings of the Alhambra, made during a residence in Granada in the years 1833–4*

**Yn wynebu'r dudalen gynnwys**
O Maria Sibylla Merian, *Der rupsen begin, voedzel, en wonderbaare verandering*, 1714

**Yn wynebu tudalen y cyfranwyr**
O Lyfr Oriau Boddam

**Yn wynebu tudalen 1**
Cynllun a gweddlun a awgrymwyd ar gyfer y coleg, gan C. R. Cockerell

*Oni nodir fel arall, daw pob delwedd o gasgliadau Llyfrgell ac Archifau Roderic Bowen*

# Cynnwys

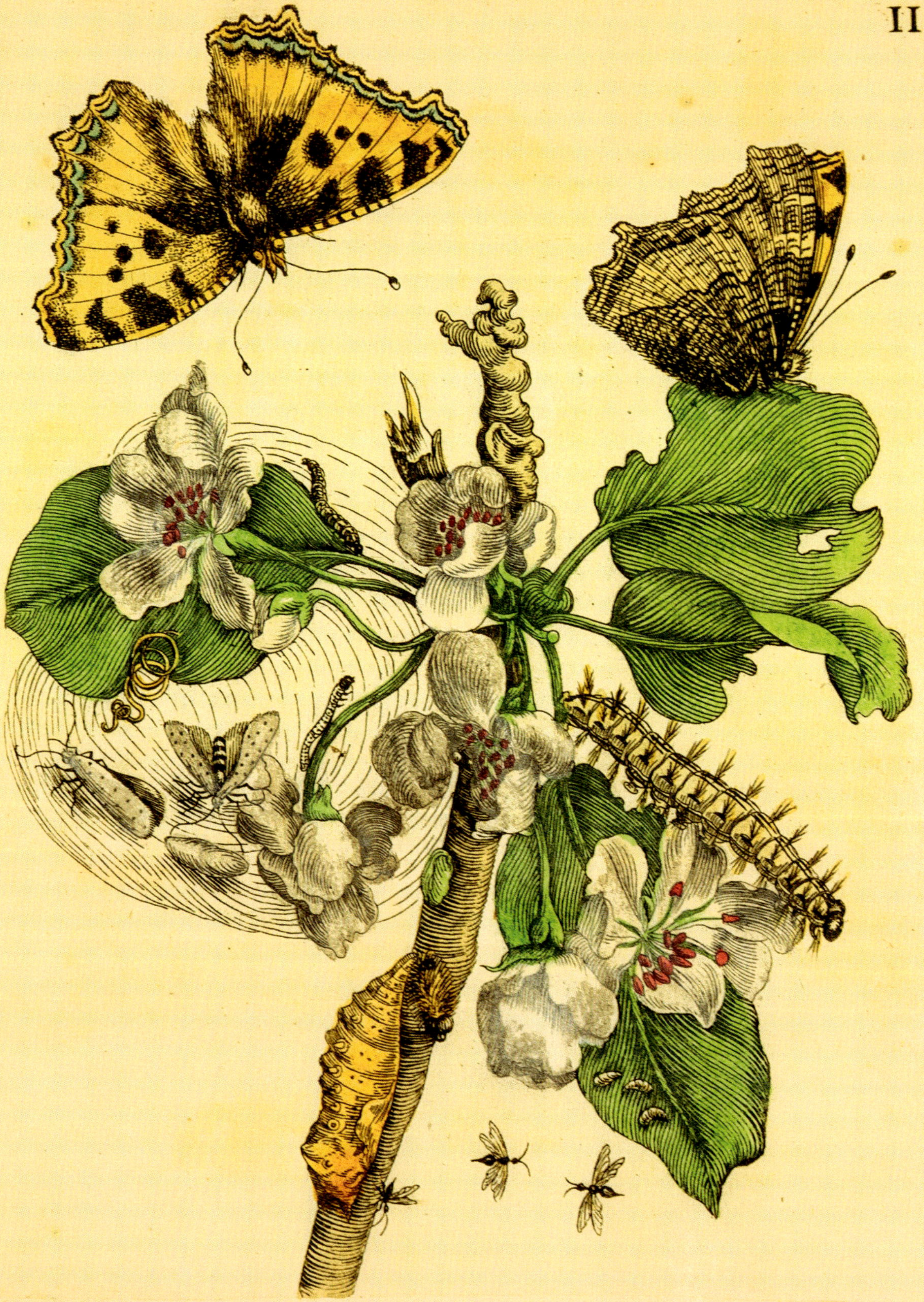

# Cydnabyddiaethau

Er mai fy enw i sy'n ymddangos ar dudalen deitl y llyfr hwn, yn sicr nid fy ngwaith fy hun yw'r cwbl, a daw hynny'n amlwg i'r darllenydd ar unwaith. Heb gydweithrediad parod a brwdfrydig fy nghyd-weithwyr yn y brifysgol, ni fyddai *Trysorau Casgliadau Arbennig Prifysgol Cymru Y Drindod Dewi Sant* fyth wedi gweld golau dydd. Rhaid diolch yn arbennig i'm cyd-weithwyr yn Llyfrgell ac Archifau Roderic Bowen, y Llyfrgellydd Casgliadau Arbennig Ruth Gooding a'r Archifydd Casgliadau Arbennig, Nicky Hammond – y ddau ohonynt wedi cyfrannu at y llyfr hwn – am eu gwybodaeth am ein casgliadau rhagorol, a'u parodrwydd i ddefnyddio'r wybodaeth honno fel y gellir gwneud detholiad hynod ddiddorol a chyfoethog o'n *Trysorau*.

Yna mae'r cyfranwyr o blith aelodau blaenorol a phresennol staff academaidd Prifysgol Cymru Y Drindod Dewi Sant yma ar gampws Llanbedr Pont Steffan: Yr Athro Janet Burton, Dr William Marx, Dr Harriett Webster a Dr Peter Mitchell, y mae arbenigedd pob un ohonynt wedi bod ar gael i mi, yn yr un modd â Dr Allan Barton, a'm holynodd fel caplan ar gampws Llanbedr Pont Steffan, ac a ganiataodd imi gywain o ffrwyth ei ymchwil yma yn y llyfrgell ar ddau o'n llyfrau litwrgaidd print cynnar. Cyflwynwyd y cyfraniadau i gyd o fewn y terfyn amser caeth a osodais ar eu cyfer, ac, er mawr lawenydd a rhyddhad imi, fe wnaed hynny â'r anogaeth ysgafnaf yn unig. Weithiau gall ymchwil fod yn weithgaredd unig ond anaml y mae'n ynysig; mae angen cymorth eraill yn amlach na pheidio, ac yma yr wyf am gydnabod cymorth Dr Philip Gooding am ddarganfod a sganio deunydd sydd ar gael yn haws ym Montréal nag yn y Deyrnas Unedig.

Mewn sawl ffordd mae llyfr fel hwn yn llwyddo neu'n methu nid yn unig ar awdurdod a hygyrchedd ei destun, ond hefyd ar ei ddyluniad a'i ddarluniau. Yma bûm yn hynod ffodus o allu gweithio gyda'r ffotograffydd, y dylunydd a'r artist rhagorol Dr Martin Crampin, ffrind a chyd-weithiwr am dros ugain mlynedd. Ac yntau'n ysgolhaig a hanesydd celf yn ei hawl ei hun, mae ei wybodaeth a'i ddealltwriaeth o'r hyn oedd ei angen i ddod â thestun a darluniau ynghyd wedi bod o fudd enfawr.

Gwnaed y penderfyniad ar y cychwyn cyntaf y dylid cyhoeddi'r llyfr hwn, gan ei fod wedi'i seilio ar gasgliadau llyfrgell prifysgol sydd wedi'i lleoli yng nghanol Cymru, yn Gymraeg ac yn Saesneg. Ni fyddai hyn wedi bod yn bosibl heb gydweithrediad a chefnogaeth yr Athro Elin Haf Gruffydd Jones, Cyfarwyddwr y Ganolfan Uwchefrydiau Cymreig a Cheltaidd yn Aberystwyth (lle bûm yn Gymrawd Ymchwil yn y gorffennol am dair blynedd gyfoethog a hapus) a sgiliau ac ymroddiad y cyfieithwyr, Catrin Beard, Gwenllïan Dafydd, George Jones, Osian Rhys a Lowri Schiavone.

Tasg Gwasg Prifysgol Cymru oedd dod â'r holl waith hwn at ei gilydd yn ei ffurf derfynol, ac yma bûm yn ffodus i weithio gyda thîm amyneddgar a brwdfrydig, gan gynnwys Sarah Lewis, Pennaeth Comisiynu; Steven Goundrey, Rheolwr Cynhyrchu; a Natalie Williams, Cyfarwyddwr y Wasg. Cyflawnwyd y gwaith golygu copi gan Marian Beech Hughes a Mike J. Gooding a'r mynegai gan Ruth Gooding.

Un fantais o gael cysylltiad â sefydliad sy'n ymestyn yn ôl dros nifer o flynyddoedd yw'r cyfle i weithio gyda chyd-weithwyr y mae eu meysydd astudio a'u harbenigedd yn ein cyfoethogi, a dysgu oddi wrthynt. Y lle cyntaf y dylai unrhyw un sy'n ymchwilio i hanes deucan mlynedd Coleg Dewi Sant droi yw at y ddwy gyfrol *History* gan y Canon Ddr William Price. Rwyf wedi bod yn ffodus o gael adnabod William ers dros hanner can mlynedd, gan ei olynu yma fel Archifydd y Brifysgol, a bydd yn gweld o dudalennau'r llyfr hwn gymaint yr wyf fel golygydd wedi dibynnu ar ei ymchwil. O'r rhai a fu'n gweithio gyda'n Casgliadau Arbennig, rwy'n cydnabod gyda diolch gyfraniadau at fy ngwybodaeth a'm dealltwriaeth ohonynt gan y diweddar Robin Rider, y Parchedig Ddr David Selwyn (a oruchwyliodd fy ymchwil doethuriaeth hefyd), Peter Hopkins a Sarah Roberts.

Mae prosiect fel hwn hefyd yn dibynnu ar gefnogaeth llawer o rai eraill sy'n rhan o'r 'coleg', ac yma yr wyf am gydnabod yn arbennig gymorth a chefnogaeth Pennaeth Gweithredol y Llyfrgell ac Adnoddau Dysgu, Alison Harding – sydd ei hun wedi cyfrannu at y gyfrol hon – a'r Is-ganghellor, yr Athro Medwin Hughes, a'i Bennaeth Staff, Shone Hughes. Yn olaf, ar lefel bersonol, mae fy niolch yn ddyledus i'm gwraig, Valerie – hithau wedi graddio ddwywaith o'r sefydliad parchus hwn – am annog yn amyneddgar ac am oddef cael gŵr yr oedd ei feddwl a'i egni mor aml yn edrych tua'r gorffennol.

Fy ngobaith yw fod y gyfrol hon yn cyflawni'r bwriad yn ddigonol, sef dod â rhywfaint o ddealltwriaeth i'r darllenydd am ddaliadau cyfoethog Llyfrgell ac Archifau Roderic Bowen o fewn Prifysgol Cymru Y Drindod Dewi Sant yn Llanbedr Pont Steffan, a thrwy wneud hynny gyfrannu mewn ffordd fechan at goffáu ei hanes deucan mlynedd.

*John Morgan-Guy*
*Chwefror 2022*

quoniam multiplicati sun
odio iniquo oderunt me.
Custodi animã meã et er
non erubescã qm̃ speraui in
Innocentes et recti adhe
michi: quia sustinui te.
Libera deus israel: ex om
tribulationibꝫ suis. an̄. De
iuuentutis mee et ignorantio
as ne memineris. ps. Credo.
Dominus illuminatio
et salus mea quẽ tim
Dominus protector vite m
a quo trepidabo.
Dum appropiant super
centes: vt edant carnes me
Qui tribulant me inimici
ipsi infirmati sunt et cecide
Si consistant aduersum
castra: non timebit cor meu
Si exurgat aduersum m
lium: in hoc ego sperabo.
Unam petii a domino han
quiram: vt inhabitem in do

# Cyfranwyr

Allan Barton: ysgolhaig annibynnol, darlithydd a hanesydd celf, a chyn-Gaplan ar gampws Llanbedr Pont Steffan Prifysgol Cymru Y Drindod Dewi Sant.

Janet Burton: Athro yn Hanes yr Oesoedd Canol ym Mhrifysgol Cymru Y Drindod Dewi Sant.

Ruth Gooding: Llyfrgellydd Casgliadau Arbennig Llyfrgell ac Archifau Roderic Bowen, Prifysgol Cymru Y Drindod Dewi Sant.

Nicky Hammond: Archifydd Casgliadau Arbennig Llyfrgell ac Archifau Roderic Bowen, Prifysgol Cymru Y Drindod Dewi Sant.

Alison Harding: Pennaeth Gweithredol y Llyfrgell ac Adnoddau Dysgu, Prifysgol Cymru Y Drindod Dewi Sant.

William Marx: Darllenydd yn Llenyddiaeth yr Oesoedd Canol ym Mhrifysgol Cymru Y Drindod Dewi Sant.

Peter Mitchell: Darlithydd Hŷn yn Llenyddiaeth Saesneg y Cyfnod Modern Cynnar ym Mhrifysgol Cymru Y Drindod Dewi Sant.

John Morgan-Guy: Athro Ymarfer er Anrhydedd (mewn Hanes Diwylliannol) ym Mhrifysgol Cymru Y Drindod Dewi Sant.

Harriett Webster: Darlithydd yn Hanes yr Oesoedd Canol ym Mhrifysgol Cymru Y Drindod Dewi Sant.

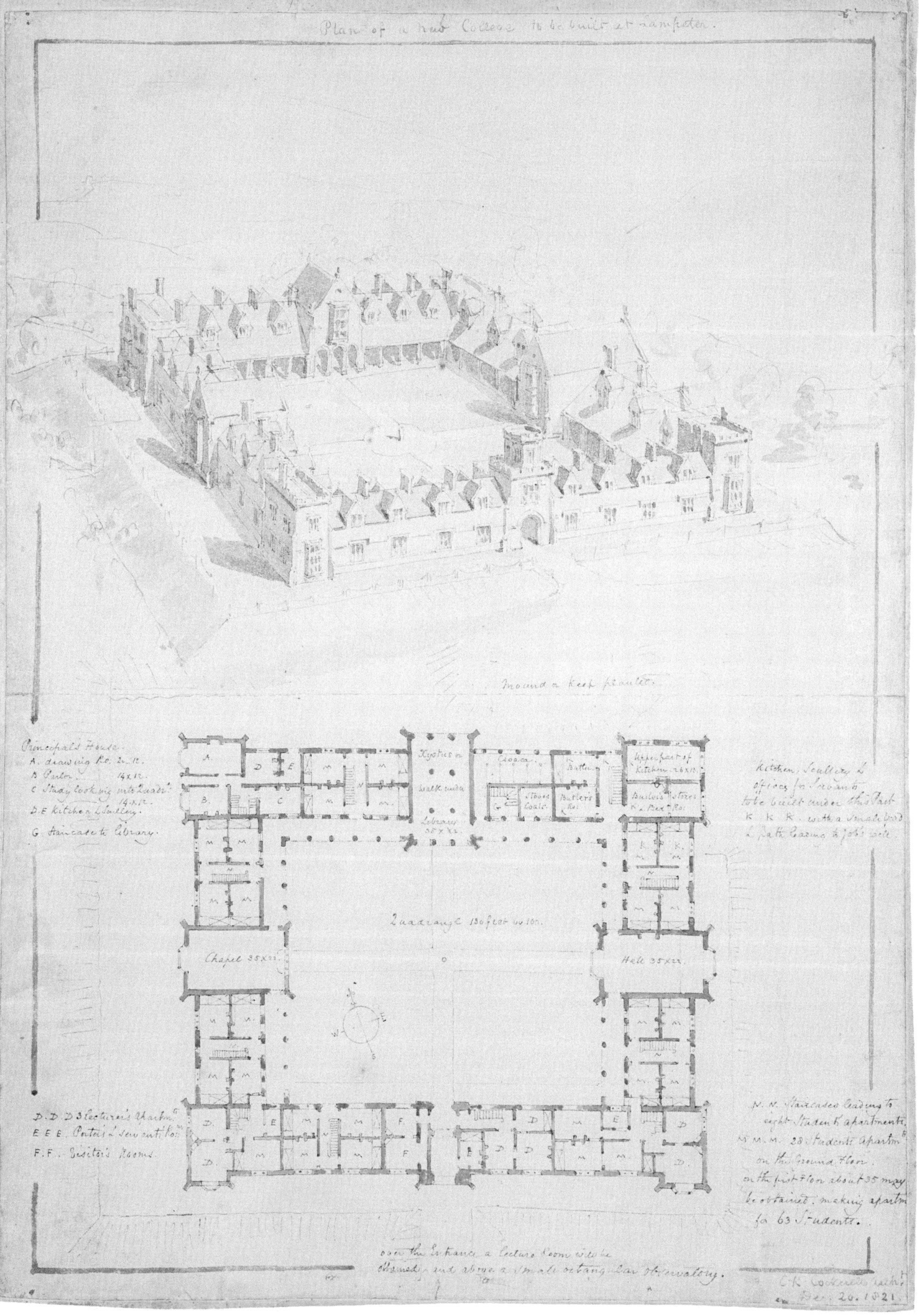
Plan of a new College to be built at Lampeter.
Mound a Keep planted.
Principal's House.
A. drawing Ro. 20. 12.
B. Parlor 14 x 12.
C. Study looking into Quadr. 14 x 12.
D E Kitchen & Scullery.
G. Staircase to Library.
Kitchen, Scullery & offices for Servants to be built under this Part K K K. with a small yard & path leading to Jobs' side.
Xystus or Walk under Library 35 x 22.
Cloaca.
Battery.
Upper part of Kitchen 26 x 18.
Stores Coals.
Butler's Ro.
Butler's Stores & a Bed Ro.
Quadrangle 130 feet by 100.
Chapel 35 x 22.
Hall 35 x 22.
D. D. D 3 Lecturer's Apartmts.
E E E. Porter's & servant's Rooms
F. F. Visitor's Rooms.
N. N. Staircases leading to eight Students apartments.
M. M. M. 28 Students Apartmts on the Ground Floor.
on the first Floor about 35 may be obtained. making apartmts for 63 Students.
over the Entrance a Lecture Room will be obtained. and above a small octangular Observatory.
C R Cockerell Archt. Dec. 20. 1821.

# ‘The Greatest Little Library in Wales’: Hanes y Coleg a’i Lyfrgell[1]

Yn ôl John Milton, arwr llenyddol yr Esgob Thomas Burgess, bydd llyfrau’n ‘preserve as in a vial the purest efficacy and extraction of that living intellect that bred them’. Diau bod Esgob Tyddewi, ac yntau’n llyfrgarwr, yn gyfarwydd ac yn cytuno â’r syniad hwnnw, a geir yn *Tractate of Education* gan Milton, a ymddangosodd yn 1644. Felly, pan aeth ati i sefydlu coleg i ddarparu addysg o safon prifysgol ar gyfer y gwŷr o’i esgobaeth ef ei hun yn bennaf a geisiai fynediad i Urddau Eglwys Sefydledig Lloegr, ond na allent fforddio’r ffioedd a godid gan y naill na’r llall o brifysgolion Rhydychen a Chaer-grawnt yn Lloegr, am lyfrau y bu iddo feddwl yn gyntaf. Cyn iddo geisio pensaer cymwys i gynllunio’i goleg, neu ysgolheigion i’w staffio, neu, efallai, ffynhonnell lle y câi’r arian i’w adeiladu a’i waddoli – hyd yn oed safle i’w godi arno – dechreuodd yr Esgob Burgess apelio am lyfrau a’u casglu i lenwi silffoedd ei lyfrgell, llyfrau a fyddai’n hanfodol yn addysg y rhai a astudiai y tu mewn i’w furiau, ac a’u harfogai ar gyfer bywyd mewn byd ehangach o lawer na’r un yr oeddent yn gyfarwydd ag ef cyn hynny. Ymhell cyn gosod sylfaen adeilad cyntaf y coleg yn 1822, ar ben blwydd y brenin a deyrnasai ar y pryd, Siôr IV, yr oedd y casgliad yn tyfu. Cyrhaeddodd y llyfrau cyntaf yn 1809, ac fe’u cadwyd, yn barod, o fewn muriau palas esgobol Burgess yn Abergwili, ar gyrion tref sirol Caerfyrddin. Yma y bu iddynt aros, ochr yn ochr â llyfrgell helaeth yr esgob ei hun – neu ran ohoni, gan fod Burgess hefyd yn ganon Eglwys Gade, ac yn ei dŷ yn y fan honno yr oedd gweddill ei lyfrau – hyd nes iddynt gael eu symud yn derfynol i Lanbedr Pont Steffan.

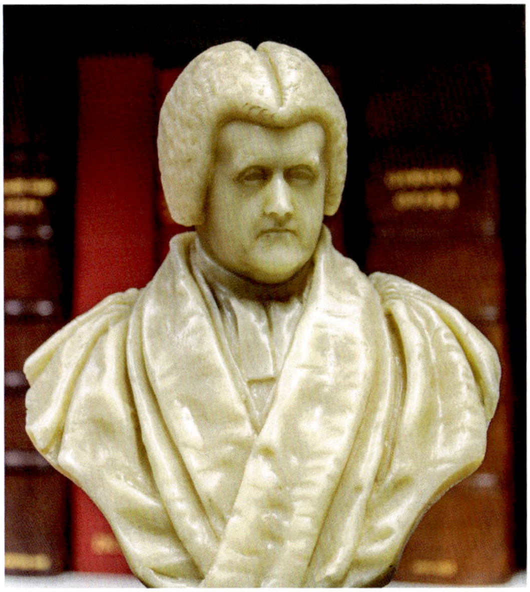

Penddelw cwyr y credir ei fod o’r Esgob Thomas Burgess, ond a allai fod o Samuel Horsley, esgob 1788–93

Y rhoddion cynnar hyn, gan gefnogwyr a chymwynaswyr prosiect yr esgob, fyddai Casgliad Sylfaen cychwynnol y coleg. Daeth y rhan fwyaf ohonynt, ond nid y cwbl, gan glerigwyr, a’r mwyaf hael o’r rheini oedd Dr Charles Poyntz, cyd-weithiwr aristocrataidd i Burgess a chanddo gysylltiadau da, a chyd-ganon iddo yn Durham. Daeth rhagor o lyfrau bob yn dipyn, ac erbyn i’r coleg agor amcangyfrifir bod tua phedair mil ohonynt yn barod i gael eu gosod ar y silffoedd. Y rhodd sengl bwysicaf oedd un Dr Thomas Bowdler, cyfaill i Burgess oedd yn byw yn Abertawe; mae hanes ei gasgliad enfawr o draethodynnau o’r ail ganrif ar bymtheg a'r ddeunawfed ganrif wedi'i amlinellu mewn man arall ar dudalennau'r gyfrol hon.[2] A hwythau wedi'u casglu ynghyd i raddau helaeth gan ddwy genhedlaeth gynharach o deulu Dr Bowdler, a oedd yn annhyngwyr, dengys llawer o'r traethodynnau'r ymwneud ag uniongrededd ac unionarferiad fel y deallai'r Eglwys Sefydledig ef, oedd hefyd yn mynd â bryd yr Esgob Burgess. Thomas Bowdler I a ddechreuodd y gwaith casglu yn yr ail ganrif ar bymtheg; felly, yn ogystal ag adlewyrchu bywyd a phynciau llosg gwleidyddol a chrefyddol diweddarach, roedd y casgliad hefyd yn cynnwys nifer sylweddol o draethodynnau o gyfnod y Rhyfeloedd Cartref, y Werinlywodraeth a'r Ddiffynwriaeth yn y 1640au a'r 1650au.[3] Ymhell o fod yn ymwneud â materion diwinyddol ac athrawiaethol yn unig, y mae'r traethodynnau'n cwmpasu llawer o agweddau ar fywyd a diddordeb o ddydd i ddydd. Gan fod Dr Bowdler wedi marw yn 1825, mae'n rhaid bod ei gasgliad wedi dod i Abergwili tra oedd y coleg yn Llanbedr Pont Steffan yn dal i fod yn safle adeiladu.[4] Ar wahân i Gasgliad Traethodynnau Bowdler, efallai mai'r fwyaf nodedig o'r rhoddion cynnar hyn yw'r argraffiad cyntaf o *History of the World* (1614) gan Syr Walter Ralegh (tua 1552–1618), rhodd gan Neuadd Sant Edmwnd, Rhydychen, sy'n cael sylw yn y gyfrol hon.

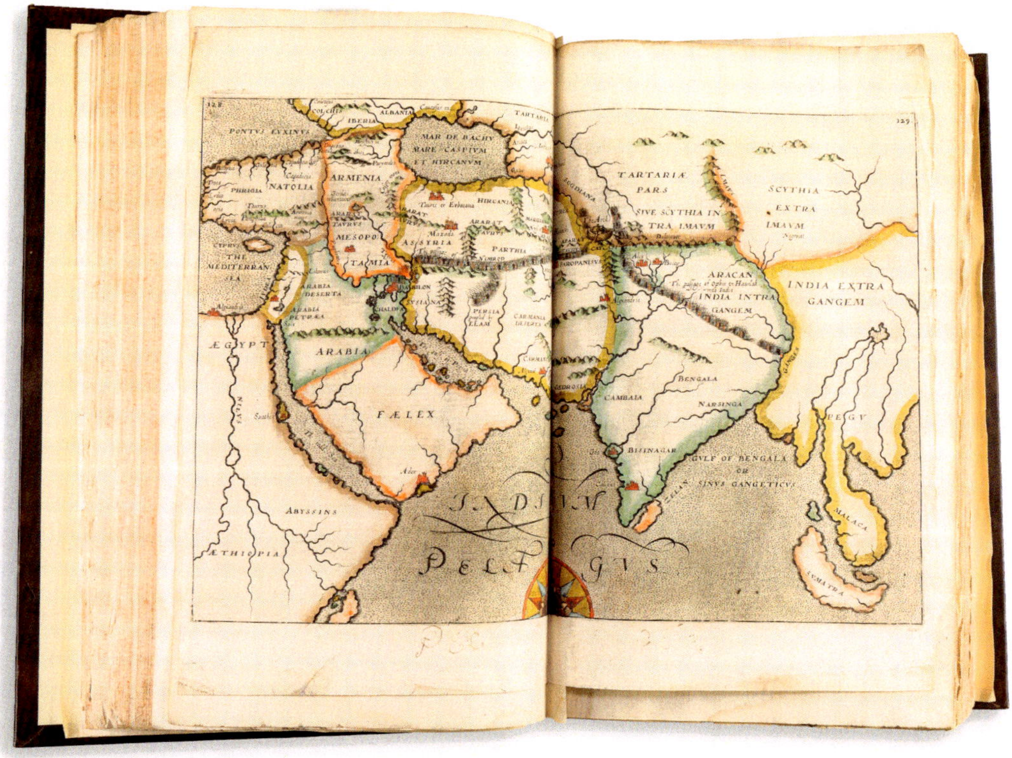


O Walter Ralegh, *The History of the World*, 1614

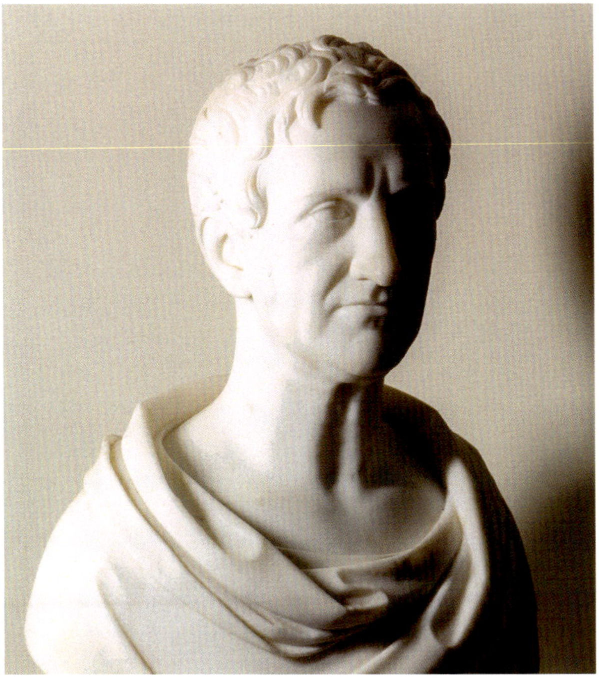

Lawrence Macdonald,
Penddelw o John Scandrett Harford,
1847

Bu i'r Esgob Burgess, tua diwedd ei drigeiniau, a'i olwg yn pylu ac, yn ôl dyddiadur pensaer y coleg Charles Cockerell, â pheth edwino ar ei allu i ganolbwyntio, dderbyn ei drosglwyddo i esgobaeth lai beichus Caersallog yn 1825. Yn Abergwili gadawodd ar ei ôl y casgliad o lyfrau oedd wedi'i fwriadu i'r coleg; ychwanegodd at y rhain y llyfrau o'i lyfrgell bersonol ei hun oedd wedi cael eu cadw gynt yn ei ganondy yn Durham. Gan fod Caersallog yn esgobaeth gyfoethocach na Thyddewi, yr oedd, wrth drosglwyddo, wedi ildio'i ganoniaeth yn yr eglwys gadeiriol ogleddol honno. Yr oedd ei olynydd fel esgob Tyddewi, John Banks Jenkinson, yn gefnder i'r Prif Weinidog, Iarll Lerpwl. Mewn rhai pethau yr oedd Jenkinson wedi'i dorri o frethyn tebyg i'w ragflaenydd; yr oedd braidd yn swil ac yn anymwthgar, yn llyfrgarwr ysgolheigaidd â llyfrgell sylweddol o'i eiddo ei hun. Yn fuan iawn, a hynny, ymddengys, er boddhad i John Scandrett Harford, a gyflwynodd y safle, a Charles Cockerell y pensaer, cymerodd ddiddordeb yn yr egin-goleg yn Llanbedr Pont Steffan, a pharhau ag arfer Burgess o gasglu llyfrau ar gyfer ei lyfrgell.

Y gobaith oedd y byddai'r coleg yn barod ar gyfer agoriad ffurfiol ym mis Awst 1826, unwaith eto, ar ben blwydd y brenin. Teithiodd yr Esgob Burgess o Gaersallog tua diwedd mis Gorffennaf gan ddisgwyl hynny, ond nid felly yr oedd i fod. Nid oedd yr adeilad yn barod, ac yn sicr nid y llyfrgell. Nid oedd y silffoedd i gyd yn eu lle i ddal y llyfrau. Ni ddigwyddodd yr agoriad ffurfiol tan ddydd Gŵyl Dewi, 1 Mawrth 1827, a hyd yn oed y pryd hwnnw yr oedd y llyfrgell yn dal i fod mewn anhrefn llwyr, â silffoedd heb eu gorffen a llyfrau'n aros i gael eu dadbacio a'u trefnu. Yr oedd gan y Llyfrgellydd ac Athro'r Gymraeg oedd newydd ei benodi, y Parch. Rice Rees, lawer awr o waith caled o'i flaen i roi rhyw lun o drefn ar bethau. Yn y cyfamser, yr oedd rhoddion yn dal i gyrraedd, ac, fel y dangoswyd eisoes gyda rhodd Neuadd Sant Edmwnd o'r *History* gan Ralegh, yr oeddynt yn cynnwys llyfrau o ddiddordeb eithriadol. Gan y Parch. Edward Berens cafwyd argraffiad unigryw o'r *Vindication of Episcopacy* gan Jeremy Taylor,[5] ac yn 1834 gan Arglwydd Cawdor, un o brif dirfeddianwyr sir Gaerfyrddin a sir Benfro, cafwyd copi o Feibl Groeg Gwasg Aldus Manutius, 1518. O ran ei geinder

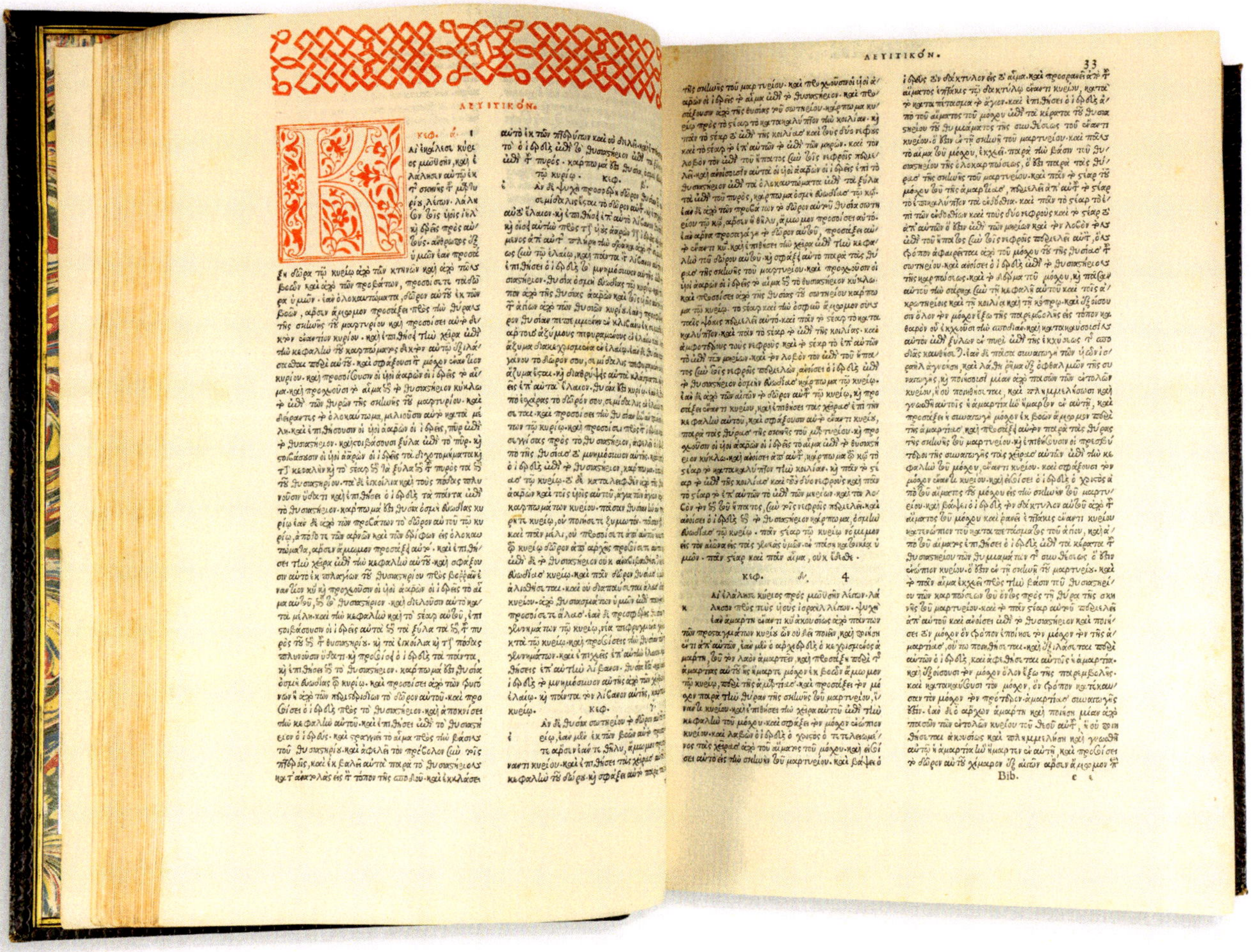


Beibl Groeg Aldinaidd 1518, rhodd gan Arglwydd Cawdor

syml byddai'n anodd rhagori ar y llyfr hwn; y teip eglur, darllenadwy, glanwaith a'r llythrennau breision cywrain ar ddechrau pob un o lyfrau'r Beibl, a'r rheini wedi'u hargraffu'n goch yn yr Hen Destament ac yn ddu yn y Newydd, a hyfrydwch yw ei drin a chyfeirio ato.

Yn y flwyddyn y rhoddwyd y Beibl hwn, dechreuodd y llyfrgell ar gyfnod o ehangu sylweddol, yn bennaf oherwydd rhoddion Thomas Phillips, un o Gymry Llundain a llawfeddyg wedi ymddeol o Gwmni India'r Dwyrain. Yna, yn 1837 pan fu farw'r Esgob Burgess, fe dderbyniwyd gweddill ei lyfrgell, yn unol â thelerau ei ewyllys. Tybiwyd yn aml mai hon oedd yr unig rodd o'i lyfrau, ond, fel y nodwyd uchod, nid yw hynny'n wir. Yr oedd ei lyfrgell yn Durham wedi cael ei chlustnodi ar gyfer y coleg yn 1825, a diau iddi gael ei throsglwyddo gyda'r casgliad arall o lyfrau yn Abergwili pan oedd yr adnoddau ar gael yn y llyfrgell i'w derbyn yn 1828. Fe gyflwynodd Burgess, felly, ddwy rodd sylweddol, ac nid un, er nad oes modd gwahaniaethu rhyngddynt erbyn hyn. Parhaodd rhoddion Phillips o lawysgrifau, incwnabwla, a llyfrau diweddarach, am ryw ddeunaw mlynedd, ac yr oedd llwythi'n cael eu derbyn o bryd i'w gilydd tan 1852, y flwyddyn ar ôl ei farwolaeth. Byddai'n trawsnewid llyfrgell y coleg yn llwyr; byddai hefyd yn achosi problemau mawr o ran gofod.

Y mae angen dweud rhywbeth yn y fan hon am y ddau brif roddwr hyn i'r llyfrgell, Thomas Burgess a Thomas Phillips. Yn Odiham, Hampshire, y ganwyd Burgess yn 1756, yn fab i groser, busnes y byddai ei frawd John (m. 1820) yn parhau i'w gynnal, ar raddfa ehangach o lawer, o safle yn y Strand, Llundain.[6] Wedi'i addysgu yng Nghaerwynt ac yna yng Ngholeg Corpus Christi, Rhydychen, dangosodd Thomas Burgess allu ysgolheigaidd yn gynnar, a daeth yn gymrawd ac yn diwtor yn ei goleg. Daeth i sylw'r Anrhydeddus Shute Barrington (1734–1826), esgob Caersallog rhwng 1782 ac 1791, a'i penododd yn Gaplan Archwilio iddo, ac a aeth ag ef i'w ganlyn wedyn, pan drosglwyddwyd ef yn 1791 i Dywysog-Esgobaeth Durham. Cafodd Burgess blwyf gwledig Winston, ger Barnard Castle – sef ei unig brofiad plwyfol – a phrebend a chanoniaeth breswyl yn Eglwys Gadeiriol Durham. Yr oedd Burgess a Barrington yn rhannu agwedd debyg; yr oedd gan y ddau ddiddordeb dwfn mewn addysg Gristnogol. Yng Nghaersallog yr oedd Barrington wedi gweithio i sefydlu rhwydwaith o ysgolion Sul ym mhlwyfi ei esgobaeth – ymdrech y byddai Burgess yn cymryd rhan ynddi; yn wir, fe roddodd amser i lunio llyfrau byr, syml i blant – un ohonynt yn ganllaw sillafu. Yr oedd hyn ochr yn ochr â'i awydd i godi safonau'r rhai oedd yn gwneud cais i gael mynediad i urddau cysegredig (yr oedd yn adnabyddus am fod yn llym), a'i ymroddiad ei hun, a oedd ymhell o fod yn ansylweddol, i ysgolheictod. Ac yntau'n rhugl mewn Lladin a Groeg, ac yn medru ysgrifennu yn Ffrangeg ac Eidaleg, ar ôl ei ordeinio yn 1784 ymroddodd Burgess i astudio'r Hebraeg (iaith y byddai'n honni, rai blynyddoedd yn ddiweddarach, oedd yn haws ei meistroli na'r Gymraeg).[7]

Yn debyg i Barrington, nid dyn plaid oedd Burgess; gall labeli fod yn gamarweiniol, ac nid yw ymdrechion, er enghraifft, i wasgu'r ddau i'r categori 'Efengylaidd' yn gwneud cyfiawnder â'r naill na'r llall. Nid oedd Barrington, fel y mae Elizabeth Varley wedi nodi, yn gyfaill o gwbl i Fethodistiaeth, yn enwedig y math Calfinaidd a ffynnai yng Nghymru lle buasai'n Esgob Llandaf rhwng 1769 ac 1782. 'An uneasy theological relationship with the evangelicals'[8] oedd ganddo. Efallai ei fod yn rhannu dyngarwch ymarferol efengylwyr megis William Wilberforce a Hannah More, ond yr un pryd yr oedd yn meddu ar feddylfryd diwinyddol ceidwadol o uniongred arweinwyr yr 'Hackney Phalanx', gwŷr o anian Joshua Watson a Henry Handley Norris. Gellir dweud yr un peth am Burgess. Fel Barrington, gwrthwynebai'r fasnach mewn caethweision am resymau moesol (yr oedd yn aelod er anrhydedd o'r Gymdeithas Wrthgaethwasiaeth) a daeth i gyfrif Wilberforce a More ymhlith ei ffrindiau. Byddent hefyd yn dod yn danysgrifwyr wrth iddo sefydlu Coleg Dewi Sant. Unwaith eto, fel Barrington, gwrthwynebai anghydffurfio â dysgeidiaeth yr Eglwys Sefydledig, boed yn Gatholig Rhufeinig neu'n Brotestannaidd, ac yn ei esgobaeth yn Nhyddewi gwelai ei goleg yn Llanbedr Pont Steffan yn wrthglawdd yn erbyn Undodiaeth, a oedd ar y pryd yn amlwg yn yr ardal honno o sir Aberteifi. (Yr oedd y bregeth gyntaf i'w chyhoeddi ganddo yn 1790 yn ymdrin â Duwdod Crist.) Mae'r ymagwedd ddiwinyddol eang ond ceidwadol a nodweddai Burgess yn hawdd ei chanfod yn y llyfrau a roddodd yn 1825 ac 1837 i lyfrgell Coleg Dewi Sant.

Anodd fyddai cael gwrthgyferbyniad mwy na'r un rhwng Burgess a'r prif roddwr arall – yn wir, y prif roddwr – i lyfrgell Coleg Dewi Sant, y naill yn dawel ac yn ysgolheigaidd, y llall yn gorfforol gryf ac yn anturus. Un o Gymry Llundain oedd Thomas Phillips (1760–1851), a mab i swyddog o'r un enw yng ngwasanaeth Tollau Tramor a Chartref Ei Fawrhydi. O Landegley yn sir Faesyfed yr hanai'r teulu, ac yn y sir dra gwledig hon yn hytrach nag yn Llundain y treuliodd y rhan fwyaf o'i blentyndod, yng ngofal rheithor Cusop. Ac yntau wedi penderfynu ar yrfa feddygol, fe gafodd ei brentisio'n gyntaf i lawfeddyg-apothecari yn y Gelli Gandryll. Cyn ei ben blwydd yn ugain oed, yr oedd yn ôl yn Llundain, yn astudio llawfeddygaeth o dan John Hunter, anatomydd cymharol gorau ei gyfnod, yn ôl pob tebyg. Yn 1780 ymunodd â'r Llynges Frenhinol yn is-swyddog i'r llawfeddyg ar y ffrigad HMS *Danae*, a throsglwyddo wedyn i HMS *Hind*, lle profodd lymder y gaeaf yng Nghanada yn nyfroedd rhewgaeth afon Sant Lawrence, ac ehangu ei sgiliau llawfeddygol yn ysbytai Dinas Quebec a Montréal. Dychwelodd adref yn 1782, ac ennill Tystysgrif Corfforaeth y Llawfeddygon (a fyddai wedyn yn ei gymhwyso ar gyfer Aelodaeth o Goleg Brenhinol y Llawfeddygon). Trosglwyddodd o'r Llynges i Gwmni India'r Dwyrain, a hwylio am Calcutta. Treuliodd weddill ei fywyd gwaith yng ngwasanaeth y Cwmni, yn wreiddiol fel llawfeddyg i gyfres o gatrodau brodorol o droedfilwyr a magnelwyr yn ei fyddin mewn gwahanol orsafoedd. Roedd yn fywyd llawn ac amrywiol, ac yn 1796 aeth ar fordaith i Awstralia, i archwilio ac adrodd ar y ddarpariaeth ysbyty yn y drefedigaeth gosb ym Mae Botany. Ar yr achlysur hwn achubodd ar y cyfle i ddychwelyd drwy Tsieina a Penang. Byddai ganddo ddiddordeb yn y 'Dwyrain Pell' drwy gydol ei oes; wedi iddo ymddeol bu'n weithgar yn y Gymdeithas Asiaidd Frenhinol (Royal Asiatic Society), ac fe adlewyrchir y diddordeb cyson hwn yn rhai o'i roddion i Lyfrgell Coleg Dewi Sant.

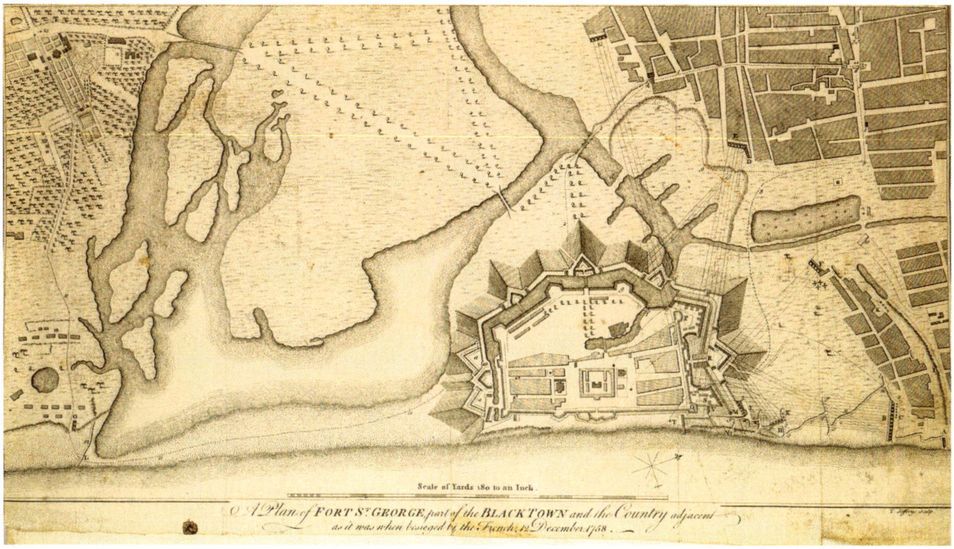


Cynllun o Gaer San Siôr, pencadlys Cwmni India'r Dwyrain yn Bengâl, o Richard Owen Cambridge, *An Account of the War in India*, 1760

Ni fu bywyd Phillips yn ddiddigwydd na diberygl yn ystod ei wasanaeth gyda Chwmni India'r Dwyrain, a barhaodd hyd nes iddo ymddeol yn 1817 o'i benodiad terfynol fel aelod o Fwrdd Meddygol Calcutta. Yn 1798, tra oedd yn hwylio adref am seibiant mewn llong o eiddo Cwmni India'r Dwyrain Denmarc, cipiwyd y llong gan herwlongwr o Ffrainc a chafodd Phillips ei ddwysholi am ddeuddydd yn Bordeaux cyn ei ryddhau. Yn 1810 bu ar wasanaeth gweithredol yn Rhyfel Jafa; yn nes ymlaen yr oedd yn Nepal mewn ymgyrch yn erbyn y Gyrcas yn y rhyfel rhwng Prydain a Nepal yn 1814–16 dan awdurdod yr Uwch-frigadydd Robert Gillespie. Yng ngwarchae Kalunga ym mynydd-oedd uchel yr Himalaya, gwarchae a reolwyd yn affwysol o wael, cafodd Gillespie, dyn byrbwyll a gâi ei adnabod wrth yr enw 'Rollicking Rollo', anaf angheuol wrth iddo arwain ymosodiad ei hun, a bu farw ym mreichiau Phillips. Er bod Phillips yn 53 oed erbyn hyn, ac yn uwch-lawfeddyg, 'llawfeddyg maes y gad' ydoedd yn bennaf oll, yn weithredol yn y rheng flaen, fel y tystia'r ffaith fod un milwr wedi cael ei ladd gan ail ergyd tra oedd Phillips wrthi'n ei drin.

Y mae'n amlwg fod Phillips yn ŵr di-ofn o'i ran ei hun; yr oedd hefyd yn drugarog. Yn ystod ei gyfnod gyda'r Llynges Frenhinol, ar fwrdd HMS *Hind*, yr oedd wedi rhoi ei le cysgu ei hun i forwr sâl. Yn Kalunga, pan ildiodd y gaer yn y diwedd, sylweddolodd fod llawer o'r menywod a oedd wedi helpu i'w hamddiffyn, rhai ohonynt wedi'u clwyfo, yn cael eu gadael i'w ffawd eu hunain. Ildiodd ei babell iddynt, a rhoi iddynt yr un driniaeth feddygol a llawfeddygol ag a oedd wedi'i rhoi i'r milwyr ar ddwy ochr y frwydr. Y mae enghreifftiau eraill o ymddygiad tebyg y gellid eu cofnodi; ni flaenoriaethai ei ddiogelwch a'i gysur ei hun. Yn ddiweddarach yn ystod ei oes yr oedd yn adnabyddus am ei haelioni tuag at ffoaduriaid o Wlad Pwyl a Hwngari, er enghraifft, a thuag at y sawl a alwai arno am gymorth ariannol. Ar ôl iddo ymddeol i Lundain, prynodd y brydles ar dŷ yn Brunswick Square,[9] oedd yn agos iawn at gatiau'r Foundling Hospital. Hefyd ym mis Rhagfyr 1821 am amcangyfrif o £40,000 cafodd feddiant, gan etifeddion Syr John Boyd a John Trevanion, ar blanhigfa Camden Park ar ynys folcanig St Vincent ym Môr y Caribî.[10] Arhosodd yn ei berchenogaeth ef hyd ei farwolaeth,[11] hynny yw, cyn diddymu caethwasiaeth yn 1834 ac yn dilyn hynny. Anodd yw canfod ag unrhyw sicrwydd deimladau personol Phillips ynghylch perchenogi caethweision. Yr oedd 164 o bobl mewn caethwasiaeth yn Camden Park o dan ei berchenogion blaenorol, a'r nifer hwnnw wedi cynyddu'n ddiweddarach gydag 85 yn rhagor. Y mae'n dra phosib fod ei safbwynt yn agos at un yr Esgob Burgess. Fel y nodwyd uchod, yn 1789 yr oedd Burgess fel academydd ifanc yn Rhydychen wedi cyhoeddi gwaith a gafodd ganmoliaeth yn condemnio'r fasnach mewn caethweision, ond swm a sylwedd ei ddadl oedd nad oedd yr amser eto wedi dod ar gyfer rhyddfreinio. Fel y dywedodd John Scandrett Harford yn ei fywgraffiad o Burgess yn 1840: yn 1789 dadleuodd nid dros ryddfreinio ar unwaith, ond dros waharddiad ar ragor o fewnforio pobl mewn caethwasiaeth, ac, ar ôl cyfnod penodol, pan ellid rhoi hyfforddiant Cristnogol i'r rhai ar y planhigfeydd, diddymu'r cyflwr yn y pen draw. Y safbwynt hwn a enillodd iddo ganmoliaeth Pwyllgor Diddymu Llundain ac aelodaeth er anrhydedd o'r Gymdeithas Wrthgaethwasiaeth.[12] Neu efallai fod Phillips yn gweld pethau mewn modd tebyg i Thomas Jefferson (1743–1826), trydydd arlywydd yr Unol Daleithiau, 1801–9, a dderbyniai'r dadleuon moesol yn erbyn caethwasiaeth fel y cyfryw, ond nad oedd wedi'i gymell i ryddhau'r caethweision oedd yn gweithio yn ei blanhigfa ef ei hun yn Virginia.[13] Ni chawn fyth wybod; fel y dywedodd Steven Brindle am gyfoeswr iau Phillips, Isambard Kingdom

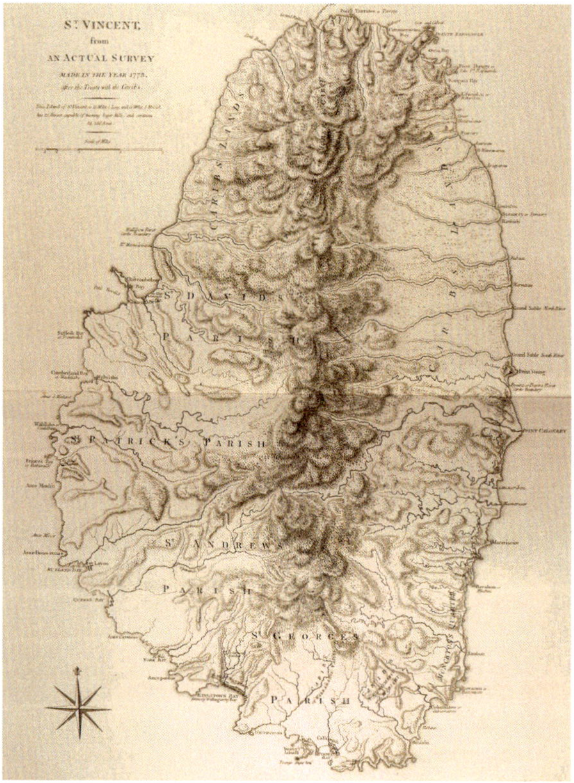

Thomas Jefferys, *St Vincent From an Actual Survey*, 1775, o T. Jefferys, *The West-India atlas*

Brunel (1806–59), yr oedd yn 'paradox – rooted in the old world, he imagines, and helps create, the new'.[14] Y cwbl y gellir ei ddweud yw bod gan Phillips, fel perchennog nad oedd yn byw ar y blanhigfa, ddiddordeb byw yn y rhai a weithiai Camden Park. Anogai fynychu'r eglwys – fel a weddai i fab yng nghyfraith rheithor Anglicanaidd – a mynnai fod y rhai a reolai'r blanhigfa ar ei ran yn gofalu'n arbennig am yr henoed, y methedig, a menywod. Yn 1833, yn sgil y Ddeddf Diddymu Caethwasiaeth, daeth rhyddfreiniad i'r caethweision yn y Caribî, Mauritius a Cape Colony (ond nid yn y tiriogaethau dan reolaeth Cwmni India'r Dwyrain). Cododd y llywodraeth £20 miliwn i roi iawndal i'r 47,000 o berchenogion planigfeydd, cyfranddalwyr ac eraill a oedd yn gymwys i'w hawlio. Maes o law, derbyniodd Phillips £4,737-8-6d., a ychwanegwyd at ei ffortiwn a oedd eisoes yn sylweddol, a'i ddefnyddio i ehangu ei waith dyngarol addysgol ymhellach. Fe fuddsoddodd hefyd yng Nghwmni Siwgr Dhobah a berthynai i Gwmni India'r Dwyrain ac a geisiai ddefnyddio technegau planigfeydd India'r Gorllewin yn India ei hun, ond heb ddefnyddio llafur caethweision. Methodd y fenter yn 1848, ac fe gollodd Phillips filoedd o bunnoedd o ganlyniad.

Yn ystod ei flynyddoedd hir o wasanaeth gyda Chwmni India'r Dwyrain yr ymddangosodd ei ddiddordeb yn gyntaf yn yr hyn y gellid ei alw'n 'addysg barhaus', a sefydlu llyfrgelloedd a darparu llyfrau'n rhan o hynny. O tua 1813, pan oedd yn uwch-lawfeddyg yn Chunar,[15] lle ceid golwg dros afon Ganges ac a oedd yn agos at 'ddinas dragwyddol' Varanasi, un o'r cyrchfannau pererindod pwysicaf yn India, a dim ond deg cilometr o'r fan lle yr oedd y Bwda wedi pregethu gyntaf, dechreuodd gyflenwi Ystafelloedd Bwyta'r Milwyr â llyfrgelloedd bach ar gyfer y milwr cyffredin. Yr oedd y cymhelliad yn un meddygol ac yn un addysgol hefyd. Ar y naill law, byddai llenyddiaeth a oedd ar gael yn rhwydd ac yn hawdd ei darllen yn ehangu gorwelion y garsiynau, ac ar y llaw arall yn helpu i dorri ar undonedd dyletswyddau disgybledig adeg heddwch, gan gynnig dewis adeiladol amgenach na'r temtasiynau amlwg iawn oedd ar gael i'r rhai ag amser i segura. Dyma hadau ei waith dyngarol ar ôl iddo ddychwelyd adref i Loegr, lle cyflenwodd lyfrau a gwrthrychau y gellid eu harddangos mewn amgueddfa i lyfrgelloedd a sefydliadau llenyddol a gwyddonol. Nid Coleg Dewi Sant oedd yr unig un i dderbyn ei haelioni yn hyn o beth; cafodd llyfrgelloedd yn Henffordd, y Gelli Gandryll, Llanfair-ym-Muallt, ac, ar ôl 1847 – pan oedd yn 87 oed – ei waddol ar gyfer Coleg Llanymddyfri i gyd fudd ohono, fel y cafodd y Sefydliad Brenhinol yn Llundain, a nifer o unigolion a dderbyniodd barseli o lyfrau i'w dosbarthu yn eu cymdogaethau. Chwaraeai ran weithgar yn Sefydliad Russell er Hyrwyddo Gwybodaeth Lenyddol a Gwyddonol, â'i bencadlys yn 55 Coram Street, yn agos at ei gartref, a diau iddo gyfrannu at gronni'r 17,000 o lyfrau yn ei lyfrgell. Daeth dros 22,000 o lawysgrifau, incwnabwla a llyfrau i Goleg Dewi Sant yn unig, ac amcangyfrifwyd bod cyfanswm syfrdanol o 50,000 yn aros i gael eu dosbarthu yn Brunswick Square pan fu farw yn 1851, ynghyd â'r teclynnau a'r cyfarpar diweddaraf a oedd i fynd i Camden Park.

Am amser maith, tybid nad oedd patrwm rhesymegol i'r llwythi o lyfrau a anfonid gan Phillips i Lanbedr Pont Steffan. Sonia William Price, er enghraifft, yn ei gyfrol ar hanes y coleg, am 'indiscriminate buying' gan Phillips ac am y trigain llwyth a gyrhaeddodd rhwng 1834 ac 1852 fel 'heterogeneous collection'.[16] Y mae'n sicr yn wir, fel y nododd un o gyn-Gadwraethwyr y Llyfrgell, Dr David Selwyn, fod Phillips yn prynu llyfrau mewn arwerthiannau yn Llundain o'r 1820au ymlaen, gan gynnwys Arwerthiant Kloss yn Sotheby's yn 1825.[17] Yn wir, bu blynyddoedd dauddegau a thridegau'r bedwaredd ganrif ar bymtheg yn rhai ffafriol i gasglwyr, gan fod nifer y llyfrau ar y farchnad yn dod â phrisiau i lawr. Yn anorfod, pan oedd rhai o'r llyfrau, o leiaf, yn cael eu gwerthu mewn 'sypiau', byddai dyblygiadau – os gellir defnyddio disgrifiad o'r fath i lyfrau a argraffwyd cyn tua 1850 – a rhai nad oeddynt o fawr o ddiddordeb. Eto, dengys dadansoddiad diweddarach o Gasgliad Phillips ei fod yn prynu i bwrpas, yn hytrach nag ar hap a damwain. Bwriad Phillips oedd darparu ar gyfer y llyfrgelloedd yr oedd yn eu cynnal a'u cyfoethogi â llyfrau a fyddai'n ehangu gorwelion meddyliol y rhai fyddai'n eu defnyddio ac yn eu darllen. Mewn oes lle na ellid dychmygu radio, teledu na'r Rhyngrwyd, drwy lyfrau, ac yn enwedig llyfrau â darluniau (y mae cyfoeth ohonynt yng Nghasgliad Phillips) y ceid gwybodaeth a dealltwriaeth 'fyd-eang'. Am weithiau o'r fath y chwiliai Phillips, yn ogystal â'r asiantau a gyflogai i ymweld â'r ystafelloedd gwerthu a gwneud cynigion, mae'n bur debyg.

Y mae peth tystiolaeth, er yn brin, i Phillips gynnwys gweithiau o'i lyfrgell ei hun yn Brunswick Square ymhlith ei roddion. Yn 1846 cyhoeddodd Cymdeithas Llawysgrifau Cymru *Heraldic visitations of Wales and part of the Marches* gan Samuel Rush Meyrick. Argraffiad cyfyngedig ydoedd – 240 o gopïau yn unig a argraffwyd (gan Rees o Lanymddyfri, teulu'r Parch. Rice Rees, Athro cyntaf y Gymraeg yn y coleg) – a'u dosbarthu i danysgrifwyr yn unig. Am y rheswm hwn fe gafodd ei ddisgrifio o fewn ugain mlynedd fel 'extremely scarce'. Un o'r tanysgrifwyr oedd Thomas Phillips, a'i trosglwyddodd i'r coleg yn 1849.[18] Nodwedd hynod o'r ddwy gyfrol yw fod yr holl arfbeisiau sydd wedi'u hargraffu, mewn gwirionedd, yn wag, er mai ymwneud y maent ag achau a herodraeth teuluoedd a chanddynt hawl i ddefnyddio arfbais.

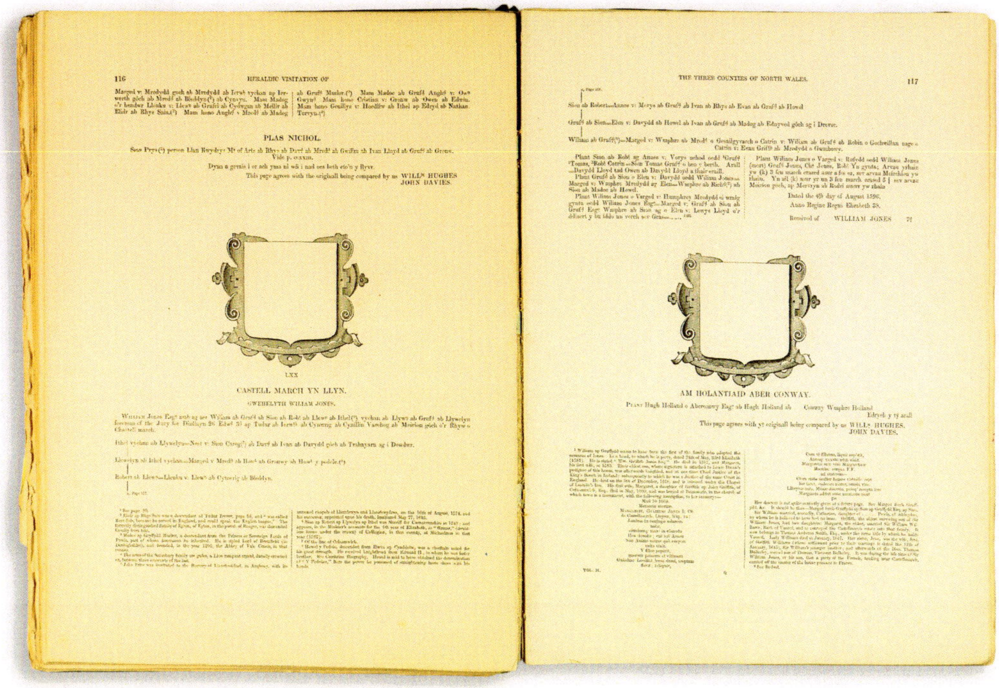

Samuel Rush Meyrick, *Heraldic visitations of Wales and part of the Marches*, 1846, yn dangos yr arfbeisiau gwag

Nid peth diberygl oedd cludo'r llyfrau a roddwyd gan Phillips i Lanbedr Pont Steffan. Y llwybr arferol yn yr oes hon cyn dyfodiad y rheilffyrdd oedd dros y môr i borthladd Caerfyrddin, ac wedyn ar gert cludwr i'r coleg. Yr oedd perygl bob amser o golled neu ddifrod, fel a ddigwyddodd, ymddengys, yn achos Alfred Ollivant, a benodwyd yn is-brifathro yn 1827. Ar y ffordd o Gaer-grawnt suddodd y llong oedd yn cludo rhan, o leiaf, o'i lyfrgell bersonol i Gaerfyrddin, ac fe ddifrodwyd llawer o'i lyfrau a chollwyd rhai. Ni wyddys a wynebodd unrhyw ran o'r hyn a roes Phillips ffawd debyg, ond, fel y nodwyd uchod, fe achosodd yr hyn a gyrhaeddodd yn saff broblemau dybryd o ran cael silffoedd ar eu cyfer. Yr oedd y gofod llyfrgell a ddarparwyd yng nghynllun gwreiddiol Cockerell yn rhy fach, ac erbyn 1835 yr oedd yn broblem ddifrifol. Cyflogwyd Cockerell rhwng 1835 ac 1837 i ehangu'r llyfrgell tua'r gogledd a'r dwyrain – i'w maint presennol – a chyfrannodd yr Esgob Burgess a'i wraig ill dau at gost y gwaith newydd. (Yr oedd ei roddion hael yntau, oedd yn fwy helaeth na rhai Phillips yr adeg hon, gan na ddechreuodd y rheini gyrraedd tan 1834, wedi'r cwbl, yn cyfrannu i raddau nid ansylweddol at y broblem!)[19] Heb fawr o newid, parhaodd yr hyn a adwaenir erbyn hyn fel 'Llyfrgell y Sylfaenwyr' i gael ei ddefnyddio fel llyfrgell weithiol i'r staff a'r myfyrwyr tan ddegawdau olaf yr ugeinfed ganrif.[20]

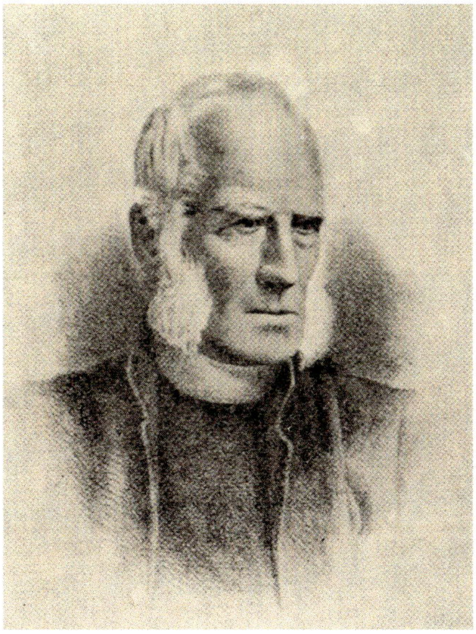

Alfred Ollivant, is-brifathro'r coleg 1827–43

Gyda dyfodiad y rhan olaf o rodd Phillips yn 1852, yr oedd dyddiau'r ehangu ar ben, ac mae'n rhaid cyfaddef bod y llyfrgell eisoes wedi cychwyn ar gyfnod o lesgedd ac esgeulustod. Ar ôl marwolaeth Rice Rees yn 1839, cymerodd y Parch. William North, oedd newydd ei benodi'n Athro Lladin, at waith y llyfrgellydd ond ni chymerodd fawr o ddiddordeb, ymddengys, yn y casgliad. Erbyn 1850 yr oedd yr adeilad mewn cyflwr gwael, yr oedd llyfrau'n cael eu difrodi gan law a ddeuai drwy do oedd yn gollwng, ac unwaith yr wythnos yn unig y câi myfyrwyr fynediad yno. Ni fu pethau fawr gwell hyd nes i Rowland Williams gael ei benodi'n is-brifathro yn 1850. Cafodd ef y casgliad mewn cryn anhrefn, â silffoedd a oedd yn annigonol ar gyfer nifer y llyfrau. Atgyweiriwyd y to anniddos (1852) a chodwyd yr orielau y soniwyd amdanynt eisoes (1855),[21] ond nid oedd dim catalog iawn i'w gael. Yr oedd y llyfrgell erbyn hyn yn cynnwys tua 35,000 o gyfrolau ac felly hi oedd y fwyaf yng Nghymru, ac fel y nododd William Price, yr oedd yn fwy na'r rhan fwyaf o lyfrgelloedd colegau Rhydychen a Chaer-grawnt yr adeg honno. Fodd bynnag, nid oedd yn adnabyddus iawn,[22] a chan nad oedd wedi ei chatalogio ychydig o ddefnydd a wneid ohoni, hyd yn oed gan y rhai a breswyliai yn y coleg ei hun. Ni wnaed dim ymdrech i lunio catalog hyd nes i'r Parch. Joseph Matthews, yr Athro Phillips cyntaf mewn Gwyddoniaeth yn y coleg (1853–72) ddod yn llyfrgellydd yn 1862, ac fe arhosodd y gwaith hwnnw heb ei orffen pan ymadawodd yntau am blwyf yn sir Drefaldwyn.[23] Yr oedd yr ugeinfed ganrif wedi gwawrio cyn penodi catalogydd llawn amser, Alexander de Zandt, am dair blynedd yn 1902. Y prifathro, Llewellyn Bebb, a fuasai'n llyfrgellydd i'w goleg yn Rhydychen (Brasenose), a symbylodd hyn. Y pryd hwnnw, am y tro cyntaf, daeth gwir ehangder a gwerth y casgliad i'r amlwg.

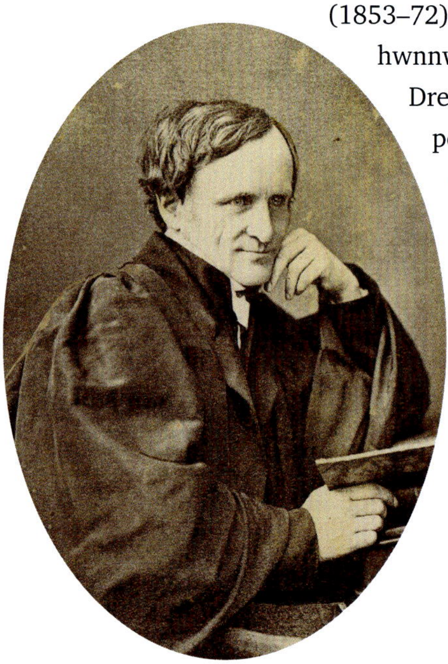

Rowland Williams, is-brifathro'r coleg 1850–62

Yn dilyn marwolaeth Llewelyn Lewellin yn 1878, ar ôl hanner can mlynedd yn ei swydd, gwelwyd yn ystod yr ugain mlynedd nesaf gynifer â phum deiliad byrhoedlog yn swydd y prifathro. Yr oedd Lewellin, ac yntau ar yr un pryd yn dal ficeriaeth Llanbedr Pont Steffan a Deoniaeth Eglwys Gadeiriol Tyddewi ynghyd â swyddogaeth y prifathro, yn gynyddol fregus ei iechyd ers rhai blynyddoedd, a chyn belled ag y gellir olrhain nid oedd wedi cymryd fawr o ddiddordeb yn y llyfrgell. Ymddengys fod yr un peth yn wir i raddau helaeth am ei bum olynydd uniongyrchol, ond heb fod yn wir o ran rhai, o leiaf, o'r staff academaidd, ag ysgolheigion o safon uchel yn eu plith, yn cynnwys T. F. Tout (Athro Hanes 1881–90), Hugh Walker (darlithydd, ac yna Athro, yn y Saesneg 1884–1939) ac Edmund Tyrell Green (darlithydd, ac yna Athro, yn yr Hebraeg a Diwinyddiaeth 1890–1924). Tout, ar y cyd â'i gyfaill, yr hanesydd amlwg ar yr ail ganrif ar bymtheg C. H. Firth (1857–1936), a gofir yn fwyaf arbennig am ei waith ar gyfnod Rhyfeloedd Cartref Lloegr, y Werinlywodraeth a'r Ddifynwriaeth, a achubodd Gasgliad Traethodynnau amhrisiadwy Bowdler o'r esgeulustod oedd wedi digwydd iddo. Gyda dyfodiad Llewellyn John Montfort Bebb fel prifathro yn 1898, daw'r llyfrgell i gyfnod o beth sefydlogrwydd a thwf. Yr oedd gwreiddiau Bebb – fel rhai Thomas Phillips – yn sir Faesyfed, er mai yn Cape Town y ganwyd ef ei hun yn 1862. Wedi'i addysgu yng Nghaer-wynt a'r Coleg Newydd, Rhydychen, yr oedd yn gymrawd yn Brasenose er 1885, gan wasanaethu am gyfnod fel llyfrgellydd hefyd, ac am ddwy flynedd fel curadur gerddi botaneg y brifysgol. (Yn ddiweddarach, byddai'n mynd i lawer o ymdrech wrth gynllunio tiroedd Coleg Dewi Sant yn ystod ei dymor yn swydd y prifathro.)

Er na fedrai'r Gymraeg, sylweddolodd Bebb yn fuan fod y llyfrgell yn amlwg o ddiffygiol o ran gweithiau yn yr iaith frodorol. Ar y cyd ag Evan Lorimer Thomas, a benodwyd yn Athro'r Gymraeg yn 1903, aeth ati i unioni'r diffyg hwn. Mor bell yn ôl ag 1850 y mae modd olrhain gobaith y gellid sefydlu llyfrgell genedlaethol i Gymru.[24] Wrth annerch Cymdeithas Hynafiaethau Cymru ym mis Awst y flwyddyn honno mynegodd y llyfrgarwr Syr Thomas Phillipps (na ddryser â chymwynaswr y coleg o'r un enw) obaith y gellid creu sefydliad o'r fath, ac y byddai'n agos at Goleg Dewi Sant. Yr hyn a wnâi mewn gwirionedd oedd ailfynegi gobaith a dyhead rhai o gefnogwyr cynnar dymuniad yr Esgob Burgess i sefydlu coleg ym mlynyddoedd cynnar y ganrif, yn eu plith yr Archddiacon Thomas Beynon a Herbert Evans o Highmead. Ond ni ddaeth dim o hynny. Nid oedd gan y Prifathro Lewellin, er y medrai'r Gymraeg, na'i olynwyr – â sawl un ohonynt yn ddi-Gymraeg – ddim diddordeb mewn dilyn y trywydd hwnnw.[25] Cydnabu Bebb a Lorimer Thomas fod yna brinder gweithiau Cymraeg, yn llyfrau ac yn gyfnodolion, ac aethant ati i gywiro'r diffyg. Sefydlwyd Llyfrgell Gymraeg, ac yn 1904 awdurdododd Bebb y gwariant sylweddol o £110 i brynu'r holl lyfrau perthnasol a'r casgliad amhrisiadwy o

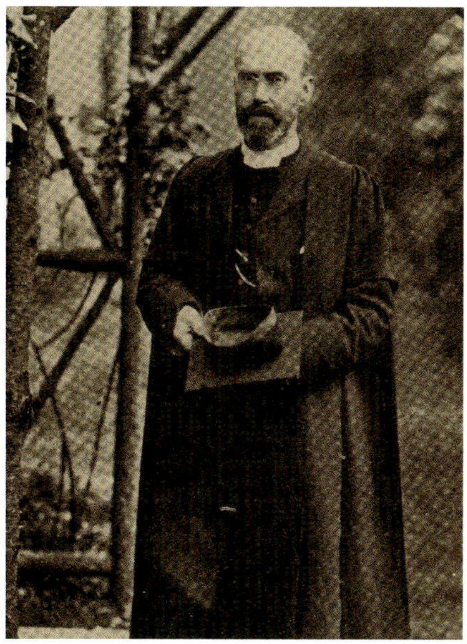
Llewellyn Bebb, prifathro'r coleg 1898–1915

faledi Cymraeg a ffurfiai graidd llyfrgell y Parch. D. H. Davies, ficer Cenarth. Wedi'i lleoli ar lawr gwaelod yr estyniad a wnaed gan Cockerell yn 1835, fe arhosodd yn llyfrgell ar wahân hyd nes adeiladwyd llyfrgell newydd y brifysgol yn 1966.

Drwy brynu Casgliad Cenarth fe symbylwyd rhagor o roddion a chymynroddion, yn enwedig rhai'r Canon Ellis Davies (1872–1962), a fu am flynyddoedd lawer yn olygydd *Archaeologia Cambrensis*. Fel y dywedodd Wyn Thomas wrth ysgrifennu hanes y Llyfrgell Gymraeg: 'We may note that the Welsh Library was instituted as part of an intention to give the Welsh language and Welsh culture a higher profile in the College, and that this should be seen as a local aspect of the wider awakening of Welsh consciousness and sensibility at the end of the nineteenth century and the beginning of the twentieth century.'[26]

Yn anorfod, gan fod y Rhyfel Byd Cyntaf wedi torri allan yn 1914 daeth datblygiadau pellach yn y ddwy lyfrgell i ben. Ymadawodd Lorimer Thomas â'r coleg yn 1915, ac yn yr un flwyddyn bu farw'r Prifathro Bebb, yn gynamserol, yn 53 oed. Bu gostyngiad yn niferoedd y myfyrwyr a breswyliai yno, wrth i lawer ymuno â'r lluoedd arfog neu gael eu recriwtio iddynt. Lleihaodd y nifer a dderbyniwyd, er enghraifft, o 57 yn 1912 i 10 yn 1918; dim ond 32 o fyfyrwyr oedd yn byw yn y coleg yn 1916, a disgynnodd y nifer ymhellach nes bron â diflannu'n gyfan gwbl, â 23 o fyfyrwyr yn unig. Olynwyd Bebb fel prifathro gan Gilbert Cunningham Joyce (1866–1942) y bu bron i'w 'deyrnasiad' (1916–22) brofi'n drychinebus i'r coleg. Ac yntau wedi bod yn is-warden Coleg Mihangel Sant pan oedd hwnnw'n dal i fod yn Aberdâr a chyn iddo symud i Landaf, ac yn warden cyntaf Llyfrgell Deiniol Sant ym Mhenarlâg, yr oedd gan Joyce, oedd yn ŵr ysgolheigaidd ond yn un i gadw pellter, ddiddordeb arbennig mewn hyfforddi dynion ar gyfer urddau cysegredig. Daeth i'r casgliad y dylai'r coleg, yn y cyfnod ar ôl y rhyfel a datgysylltu'r Eglwys yng Nghymru yn 1920, ei gyfyngu ei hun i hyfforddiant ôl-raddedig i ddynion ar gyfer y weinidogaeth Anglicanaidd. Byddai hyn yn anorfod yn golygu rhoi heibio'r cwrs gradd BA tair blynedd, yn ogystal â newidiadau mawr yn siartrau'r coleg. Digon yw dweud yn y fan hon na dderbyniwyd syniadau Joyce yn y pen draw, er bod yn rhaid cyfaddef fod yna gryn gefnogaeth iddynt, ac yn 1922 fe ymddiswyddodd. Yr oedd ei olynydd, Dr Maurice Jones a oedd yn 59 mlwydd oed ac yn rhugl ei Gymraeg, wedi bod am flynyddoedd lawer yn gaplan yn y fyddin (rhywbeth a enillodd iddo hoffter y myfyrwyr hynny a oedd eu hunain wedi gwasanaethu yn y Lluoedd Arfog yn ystod rhyfel 1914–19). Yr oedd yn brifathro egnïol a brwd ac arhosodd yn y swydd hyd nes ei fod yn 75 oed, ond nid oedd yn gyfaill, yn hollol,

Cartŵn o Maurice Jones, prifathro'r coleg 1923–38

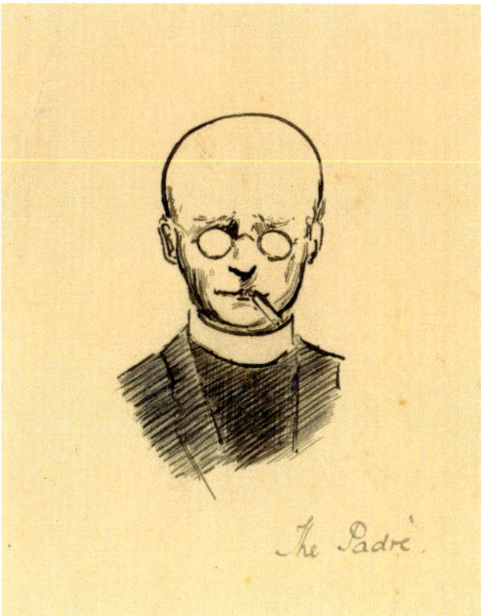


i'r llyfrgell. Fodd bynnag, yn 1924 penodwyd llyfrgellydd cynorthwyol am y tro cyntaf – parhaodd yr arfer hynafol o benodi un o'r Athrawon yn llyfrgellydd am flynyddoedd lawer wedyn – gan olygu y gellid estyn yr oriau agor. Parhâi grant blynyddol y llyfrgell at brynu llyfrau i fod yn fach a thua diwedd y 1920au gwerthwyd nifer amhenodol o gyfrolau. Dywedir i Jones ei hun waredu llawer o weithiau diwinyddol Fictoraidd a gyflwynwyd gan gyn-fyfyrwyr – rhai ohonynt yn cael eu rhoi i ffwrdd, ac eraill, yn ôl y sibrydion, yn mynd i borthi bwyleri'r system wresogi!

Unwaith eto, oherwydd rhyfel, ac yn dilyn hynny drafodaeth hirfaith ynghylch dyfodol y coleg, y manylir arni gan William Price a hefyd gan J. R. Lloyd Thomas (prifathro 1953–75) yn ei hunangofiant, daeth diwedd i bob pwrpas ar unrhyw newidiadau neu welliannau, ac eithrio rhai mân.[27] Er enghraifft, ni chafwyd is-lyfrgellydd llawn amser hyd nes penodi Robin Rider yn 1961, a hyd yn oed wedyn, yr unig beth a sicrhaodd fod y llyfrgell ar agor gyda'r nos oedd ei bod yn cael ei 'staffio' gan israddedigion a wirfoddolai yn eu blwyddyn olaf.[28] Cyrhaeddwyd trobwynt yn 1964 pan alluogodd dyraniad o £60,000 gan Bwyllgor Grantiau'r Brifysgol baratoi cynlluniau ar gyfer codi adeilad newydd i'r llyfrgell. Wedi'i gynllunio gan Verner Rees, yr oedd y gwaith i raddau helaeth wedi'i gwblhau erbyn 1966 – er nad oedd holl lyfrau'r 'llyfrgell weithredol', o bell ffordd, wedi'u trosglwyddo pan gafodd ei agor yn swyddogol ar 7 Gorffennaf gan Ddug Caeredin, ymwelydd brenhinol cyntaf y coleg yn ei holl hanes, sef 144 o flynyddoedd erbyn y pryd hwnnw. Yn anffodus, daeth gwendidau strwythurol a diffygion eraill yn y cynllun a'r adeiladwaith i'r amlwg yn fuan wedyn, a bu raid gwneud gwaith sylweddol ar yr adeilad cyn pen ugain mlynedd; cynlluniwyd y gwaith newydd, oedd o faint llawer mwy, gan Ivan Dale Owen o Bartneriaeth Percy Thomas. Mewn llai nag ugain mlynedd yr oedd yr adeilad yn rhy fach i ddal y llyfrgell 'weithredol'. Ailagorwyd yr estyniad yn ffurfiol gan Dywysog Cymru ar 21 Mehefin 1984.

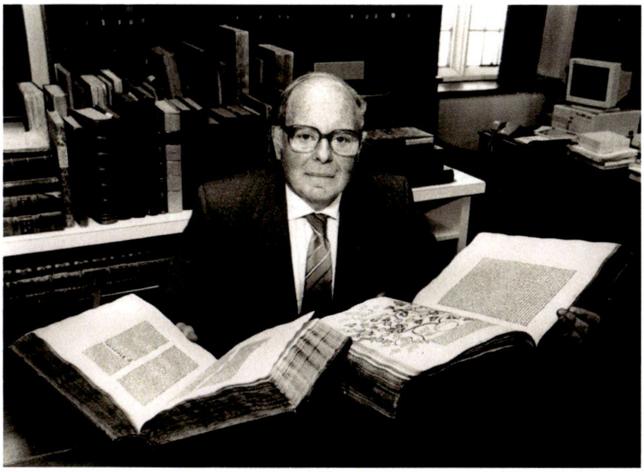

Robin Rider, is-lyfrgellydd a cheidwad cyntaf y Casgliadau Arbennig

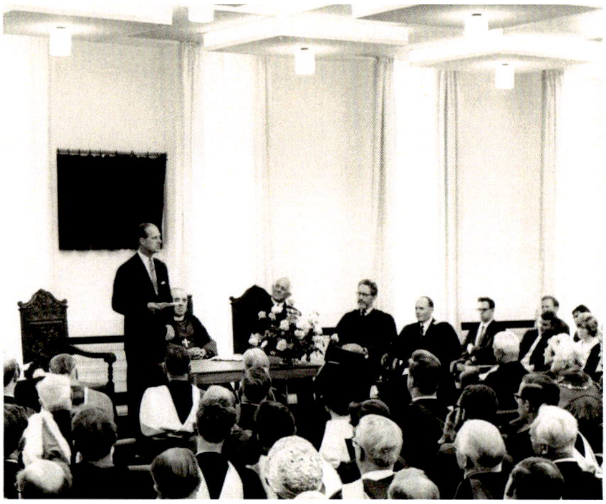

Ei Uchelder Brenhinol Dug Caeredin yn agor y llyfrgell newydd, 7 Gorffennaf 1966

Er i'r Llyfrgell Gymraeg gael ei throsglwyddo i'r adeilad newydd yn 1966, arhosodd y 'Casgliadau Sylfaen' yn yr hen lyfrgell. Bendith gymysg, braidd, oedd trosglwyddo'r Llyfrgell Gymraeg. Ychydig o ddefnydd, rhaid cyfaddef, oedd wedi cael ei wneud ohoni yn ei chartref gwreiddiol (yr oedd llawer o fyfyrwyr yn anwybodus braf o'i lleoliad a hyd yn oed o'i bodolaeth). Fodd bynnag, pan drosglwyddwyd hi fe'i cyfunwyd â'r prif gasgliad, ac felly, er ei bod yn fwy hygyrch, fe gollodd ei hundod. Arhosodd y Casgliadau Sylfaen yn eu hen gartref tan flynyddoedd cynnar yr unfed ganrif ar hugain, dan reolaeth ofalus Robin Rider, a ymgymerodd, wedi iddo ymddeol fel is-lyfrgellydd yn 1989, â swyddogaeth curadur mygedol y casgliadau hanesyddol, sydd bellach wedi'u hailenwi'n 'Llyfrgell y Sylfaenwyr', a'r Parch. Ddr David Selwyn, darlithydd mewn Hanes Eglwysig, yn geidwad y casgliad. Dan eu gofal hwy, am y tro cyntaf daethpwyd i sylweddoli fwyfwy ehangder a gwerth hanesyddol y casgliad, a'i botensial o ran ymchwil academaidd.

Eto, er mor ddeniadol oedd yr hen lyfrgell, yn sicr nid oedd yn gartref addas i gasgliad mor bwysig. Yn 2000 archwiliodd y Comisiwn Llawysgrifau Hanesyddol yr adeilad, a datgan ei fod yn 'anaddas i'w ddiben'. Yr oedd y cyfuniad o helaethder y gwaith coed, rheolaeth annigonol ar dymheredd a lleithder, cyfarpar trydanol amheus a diffyg allanfeydd tân yn ei wneud yn 'beryglus o safbwynt tân' ac fe ddyfarnwyd, sut bynnag y câi ei addasu, na ellid byth wneud yr adeilad yn addas i ddal y casgliadau a gynhwysai. Dywedodd y Comisiwn y byddai'n fodlon rhoi arweiniad, cefnogaeth a chyngor ynghylch unrhyw gynlluniau drafft a wneid ar gyfer adeilad newydd, pwrpasol i'r casgliad.[29] Byddai'n rhai blynyddoedd yn ddiweddarach cyn y gellid gweithredu ar yr adroddiad, ond yr oedd yn amlwg ar ôl 2000 fod dyddiau'r hen lyfrgell wedi'u rhifo.

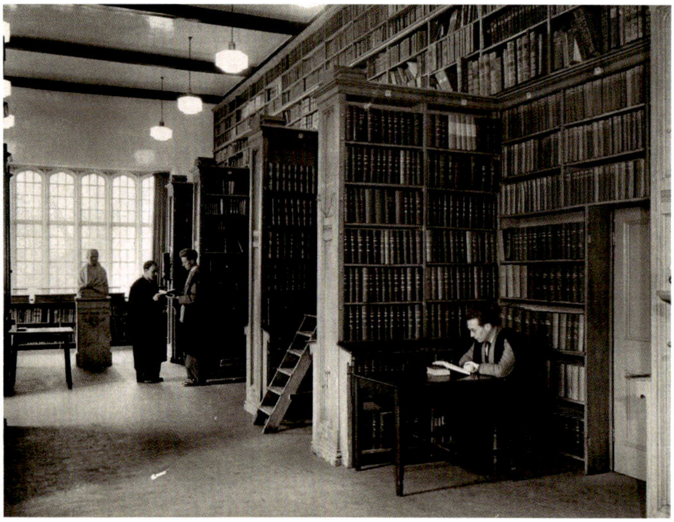

Yr Hen Lyfrgell – Llyfrgell y Sylfaenwyr bellach – yn y 1950au

Drwy fod dau beth wedi cyd-ddigwydd bu modd gwireddu argymhelliad y Comisiwn. Darparwyd cyllid ar gyfer cael Canolfan Ymchwil a Llyfrgell wedi'u hadeiladu i'r pwrpas gan Gyngor Cyllido Addysg Uwch Cymru drwy ei Gronfa Seilwaith Ymchwil Wyddonol, a thrwy gymynrodd hael gan Roderic Bowen, CF, cyn Aelod Seneddol dros sir Aberteifi a Llywydd Cyngor Coleg Prifysgol Dewi Sant, 1977–92. Wedi'i gynllunio gan Harri James o bractis pensaernïol James, Jenkins, Thomas yn Aberystwyth, adeiladwyd y cyfleuster newydd i gwrdd â'r holl ofynion caeth ar gyfer darparu lleoliad i archifau a llyfrau printiedig cynnar a osodir gan y Safonau Prydeinig ar gyfer cadwrfeydd o'r fath. Agorwyd y Llyfrgell yn swyddogol ar 17 Hydref 2008 gan Brif Weinidog Cymru, y Gwir Anrhydeddus Rhodri Morgan, CG, AC, a oedd ei hun yn raddedig o Rydychen a Harvard. O ystyried ei gymynrodd, rhoddwyd yr enw Llyfrgell ac Archifau Roderic Bowen ar y cyfleuster newydd. Cafodd yr hyn y gellir bellach ei alw wrth yr enw 'Casgliadau Arbennig' ei symud o hen Lyfrgell y Sylfaenwyr gan Harrow Green, y cwmni a ddefnyddiwyd i symud casgliadau'r Llyfrgell Brydeinig i'w cartref newydd yn St Pancras. Yn unol â'r 'arferion gorau' trefnwyd y llyfrau yn ôl rhoddwr; felly, er enghraifft, adferwyd undod rhoddion Burgess a Phillips.

Yn gysylltiedig â hanes diweddar y llyfrgell y mae hynt a helynt archifau'r brifysgol. Yr oedd y Prifathro Llewellyn Bebb, ac yntau'n awyddus i ddiogelu deunydd a ddangosai hanes y coleg, wedi apelio am roddion o lyfrau a phapurau a fyddai'n sail i archif. Ni fyddai dim byd trefnus yn cael ei wneud am yr hanner canrif dilynol hyd nes i'r Parch. William Price, a benodwyd yn ddarlithydd mewn Hanes yn 1970 (ac yn uwch-ddarlithydd o 1987), wrth iddo ymgymryd â llunio hanes y coleg, ddechrau rhoi at ei gilydd yr hyn fyddai'n archif y brifysgol ac yntau ei hun yn archifydd cyntaf, er mai swydd fygedol ydoedd. Arhosodd Price yn y coleg hyd nes iddo symud i fod yn ficer Cydweli yn 1997, a'r archif yn ei gyfnod ef yn cael ei roi mewn bocsys a'i gadw yn yr Adran Hanes. Fe'i holynwyd gan olygydd y gyfrol hon, a ymunodd â'r staff academaidd y flwyddyn honno. Yn ystod ei gyfnod ef yn y swydd symudwyd yr archif i hen leoliad y Llyfrgell Gymraeg, oedd wedi cael ei adael yn wag yn 1966, a darparwyd silffoedd priodol. Ymddeolodd Robin Rider fel Curadur y Casgliadau Arbennig yn 1994. Yn nes ymlaen, cyfunwyd swyddogaethau'r curadur a'r archifydd am gyfnod byr, â Dr Nigel Yates (1944–2009), Athro Hanes Eglwysig (2005–9) a chyn-Archifydd Swydd Gaint fel ceidwad y Casgliadau Arbennig. Lluniodd Yates y catalog cyntaf o gofnodion swyddogol y

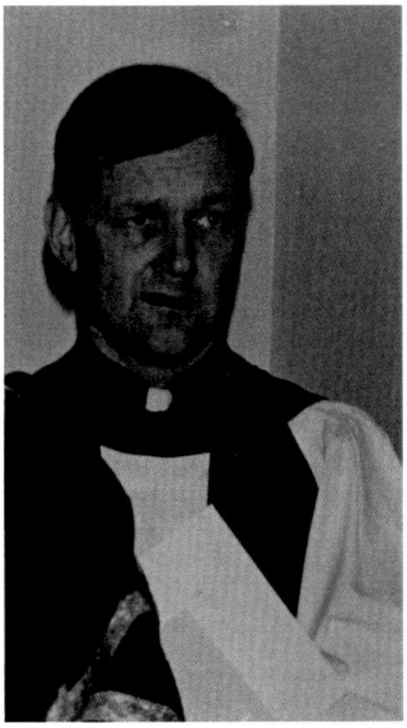

Y Parch. Ganon Dr D. T. W. Price, archifydd cyntaf y brifysgol

Plac sy'n coffáu agoriad swyddogol Llyfrgell Roderic Bowen gan Rhodri Morgan, Prif Weinidog Cymru, 17 Hydref 2008

brifysgol yn 2007; fe'i diweddarwyd yn 2018. Yna, lluniwyd catalogau o Archif y Llyfrgell (2017) ac o'r Archif Ffotograffau toreithiog (2018) gan Archifydd y Casgliadau Arbennig, Sarah Roberts, a oedd wedi diwygio a diweddaru catalog 2007. Mygedol, i raddau helaeth, ac o anghenraid rhan amser oedd Price, Morgan-Guy a Yates i gyd, a chanddynt swyddi academaidd yn y brifysgol. Adeg ysgrifennu'r sylwadau hyn ceir Llyfrgellydd Casgliadau Arbennig llawn amser, Ruth Gooding, a olynodd Peter Hopkins, a wnaeth waith mawr ar ailwerthuso rhodd Phillips ac a fu'n gyfrifol i raddau helaeth am ailgrynhoi casgliadau Burgess a Phillips; a hefyd Archifydd Casgliadau Arbennig, Nicky Hammond, a olynodd Sarah Roberts yn y swydd.

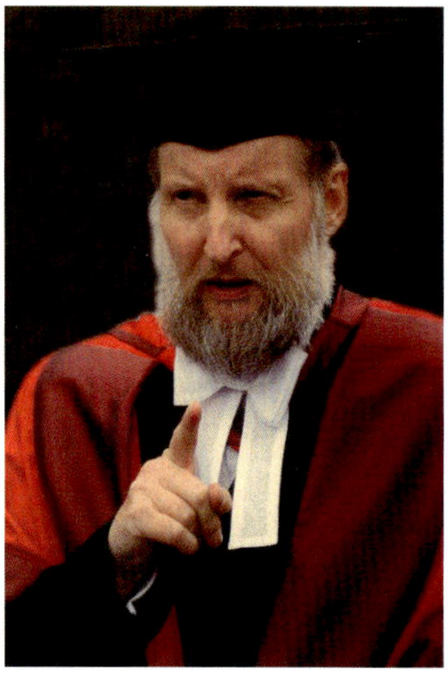

Yr Athro Nigel Yates, Athro Hanes Eglwysig a cheidwad y Casgliadau Arbennig

Er 1966, ac yn enwedig er canol y 1980au, y mae'r rhai oedd yn gyfrifol am y casgliadau arbennig wedi llunio llawer o arddangosfeydd gan dynnu ar y deunydd sy'n cael ei gadw, ac yn y blynyddoedd diwethaf hyn y mae'r rhain wedi cyrraedd cynulleidfa ehangach, diolch i'r We fyd-eang. Adeg daucanmlwyddiant sefydlu Coleg Dewi Sant, y mae gwaith yr hyn a elwir er 2008 yn Llyfrgell ac Archifau Roderic Bowen ar gampws Llanbedr Pont Steffan Prifysgol Cymru Y Drindod Dewi Sant yn parhau i ddatblygu ac ehangu.

*John Morgan-Guy*

O Edward Young, *The complaint, and the consolation; or, Night thoughts*, 1797, darluniwyd gan William Blake

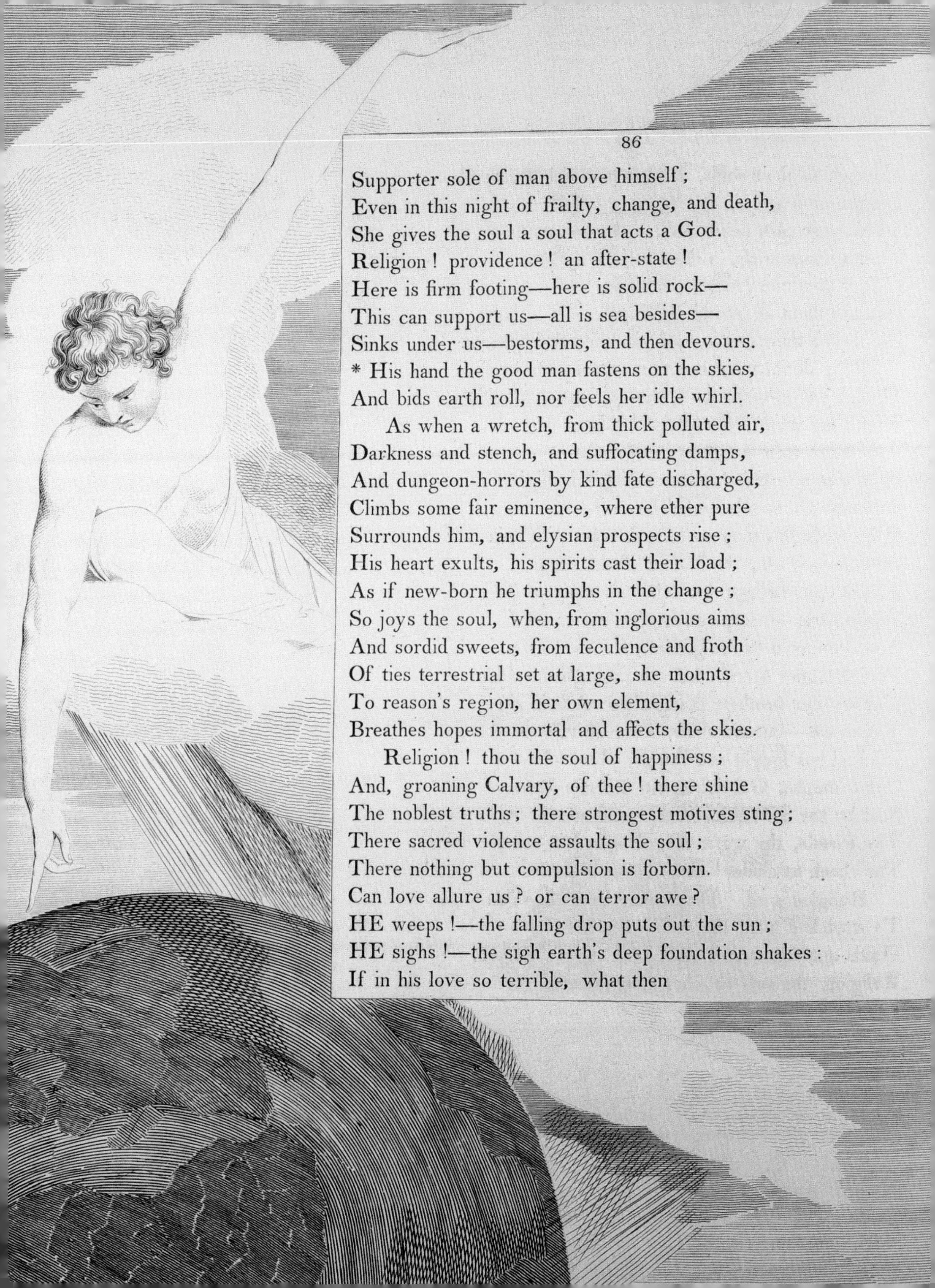



Supporter sole of man above himself;
Even in this night of frailty, change, and death,
She gives the soul a soul that acts a God.
Religion! providence! an after-state!
Here is firm footing—here is solid rock—
This can support us—all is sea besides—
Sinks under us—bestorms, and then devours.
* His hand the good man fastens on the skies,
And bids earth roll, nor feels her idle whirl.
As when a wretch, from thick polluted air,
Darkness and stench, and suffocating damps,
And dungeon-horrors by kind fate discharged,
Climbs some fair eminence, where ether pure
Surrounds him, and elysian prospects rise;
His heart exults, his spirits cast their load;
As if new-born he triumphs in the change;
So joys the soul, when, from inglorious aims
And sordid sweets, from feculence and froth
Of ties terrestrial set at large, she mounts
To reason's region, her own element,
Breathes hopes immortal and affects the skies.
Religion! thou the soul of happiness;
And, groaning Calvary, of thee! there shine
The noblest truths; there strongest motives sting;
There sacred violence assaults the soul;
There nothing but compulsion is forborn.
Can love allure us? or can terror awe?
HE weeps!—the falling drop puts out the sun;
HE sighs!—the sigh earth's deep foundation shakes:
If in his love so terrible, what then

1 Mae'r cyflwyniad hwn yn ddyledus i waith ymchwil y Parch. Ganon Ddr D. T. William Price pan oedd yn uwch-ddarlithydd mewn Hanes ac yn Archifydd y Brifysgol; cyhoeddwyd ffrwyth ei ymchwil yn D. T. W. Price, *A History of Saint David's University College, Lampeter: Volume 1, to 1898* a *Volume 2, 1898–1971* (Cardiff: University of Wales Press, 1977, 1990).

2 Rhoes Bowdler hefyd set fawr o brintiau William Hogarth, sy'n parhau i fod yng nghasgliad y llyfrgell.

3 Yn ôl Ivan Roots (1921–2015), arbenigwr cydnabyddedig ar gyfnod Cromwell, ac Athro mewn Hanes ym Mhrifysgol Caerwysg o 1967 ymlaen, y dangosais y casgliad hwn iddo yng nghanol y 1960au, yr oedd yn un o'r casgliadau pwysicaf o'i fath yn y wlad.

4 Rhoddodd Bowdler hefyd beintiad o'r Forwyn a'r Mab yn allorlun i'w eglwys blwyf, Eglwys y Santes Fair, yn Abertawe. Tybid yn wreiddiol mai gwaith Ludovico Carracci (1555–1619) ydoedd ond mae'n fwy tebygol mai gwaith Giovanni Battista Salvi de Sassoferrato (1609–85) ydoedd. Dichon iddo fod yn wreiddiol yng nghasgliad yr hynafiaethydd Syr Robert Cotton, yr oedd gan Dr Bowdler gysylltiad â'i deulu. Dinistriwyd y llun yn y blits yn 1941, ond mae ffotograff cynnar ohono wedi goroesi yng nghasgliad y Sefydliad Brenhinol, Abertawe.

5 Jeremy Taylor, *A vindication of the sacred order and offices, divine institution, apostolical tradition, and Catholick practice of episcopacy* (London: printed for Austine Rice, 1660). Nid yw'r gwaith wedi'i restru yn Donald Wing, *Short-title Catalogue of Books Printed in England, Scotland, Ireland, Wales and British America, and of English Books printed in other Countries, 1641–1700* (1945–5; wedi'i ddiwygio o'r newydd, 4 cyfrol, New York: Modern Language Association of America, 1972–98), a elwir yn gyffredin yn ESTC, nac mewn llyfryddiaethau safonol o weithiau Taylor.

6 Yr oedd John a nai Burgess, William, ill dau'n danysgrifwyr cynnar i Gronfa Adeiladu'r coleg. John a thad Thomas, William, oedd wedi anfon John i Lundain i sefydlu'r busnes. Frank George, *Anchovy Paste by Appointment: The History of John Burgess and Son, and a Guide to Collecting Victorian Fish Paste Pot Lids* (printed for the author, 1976).

7 Y mae ei bortread, sydd â'r lle amlycaf yn Hen Neuadd Adeilad Dewi Sant y coleg, yn dangos yr esgob yn troi tudalennau testun Hebraeg yr Hen Destament.

8 E. A. Varley, 'Barrington, Shute (1734–1826)', *Oxford Dictionary of National Biography* (Oxford: Oxford University Press, 2009).

9 Yr oedd yr hyn a ddaeth wedyn yn Brunswick Square yn rhan o diroedd y Foundling Hospital yn wreiddiol, tir a brydleswyd ar gyfer tai i godi arian i'r sefydliad yn 1790. Codwyd y tai gan James Burton rhwng 1795 ac 1802, ac felly roeddent yn gymharol newydd pan ddaeth Rhif 5 i feddiant Phillips. Heddiw, nid erys dim o'r tai gwreiddiol; y mae safle Rhif 5 bellach yn rhan o Hostel Ryngwladol Prifysgol Llundain – rhywbeth a fyddai'n siŵr o fod wedi plesio Phillips. Bydd darllenwyr selog gweithiau Jane Austen yn cofio i John ac Isabella Knightley yn *Emma* ymgartrefu yn Brunswick Square.

10 Fe bery'r llosgfynydd yn fyw, fel y tystia'r echdoriad yng ngwanwyn 2021.

11 Ac yntau heb blant na pherthnasau agos o'i eiddo ei hun, fe gymynroddodd Phillips y blanhigfa i John Whirrall o Pipton, sir Faesyfed, a Richard Whirrall o Wasanaeth Meddygol Bengâl.

12 John S. Harford, *The Life of Thomas Burgess* (London: Longman, Orme, Brown, Green and Longman, 1840), t. 135.

13 Gweler, er enghraifft, Simon Schama, *The American Future* (London: Vintage Books, 2009), t. 182.

14 Steven Brindle, *Brunel: The Man who Built the World* (London: Weidenfeld and Nicolson, 2005), t. 5.

15 Gwnaed Fort Cunar, a gipiwyd gan Gwmni India'r Dwyrain yn 1772, yn storfa ar gyfer magnelau a ffrwydron rhyfel.

16 Price, *History, Vol. 1*, t. 182.

17 Cyfathrebiad personol, 13 Awst 2013.

18 Yr wyf yn ddiolchgar i Peter Hopkins, a fu gynt yn Llyfrgellydd Casgliadau Arbennig yn Llyfrgell Roderic Bowen, a ddaeth â'r gwaith hwn i'm sylw yn 2010.

19 Yr oedd newidiadau Cockerell yn cynnwys y grisiau cain i'r llyfrgell ar y llawr cyntaf – grisiau allanol, mwy ymarferol na phrydferth, oedd yno cynt – a'r hyn a ddynodir erbyn hyn yn Ystafell Rider, dros yr hyn a oedd wedi'i gynllunio'n wreiddiol fel ystafell ddarlithio, ond a ddefnyddid wedi hynny fel y Llyfrgell Gymraeg, ac ystafell gyffredin.

20 Cyfres o orielau'n rhedeg ar draws brigau'r silffoedd llyfrau gwreiddiol oedd yr unig newid sylweddol. Yr oedd yr orielau cul, â'u setiau pensyfrdan o saith silff yn cyrraedd y nenfwd, a hynny i gyd yn anghymell defnydd, i raddau helaeth yn cynnwys casgliadau hanesyddol y coleg, a'r silffoedd gwreiddiol yn cael eu defnyddio ar gyfer y llyfrgell weithredol.

21 Ibid.

22 Price, *History, Vol. 1*, t. 184.

23 Gwaddolwyd y gadair gan Thomas Phillips dan delerau ei ewyllys.

24 Mae'r hyn sy'n dilyn yn ddyledus iawn i bennod Wyn Thomas, 'The Welsh Library: National Institution or Aladdin's Cave?', yn Keith Robbins a John Morgan-Guy, gydag Wyn Thomas (goln), *A Bold Imagining: University of Wales Lampeter. Glimpses of an Unfolding Vision 1827–2002* (Lampeter: University of Wales Lampeter, 2002), tt. 67–76.

25 Nid oedd hyd yn oed John Owen, Athro'r Gymraeg 1879–85 a phrifathro 1892–7, ac yntau'n rhugl yn y Gymraeg ei hun, yn annog defnyddio'r iaith yn y coleg.

26 Wyn Thomas, 'Welsh Library', tt. 75–6.

27 J. R. Lloyd Thomas, *Moth or Phoenix? St David's College and the University of Wales and the University Grants Committee* (Llandysul: Gomer Press, 1980).

28 Profiad personol!

29 Adroddiad a gyflwynwyd i'r cofrestrydd academaidd ar y pryd, Dr Thomas Roderick, ac a roddwyd gerbron Grŵp Llyfrgell ac Archifau'r Sylfaenwyr ar 10 Tachwedd 2000.

# TRYSORAU

Casgliadau Arbennig

Prifysgol Cymru Y Drindod Dewi Sant

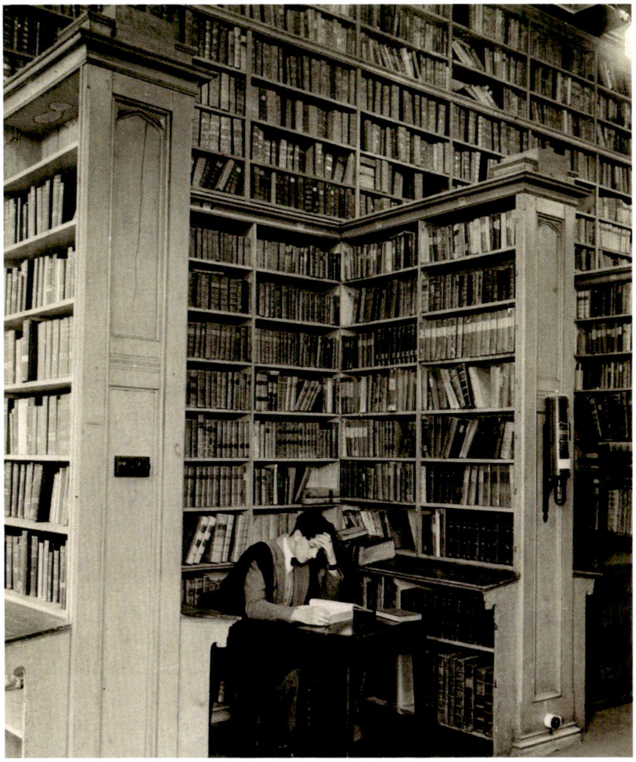

# Cwadrangl Sioraidd Gothig Cain[1]

## Siarter Brenhinol 1828

Mae dwy garreg sylfaen i'r sefydliad a ddechreuodd ei fywyd dan yr enw Coleg Dewi Sant, Llanbedr Pont Steffan, yn ystod teyrnasiad y Brenin Siôr IV (1820–30): un yn garreg sylfaen lythrennol a'r llall yn drosiadol. Y garreg lythrennol yw'r un a osodwyd – mewn seremoni Fasonaidd ddiwygiedig – gan Thomas Burgess, esgob Tyddewi a chanon Durham, ar 12 Awst 1822, diwrnod pen blwydd y Brenin Siôr IV. Y garreg drosiadol yw'r Siarter Brenhinol, wedi'i roi gan y brenin ar 6 Chwefror 1828, flwyddyn, bron, ar ôl i'r myfyrwyr cyntaf gael eu derbyn, er nad oedd yr adeilad wedi'i orffen yn llwyr ar y pryd. Roedd safle'r coleg ar gyrion tref farchnad fechan Llanbedr Pont Steffan yn sir Aberteifi wedi'i gyflwyno (am gydnabyddiaeth o £100) gan Arglwydd y Faenor, John Scandrett Harford, a'i ddau frawd i'r Esgob Burgess, John Jones o Derry Ormond gerllaw, a thirfeddiannwr lleol arall, Herbert Evans o Highmead, Llanwenog. Roedd y safle ei hun yn lleoliad hanesyddol; dyma Faes y Castell, ag olion mwnt pridd y castell Normanaidd yn dal yno hyd heddiw. Ni thrafodwn yma'r garreg sylfaen lythrennol, a hithau wedi'i chladdu'n gyflym wrth i'r adeilad godi uwch ei phen hyd nes y gwelodd olau dydd eto ym mis Ionawr 1976, a'i datgelu unwaith yn rhagor yn 2021. Adroddwyd hanes 12 Awst 1822 a gwaith cloddio 1976 gan Austen Wilks yn ei gyfrol *The Foundation Stone of St David's University College*.[2]

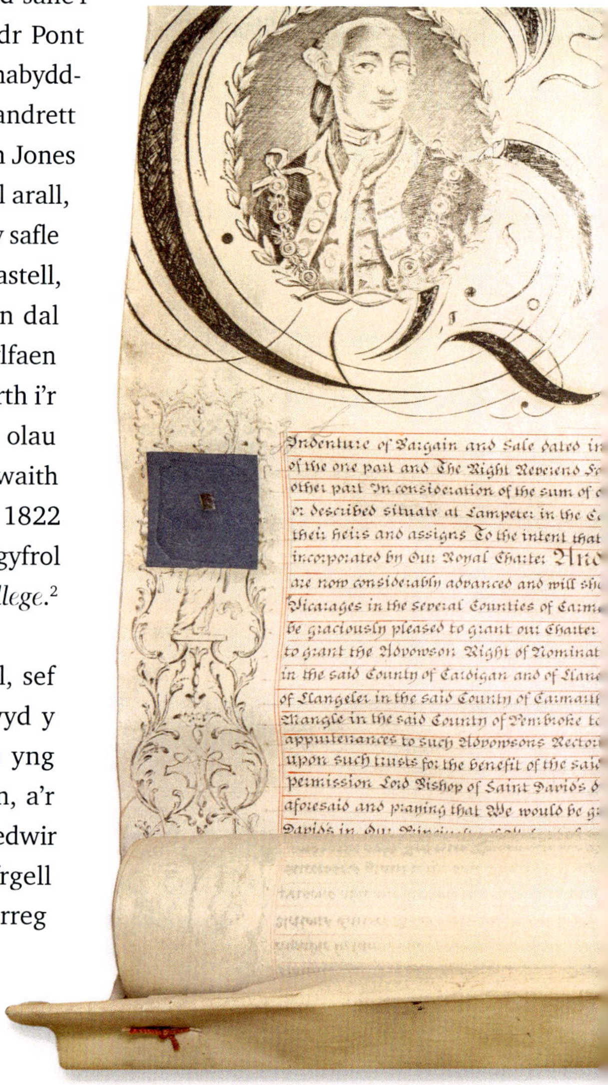


Mae cyfle i drafod y garreg sylfaen drosiadol, sef y Siarter Brenhinol, yn y gyfrol hon; casglwyd y gwreiddiol o Lundain gan olynydd Burgess yng Ngholeg Dewi Sant, sef John Banks Jenkinson, a'r prifathro cyntaf, Dr Llewelyn Lewellin, ac fe'i cedwir yng ngofal cadarn yr ystafell ddiogel yn Llyfrgell Roderic Bowen. Mae'r siarter yn bendant yn garreg sylfaen, gan fod pob siarter wedi hynny – ac fe gafwyd cryn nifer ohonynt, gan gynnwys un yn 1852 a ganiatâi i'r coleg roi graddau BD, ac un yn 1865 a awdurdodai roi graddau BA – wedi adeiladu ar y siarter gwreiddiol hwnnw, ac/neu wedi cyfeirio'n ôl ato. Campws Llanbedr Pont Steffan Prifysgol Cymru Y Drindod Dewi Sant yw etifedd a disgynnydd uniongyrchol Coleg Dewi Sant, a ddaeth yn ddiweddarach yn Goleg Prifysgol Dewi Sant, ac yna'n Brifysgol Cymru, Llanbedr Pont Steffan. Gan fod dyddiad ei sefydlu ar ben blwydd y Brenin Siôr IV yn 1822, gall hawlio blaenoriaeth dros brifysgolion Durham a Llundain; dyma'r sefydliad colegol hynaf ar ôl Rhydychen a Chaer-grawnt, sef prifysgolion yr oedd ganddo berthynas agos a hirhoedlog â hwy.

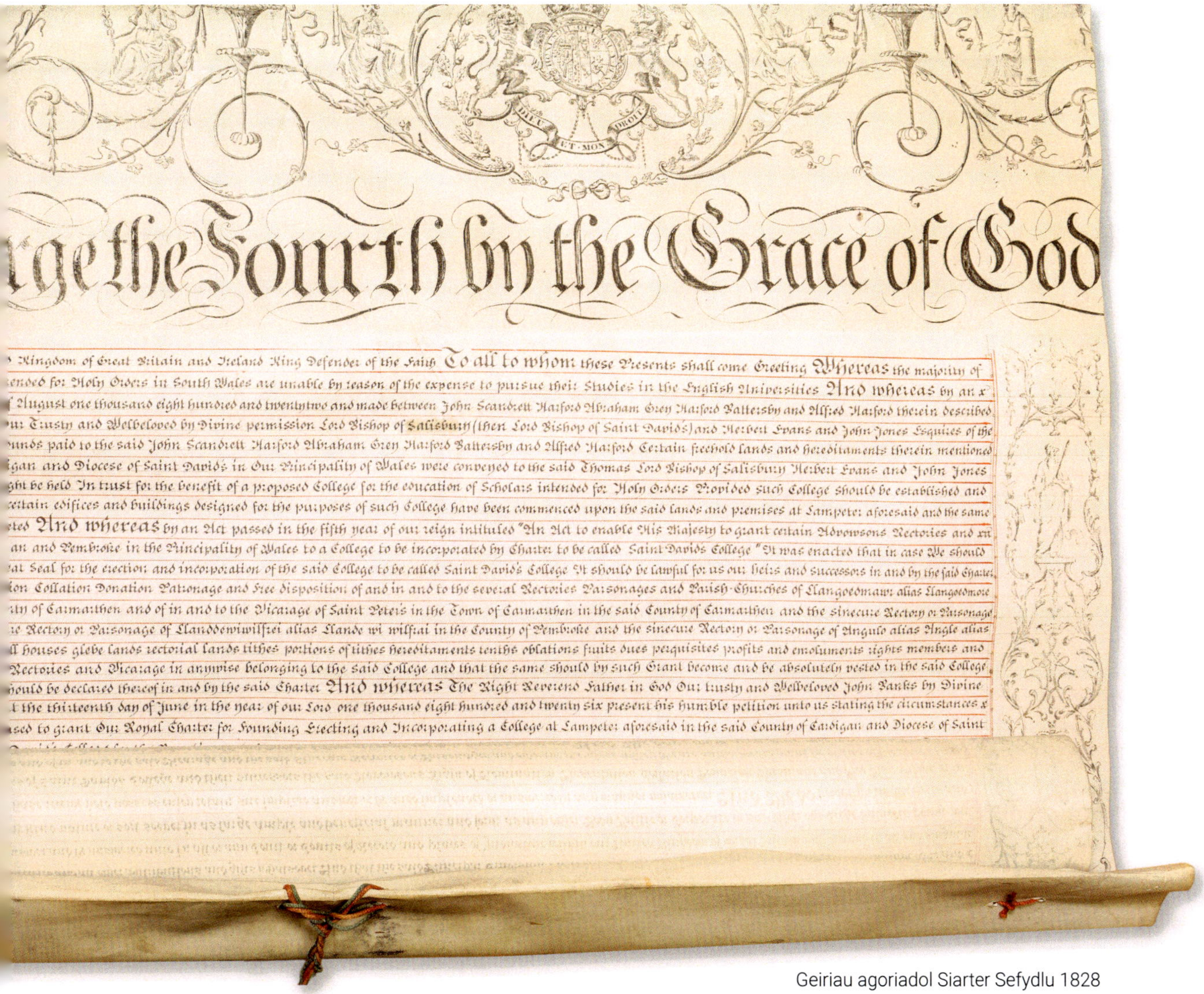


Geiriau agoriadol Siarter Sefydlu 1828

Y Sêl Frenhinol a atodwyd wrth
y Siarter Sefydlu

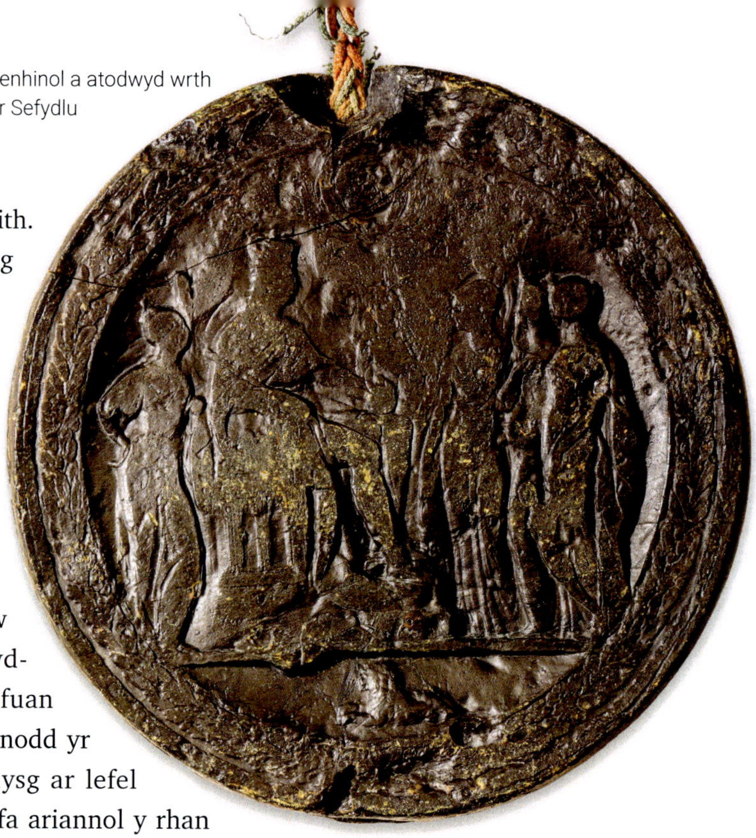

Mae Siarter 1828 yn ddogfen faith. Mae hyd yn oed ei ffurf brintiedig fodern yn llenwi pedair tudalen ar ddeg.[3] Ar un lefel mae iddo naws diwedd y ddeunawfed ganrif a chyfnod y Rhaglywiaeth, sef y cyfnod y ganed ac y magwyd ei sefydlwyr ynddo. Gofidiai'r Esgob Burgess am safonau addysg isel llawer o'r rhai a gyflwynai eu hunain i'w hordeinio yn yr Eglwys Sefydledig yn ei esgobaeth, ac yn fuan ar ôl cael ei gysegru, penderfynodd yr Esgob sefydlu coleg i roi addysg ar lefel prifysgol iddynt gan fod sefyllfa ariannol y rhan fwyaf ohonynt yn eu rhwystro rhag cael addysg o'r fath. Gobaith a bwriad yr Esgob a'i gefnogwyr oedd y byddai Llanbedr Pont Steffan yn darparu'r addysg hon. Gan fod y rhan fwyaf o'i fyfyrwyr yn 1827, ac am dros ganrif wedi hynny, yn bwriadu cymryd Urddau Eglwysig (a hynny wedi'i adlewyrchu yn Siarter 1828), fe'i hystyrid am gryn amser yn ddim mwy na choleg diwinyddol. Ac eto ni fu'n hynny erioed, gan i Burgess sicrhau na osodid unrhyw brawf crefyddol ar ei ddarpar fyfyrwyr. Yng ngeiriau un o haneswyr y coleg, yr Athro William Gibson, ac yntau ei hun yn gyn-fyfyriwr: 'Burgess had founded an institution from which those from Nonconformist churches and those intending to enter other professions were not excluded.'[4] Yn wir, nid oes sôn am brawf crefyddol yn yr un o gymalau a pharagraffau Siarter 1828. Yn hyn o beth mae'n unigryw; yn y cyfnod hwn parheid i roi prawf o'r fath i'r rhai a oedd i'w derbyn i Rydychen a Chaer-grawnt.

Mewn gwirionedd, John Scandrett Harford oedd wedi bwrw ati gyntaf i geisio sicrhau Siarter Brenhinol. Mae digon o dystiolaeth am hynny yng nghofnodion dyddiaduron pensaer y coleg, C. R. Cockerell. Cafodd Harford wasanaeth cyfreithiwr yn Llundain o'r enw Edward Plumtree i lunio darpariaethau'r siarter. Fel y dywedodd un arall o haneswyr y coleg, William Price: 'Mr Plumtree does not appear to have attempted to reconcile the charter with actual conditions in 1828.' Ymhlith anghysonderau eraill, nodir: 'the names of the staff as given in the charter did not wholly correspond with

reality'. Roedd y siarter wedi cynnwys cadeiriau athrawon a oedd yr adeg honno, os nad yn gyfan gwbl ffuglennol, yna yn sicr yn destun gobaith neu fwriad yn hytrach na realiti – cadeiriau mewn Gwyddoniaeth a Chemeg, a Mathemateg.[5] Fodd bynnag, dengys y pynciau hyn beth oedd gan sylfaenwyr Coleg Dewi Sant mewn golwg o'r cychwyn cyntaf: cwricwlwm eang. Mae'n werth cadw mewn cof mai banciwr blaenllaw o Fryste oedd John Scandrett Harford, a bod John Jones yntau yn fab i lawfeddyg yn Llundain. Roedd yr Esgob Burgess ei hun yn fab i groser, ac roedd ei frawd John yn dal i fasnachu'n eang o eiddo yn y Strand yn Llundain. Nid dynion cul eu profiad neu gyfyng eu gweledigaeth oeddent, nac felly ychwaith y Brenin Siôr ei hun, er gwaethaf y straeon diarhebol amdano fel arall. Roedd ef yn bersonol yn gymwynaswr hael i'r coleg newydd – ei arfbais frenhinol sy'n addurno'r tŵr a elwir bellach yn Adeilad Dewi Sant. Er na sonnir am hyn yn unman, mae'n bosibl nad mympwy yn unig oedd gobaith y sefydlwyr y gellid ei alw'n 'Coleg Dewi Sant y Brenin ger Llanbedr Pont Steffan'.

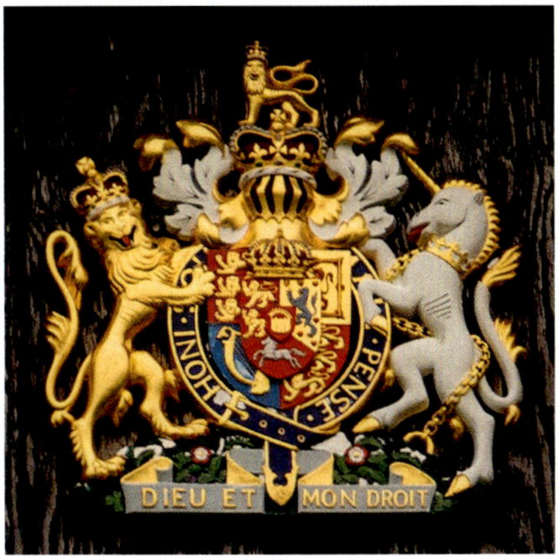


Arfbais y Brenin Siôr IV ar dŵr Adeilad Dewi Sant.
*Dilyswyd gan Thomas Lloyd, Herodr Arbennig Cymru*

Mae hi felly braidd yn eironig nad pen Siôr IV sydd ar Siarter 1828 ond yn hytrach ben ei dad, Siôr III, a fu farw wyth mlynedd cyn hynny. Roedd rhywun yn amlwg yn arbed arian, ac yn defnyddio rhai 'gwag' o'r teyrnasiad blaenorol!

*John Morgan-Guy*

1 'an elegant Georgian Gothic quadrangle': John Betjeman, Bardd Llawryfog, *The Spectator*, 11 Tachwedd 1955.

2 Austen Wilks, *The Foundation Stone of Saint David's University College* (Llandysul: Gwasg Gomer, 1976).

3 Anon. *The Charters, Special Statutes, and Ordinary Statutes of St David's College in the County of Cardigan* (Lampeter: Welsh Church Press, 1913).

4 William Gibson, *In a Class by Itself. The Fight for Survival of St David's College, Lampeter* (wedi'i argraffu'n breifat, 2007), t. 4.

5 Gwaddolwyd y Gadair mewn Gwyddoniaeth gan Thomas Phillips, cymwynaswr hael i'r coleg, o dan delerau ei ewyllys, a'i deilydd cyntaf, yn 1853, oedd Joseph Matthews, a oedd hefyd yn addysgu Mathemateg. Gweler D. T. W. Price, *A History of Saint David's University College, Lampeter: Volume 1, to 1898* (Cardiff: University of Wales Press, 1977), tt. 54–5.

# Golwg oddi Uchod

### Charles Robert Cockerell, Pensaer Coleg Dewi Sant

Ystyriai Charles Robert Cockerell ei hun yn hanner brodor o ardal y Môr Canoldir[1] ac yn artist o'i enedigaeth; ac yntau'n gyfaill i Byron, Ingres a Canova, efallai ei fod yn ymddangos yn ddewis annisgwyl fel pensaer coleg anghysbell yng Nghymru.

Ganed Cockerell yn Llundain ar 27 Ebrill 1788, yn drydydd o un ar ddeg o blant, ac roedd braidd yn amharod i ddilyn yn ôl troed ei dad, Samuel Pepys Cockerell. Roedd yn ŵyr i John Jackson, nai'r dyddiadurwr Samuel Pepys, a oedd yn bensaer a syrfëwr llwyddiannus. Ar ôl cael addysg breifat ac yna cofrestru yn Ysgol Westminster, bu Cockerell yn gweithio i'w dad am bum mlynedd cyn symud yn 1809 i swyddfeydd Robert Smirke, oedd yn ailadeiladu theatr newydd Covent Garden.

Y flwyddyn ganlynol cychwynnodd Cockerell ar y Daith Fawr a ddatblygodd, er iddi gael ei chynllunio'n wreiddiol fel taith bedair blynedd, yn saith o flynyddoedd mwyaf arwyddocaol a dylanwadol ei fywyd. Roedd Rhyfeloedd Napoleon wedi cau llawer o'r Cyfandir i dwristiaeth, felly i Gaer Cystennin yr aeth Cockerell gyntaf, gan deithio fel negesydd y brenin gyda chenadwri i'r llynges yn Cadiz a Malta. Aeth ymlaen i Wlad Groeg, gan gyrraedd Athen ym mis Mehefin 1810, lle cafodd ei groesawu gan gymdeithas gosmopolitaidd o ysgolheigion, artistiaid ac archaeolegwyr. Er gwaethaf y peryglon a'r caledi sy'n rhan annatod o deithio, gan gynnwys llety wedi'i heintio â fermin, llongddrylliadau ac ymosodiadau gan fôr-ladron, teithiodd Cockerell yn helaeth, gan dynnu lluniau a chloddio temlau a safleoedd hynafol. Yn 1811, ymwelodd â theml Jupiter Panhellenius ar ynys Aegina, ac yn ddiweddarach teithiodd i'r Peloponnese yn ne Gwlad Groeg, gan aros yn Olympia ac archwilio teml Apollo Epicurius yn Bassae. O ganlyniad i'w gloddio a'i astudiaethau, cafwyd nifer o ddarganfyddiadau pwysig, gan gynnwys ffris 102 troedfedd o hyd a dull Ïonig a oedd hyd hynny'n anhysbys yn Bassae, yn ogystal â'r defnydd o baent amryliw yn Aegina. Yn 1812, yn dilyn taith o amgylch safleoedd Helenistaidd yn Asia Leiaf, treuliodd Cockerell dri mis yn Sisili yn mesur ac yn tynnu lluniau o deml Jupiter Olympius yn Agrigento. Cyhoeddwyd y rhain yn ddiweddarach yng nghyfrol atodol Stuart a Revett, *The Antiquities of Athens* (1830).

Yn dilyn ymddiorseddiad cyntaf Napoleon ym mis Ebrill 1814, teithiodd Cockerell i Rufain, lle sicrhaodd ei ddarganfyddiadau enwog yng Ngwlad Groeg ei fod yn cael ei anrhydeddu gan y gorau o gymdeithas yr Eidal. Heidiodd deallusion, llysgenhadon, cenhadon ac artistiaid i weld y lluniau yr oedd yn paratoi i'w cyhoeddi. Yn 1816, tra



Charles Cockerell, gweddlun a chynllun o'r coleg fel y'i dychmygwyd c.1821–3

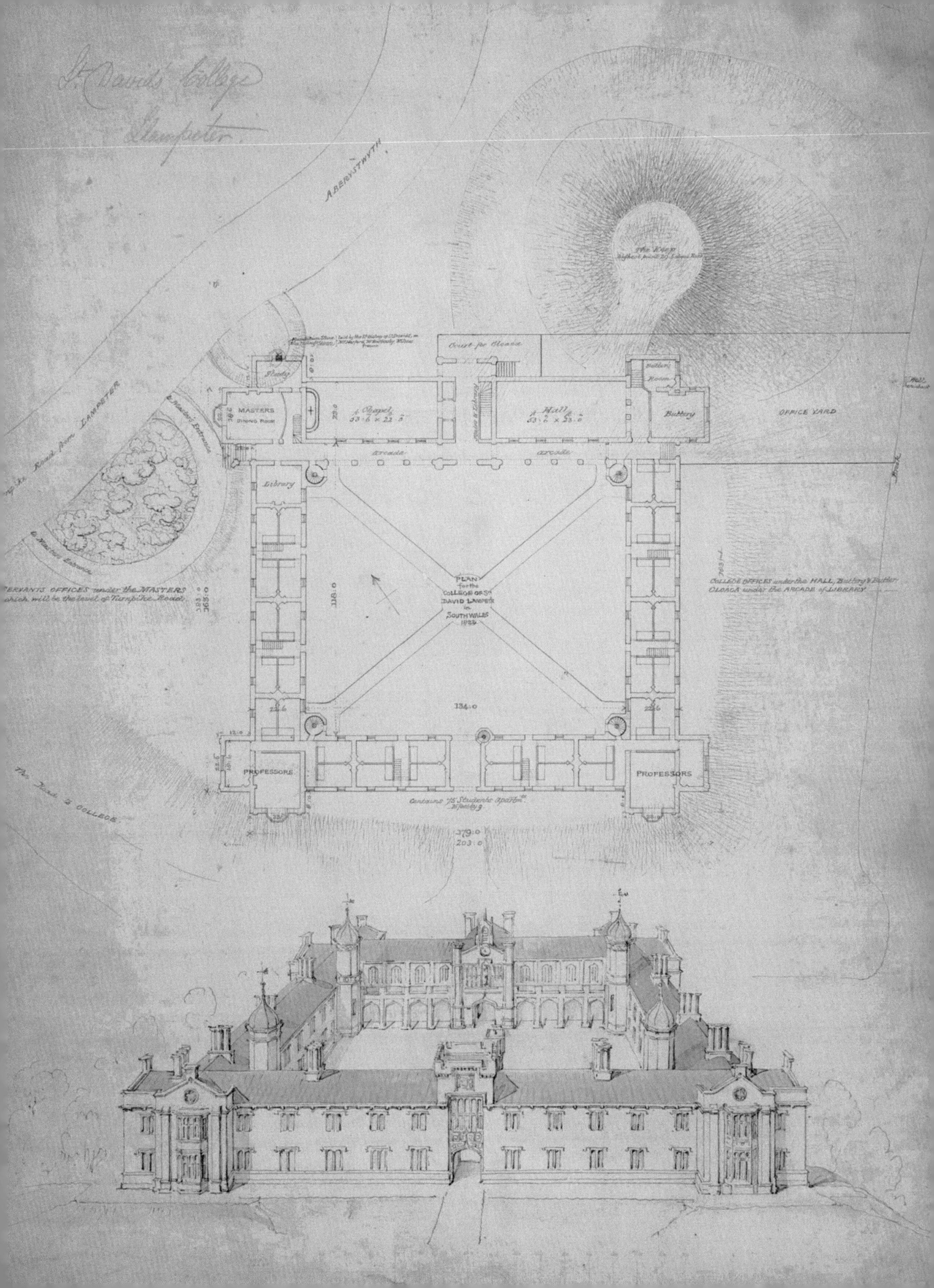

St. David's College
Lampeter.
ABERYSTWYTH
The Keep
Court for Cloaca
Study
MASTERS
DINING ROOM
Chapel
53·6 × 22·5
Hall
53·2 × 23·0
Buttery
OFFICE YARD
Arcade
Arcade
Library
PLAN
for the
COLLEGE OF St.
DAVID LAMPETER
in
SOUTH WALES
1822
SERVANTS OFFICES under the MASTERS
which will be the level of Turnpike Road.
COLLEGE OFFICES under the HALL, Buttery & Butler
CLOACA under the ARCADE of LIBRARY
PROFESSORS
PROFESSORS
Contains 75 Students apartm.ts
The Road to COLLEGE
134·0
138·0
279·0
203·0

oedd Cockerell yn byw yn Fflorens, cafodd ei berswadio gan ei dad i ymgymryd â'r gwaith o gynllunio palas i Ddug Wellington. Roedd ei brofiadau dros y blynyddoedd wedi ei wneud yn awdurdod ar bensaernïaeth glasurol, ond nid oedd wedi gwneud fawr ddim i wella ei arbenigedd ymarferol fel pensaer. Gan ei fod mor siomedig iddo fethu cynhyrchu cynllun boddhaol, ysgrifennodd at ei dad yn gofyn am ganiatâd i roi'r gorau i bensaernïaeth a bod yn artist. Gwrthodwyd y cais hwn ac ym mis Mehefin 1817 dychwelodd Cockerell i Lundain; eto, byddai ei deithiau yng Ngwlad Groeg yn cael dylanwad pellgyrhaeddol ar ei yrfa bensaernïol yn y dyfodol:

> I reflect on my travels in Greece which have opened my eyes enlarged [and] elevated my ideas . . . Greece has its merits which I feel now most powerfully. I see without prejudice. I am unconfined by the chains of school, I feel independent [and] free [and] have studied in a new [and] venerable field which has taught me the way to observe objects.[2]

Derbyniodd ei bractis ym Mayfair gomisiynau'n fuan iawn. Un o'i brosiectau cynnar oedd y Sefydliad Llenyddol ac Athronyddol ym Mryste, sefydliad yr oedd John Scandrett Harford o Gastell Blaise yn un o'i brif arweinyddion. Roedd Harford, ysgolhaig a chasglwr, cyfaill i'r Esgob Burgess a pherchennog ystad Peterwell yn Llanbedr Pont Steffan, yn ddylanwadol yng nghomisiwn Cockerell i gynllunio Coleg Dewi Sant. Cydweithiodd y ddau yn ddiweddarach ar lyfr ar Michelangelo, *Illustrations Architectural and Pictorial of the Genius of Michael Angelo Buonarroti*, oedd yn cynnwys traethawd deuddeg tudalen a ysgrifennwyd gan Cockerell i gyd-fynd â'i ddarluniau yn ail-greu cynlluniau Michelangelo ar gyfer Basilica Sant Pedr yn Rhufain.

Gwnaeth Cockerell y gyntaf o'i deithiau niferus i dref anghysbell Llanbedr Pont Steffan ym mis Rhagfyr 1821; ymwelodd â'r safle ar wyth achlysur arall rhwng Hydref 1823 a chysegru'r capel ym mis Awst 1827. Roedd yr Esgob Burgess wedi bod yn cynllunio ar gyfer coleg ers tro byd ac mae'n ymddangos ei fod wedi cysylltu â phenseiri eraill am gynlluniau. Yn ôl Cockerell, roedd wedi gwrthod y rhain ar y sail eu bod yn debyg i garchardai neu stablau yn hytrach na choleg. Roedd yr esgob wrth ei fodd gyda'r golwg o'r awyr a chynllun cyntaf y pensaer a oedd ar y dechrau'n cynnwys llwybr cloestr ar bob ochr i'r cwadrant; cyfyngwyd hwn yn ddiweddarach i'r ochr ogleddol yn unig. Hefyd, dyluniodd Cockerell brint o'r coleg i annog rhagor o roddion i'r cynllun adeiladu. Cynhyrchodd y gwaith yn Llanbedr Pont Steffan gomisiwn lleol arall ar gyfer Cockerell gan John Jones (1780–1835), aelod o bwyllgor rheoli Coleg Dewi

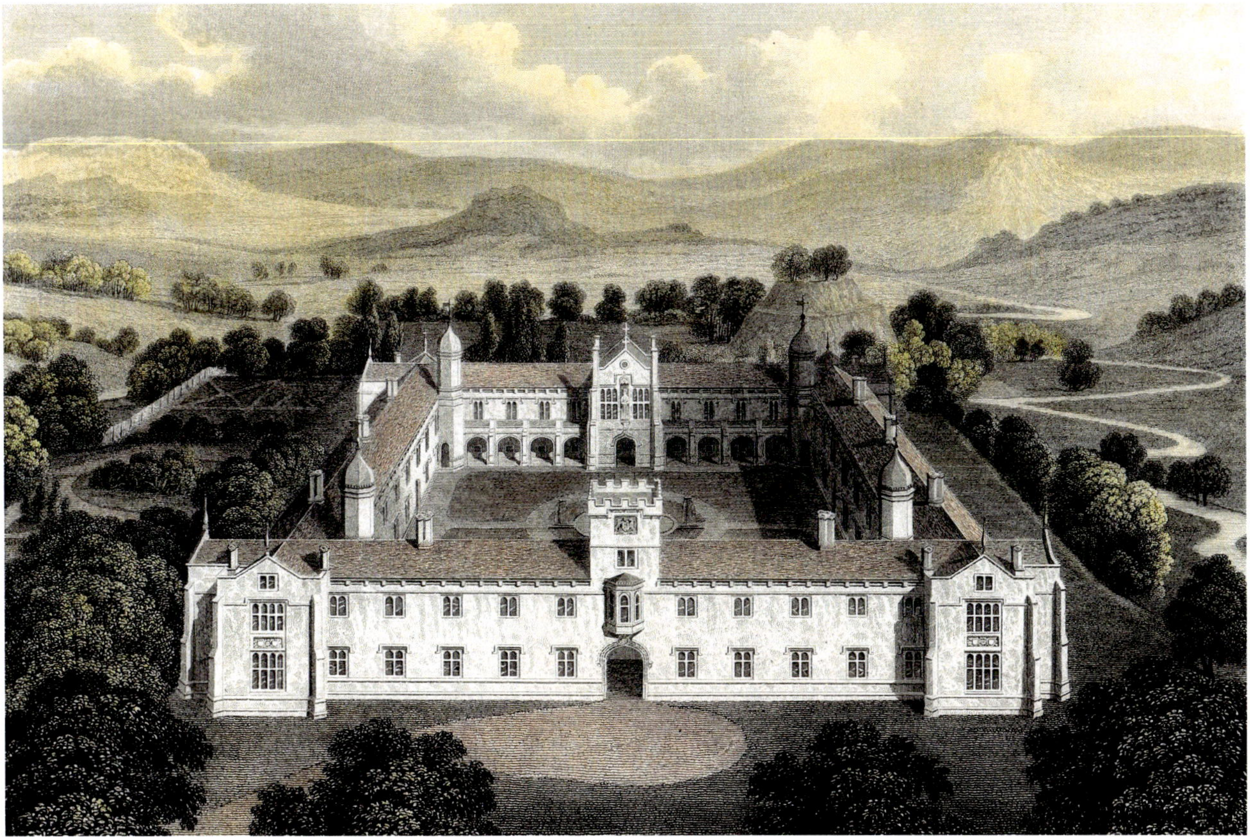

George Perfect Harding, Y coleg fel y'i dychmygwyd gan C. R. Cockerell, 1826. Harding oedd hefyd yn gyfrifol am atgynhyrchu'r ddelwedd hon ar flwch snisin a gyflwynwyd i'r Esgob Burgess.

Sant, oedd wedi etifeddu tŷ ac ystad ei dad yn Derry Ormond gerllaw. Gofynnodd i'r pensaer gynllunio tŷ gwledig newydd, gan drefnu y byddai'r deunyddiau o'r hen dŷ yn cael eu hailwerthu i'w defnyddio yn y coleg.

Felly, cynlluniwyd coleg anghysbell yng Nghymru gan ŵr a benodwyd yn ddiweddarach yn bensaer i Fanc Lloegr, a wnaed yn aelod o'r Academi Frenhinol ac yn Athro Pensaernïaeth, *Chevalier* y Lleng Anrhydedd ac Aelod o Academïau Brenhinol Bafaria, Gwlad Belg a Denmarc. Ef hefyd oedd enillydd cyntaf Medal Aur Frenhinol y Sefydliad Brenhinol, yn ogystal â llywydd proffesiynol cyntaf Sefydliad Brenhinol Penseiri Prydain.

*Nicky Hammond*

1 David Watkin, *The Life and Work of C. R. Cockerell* (London: A. Zwemmer Ltd, 1974), t. xxi.

2 Ibid. t. 18.

# Braslun gan Feistr

## Darlun David Cox o Goleg Dewi Sant

Mae Casgliadau Arbennig Prifysgol Cymru Y Drindod Dewi Sant yn ffodus dros ben fod ganddynt ymhlith eu trysorau fraslun wedi'i ddarlunio â phensil o Goleg Dewi Sant o bont Llanbedr Pont Steffan gan David Cox yr hynaf (1783–1859). Ganwyd Cox, sy'n cael ei gydnabod yn un o arlunwyr tirluniau dyfrlliw gorau Prydain yn y bedwaredd ganrif ar bymtheg, ar 29 Ebrill 1783 yn Deritend, Birmingham. Dangosodd addewid yn gynnar ym maes celf ac fe gafodd ei hyfforddi gan Joseph Barber, aelod o ysgol arlunwyr tirluniau Birmingham. Yn bymtheg oed cafodd ei brentisio i arlunydd locedi a miniaturau, cyn mynd ymlaen i weithio yn Theatr Birmingham yn gynorthwyydd i'r arlunydd De Maria, sy'n enwog am ei olygfeydd o'r Eidal.

Yn 1804 mudodd i Lundain, gan astudio gyda John Varley a'i gynnal ei hun drwy werthu ei ddarluniau i fasnachwyr printiau Llundain. O fewn ychydig flynyddoedd yr oedd wedi arddangos ei beintiad cyntaf yn yr Academi Frenhinol. Ychwanegai at ei incwm drwy roi gwersi preifat i aelodau o'r dosbarth bonheddig, yn ogystal â chyhoeddi nifer o lawlyfrau dysgu llwyddiannus. Daeth yn llywydd cymdeithas yr Artistiaid Cysylltiol mewn Dyfrlliwiau (Associated Artists in Watercolour) yn 1810 ac ar ôl i'r gymdeithas honno ddirwyn i ben ddwy flynedd yn ddiweddarach, fe'i hetholwyd yn aelod cyswllt o Gymdeithas yr Arlunwyr Dyfrlliwiau (Society of Painters in Water Colours), gan ddod yn aelod llawn yn 1813.

Mewn ymateb i hysbyseb yn *The Times* am athro arlunio, symudodd Cox i Henffordd yn 1814 lle cyfunai ei ddyletswyddau dysgu ysgafn â theithiau braslunio yng Nghymru, swydd Henffordd, a Chanolbarth Lloegr. Yn ystod y blynyddoedd hyn yn Henffordd cynyddodd ei fri a dechreuodd ddenu noddwyr dylanwadol, yn eu mysg John Allnutt, masnachwr gwin a chasglwr gweithiau celf, a fu hefyd yn noddwr i John Constable.

Dychwelodd Cox i Lundain yn 1827 a byddai'n treulio'r pedair blynedd ar ddeg nesaf yno'n cadarnhau ei enw fel artist dyfrlliw penigamp. Eto, ymddengys na fu iddo erioed golli'r hoffter oedd ganddo o beintio ag olew, ac wedi iddo gael ei gyflwyno i William James Müller aildaniwyd y diddordeb hwn. Wedi iddo ddychwelyd i Birmingham yn 1841, bu'n eithriadol o gynhyrchiol yn ei gyfrwng newydd, gan gynhyrchu dros dri chant a hanner o beintiadau yn ystod y deunaw mlynedd nesaf, yn ogystal â pharhau i arddangos gweithiau dyfrlliw'n rheolaidd.



David Cox yr hynaf, Coleg Dewi Sant o bont afon Teifi *c.*1835–40 (manylyn)

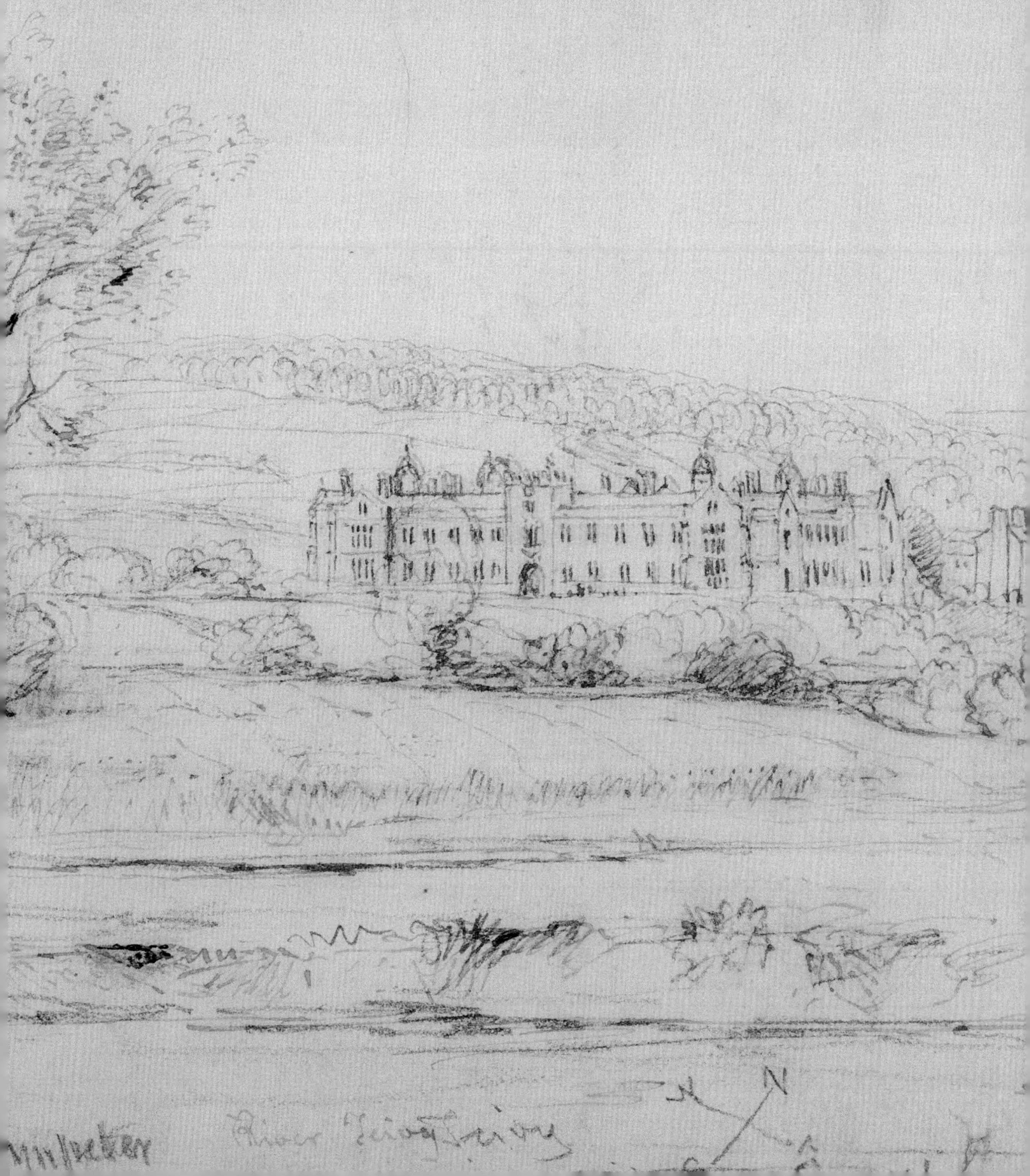

River
N

Roedd chwyldro a rhyfel wedi tarfu'n ddifrifol ar hynt Taith Fawr bonedd Prydain ac aelodau'r dosbarth canol â'u cyfoeth newydd yn rhan olaf y ddeunawfed ganrif a rhan gyntaf y bedwaredd ganrif ar bymtheg. A hwythau'n cael eu gorfodi i archwilio lleoedd oedd yn nes adref, tyfodd eu diddordeb yn y dirwedd ramantaidd, fel yr ystyrid hi bellach, a berthynai i Ardal y Llynnoedd yn Lloegr, Ucheldiroedd yr Alban a mynydd-oedd Cymru. Law yn llaw â hyn cynyddodd y galw am arweinlyfrau i'r rhanbarthau hyn, a'r rheini'n aml wedi'u haddurno ag ysgythriadau'n seiliedig ar waith arlunwyr dyfrlliwiau poblogaidd yr oes.

Un o'r rhai amlycaf ymhlith yr awduron llyfrau taith blaengar hyn oedd Thomas Roscoe; bu ei *Wanderings and Excursions in North Wales* (1836) a'r gyfrol gyfatebol am dde Cymru (1837) yn llwyddiannus iawn. Cynhwysai'r rhain gymysgedd o hanes, llên gwerin, arferion, barddoniaeth ac astudiaethau ar fyd natur Cymru, ynghyd â manylion y llwybr yr oedd yr awdur wedi ei ddilyn ar ei deithiau, ei sylwadau am y pentrefi a'r trefi y bu iddo ymweld â nhw a'r bobl y cyfarfu â hwy. Comisiynwyd Cox, ynghyd ag arlunwyr eraill yn cynnwys George Cattermole, Thomas Creswick a Copley Fielding, i baratoi darluniau ar gyfer yr ysgythriadau cysylltiedig. Roedd arddull Cox a'i ddiddordeb yn y pictiwrésg yn arbennig o addas ar gyfer tirwedd arw'r gogledd. Cydnabyddir iddo gyfrannu dros hanner y darluniau i'r gyfrol honno yn rhagair y cyhoeddwr i'r gyfrol am dde Cymru:

> It may not be amiss here to mention the obligations which the proprietors of this work are under to that highly-esteemed artist and faithful delineator of scenery, Mr David Cox, whose pencil has enriched and enhanced the value not only of this volume, but also of that recently published on the Northern part of the Principality.[1]

Dichon mai yn ystod ei daith i Gymru tua diwedd yr 1830au yr ymwelodd Cox â Llanbedr Pont Steffan. Ymddengys ei fod yn gyfarwydd â'r ardal i ryw raddau, ac yntau wedi ymweld â hi am y tro cyntaf yn 1819, ac nid oedd yn ymhell oddi yno pan oedd yn cynhyrchu darluniadau i Roscoe o Aberteifi a Chydweli. At hynny, y mae'n hysbys fod braslun ganddo o *Llampeter Church* [*sic*] yn bodoli hefyd.[2]

Fel llawer o artistiaid ac awduron eraill cafodd Cox ei ysbrydoli gan harddwch ac ysblander rhamantaidd tirwedd Cymru; ymwelodd â'r gogledd yn gyntaf yn 1805 ac 1806, wrth deithio gyda Charles, mab Joseph Barber. Cyn 1844, i ogledd Lloegr

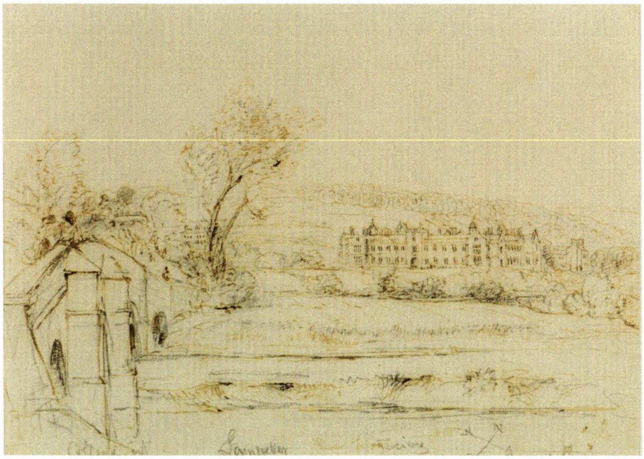

David Cox yr hynaf, Coleg Dewi Sant o bont afon Teifi c.1835–40

a siroedd y gororau yr oedd teithiau braslunio Cox gan mwyaf, ond yn haf 1844 teithiodd i bentref bach Betws-y-coed yn sir Gaernarfon am y tro cyntaf, taith a fyddai'n un flynyddol ar ôl hynny. Ysgrifennodd yn frwdfrydig at ei fab am dirwedd brydferth ei afonydd, y creigiau a'r mynyddoedd, gan haeru: 'In rocky-bedded scenery there is nothing I have seen can come up to them'.[3] Roedd ymweliad Cox yn digwydd yr un pryd â chyhoeddi ail argraffiad y gyfrol am ogledd Cymru, lle roedd Roscoe wedi estyn yr hyn a oedd yn baragraff byr am y pentref i fod yn bennod gyfan yn disgrifio'i nodweddion. Yn ystod ei ymweliadau â'r 'Bettws', fel y daeth i gael ei alw, arhosai Cox yn y Royal Oak Inn gan ddarlunio'r pentref a'r cylch.

Cafodd y peintiadau a ddeilliodd o'i ymweliadau eu harddangos yn rheolaidd gan Gymdeithas yr Arlunwyr Dyfrlliwiau. O ganlyniad i'r derbyniad a gawsant, yn ogystal ag enw Cox a dylanwad arweinlyfrau Roscoe, datblygodd y gymuned gyntaf o artistiaid ym Mhrydain ym Metws-y-coed. Yn ystod misoedd yr haf ychwanegid at yr artistiaid preswyl gan fewnlifiad o artistiaid rhyngwladol, proffesiynol ac amatur, a dreuliai eu dyddiau'n braslunio ac yn peintio yn yr awyr agored a'u nosweithiau'n sgwrsio ym mharlwr y Royal Oak. Cox, oedd wedi mwynhau cwmni artistiaid eraill ers ei ieuenctid, oedd eu llywydd tadol, yn aml â'i sigâr a'i beint o gwrw wrth law. Mewn blynyddoedd diweddarach, wrth i'r pentref ddenu mwy o artistiaid, symudodd o'r dafarn i fwthyn bach o eiddo'r tafarnwr, ac er ei fod yn wael ei iechyd, parhâi i dreulio'i hafau ym Metws-y-coed tan ei ymweliad olaf ym mis Medi 1856.

Dilynodd David (1809–85), mab Cox, yng nghamre ei dad a'i sefydlu ei hun yn artist tirluniau llwyddiannus, gan lofnodi ei weithiau bob amser fel 'David Cox Junior'.

*Nicky Hammond*

1 S. Wildman, 'Hereford and London 1815–40', yn S. Wildman, R. Lockett a J. Murdoch, *David Cox 1783–1859* (Birmingham: Birmingham Museums and Art Gallery, 1983), tt. 54–76.

2 Christie's London, 9 Tachwedd 1919, rhif gwerthiant 6209, eitem 69.

3 N. Solly, *Memoir of the Life of David Cox* (London: Chapman and Hall, 1873), t. 162.

# Gwaed Mynach neu Win Coch?

## Pedr o Capua a *Distinctiones theologicae. Defectus to Surditas* (Llawysgrif Llanbedr Pont Steffan 2)

Ceir stori y tu ôl i bob llawysgrif, ond prin yw'r rhai sy'n cipio dychymyg ein myfyrwyr mor ddramatig â Llawysgrif Llanbedr Pont Steffan 2, a elwir yn gyffredin yn 'Llawysgrif Gwaed y Mynach'. Mae'r codecs hynod hwn yn un arall o roddion Thomas Phillips i Goleg Dewi Sant yn 1841. Copi anghyflawn ydyw o *Distinctiones theologicae* gan Pedr o Capua, casgliad o gofnodion byr ar faterion beiblaidd a diwinyddol, yn nhrefn yr wyddor. Mae'r gyfrol yn cynnwys cofnodion o *Defectus* i *Surditas* (Gwendid–Byddardod) yn unig; mae'r copi llawn a geir yn Archif Eglwys Gadeiriol Henffordd (MS P.vi. 6) yn dangos y byddai ar un adeg wedi rhychwantu *Alpha* i *Xristus* (*Christus*).

Ar ddarn o bapur sydd wedi'i ludio'r tu mewn i'r clawr blaen, ceir y stori gyntaf yn ymwneud â'r llawysgrif, sy'n nodi bod y gyfrol, a 'ddarganfuwyd' ger Bangor, '[is] supposed to have belonged to the Monks of that Monastery, who were murdered by the command of Ethelred the 2nd, and thought to be stained with their blood, having been discovered with a quantity of human bones'.

Ond ceir chwedlau lu: yn ôl rhai, yn dilyn Brwydr Caer, tua 616, llofruddiodd y brenin buddugol, Ethelfrid o Northumbria, fynachod Bangor Is-coed i'w cosbi am weddïo ar i Dduw ymyrryd ar ran y fyddin Gymreig yr oedd y brenin newydd ei gorchfygu. Yn wir, ceir cofnod gan Beda Ddoeth fod 1,200 o fynachod wedi eu llofruddio ar ôl i Brochfael eu gadael, â hanner cant yn unig yn llwyddo i ddianc rhag y gyflafan. Mae'n debyg i'r llawysgrif gael ei darganfod yng nghanol eu gweddillion gwaedlyd.[1] Fersiwn arall o'r stori yw fod y mynachod wedi eu llofruddio yn ystod y Diwygiad Protestannaidd wrth geisio ymladd yn ôl pan gipiwyd eu heiddo. Yn anffodus, does dim un o'r straeon hyn yn debygol o fod yn wir; mae'n fwy tebygol o lawer fod y staeniau gwaedlyd yr olwg sydd ar dudalennau'r llawysgrif heddiw yn ganlyniad arllwys cwpanaid o win clared yn ddamweiniol.

Serch hynny, mae'r llawysgrif yn dal i fod yn ddiddorol ac yn arwyddocaol. Roedd awdur y testun, Pedr o Capua (m.1214), yn ŵr o statws ar droad y ddeuddegfed ganrif. Fe wyddom iddo gael ei eni yn Amalfi i deulu Eidalaidd uchelwrol, ac iddo astudio ym mhrifysgol nodedig Paris dan y diwinydd enwog Pedr o Poitiers cyn dod yn Athro mewn Diwinyddiaeth ei hun.[2] Heb os, gwnaeth argraff dda fel athro a meddyliwr, gan

nos· Sctm intr nos· Secundum sup nos· Quartum inf
nos· Sctm salbm aut incipiet requies· In primo g sa
bo requiescimus ab opibz· Exod· vi· diebz opabis·
vii· aut die sabbi dni dei tui· n facies omne opus
tu z filius tuus· In sco quiescimus [illegible]· ps· Tu
enim age pise· discite bn fac· [illegible]· Clauso hostio
tuo ora ptem tuum· In tcio quiescimus a laboribz
z penalitatibz· Apoc· am iam dic [illegible] requies
cant a laboribz suis· apoc· absterget ds omnem lac
rimam ab oculis scoz eorum· In iiii· requiescit ab ocio sop
ibz atq turbibz· Sap· Usq pigr dormies· paululu
dormies paululum dormitabis z c· Sap· abs
dit pigr manum sub asell n ad os porrigit eam·
In h sabbo inuenier parsimonias cum uenit
z pulsauit reprobos dormientes z quiescentes· p
mum sabbi fuit obseruantium sub lege· Sctm
sb gra· tcium in glia· qrtum in culpa· In primo
requieuit ds par· Gen· Et requieuit ds die ·vii·
ab omni ope qd patrat· In sco requieuit xpc in se
pulcro· qn sicut fuit ionas in uentre ceti trz die
bz z c· noc· ita z fi· h· in cor· t· Nam in illa que
signata e requies uitalis uite· In tcio requiescat ·i· requiescere
nos faciet sps scs· qn ipse qui m pallat pnobis ge
mitibz inenarrabilibz faciet ut in illa die n re in q
sum· Multa ab oriente uenient z recumbent cum
ab· z ysa· z ia· in regno celorum· In iiii· nos
quiescere fac z quiescit diabolus· Sum· anima mea
hes multa bona reposita in annos plurimos requies
ce· ep· z bibe· Sctm uno m in bono· uno indif
ferent· uno in malo·

Sctm cplex· Di· eni Sctm uita psent· pau·
p que fuit z scta· pau· pie z iuste uiuam
in h sclo· Sctm q dr uita futura q dr sctm scl· i·
sclm cosequturu scli· ut z scta sclor· p· Timor dni
scs pmanet in sclm sc· apoc· v· z regnabunt in
scla sclor· Sctm z dr uet uita pcor· vii z pcore
dni sclares z secularitas uita pcti· pau· Nos
sum in quos fines sclor deuenerunt sit enpet nos
de psnti sclo neqm· pau· Nolite conformari h sclo·
p· posuisti sclm nrm in illum· uul· tu· i· pcta
nra n es oblit· In primo sclo qdam uiuunt bn·
pau· Dum uiuimus in h mundo pegnamur
a dno· Sum· Me optet opari dum dies e· Uenit
nox qn nemo potest opari· Nonne sic docet in
eo mundum cui ait· Religio munda z inma
culata apd dm ptem h e· uisitare pupillos z ui
duas in tribulatone earum z imaculatum se custo
dire ab h sclo· Quidam [illegible] male· Sap· Ue
[illegible] [illegible]bus
letant cum male fec[illegible]

pessimus· p· Uiri impii n dimidiabunt dies su
os· Nonne sic uixisse in eo peniterebit eos q tan
dem dicent· Sctm qd legr in Sap· Nos in sensati ui
tam illorum estimabam insaniam z fi
nem illorum sine honore eo qd erraum a
uia ueritatis z sol iustitie n illuxit nob· In sco q
dam uiuunt beate· p· Beati qui habitant in domo
tua· in sclm scl· lau· te· p· Uiuent corda eor in
sclm· sc· Nonne sic uiuent in eo hii de qbz dr in
Sap· fulgebunt iusti z tamqm scintille in arun
dineto discurrent· Quidam dampnate· ys· a scn
der fumus eorum in sclm sclor· ys· v· mis eorum
n morietur z ignis n extinguetur· p· Mors depascet
eos· Nonne sic in eo uiuent illi q querent mor
tem z n inuenient· desiderabunt mori z fugiet
mors ab eis· ppe qd dicti sunt montibz o
sup nos z rupibz opite nos· Tercio sclo ui
aliqui n male· pau· abstinete uos a carnalibz
desideriis q militant adu sus animam· Sum· Uento
b diuines q hent h consolonem uram· Job· Ducunt
in bonis dies suos s; in pncto ad inferna descen
dunt· Nonne sic uiuunt in eo illi in quorum
psona att salomn· in eccle· Nonne melius e co
medere z bibe z ostndere anime sue bona de labo
ribus suis·

Stillicidia duobz mod in bono uno i malo·

Stillicidia in carnatonis· pdicatonis· z iniq
natonis· Stillicidia incarnatonis ipe de
scensus filii di· z incarnatonis eius q lenit z sine
strepitu stillauit in uterum uirginis· p· Descendet
sic pluuia· in uel· z si· stil· stil· sr t· Stillicidia
pdicatonis sunt pdicatores uel stille doctrine· p·
In stillicidiis letabr· Job· Quis genuit stillas
ror· i· pcones ueritatis· Sctm celi distillauerunt·
Stillicidia iniqnatonis sunt pecta· q aliunde
pueniunt· Sap· Ea sunt q expellunt hominem
sunt stillicidium· z mala uxor· ys· Os gns [illegible]
la sicule q· s· [illegible] in [illegible] -pina
stillicidia sunt ad tre· i· ecclie fructificatone
ys· Et quemadmod descendit ymb z nix de celo
z illuc ultr n reuertitr· s; inebriat terram z in fu
dit eam z germinare facit eam· sic erit uerbum
qd pcedit de ore meo: n reuertetur ad me uacu
um z c· Secda sunt ad mundatonem· Sum
hec docete omnes gns· bap· eos· i no· pa· z fi· z s·
Q credidit z baptizatus fuit sal· erit· Tercia sunt
ad submersionem· p· Iniquitates mee sup po
suerunt capd meum z si· ho· g· g· sunt su
me· p· Ueni in altitudinem maris z tem

iddo gael ei benodi'n legad y pab gan y Pab Innocent III, ac yna'n gardinal; roedd ei genhadaeth yn cynnwys cymryd y groes a phregethu'r Bedwaredd Groesgad.[3]

Credir mai yn ystod ei gyfnod ym Mharis y dechreuodd ei waith ar *Distinctiones theologicae*; yn ei hanfod, llawlyfr i bregethwyr yw hwn, rhyw fath o eiriadur beiblaidd, yn cynnwys esboniadau neu ddehongliadau byr o dermau a chysyniadau a geir yn y Beibl a thestunau crefyddol eraill, wedi'u cynllunio i gynorthwyo'r gwaith o lunio pregethau. Roedd yn *genre* testunol cynyddol bwysig ar y pryd, wrth i'r ffocws ar bregethu ddwysáu oherwydd y bygythiad gan fathau poblogaidd o heresi (fel y Cathariaid yn ne Ffrainc), er bod yr wybodaeth yn cael ei threfnu mewn gwahanol ffyrdd, yn dibynnu ar yr egwyddor drefniadol a ddefnyddid gan yr awdur. Roedd testun Pedr o Capua, a welir yn aml dan y teitl amgen *Alphabetum in artem sermocinandi* mewn catalogau o lawysgrifau, yn anarferol yn ei oes gan fod y dyfyniadau wedi'u gosod yn nhrefn yr wyddor. Roedd y trefniant di-fflach – ond ymarferol – hwn ar y deunydd yn ddadleuol, oherwydd ystyrid ei bod yn fwy priodol i wybodaeth o'r fath gael ei threfnu yn ôl sgema uwch, mwy ysbrydol neu thematig.[4]

Ar wahân i'r tudalennau gwaedlyd honedig, nodwedd ddifyr arall sy'n perthyn i'r codecs penodol hwn yw fformat rhyfedd y testun. Mae'n mesur tua 300 × 285 mm, sy'n faint anarferol iawn i unrhyw fath o lawysgrif; maint yr anifail y daeth y croen ohono i wneud y memrwn neu'r felwm sy'n pennu'r maint, fel arfer. Wrth edrych yn fanylach, ymddengys bod y llawysgrif wedi'i chwtogi ar y gwaelod, â thua phedair modfedd wedi'u torri i ffwrdd. Canlyniad hyn yw fod y cofnodion a geir tua diwedd y ffolio'n gorffen ar ganol brawddeg, neu ar goll yn llwyr. Pwy a ŵyr beth oedd y rheswm dros hyn. Hyd y gwyddom, ni ddifrodwyd y llawysgrif yr un pryd ag y lladdwyd y mynachod anffodus oedd yn berchen arni ar un adeg.

*Harriett Webster*

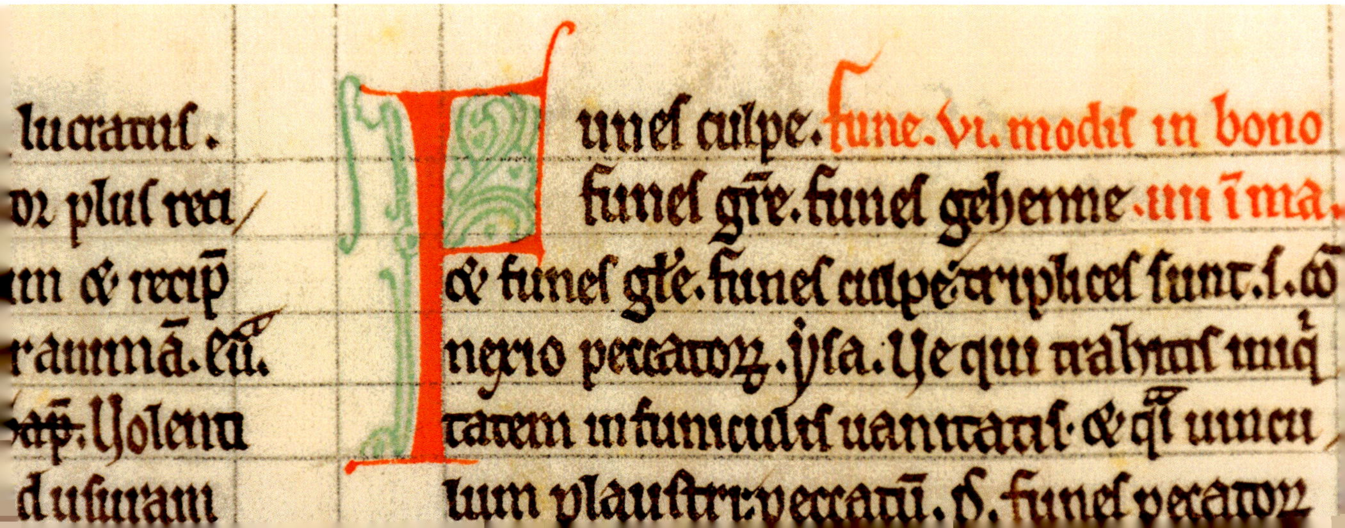

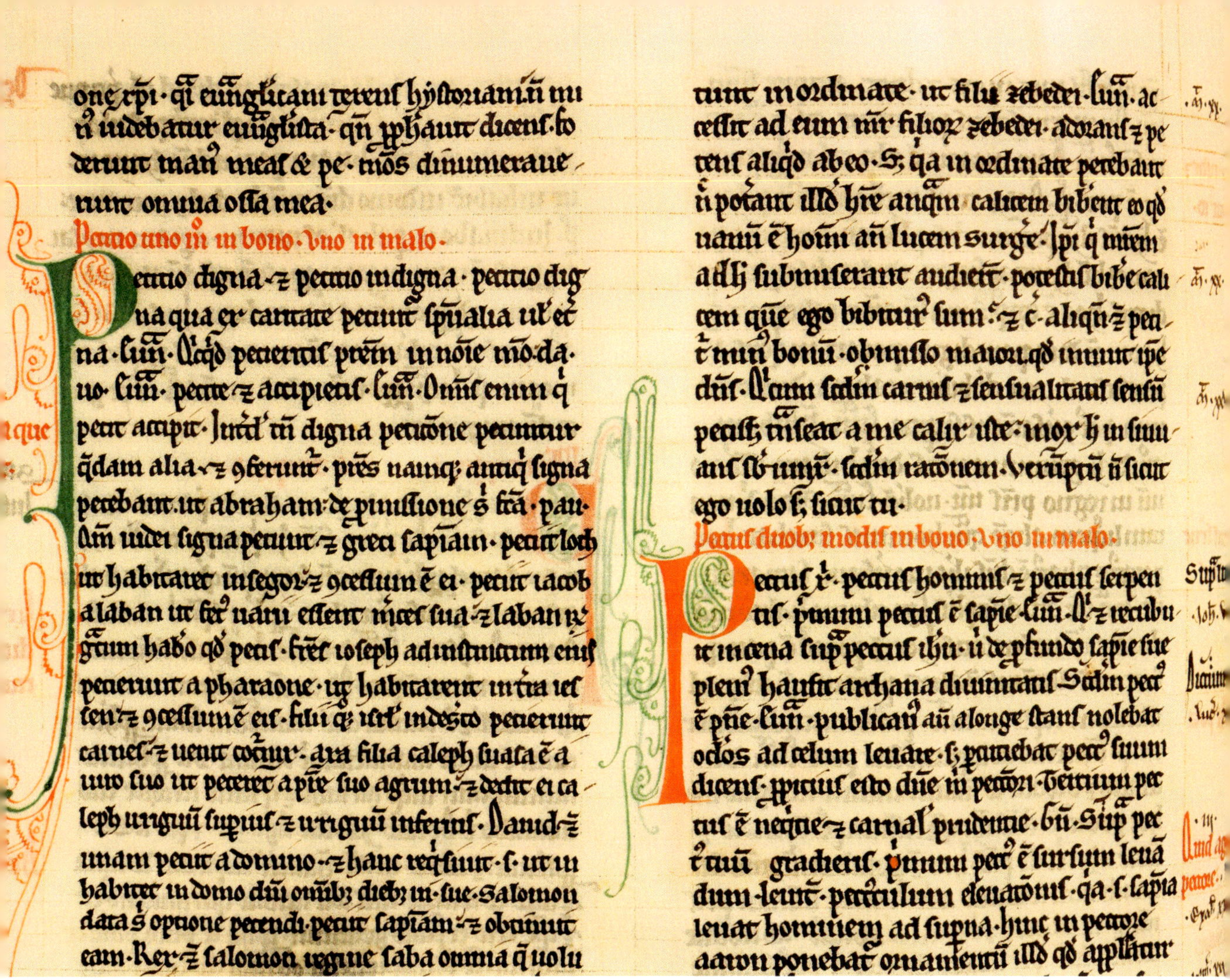

Priflythrennau addurnedig

1 Beda, *Bede's Ecclesiastical History of England: A Revised Translation*, gol. A. M. Sellar (London: G. Bell, 1907), t. 88.

2 Spencer E. Young, 'Parisian Masters of Theology: a biographical register', yn *Scholarly Community at the Early University of Paris: Theologians, Education and Society* (Cambridge, 2014), t. 215.

3 Mae Geoffrey de Villehardouin, croniclydd cyfoes ac un a gymerodd ran yn y Bedwaredd Groesgad yn cofnodi i Pedr gael ei anfon i bregethu'r groesgad a maddeueb a gynigid gan y pab ar ôl cymryd y groes ei hun: *Memoirs or Chronicle of the Fourth Crusade and the Conquest of Constantinople*, cyfieithwyd gan Frank T. Marzials (London, 1908), t. 1.

4 I ddarllen rhagor am Pedr o Capua, ei *Distinctiones* a'u cyd-destun hanesyddol, gweler Marcia L. Coulish, 'Scholastic theology at Paris around 1200', yn Spencer E. Young (gol.), *Crossing Boundaries at Medieval Universities* (Leiden: Brill, 2011), tt. 29–50.

# Llafur y Mynach Cloff

## Beibl Llanbedr Pont Steffan (Llawysgrif Llanbedr Pont Steffan 1)

Rhoddwyd Llawysgrif Llanbedr Pont Steffan 1, neu 'Feibl Llanbedr Pont Steffan', i Goleg Dewi Sant gan Thomas Burgess.[1] Yn anarferol, dywed coloffon o ddeuddeg cwpled ar ffolio 427 iddo gael ei gopïo gan G. o Fécamp, ar gyfarwyddyd yr Abad Iago o St-Pierre-sur-Dives, mynachlog Fenedictaidd yn ardal Calvados yn Normandi, ac iddo gael ei gwblhau yn y bedwaredd flwyddyn o'i ysgrifennu, sef 1279. Dywed G. wrthym hefyd ei fod yn gloff – sy'n esbonio o bosibl pam y neilltuwyd y dasg o gopïo llawysgrifau iddo fel ei lafur dyddiol, yn hytrach na rhywbeth mwy heriol yn gorfforol. Ni wyddys pa mor hir yr arhosodd y Beibl yn St-Pierre, ond daeth i ddwylo'r Carthwsiaid ac erbyn y bymthegfed ganrif neu'r unfed ganrif ar bymtheg, roedd yn Lloegr.[2]

Ceir 427 ffolio yn y Beibl. Mae'n mesur 335 × 250 mm, â'r gofod ysgrifennu'n 245 × 170 mm. Ysgrifennwyd y testun mewn dwy golofn, â phenawdau'r tudalennau mewn coch a glas. Ceir blaenlythrennau, hynny yw, llythrennau sydd â delwedd weledol o unigolyn, digwyddiad neu olygfa, i nodi dechrau a diwedd llyfrau'r Beibl. Egyr y Beibl (fol. 2r) gyda phrolog yn cynnwys llythyr Sant Jerôm oedd yn gyfrifol yn y bedwaredd ganrif am gyfieithu'r hyn a elwid yn Feibl Fwlgat (cyffredin) i'r Lladin. Y llythyren gyntaf yw'r briflythyren F (*Frater*, 'brawd') ac yng nghwpan y llythyren dangosir gŵr eglwysig ar ei eistedd, yn gwisgo meitr (i ddangos statws esgob neu archesgob), ac yn ysgrifennu. Ar yr olwg gyntaf ymddengys o bosibl mai Jerôm yw'r gŵr hwn, ond het cardinal fyddai ef yn ei gwisgo yn hytrach na meitr. Mae'n debygol mai Paulinus, esgob Nola, a fu'n gohebu â Jerôm, ydyw, y gŵr y cyfeiriodd Jerôm y llythyr sy'n ffurfio'r prolog ato.[3] Ar y ffolio cyntaf gwelir hiwmor amlwg yr addurnwr yn y delweddau ar frig yr F. Ceir amrywiaeth o epaod yn chwarae offerynnau cerdd fel trwmped, pipgod ac organ gludadwy. Mae llanc â bwa a saeth yn saethu i gyfeiriad adar. Ceir ci yn hela cwningen. Yng nghynffon y llythyren ceir rhagor o anifeiliaid yn chwarae cerddoriaeth, ac asyn sy'n gwisgo meitr yn darllen o lyfr – yn pregethu o bosibl. Yr hyn a allai beri syndod i ddarllenydd modern, ond sy'n nodweddiadol o'r gallu yn yr Oesoedd Canol i ddwyn y cysegredig a'r halogedig at ei gilydd, yw'r cyfosodiad, ar waelod y ffolio, o ddelwedd o groeshoeliad Crist a phlentyn ar gefn arth gyda llanc â phastwn yn ei arwain. Mae plentyn arall yn aros, gyda'i fam, am ei dro.

Delwedd drawiadol arall yw'r briflythyren 'I' estynedig (fol. 5r) o saith diwrnod y creu. Yma, ac yn y blaenlythrennau disgrifiadol drwyddi draw, caiff y darllenydd ei daro gan y gwaith celf cain ac olion cynnil y brwsh. Un o'r hoff ddelweddau ymhlith



Prolog i Genesis, sydd, mae'n debyg, yn portreadu Paulinus

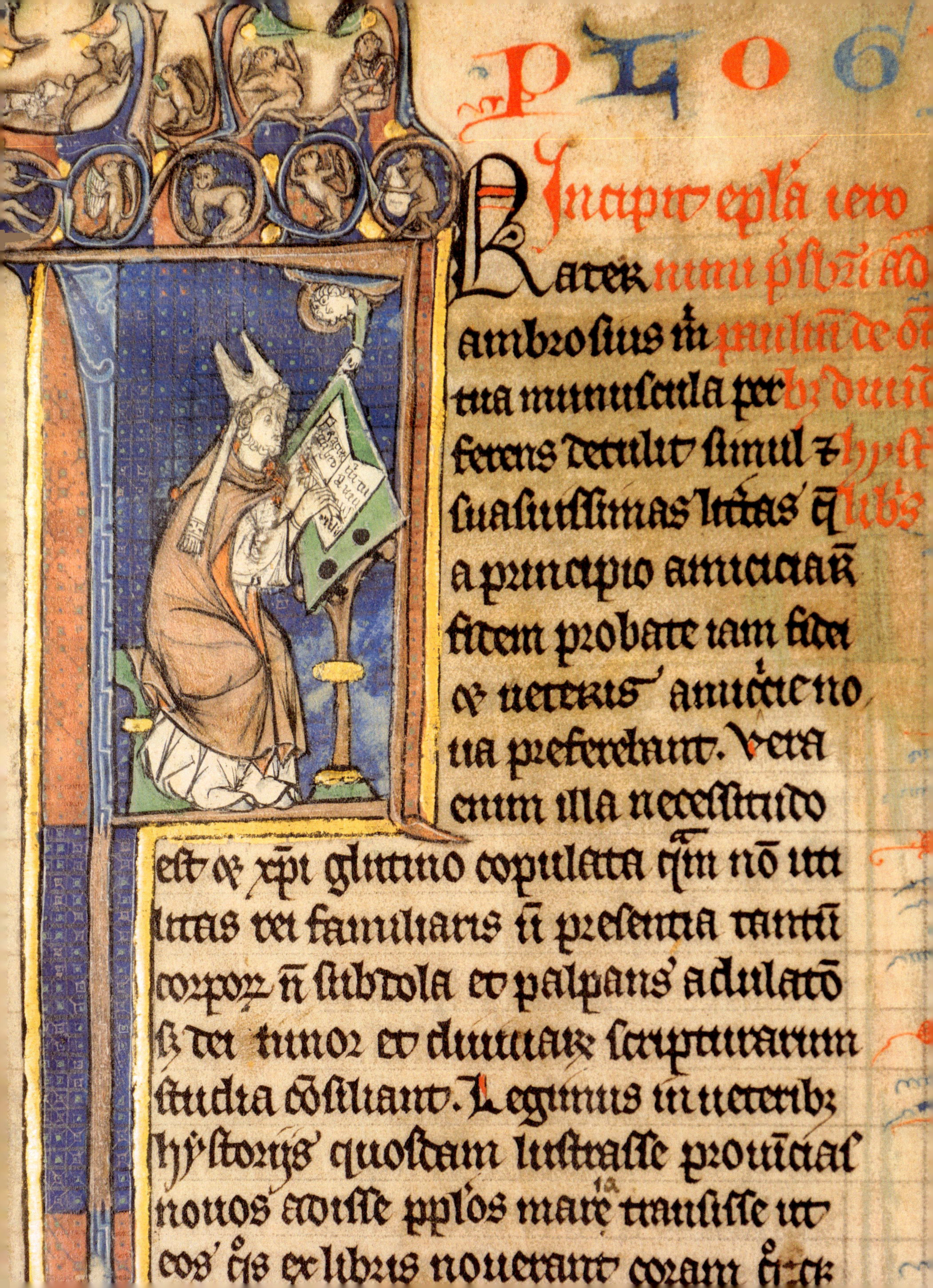

Plog

Incipit epla sci iero
nimi psbri ad
paulinu de o
bz diuine
hystorie
libs

Frater
ambrosius m
tua munuscula per
ferens detulit simul et
suavissimas litteras que
a principio amicitiarum
fidem probate iam fidei
et veteris amicitie no
va preferebant. Vera
enim illa necessitudo
est et xpi glutino copulata quam non uti
litas rei familiaris non presentia tantum
corporum non subdola et palpans adulatio
sed dei timor et divinarum scripturarum
studia conciliant. Legimus in veteribus
hystoriis quosdam lustrasse provincias
novos adisse populos maria transisse ut
eos quos ex libris noverant coram quoque

Jona'n cael ei lyncu
gan y morfil

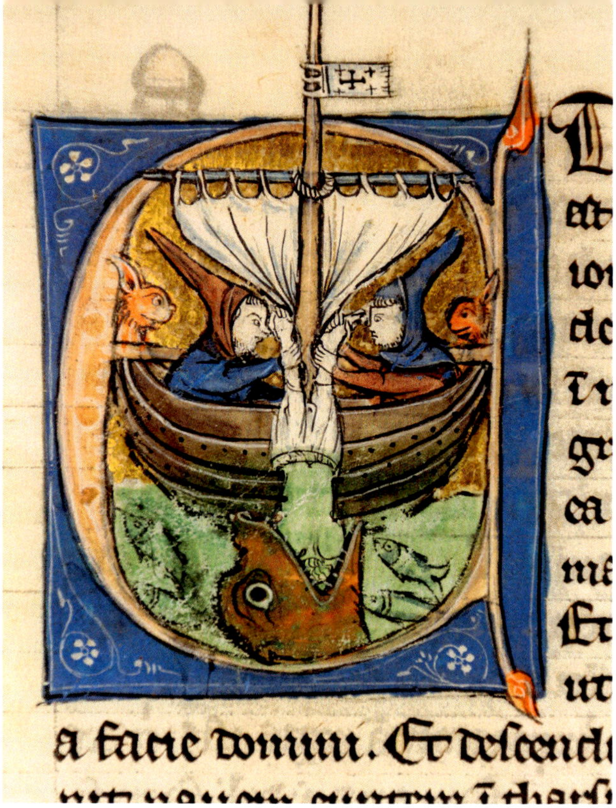

myfyrwyr sydd wedi ymhyfrydu yn y Beibl yw'r ddelwedd o Jona (fol. 325v). Mewn cyfansoddiad prydferth o gymesur gwelir dau ddyn mewn cycyllau pigfain yn wynebu ei gilydd mewn cwch bach â hwylbren a chroesfar canolog; pennau anifeiliaid yw starn a blaen y cwch. Mae'r dynion yn cydio yn Jona gerfydd ei fferau ac yn ei daflu i lawr at y morfil. Mae ei ben, ei ysgwyddau a'i freichiau wedi diflannu o'r golwg, ac ymddengys ei fod ar fin disgyn allan o'i ddillad isaf gwyn.[4] Dyma enghraifft o ddelwedd sy'n cyd-fynd â chynnwys y naratif beiblaidd. Mewn achosion eraill, mae'r cysylltiad yn deipolegol. Ar ddechrau llyfr Ecsodus ceir golygfa o'r Testament Newydd, sef dyfodiad Crist i Jerwsalem ar Sul y Blodau (fol. 22r). Yma, mae naratif llyfr Ecsodus (yr Israeliaid yn gadael yr Aifft, yn croesi'r Môr Coch ac yn derbyn y cyfamod â Duw ar Fynydd Sinai) yn rhagddarlunio Crist yn cyrraedd Jerwsalem ar ddechrau'r Wythnos Fawr, a arweiniodd at ei groeshoeliad a'i atgyfodiad. Mae rhai delweddau yn ymddangos allan o'u lle. Byddai'n fwy arferol canfod Esgyniad Crist ar ddechrau Actau'r Apostolion; yma mae'n agor yr Epistol at Titus (fol. 410).[5] Gwelir nifer o ddisgyblion barfog â gwallt cyrliog yn syllu ar odre gwisg Crist a'i draed wrth iddo ddiflannu i'r Nefoedd.

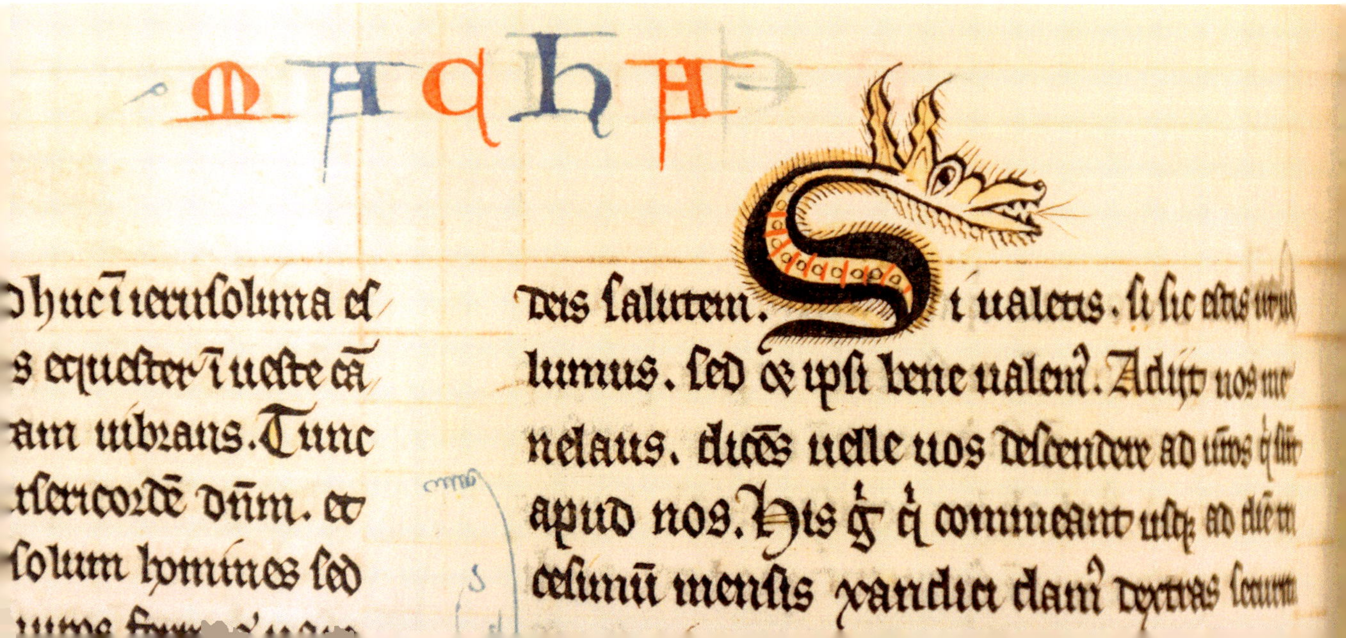

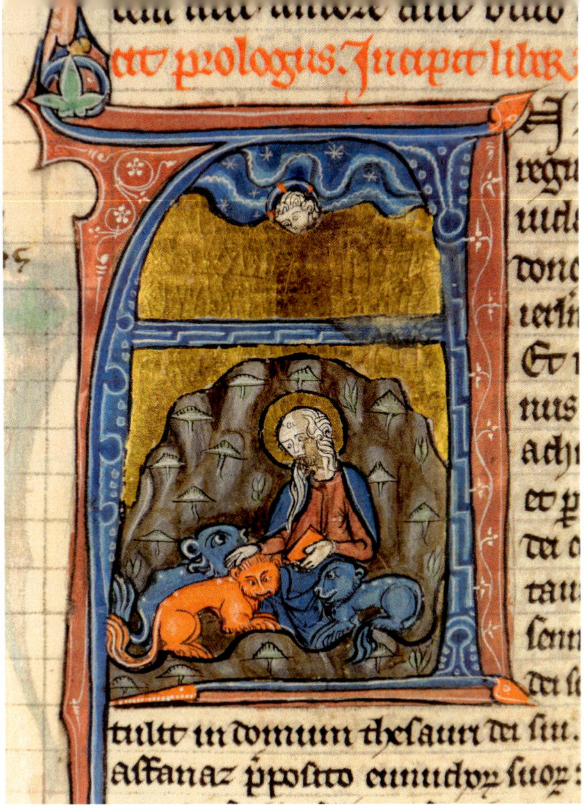

Daniel yn ffau'r llewod

Math arall o ddarlun – ac arwydd arall o synnwyr digrifwch y copïwr – yw'r dwdlau sy'n tyfu'n achlysurol o'r llythrennau ar y llinell uchaf mewn ffolio. Ambell waith estynna'r llythrennau i fyny gydag ychwanegiadau blodeuog. Ar achlysuron eraill mae G. yn ychwanegu wyneb – ai cofnod yw'r rhain o rai o fynachod St-Pierre? Diau fod y pen meitrog yn fol. 234 yn perthyn i'r Abad Iago, ac mae'n debygol iawn mai ef yw'r ffigur sy'n gwisgo abid ddu'r mynach Benedictaidd â'r meitr – symbol o swydd abad – sydd i'w weld yn yr O agoriadol yn y *Canticum canticorum* (Cân y caneuon) yn penlinio gerbron y Forwyn a'r Plentyn (fol. 233v).

Heb os, mae Beibl Llanbedr Pont Steffan yn drysor, ac yn dyst i fedrusrwydd a defosiwn y mynach cloff G. a'r pedair blynedd (bron) a dreuliodd yn creu'r testun sanctaidd hwn.

*Janet Burton a William Marx*

1 Am ddisgrifiadau, gweler N. Ker, *Medieval Manuscripts in British Libraries, vol. 3: Lampeter–Oxford* (Oxford: University Press, 1983), tt. 1–2; Robin Ryder, 'The library of St David's College, Lampeter', *Trivium*, 1 (Lampeter: Trivium Publications, 1966), tt. 36–9. Gweler Alison Stones, *Gothic Manuscripts 1260–1320* (London: Harvey Miller Publishers, 2013), tt. 37, 53–60, am hanes perthynas Beibl Llanbedr Pont Steffan a llawysgrifau eraill o ddugaeth Normandi ac yn benodol esgobaeth Rouen: Alison Stones, *https://uwtsd.ac.uk/library/special-collections/treasures-of-the-special-collections/* (cyrchwyd 17 Mawrth 2022).

2 Mae'r ffordd y cafodd ei farcio ar gyfer darlleniadau'n arwydd o berchnogaeth Garthwsaidd, â'r enwau Saesneg yn yr ymylon yn arwydd o leoliad yn Lloegr.

3 Noda Stones, *Gothic Manuscripts*, t. 54, mai Awgwstin yw'r ffigur a geir yma ac ym Meibl Huth (London, British Library, MS 38114–15).

4 Delwedd: Stones. *https://uwtsd.ac.uk/library/special-collections/treasures-of-the-special-collections* (cyrchwyd 17 Mawrth 2022); *https://sway.office.com/oZ6Q0e6quCt6ASRU* (cyrchwyd 17 Mawrth 2022).

5 Delwedd: Stones. *https://uwtsd.ac.uk/library/special-collections/treasures-of-the-special-collections* (cyrchwyd 17 Mawrth 2022); *https://sway.office.com/oZ6Q0e6quCt6ASRU* (cyrchwyd 17 Mawrth 2022).

# Gwerthwr Gorau yn yr Oesoedd Canol

## Llyfr Oriau Boddam (Llawysgrif Llanbedr Pont Steffan 7)

Cyflwynwyd Llawysgrif Llanbedr Pont Steffan 7, a adwaenir fel 'Llyfr Oriau Boddam' ar ôl enw ei berchennog yn y ddeunawfed ganrif, i Goleg Dewi Sant yn 1846 gan Thomas Phillips o Sgwâr Brunswick, Llundain, un o brif gymwynaswyr llyfrgell y coleg. Mae'n enghraifft wych o'r 'gwerthwr gorau' canoloesol hwnnw a elwir yn 'llyfr oriau'. Gwaith defosiynol, i'w ddefnyddio gan leygwyr yn hytrach nag at ddefnydd sefydliadol, oedd llyfr oriau. Roedd y llyfrau hyn yn caniatáu i ddynion a menywod lleyg ddilyn ffurf fer o'r oriau canonaidd, gweddïau a fyddai'n cael eu hoffrymu bob dydd gan gymunedau mynachaidd.[1] Fe'u gelwid yn gyffredin yn 'Oriau'r Fendigaid Forwyn Fair'. Y gweddïau, neu'r myfyrdodau, hyn oedd craidd y llyfr oriau, ond yn aml fe'u hategid gan destunau eraill fel y Salmau Edifeiriol a'r Defodau Olaf, oedd yn annog pobl i ystyried eu pechodau a'r angen am edifeirwch, yn ogystal â'r gobaith am y byd a ddaw. Roedd rhai llyfrau oriau yn gain iawn, â llawer iawn o waith darluniadol; ond roedd eraill yn symlach eu gwaith darlunio. Byddai hyn yn aml yn adlewyrchu cyfoeth a statws cymdeithasol y sawl oedd wedi comisiynu'r llyfr neu a oedd yn berchen arno. Roedd rhai ohonynt yn fawr iawn; mae eraill yn adlewyrchu eu defnydd o ddydd i ddydd – roeddent yn fach ac yn hawdd eu cludo, gan ganiatáu i ddefnyddwyr oedi ar adeg briodol yn ystod y dydd i estyn y llyfr o gwpwrdd neu ei godi o gadwyn o amgylch eu canol er mwyn dilyn eu defosiynau.

Llyfr o faint cymedrol yw Llawysgrif 7 ac mae'n cynnwys Oriau'r Wyryf, yn ogystal ag Oriau'r Groes (defosiynau ynghylch Croeshoelio Crist), y Saith Salm Edifeiriol, y Defodau Olaf, a gweddïau ar nifer o seintiau.[2] Yn ôl y disgwyl, mae'r rhan fwyaf o'r testun yn Lladin, ond mae rhai o'r gweddïau yn Ffrangeg. Mae ffurf y litwrgi yn dilyn yr hyn a ddefnyddid yn esgobaeth Rouen, sy'n dangos tarddiad y llawysgrif. Mae wedi'i dyddio i'r bymthegfed ganrif ac mae'n ddigon posibl ei bod wedi'i chomisiynu gan y fenyw sy'n ymddangos ar ffolio 68.[3]

Mae llyfrau oriau yn aml yn ennyn ein diddordeb ar sail y delweddau y maent yn eu cynnwys. Mae'r rhai yn Oriau'r Wyryf yn dilyn patrwm cyffredin drwy ddarlunio gwahanol gyfnodau ym mywyd Mair Forwyn: y Cyfarchiad, yr Ymweliad, Genedigaeth Crist, y Cyfarchiad i'r Bugeiliaid, Ymweliad y Doethion, Cyflwyno Crist yn y Deml, Ffoi i'r Aifft ac, yn olaf, Coroni'r Wyryf yn y Nefoedd, nad yw wedi'i gynnwys yn y Beibl. Defnyddir y delweddau hyn yn gonfensiynol i nodi dechrau defod benodol; felly, mae Coroni'r Wyryf yn gyffredinol yn rhagflaenu'r Cwmplin, defod olaf y dydd. Gallai'r



Y Forwyn Fair a Christ y plentyn; hefyd, mae'n debyg, yn cynnwys perchennog cyntaf y gyfrol

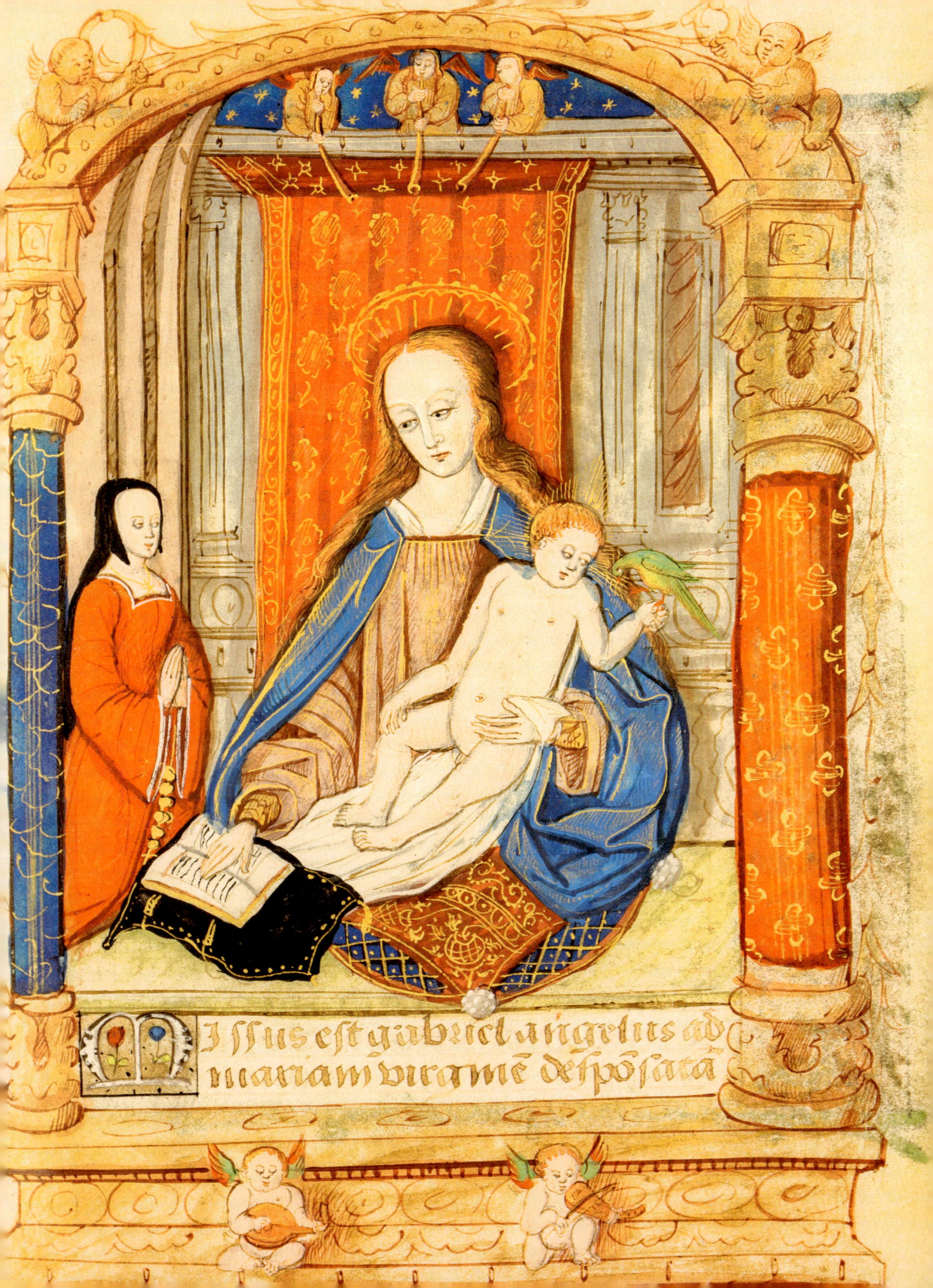
Missus est gabriel angelus ad
mariam virginē despōsatā

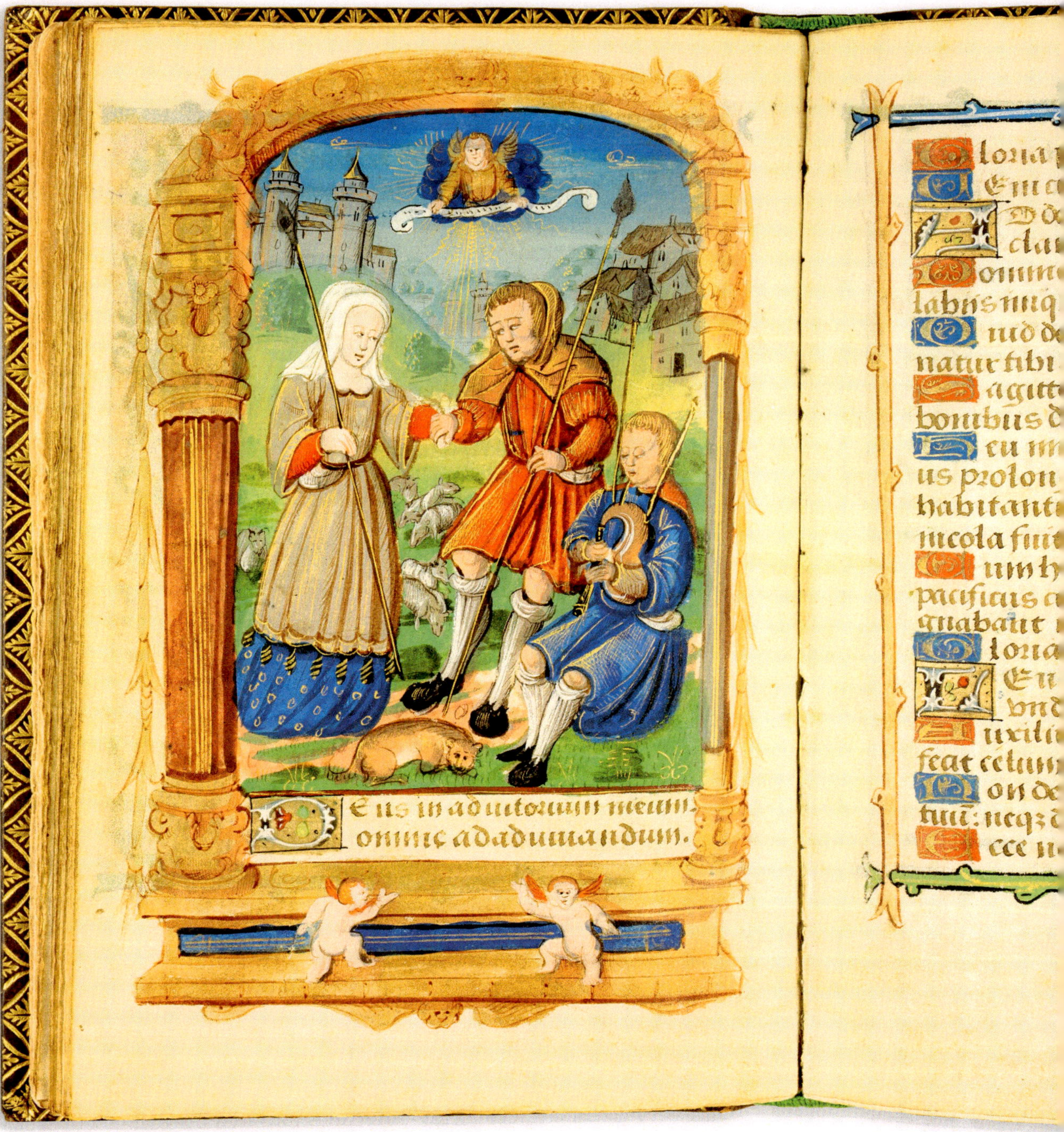

Y Cyfarchiad i'r bugeiliaid

darluniau hyn fod yn gymorth i ddefosiwn, gan ganiatáu i'r defnyddiwr ystyried arwyddocâd bywydau Mair a Christ. Ar lefel arall, gallent weithredu fel 'nodau tudalen', a chaniatáu i ddefnyddiwr ddod o hyd i ddefod benodol yn gyflym. Ymysg y darluniau trawiadol yn Llyfr Oriau Boddam y mae Cyfarchiad yr Angel Gabriel i'r Forwyn Fair Fendigaid, yn dweud wrthi y byddai'n rhoi genedigaeth i Fab Duw, â manylion chwedlonol lili'n tyfu o botyn gwin yn symbol o burdeb Mair (boreol weddi); y Cyfarchiad i'r Bugeiliaid, gyda'r côr nefol yn datgelu genedigaeth Crist i grŵp o ddynion a menywod wedi'u gwisgo'n lliwgar, bugeiliaid breintiedig yn amlwg; a darlun tudalen lawn, ar ddechrau'r Salmau Edifeiriol, o'r Brenin Dafydd (awdur Llyfr y Salmau), yn sefyll ar do ei balas ac yn cael cipolwg ar Bathseba ddigyffro yn ei bath yn yr ardd. O fewn testun defosiwn y Sul, gwelwn y fenyw dduwiol mewn gwisg gyfoes, a grybwyllir uchod, sy'n penlinio mewn gweddi wrth ochr y Forwyn Fair sydd ar ei heistedd yn dysgu Crist yn blentyn i ddarllen. Fodd bynnag, ymddengys fod ganddo fwy o ddiddordeb yn y parot y mae'n ei ddal. Mae'r bwystawr canoloesol yn dweud wrthym fod parotiaid yn symbol o addysg oherwydd y gellir eu dysgu i siarad; dengys hyn fod rhywbeth y gellid ei ystyried yn fanylyn damweiniol yn atgyfnerthu ystyr yr olygfa. Mae'r holl ddelweddau hyn wedi'u cynnwys mewn fframiau pensaernïol.

Mae cenedlaethau o fyfyrwyr Llanbedr Pont Steffan wedi mwynhau darganfod a thrafod Llyfr Oriau Boddam, sy'n taflu goleuni mor fyw ar ddiwylliant defosiynol a gweledol yr Oesoedd Canol.

*Janet Burton a William Marx*

1 Mae llawer o lenyddiaeth ar gael am lyfrau oriau. Am gyflwyniad gweler, er enghraifft, Janet Backhouse, *Books of Hours* (London: British Library, 1985); Eamon Duffy, *Marking the Hours: English People and their Prayers 1240–1570* (London and New Haven: Yale University Press, 2006).

2 Am ddisgrifiadau, gweler N. Ker, *Medieval Manuscripts in British Libraries, vol. 3: Lampeter–Oxford* (Oxford: Oxford University Press, 1983), tt. 10–12. Am astudiaethau, gweler C. V. Hewerdine, 'A study of the hours of Charles Boddam' (traethawd MA anghyhoeddedig, Prifysgol Cymru, 1981), a 'Symbolic decoration in a fifteenth-century book of hours', *Literature and Fine Arts, Trivium*, 18 (Lampeter: Trivium Publications, 1983), tt. 49–54.

3 Nodwyd bod llawer o lyfrau oriau yn perthyn i fenywod. Gweler, er enghraifft, Charity Scott-Stokes, *Women's Books of Hours in Medieval England* (Cambridge: Boydell Press, 2006).

# Llawlyfr Hynod Boblogaidd

## Giovanni Boccaccio a *Genealogia deorum gentilium* (Venice, 1492) (Llanbedr Pont Steffan INC 13/14).

Ymhlith casgliad llyfrau printiedig cynnar Llyfrgell Roderic Bowen mae cyfrol hardd, Inc. 13/14; darluniwyd y testun â lluniau, wedi'u gwneud â llaw ac o faint tudalen lawn, o goed achau'r duwiau. Mae hwn yn gopi o'r argraffiad printiedig cyntaf o *Genealogia deorum gentilium* Giovanni Boccaccio a gynhyrchwyd yn Fenis yn 1492. Fe'i rhoddwyd i'r coleg yn 1838 gan Thomas Phillips, Sgwâr Brunswick, Llundain.

Awdur a bardd Eidalaidd oedd Boccaccio (16 Mehefin 1313–21 Rhagfyr 1375); mae'n fwyaf enwog am lunio'r *Decameron*, casgliad o gant o straeon byrion a ysgrifennwyd yn nhafodiaith Eidalaidd ei Fflorens frodorol ac a ystyrir yn rhai a osododd seiliau'r genre. Dylanwadodd y straeon hyn, a osodwyd yn erbyn cefndir y Pla Du, ar awduron amlwg eraill y tu hwnt i'r Eidal, megis Geoffrey Chaucer yn Lloegr a Miguel de Cervantes yn Sbaen. O fewn diwylliant yr Eidal, caiff Boccaccio ei ystyried yn un o'r *Tre Corone*, 'Tair Coron' llenyddiaeth Eidalaidd, ochr yn ochr â Dante a Petrarch.[1]

Fel un o Ddyneiddwyr y Dadeni, roedd gan Boccaccio ddiddordeb brwd yn y byd Clasurol, ac mae llawer yn tybio mai ei waith pwysicaf yw *Genealogia deorum gentilium*, a adwaenir yn Saesneg fel 'On the Genealogy of the Gods of the Gentiles'. Ysgrifennwyd y testun, a gomisiynwyd gan Hugh IV, brenin Cyprus (a brenin Jerwsalem mewn enw), ar ffurf rhyddiaith Ladin. Dechreuodd Boccaccio ar y gwaith tua 1360, er iddo gymryd blynyddoedd lawer i'w lunio; yn wir, parhaodd i addasu a diwygio'r testun hyd at ei farwolaeth yn 1375.[2]

Rhannwyd y gyfrol yn bymtheg llyfr, ac mae'n cynnwys achau llawn y duwiau Clasurol a ffigurau cysylltiedig yn nhraddodiadau Groeg a Rhufain, yn ogystal â chwedlau amdanynt. Mae'n enghraifft wych o ysgolheictod y Dyneiddwyr, gan ei bod hefyd yn archwilio arwyddocâd alegorïaidd y chwedlau. Mae'n cyfuno'r ymchwil a wnaed gan Boccaccio gan ddefnyddio ffynonellau hynafol a chanoloesol: roedd y gweithiau hyn yn cynnwys y *Liber imaginum deorum* o'r ddeuddegfed ganrif a briodolir yn aml i'r ysgolhaig a'r diwinydd o Sais Alexander Neckham, yn ogystal â thestunau clasurol mwy adnabyddus fel *Metamorphoses* gan Ofydd.

Gellir disgrifio'r *Genealogia* fel rhyw fath o 'lawlyfr mytholegol' sy'n adrodd straeon tua 950 o ffigurau mytholegol Groeg a Rhufain a'u perthynas â'i gilydd; darlunnir y

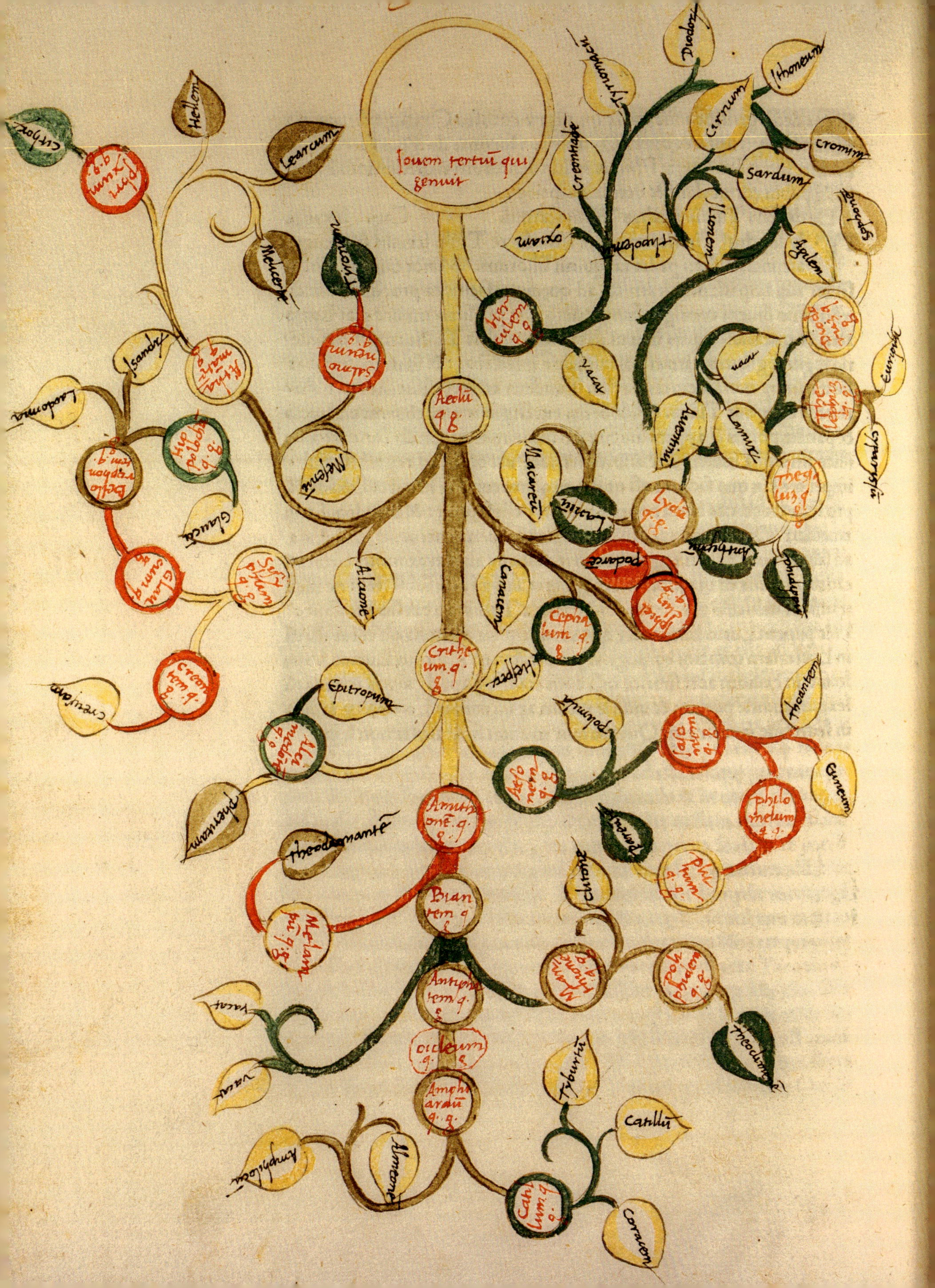
Iouem tertiũ qui genuit
Aeolũ q. g.
Cretheum q. g.
Amitaonẽ q. g.
Biantem q. g.
Antiphatem q. g.
Oicleum q. g.
Amphiaraũ q. g.
Alcionẽ
Canacem
Sardum
Cirrnum
Theodamante
Tyburtiũ
Catillũ
Coracem

cysylltiadau hyn yn hardd gan y 'coed' achau sy'n cyd-fynd â phob pennod. Y diagramau hyn yw'r enghreifftiau anfeiblaidd cynharaf o'r math hwn o waith graffig, a neilltuir fel arfer ar gyfer darlunio hynafiaid Iesu yn y ffurf gelfyddydol ganoloesol gyffredin a elwir yn 'Goeden Jesse'.[3] Yn y gyfrol a gedwir yn Archif Roderic Bowen, defnyddiwyd cymysgedd o inc coch, gwyrdd ac aur symudliw yn y darluniau, a wnaed â llaw, sy'n olrhain llinach y duwiau; yna ysgrifennir pob enw mytholegol mewn ysgrifen fach naill ai mewn inc du neu goch yn nail y gwinwydd cyrliog. Mae'r priflythrennau ar ddechrau pob pennod a'r paragraffau dilynol hefyd wedi eu rhuddellu â llaw mewn inc coch a glas am yn ail, yn ôl arddull llawysgrif ganoloesol.

Gellir canfod eich ffordd drwy'r testun dwys drwy ddefnyddio cyfres o fynegeion a gynhwysir yn y gyfrol wedi'u trefnu yn nhrefn yr wyddor er hwylustod, gyda chyfeiriadau at y llyfr a rhif y bennod berthnasol. Mae'r gyfrol hefyd yn cynnwys traethawd pwysig o fath ym Mhennod 14, lle mae Boccaccio yn cynnig ei amddiffyniad enwog o farddoniaeth (ac felly ei waith ei hun). Awgryma fod barddoniaeth, ymhell o fod yn 'niwlog', yn darparu ystyr cudd a gwirioneddau alegorïaidd, gan fynegi syniadau am werth diwylliannol ac yn wir am werth moesol astudio ac ysgrifennu barddoniaeth sydd hefyd yn cael eu hadlewyrchu yng ngwaith cyfoeswyr dyneiddiol eraill fel Dante a Petrarch.[4]

Roedd y testun yn boblogaidd iawn ymhlith meddylwyr dyneiddiol y Dadeni, er gwaethaf ei hyd eithriadol a'i natur anorffenedig. Erbyn 1499 roedd o leiaf wyth argraffiad wedi'u cyhoeddi, gan awgrymu bod hwn yn wir yn waith poblogaidd ymhlith Dyneiddwyr y Dadeni. Ei arwyddocâd ehangach yw iddo ddod yn fodel ar gyfer casgliadau o fythau yn y dyfodol, a hyrwyddo astudiaethau diwylliannol ac ieithegol y Dadeni ymhellach.

*Harriett Webster*

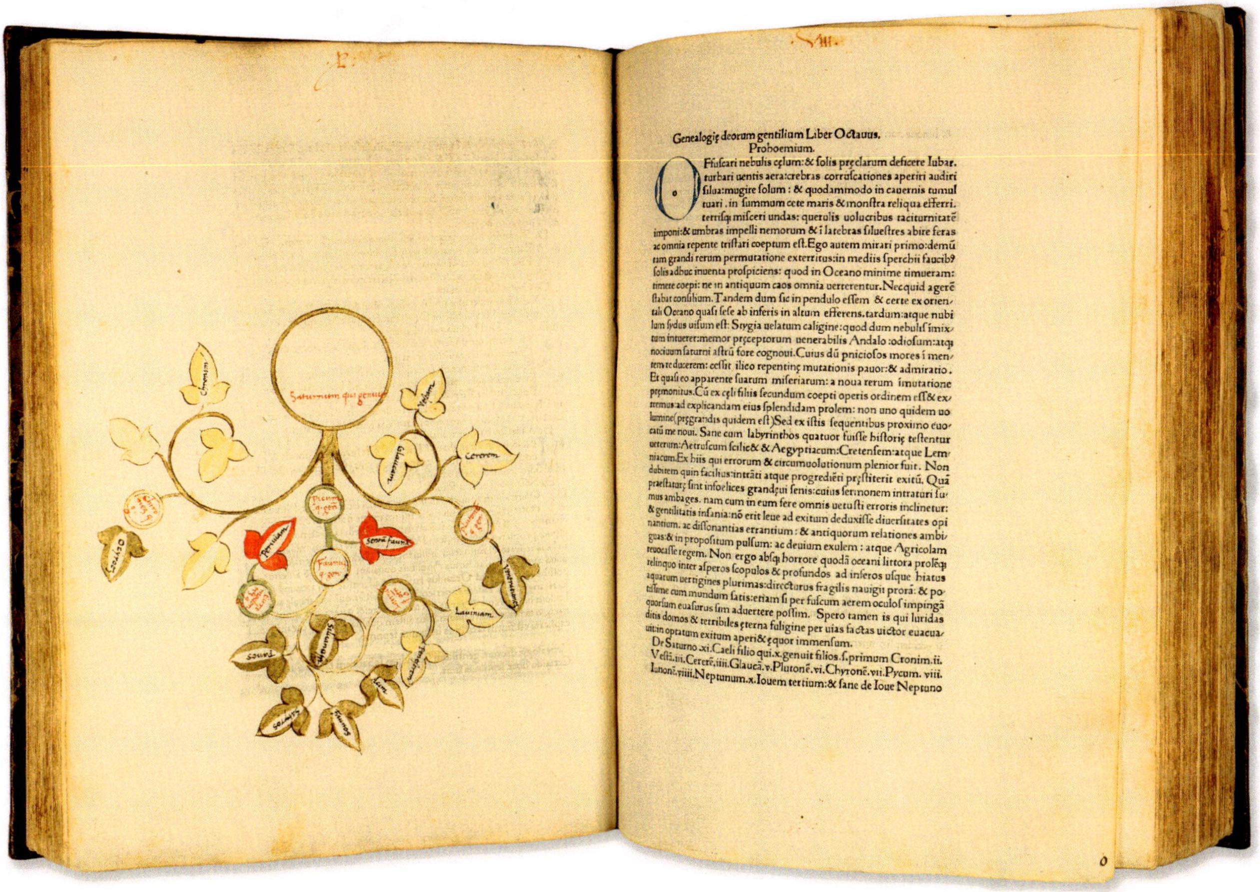


1 I ddarllen ymhellach am 'Dair Coron' llenyddiaeth yr Eidal, gweler astudiaeth ddiweddar Zygmunt G. Barański, *Dante, Petrarch, Boccaccio: Literature, Doctrine, Reality* (Cambridge: Legenda, 2020).

2 Elisabeth Woodbridge, 'Boccaccio's Defence of Poetry; as contained in the Fourteenth Book of the "De Genealogia Deorum" ', *Publications of the Modern Language Association*, 13 (1898), tt. 333–49.

3 Am astudiaeth lawn ar natur ac arwyddocâd yr enghreifftiau graffig hardd hyn, gweler Ernest Hatch Wilkins, *The Trees of the Genealogica Deorum of Boaccaccio* (Chicago: The Caxton Club, 1923).

4 Woodbridge, 'Boccaccio's Defence of Poetry', t. 335.

# Y Legenda Aurea

**Jacobus a Voragine, *The Golden Legend (Legenda aurea)* (London: Printed by Wynkyn de Worde, 1498) (Llanbedr Pont Steffan INC 46)**

Lluniwyd y *Legenda aurea*, casgliad cynhwysfawr o fucheddau'r saint a darlleniadau ar gyfer gwyliau Cristnogol, rhwng 1250 a 1280, yn Lladin, gan Jacobus a Voragine, un o'r Brodyr Duon a ddaeth yn archesgob Genofa yn 1291. Mae wedi'i drefnu yn ôl gwyliau blwyddyn yr Eglwys, gan gynnwys gwyliau mabsant. Byddai'r darlleniadau'n gronfa o straeon ac esiamplau ar gyfer pregethau i'w traddodi yn eglwys y plwyf, a hefyd – o gofio bod Jacobus ei hun yn un o'r Brodyr – gan aelodau urddau'r Brodyr Cardod yn eu cenhadaeth bregethu. Tyst i boblogrwydd y casgliad yw'r ffaith ei fod wedi goroesi mewn nifer fawr o lawysgrifau (tua mil i gyd) a'r ffaith iddo gael ei gyfieithu i lawer o ieithoedd brodorol, gan gynnwys Saesneg. Fel y llyfrau oriau, roedd y *Legenda aurea* yn cael ei ystyried yn gynnar yn waith addas ar gyfer ei argraffu. Argraffwyd y cyfieithiad Saesneg cyntaf yn 1483 gan William Caxton, masnachwr o Lundain oedd wedi sefydlu gwasg argraffu yn 1476 wrth arwydd y Red Pale ar dir Abaty Westminster.[1] Caxton hefyd oedd cyfieithydd y *Legenda*, a chysodwyd testun argraffiad 1483 gan Wynkyn de Worde, Iseldirwr oedd yn gweithio i Caxton er 1481.[2]

Pan fu farw Caxton yn 1491/92, aeth de Worde yn gyfrifol am y wasg. I ddechrau, arhosodd yn Westminster, ond symudodd i Stryd y Fflyd yn 1500 neu ddechrau 1501, gan nodi dechrau cysylltiad yr ardal honno ag argraffu. Atgynhyrchodd de Worde argraffiad 1483 Caxton o'r *Golden Legend* lawer gwaith. Mae llyfrgell Prifysgol Cymru yn Llanbedr Pont Steffan yn ffodus fod yno gopi o argraffiad (prin iawn) 1498 o'r *Golden Legend*. Rhoddwyd y llyfr i Goleg Dewi Sant gan ei sylfaenydd, Thomas Burgess.

Mae argraffiad 1498 yn agor fel hyn:

> Here begynneth the legende in latyn legenda aurea that is to saye in Englysshe the golden legend. For lyke as passeth golde in valewe other metallys so this legend excelleth all other bookes.

Mae'r gyfrol yn dechrau gyda bywyd Adda, yna Noa, a gwroniaid eraill o'r Hen Destament, cyn symud ymlaen i benodau ym mywyd Crist a'r seintiau. Nodwedd arbennig, er nad yw'n unigryw, yng nghopi Llanbedr Pont Steffan, yw'r enghraifft o fandaliaeth ddiwylliannol sydd ynddo. Mae nifer o dudalennau wedi'u torri allan, o ffolio 60 ymlaen, rhwng Gŵyl y Fil Feibion (28 Rhagfyr) a Gŵyl Sant Silvester (31 Rhagfyr).

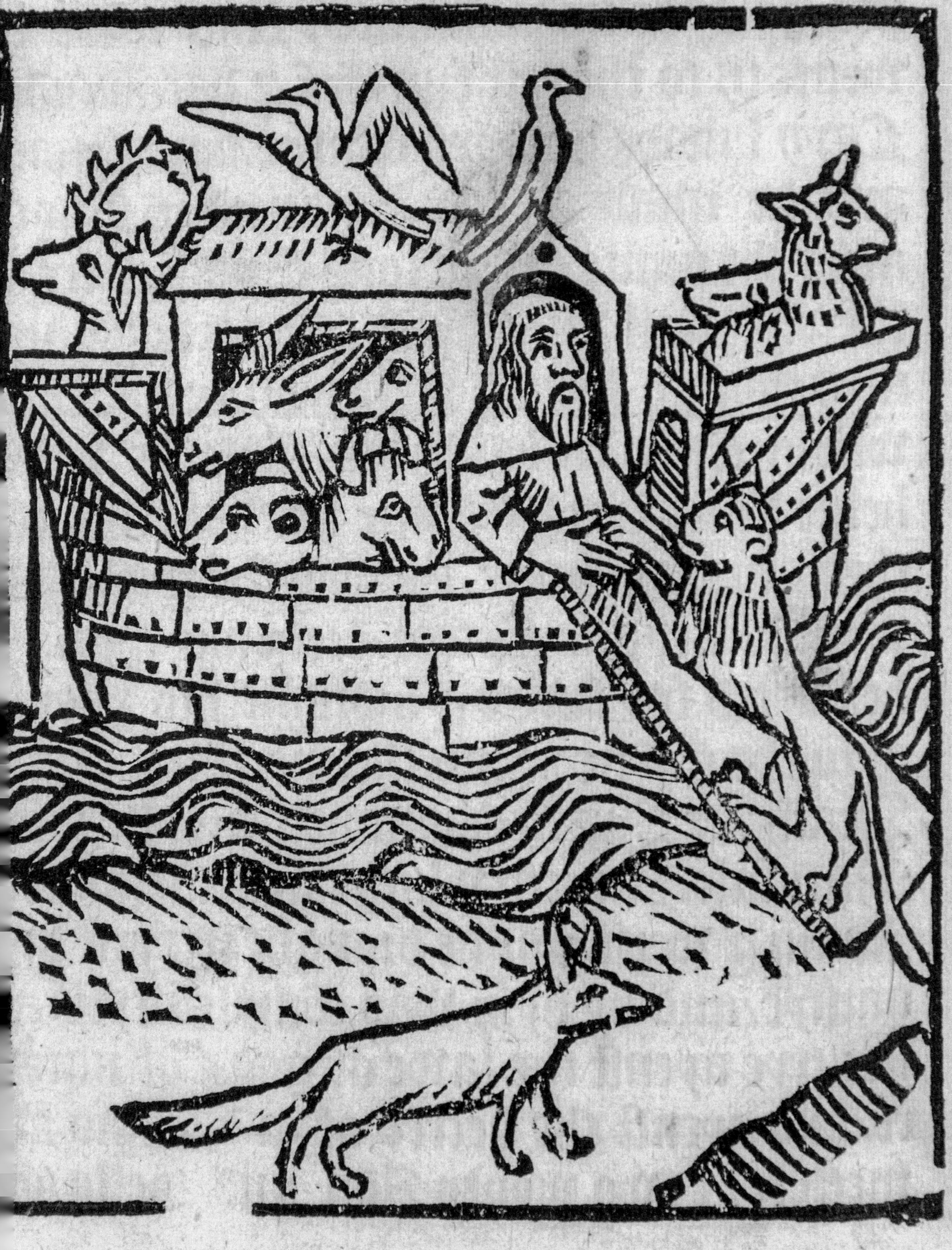

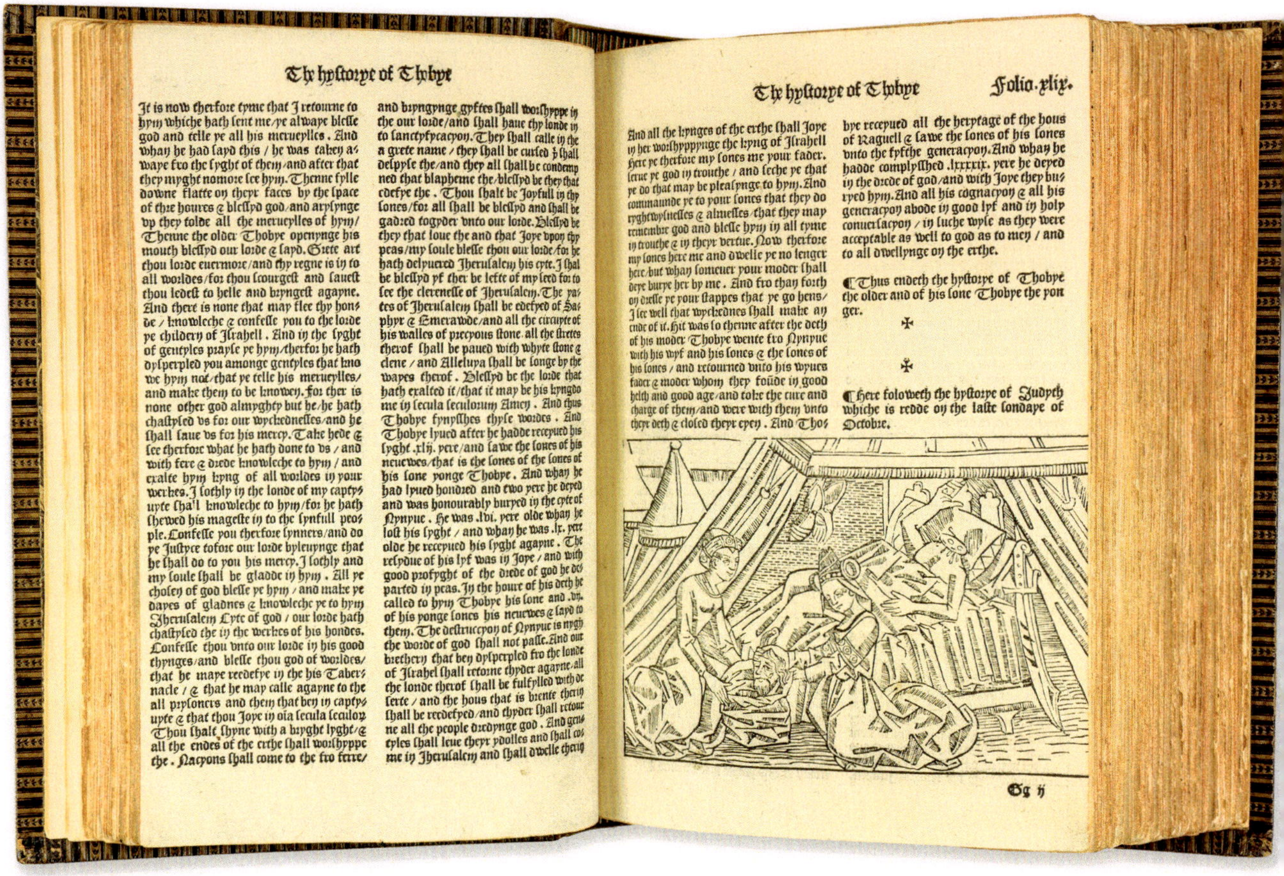


Tobit, a darlun o Judith a Holoffernes yn ei ddilyn

Fodd bynnag, mae digon ar ôl o ffolios 59v a 63r – gan gynnwys delwedd â chrafiad drwyddi – i'n galluogi i adnabod y darn sydd wedi'i dorri allan fel buchedd yr Archesgob Thomas o Gaer-gaint, sy'n fwy adnabyddus fel Thomas Becket. Llofruddiwyd Thomas yn ei gadeirlan ei hun ar 21 Rhagfyr 1170 gan bedwar marchog yr honnir eu bod yn gweithredu ar orchymyn y Brenin Harri II. Roedd llwybr Thomas i gael ei ddyrchafu'n sant yn un cyflym. Fe'i cyhoeddwyd yn sant gan y pab yn 1173, a daeth ei feddrod yn un o brif gyrchfannau'r pererinion yn Ewrop. 29 Rhagfyr oedd ei ddygwyl.

Felly pam yr ymgais, gan un o ddefnyddwyr *Legenda* Llanbedr Pont Steffan, i ddileu Thomas? Roedd anghydfod Thomas â Harri II yn rhan o'r berthynas ganoloesol broblemus rhwng yr Eglwys a'r Wladwriaeth; o gael ei wthio, mynnai Thomas mai i'r Eglwys a'r pab yr oedd ei ddyletswydd gyntaf, ac nid i'r brenin. Dair canrif a hanner yn ddiweddarach, roedd brenin arall – Harri VIII – yn wynebu trafferthion tebyg. Wrth i Loegr ymwahanu oddi wrth Rufain, collodd Thomas o Gaer-gaint ffafr y brenin. Yn 1538, chwalwyd ei greirfa ac fel rhan o ymgyrch i ddileu pob cof amdano,

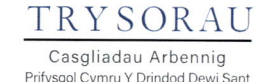

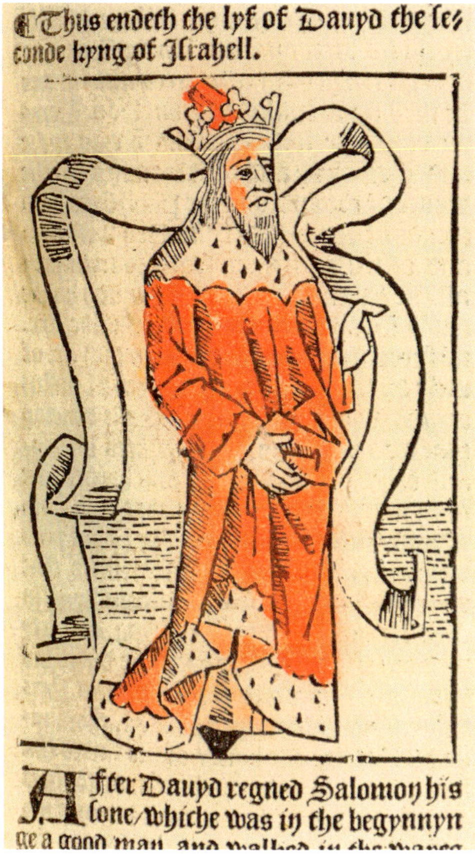
Thus endeth the lyf of Dauyd the se-
conde kyng of Israhell.

After Dauyd regned Salomon his
sone/whiche was in the begynnyn

Y Brenin Solomon

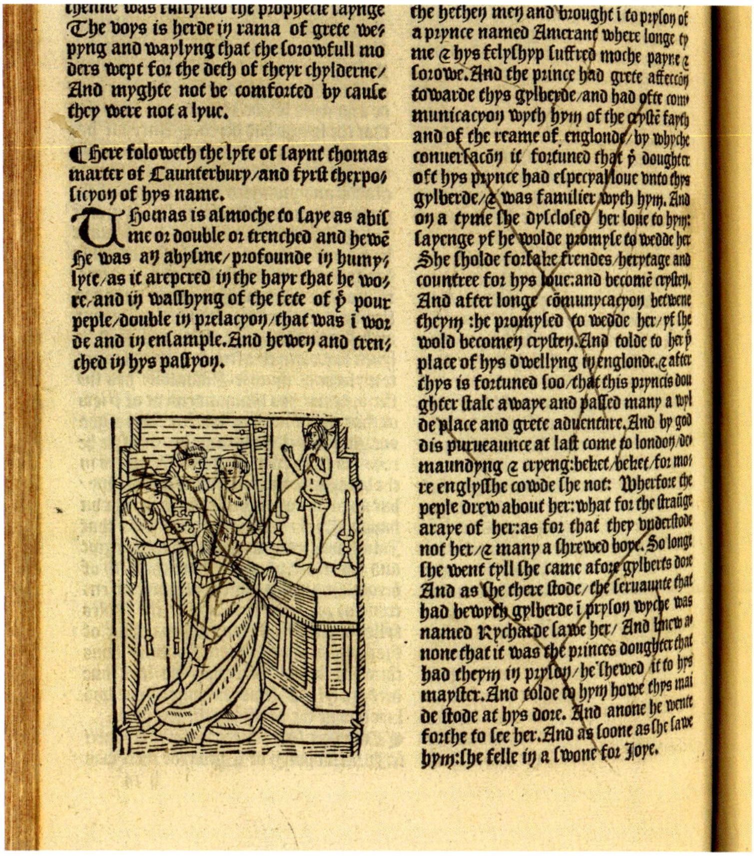
thenne was fulfylled the prophecie sayinge
The voys is herde in rama of grete we-
pyng and waylyng that the sorowfull mo
ders wept for the deth of theyr chylderne/
And myghte not be comforted by cause
they were not a lyue.

Here foloweth the lyfe of saynt thomas
marter of Caunterbury/and fyrst thexpo-
sicyon of hys name.
Thomas is asmoche to saye as abis
me or double or trenched and hewē
He was an abysme/profounde in hump-
lyte/as it arepered in the hayr that he wo-
re/and in wasshyng of the fete of ẏ pour
peple/double in prelacyon/that was i wor
de and in ensample. And hewen and tren-
ched in hys passyon.

the hethen men and brought i to pryson of
a prynce named Amerant where longe ty
me & hys felyshyp suffred moche payne &
sorowe. And the prince had grete affeccōn
towarde thys gylberde/and had ofte com-
municacyon wyth hym of the crystē fayth
and of the reame of englonde/by whyche
conuersacōn it fortuned that ẏ doughter
oft hys prynce had especyal loue vnto thys
gylberde/& was familier wyth hym. And
on a tyme she dysclosed her loue to hym:
sayenge yf he wolde promyse to wedde her
She sholde forsake frendes/herytage and
countree for hys loue:and becomē crysten.
And after longe cōmunycacyon betwene
theym :he promysed to wedde her/yf she
wold becomen crysten. And tolde to her ẏ
place of hys dwellyng in englonde.& after
thys is fortuned soo/that this pryncis dou
ghter stale awaye and passed many a wyl
de place and grete aduenture. And by god
dis purueaunce at last come to london/de
maundyng & cryeng:beket/beket/for mo-
re englysshe cowde she not: Wherfore the
peple drew about her:what for the straūge
araye of her:as for that they vnderstode
not her/& many a shrewed boye. So longe
she went tyll she came afore gylberts dore
And as she there stode/the seruaunte that
had bewyth gylberde i pryson wyche was
named Rycharde sawe her/ And knew a-
none that it was the princes doughter that
had theym in pryson/he shewed it to hys
mayster. And tolde to hym howe thys mai
de stode at hys dore. And anone he wente
forthe to see her. And as soone as she sawe
hym:she felle in a swone for Joye.

Thomas Becket, mewn darlun â chrafiad drwyddo

gorchmynnwyd y dylid tynnu ei enw o lyfrau gwasanaeth a sallwyrau, yn ogystal â darlleniadau'r seintiau, fel y *Legenda aurea*.[3] Yn yr un modd ag argraffiadau eraill o'r *Golden Legend*, mae'n ymddangos bod copi Llanbedr Pont Steffan yn dystiolaeth o frwdfrydedd rhai i ufuddhau i orchmynion Harri VIII.

*Janet Burton a William Marx*

1 Gweler Allan Barton, *https://medievalart.co.uk/2021/05/11/a-fifteenth-century-bestseller/* (cyrchwyd 17 Mawrth 2022).

2 A. W. Pollard a G. R. Redgrave, *A Short-Title Catalogue of Books Printed in England, Scotland, and Ireland, and of English Books Printed Abroad 1475–1640*, ail argraffiad, wedi'i adolygu a'i helaethu gan W. A. Jackson, F. S. Ferguson a K. F. Panzer, tair cyfrol (London: The Bibliographical Society, 1976–91), II, 24876. Am drafodaeth, gweler Barton, *medievalart.co.uk/2021/05/11/a-fifteenth-century-bestseller* (cyrchwyd 17 Mawrth 2022).

3 Cafwyd difrod tebyg yn llsgr. Caer-grawnt, Llyfrgell y Brifysgol, Inc. 3.J.1.2 [3550]; gweler *https://exhibitions.lib.cam.ac.uk/incunabula/artifacts/legenda-aurea/* (cyrchwyd 17 Mawrth 2022).

# Llyfr Gweddi a Deithiodd Ymhell

**_Missale Vratislaviense_ (Mainz: Peter Schöffer, 1499) (Llanbedr Pont Steffan INC 10)**

Llyfr a ddefnyddir gan offeiriad wrth gynnal gwasanaeth crefyddol yw llyfr offeren (neu 'misal') ac mae'n cynnwys yr holl destun, y cyfarwyddiadau a'r gerddoriaeth sydd eu hangen ar offeiriad wrth yr allor. Argraffwyd y llyfr offeren ffolio mawr hwn yn 1499 ac mae'n dilyn Arfer neu Ddefod Bratislava. Mae arysgrif ar y blaen yn dweud i gyfreithiwr o'r enw Vincent Urganyk ei roi yn 1515 i Eglwys Golegaidd y Santes Fair yn Glogow, sydd nawr yn y Weriniaeth Tsiec. Ni wyddom pa mor hir yr arhosodd yno, na beth oedd ei hanes wedi hynny. Yr hyn a wyddom yw iddo gael ei roi i Goleg Dewi Sant, Llanbedr Pont Steffan, gan Thomas Phillips yn 1837.

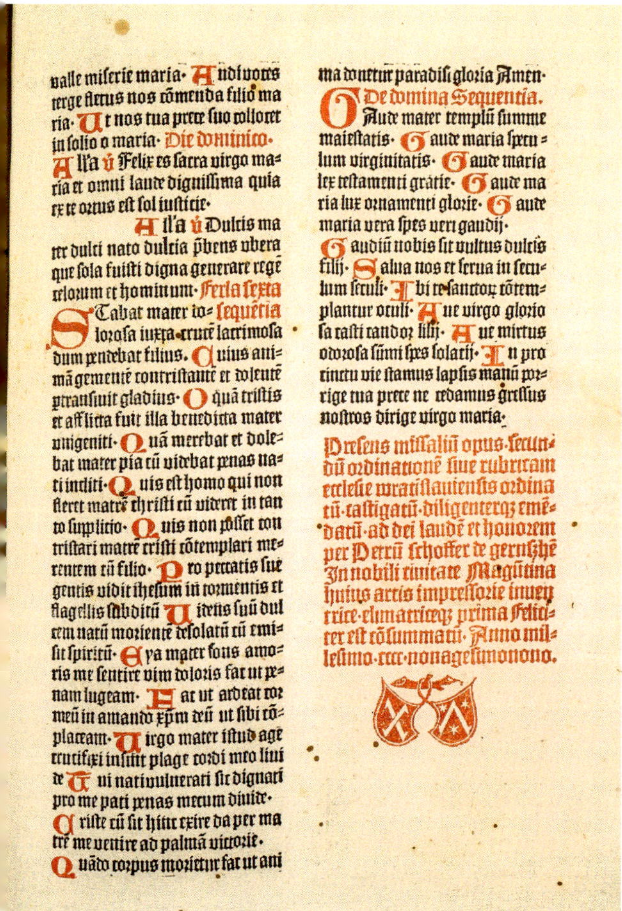
valle miserie maria· Audi uocem
terge fletus nos cõmenda filio ma
ria· Ut nos tua prece suo colloret
in solio o maria· Die dominico·
Alla ú Felix es sacra virgo ma-
ria et omni laude dignissima quia
ex te ortus est sol iustitie·
Alla ú Dulcis ma
ter dulci nato dulcia p̃bens ubera
que sola fuisti digna generare regẽ
celorum et hominum· Feria sexta
Stabat mater do- sequẽtia
lorosa iuxta crucẽ lacrimosa
dum pendebat filius. Cuius ani-
mã gementẽ contristantẽ et dolentẽ
ptransiuit gladius· O quã tristis
et afflicta fuit illa benedicta mater
unigeniti· Quã merebat et dole-
bat mater pia cũ uidebat penas na-
ti inclīti· Quis est homo qui non
fleret matrẽ christi cũ uideret in tan
to supplicio· Quis non posset con
tristari matrẽ cristi cõtemplari me-
rentem cũ filio· Pro peccatis sue
gentis uidit ihesum in tormentis et
flagellis subditũ· Uidens suũ dul
cem natũ morientẽ desolatũ cũ emi-
sit spiritũ· Eya mater fons amo-
ris me sentire vim doloris fac ut pe-
nam lugeam· Fac ut ardeat cor
meũ in amando xp̃m deũ ut sibi cõ-
placeam· Uirgo mater istud age
crucifixi infige plage cordi meo uali
de· Tui nati uulnerati sic dignati
pro me pati penas mecum diuide·
Criste cũ sit hinc exire da per ma
trẽ me uenire ad palmã uictorie·
Quãdo corpus morietur fac ut ani
ma donetur paradisi gloria Amen·
De domina Sequentia.
Gaude mater templũ summe
maiestatis· Gaude maria specu-
lum virginitatis· Gaude maria
lex testamenti gratie· Gaude ma
ria lux ornamenti glorie· Gaude
maria vera spes veri gaudij·
Gaudiũ nobis sit uultus dulcis
filij· Salua nos et serua in secu-
lum seculi· Ubi te sanctorũ cõtem-
plantur oculi· Aue virgo glorio
sa casti candor lilij· Aue mirtus
odorosa sũmi spes solacij· In pro
cinctu vie stamus lapsis manũ por-
rige tua prece ne cedamus gressus
nostros dirige virgo maria·
Presens missaliũ opus secun-
dũ ordinationẽ siue rubricam
ecclesie wratislauiensis ordina
tũ· castigatũ· diligenterq̃ emẽ-
datũ· ad dei laudẽ et honorem
per Petrũ schoffer de gernszhẽ
In nobili ciuitate Magũtina
huius artis impressorie inuen
trice· elimatriceq̃ prima Felici-
ter est cõsummatũ· Anno mil-
lesimo· cccc· nonagesimonono.

Nod yr argraffydd yn y coloffon

Mae cryn arwyddocâd llyfryddol i'r llyfr offeren penodol hwn ac mae ei stori'n mynd â ni at wreiddiau argraffu yn Ewrop. Fe'i hargraffwyd yn 1499 ym Mainz, tarddle argraffu yn Ewrop, yn argraffty Peter Schöffer. Brodor o Gernsheim, ger Mainz, oedd Schöffer, ac fe'i ganed yn 1425. Yn ei flynyddoedd cynnar credir ei fod wedi gweithio fel copïwr llawysgrifau ym Mharis, fwy na thebyg mewn gweithdy a gynhyrchai lyfrau fel Llyfr Oriau Boddam, sydd hefyd yn cael sylw yn y gyfrol hon. Yn 1451 dychwelodd i Mainz a dechrau gweithio i Johannes Gutenberg a Johannes Fust. Gutenberg oedd y cyntaf yn Ewrop i arbrofi ag argraffu testunau drwy ddefnyddio teip symudol, gan berffeithio proses oedd yn fasnachol bosibl. Sefydlodd ef a Fust wasg argraffu i ddechrau cynhyrchu llyfrau yn defnyddio'r broses hon. Daeth Schöffer i Mainz i reoli'r argraffty a bu'n rhan o gynhyrchu gwaith mawr pwysig y wasg, sef y Beibl printiedig cyntaf, y Beibl '42 llinell' neu Feibl Gutenberg. Ar ôl cynhyrchu'r Beibl chwalodd y bartneriaeth rhwng Gutenberg a

Dñica prima in aduentu dñi.

Ad te leua
ui animã
meã deus
meus in te
cõfido nõ
erubescã
neq3 irride
ant me in
imici mei
eteni uniuersi qui te expectãt nõ con=
fundentur. ps Vias tuas dñe de=
mõstra michi et semitas tuas edoce
me. Ab hoc die usq3 ad natiui=
tatẽ dñi Glã in excelsis nõ dr.

Excita qũs dñe po= Coll'.
tentiã tuã et veni: ut ab
imminẽtibz peccatorz nr̃orz peri
culis te mereamur ꝓtegente eri
pi te liberante saluari. Qui.

Fratres: Scien Ad roma.
tes q2 hora est iã nos de
somno surgere. Nũc eni ꝓpior
est salus nr̃a q̃3 cũ credidimus
Nox ꝓcessit dies autẽ appropi
quabit. Abiiciamus ergo opa
tenebrarũ: et induamur arma
lucis: sicut in die honeste am=
bulem9. nõ in cõmessationibz
et ebrietatibz. nõ in cubilibus
et impudiciciis. nõ in cõtentio=
ne et emulacõne: sed induimi=
ni dñm ihesum christũ. Grad'.

Uniuersi qui te expectãt nõ cõfun
dentur dñe. v̇ Vias tuas dñe no=
tas fac michi et semitas tuas edoce
me. Alla v̇ Ostẽde nob dñe mise
ricordiã tuã ⁊ salutare tuũ da nobis

In illo tpe. Scdm Matheum.
Cũ appropinquasset ihũs ihe=
rosolimã et venisset bethfage
ad montẽ oliueti: tũc misit du=
os discipulos suos dicens eis.
Ite in castellũ qđ contra vos
est: ⁊ statim inuenietis asinam
alligatã et pullũ cũ ea: soluite
et adducite michi. Et si q̃s vob
aliquid dixerit: dicite q2 dñs
his opus habet: et cõfestim di=
mittet eos. Hoc autẽ totũ factũ
est: ut adimpleretur qđ dictum
est p ꝓphetã dicentẽ. Dicite fi=
lie syon: ecce rex tuus venit tibi
mãsuetus: sedens sup asinã et
pullũ filiũ subiugalis. Euntes
autẽ discipuli fecerũt sicut p̃ce=
pit illis ihesus. Et adduxerũt
asinã et pullũ: et imposuerunt
sup eos vestimenta sua ⁊ eum
desuper sedere fecerũt. Plurima
autẽ turba strauerũt vestimẽ=
ta sua in via: alii autẽ cedebant
ramos de arboribz ⁊ sternebãt
in via. Turbe autẽ que precede=
bant et que sequebãtur clama
bãt dicentes. Osanna filio da
uid benedictus qui venit in no
mine dñi. Offr̃ Ad te dñe le=
uaui animã meã deus me9 in te cõ=
fido non erubescã neq3 irrideant me
inimici mei eteni uniuersi qui te ex=
pectant nõ cõfundentur. Secretũ
Hec sacra nos dñe potenti
virtute mũdatos: ad suũ faci=
ant puriores venire principiũ
Per. Prefatio quotidiana.

a.

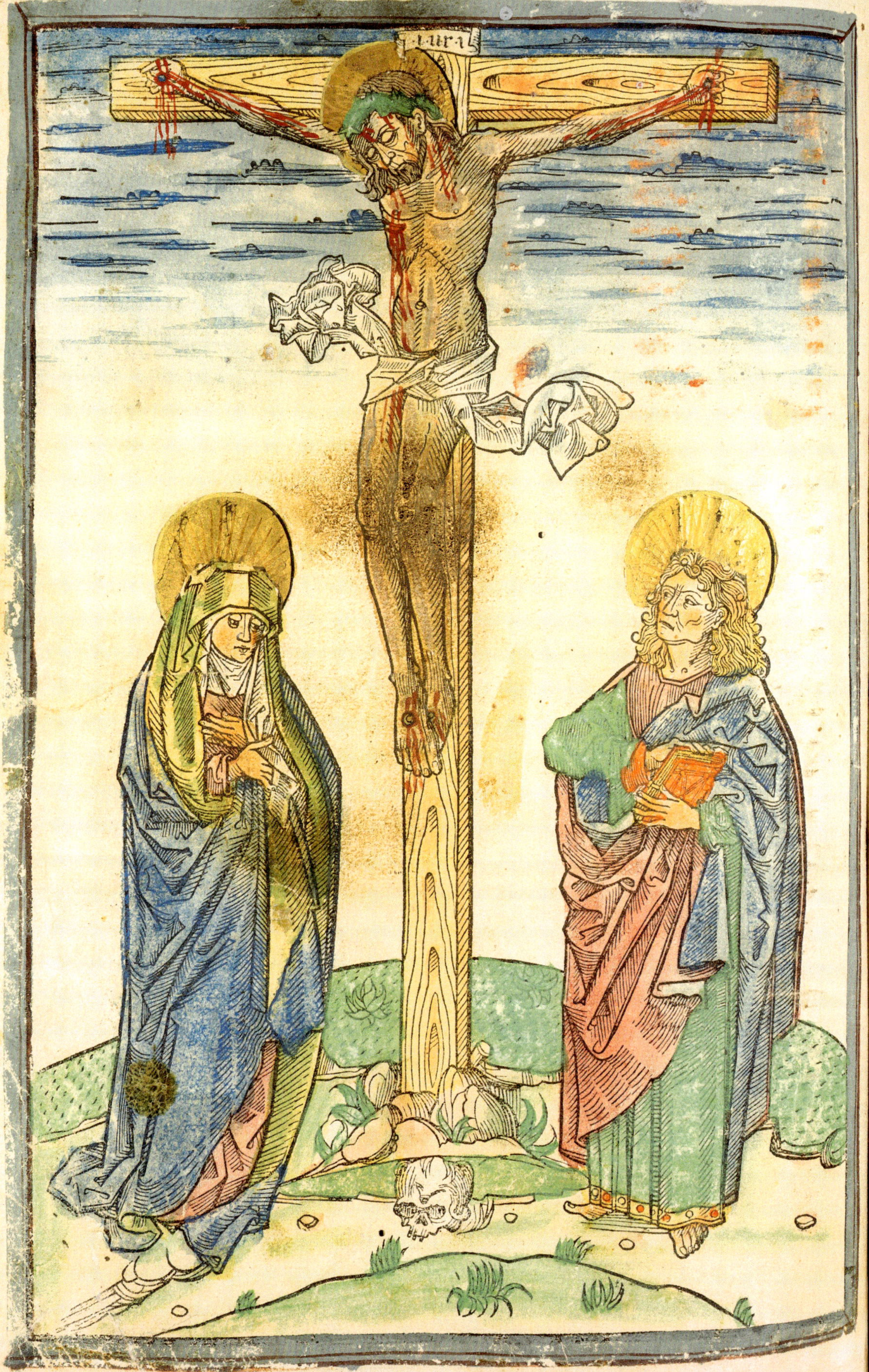
·i·nr·i

Fust, a phenderfynodd Schöffer weithio i Fust. Priododd ferch Fust ac wedi marwolaeth Fust yn 1466 cymerodd Schöffer yr awenau'n llwyr yn yr argraffty yr oeddent ill dau wedi'i sefydlu. Argraffwyd y llyfr offeren hwn yn yr argraffty hwnnw.

Fe'i hargraffwyd tua diwedd oes Schöffer (bu farw yn 1503), ond mae'n nodweddiadol o'i gynnyrch ef. Fel llawer o'r llyfrau a gynhyrchwyd ym Mainz yn y cyfnod hwn at ddefnydd yr Eglwys, mae'r llyfr wedi'i argraffu mewn teip o'r enw Textura neu Gothic Book-hand, a arloeswyd gan Gutenberg a Schöffer ill dau. Cynlluniwyd y teip clir hwn i efelychu nodweddion llawysgrifau ysgrifenedig y bedwaredd ganrif ar ddeg a'r bymthegfed ganrif.

Yn y cyfnod hwn byddai testunau print yn aml yn cael eu trin fel petaent yn llawysgrifau, ac mae Schöffer wedi gadael bylchau mewn mannau allweddol yn y testun printiedig er mwyn gallu cynnwys blaenlythrennau i'w haddurno â llaw. Yn y llyfr hwn mae'r blaenlythrennau wedi eu goreuo'n ysblenydd ag addurnwaith coeth ar ffurf deiliach.

Roedd yn beth cyffredin i fasnachwyr ddefnyddio marciau (nodau masnach) ar eu cynnyrch yn yr Oesoedd Canol, a Fust a Schöffer oedd yr argraffwyr cyntaf i gynnwys nod yr argraffydd mewn llyfr. Ymddangosodd am y tro cyntaf mewn gwaith o'r flwyddyn 1458 ac mae'r un marc i'w weld yn y coloffon yng nghefn y llyfr offeren hwn, ag enw'r argraffydd a dyddiad y gwaith wedi'u hargraffu'n glir yno mewn teip coch.

*Allan B. Barton*

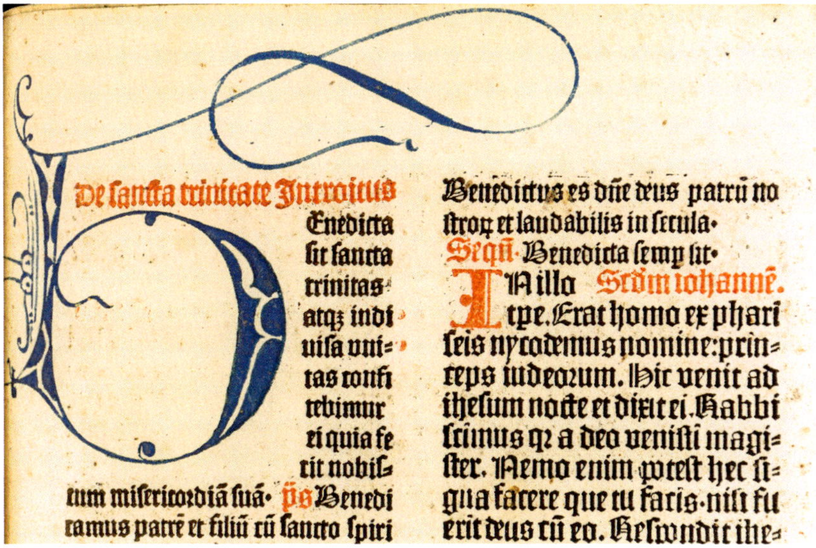
De sancta trinitate Introitus
Enedicta sit sancta trinitas atq; indiuisa vnitas confitebimur ei quia fecit nobiscum misericordiā suā· ps Benedicamus patrē et filiū cū sancto spiri

Benedictus es dñe deus patrū nostrorum et laudabilis in secula· Seqn̄· Benedicta semp sit· In illo Scdm iohannē. tpe. Erat homo ex phariseis nycodemus nomine: princeps iudeorum. Hic venit ad ihesum nocte et dixit ei. Rabbi scimus q2 a deo venisti magister. Nemo enim potest hec signa facere que tu facis· nisi fuerit deus cū eo. Respondit ihe-

Y Croeshoeliad. Delwedd wedi'i lliwio â llaw

Priflythyren wedi'i haddurno â llaw

# Llyfr Litwrgaidd Bach ei Faint

***Missale ad consuetudinem insignis ecclesie Sarum*** **(Paris: Opera Wolffgāgi Hopylij, 1511)**

Argraffwyd y llyfr offeren hwn yn 1511 ym Mharis gan Wolfgang Hopyl (fl. 1489–1522/3). Mae'n debyg mai brodor o Utrecht neu'r Hag oedd Hopyl, ac iddo ymsefydlu ym Mharis yn 1489. Argraffwyd y llyfr offeren hwn yno, bron yn sicr yn ei weithdy yn Rue Saint-Jacques. Er ei fod wedi'i argraffu yn Ffrainc, lluniwyd y llyfr offeren ar gyfer y farchnad Seisnig ac mae'n cynnwys y litwrgi yn ôl 'Arfer' Caersallog (Sarum), sef prif amrywiad litwrgaidd Arfer Rhufain yng Nghymru a de Lloegr yn y bedwaredd ganrif ar ddeg a'r bymthegfed ganrif. Nid oedd 'Arfer' yn awgrymu cymaint o wahaniaeth ag a geid, er enghraifft, yng ngweithredoedd seremonïol y gweinidogion sanctaidd, yr esgob, yr offeiriad neu'r diacon, wrth offrymu'r litwrgi. Trefnwyd Arfer Sarum yn gynnar yn y drydedd ganrif ar ddeg gan Richard le Poer, esgob Caersallog (1217–28, ac esgob Durham maes o law). Ef oedd hefyd yn gyfrifol am symud ei gadeirlan o fryn yr Hen Gaersallog a'i hailsefydlu ar ei safle presennol. Cafwyd rhai mân ddiwygiadau eraill i 'Arfer' Le Poer yn y bedwaredd ganrif ar ddeg, yn bennaf mewn perthynas â Chalendr Litwrgaidd y Gwyliau a'r Dyddiau Gŵyl i'w dathlu, a dyma'r 'Arfer Newydd' a fabwysiadwyd yn eang wedi hynny.

Dechreuodd Wolfgang Hopyl argraffu llyfrau offeren a llyfrau litwrgaidd eraill i'w hallforio i Loegr yn 1494 pan ffurfiodd bartneriaeth â Jean Himan, ac fe'u gwerthid drwy lyfrwerthwyr yn Llundain – drwy Nicolas Lecomte o 1494 ymlaen a thrwy Franz Birkmann ar ôl 1513. Roedd Birkmann (m. 1530) yn sicr yn Llundain yn 1504, ond roedd wedi ymgartrefu yn Cologne erbyn 1511. Gyda'i frawd Arnold agorodd fasnach lyfrau eang ledled gogledd-orllewin Ewrop, a byddai'r farchnad yn Lloegr yn cael ei chyflenwi drwy eu cangen barhaol yn Antwerp. Yn ôl Erasmus, yr ysgolhaig dyneiddiol enwog, Birkmann oedd prif fewnforiwr llyfrau ar gyfer y farchnad Seisnig.

Mae Llyfr Offeren Hopyl yn enghraifft o'r fasnach honno. Mae'n llawer llai ei faint na Llyfr Offeren Schöffer, sydd hefyd yn cael sylw yn y gyfrol hon. Mae'n werth rhoi sylw i faint y llyfr; golygai ei bod yn ffordd fwy darbodus o allforio niferoedd mawr ohonynt i Loegr, yn ogystal â'i wneud yn llawer haws i'w werthu. Er nad oedd y llyfrau offeren llai o faint hyn yn rhad, eto gallai cymunedau'r plwyfi llai hyd yn oed eu fforddio gan fod eu pris gryn dipyn yn is na'r hyn fyddai'n cyfateb iddynt mewn llawysgrif. Hefyd, roeddent yn cael eu gwneud i bara; er mwyn sicrhau hyn, ac i bwysleisio ymhellach

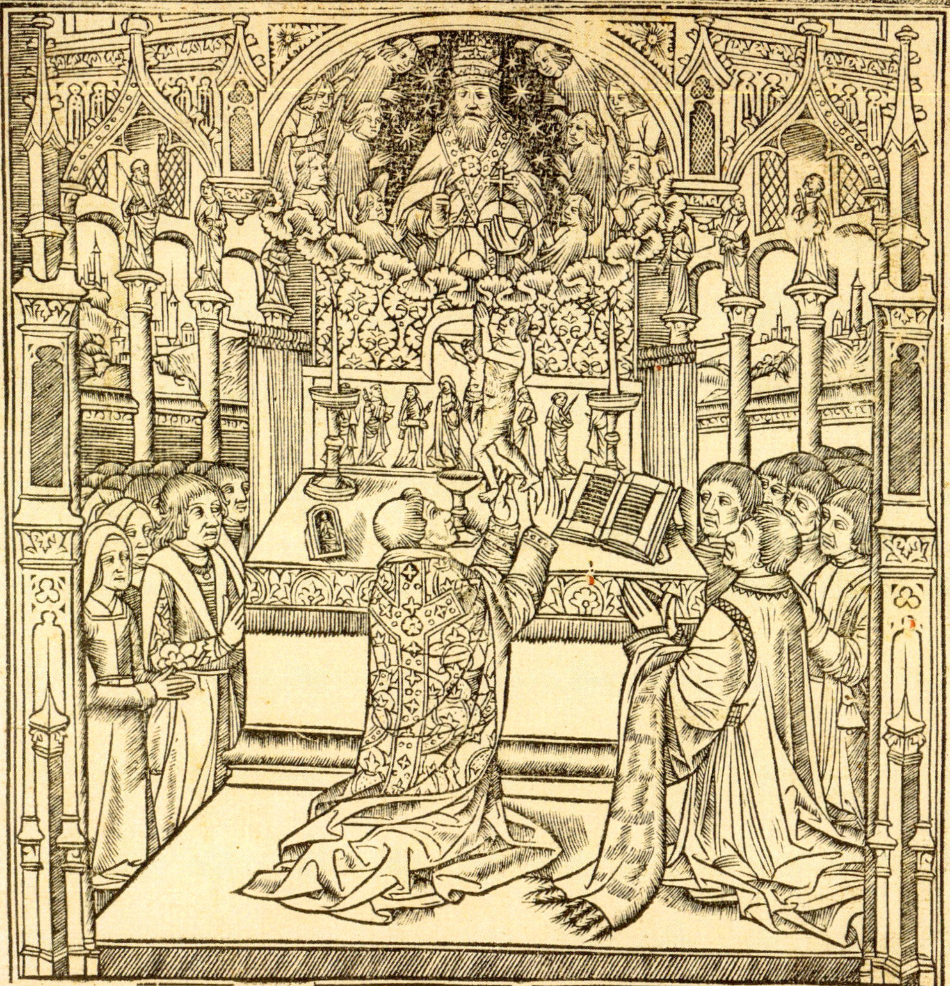

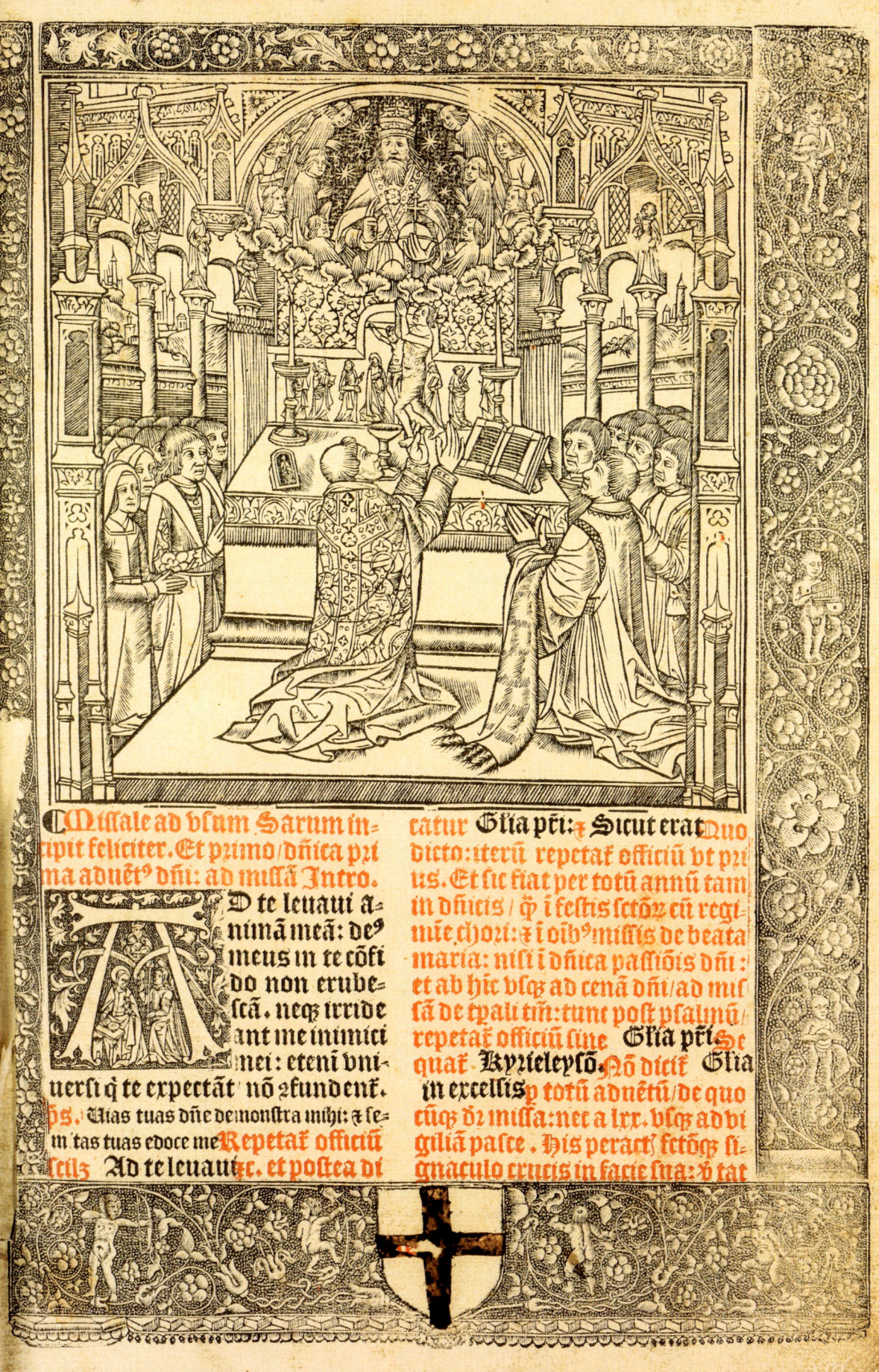

¶ Missale ad vsum Sarum incipit feliciter. Et primo / dñica prima aduēt⁹ dñi: ad missā Introitus.

AD te leuaui animā meā: de⁹ meus in te cōfido non erubescā. neq̧ irrideant me inimici mei: etenī vniuersi q̇ te expectāt nō ꝯfundenť. Ps. Vias tuas dñe demonstra mihi: ⁊ semitas tuas edoce me. Repetať officiū ✝. Ad te leuaui ⁊c. et postea dicatur Glīa pri: ⁊ Sicut erat. Quo dicto: iterū repetať officiū vt prius. Et sic fiat per totū annū tam in dñicis / q̄ i festis sctōꝝ cū regimie chori: ⁊ i oīb⁹ missis de beata maria: nisi i dñica passiōis dñi: et ab hic vsq̧ ad cenā dñi / ad missā de tpali tm̄: tunc post psalmū / repetať officiū sine Glīa pri. Sequať Kyrieleysō. Nō dicit Glia in excellis p totū aduētū / de quocūq̧ dr missa: nec a lxx. vsq̧ ad vigiliā pasce. His peract̄ sctōq̧ signaculo crucis in facie sua: ꝺ tat

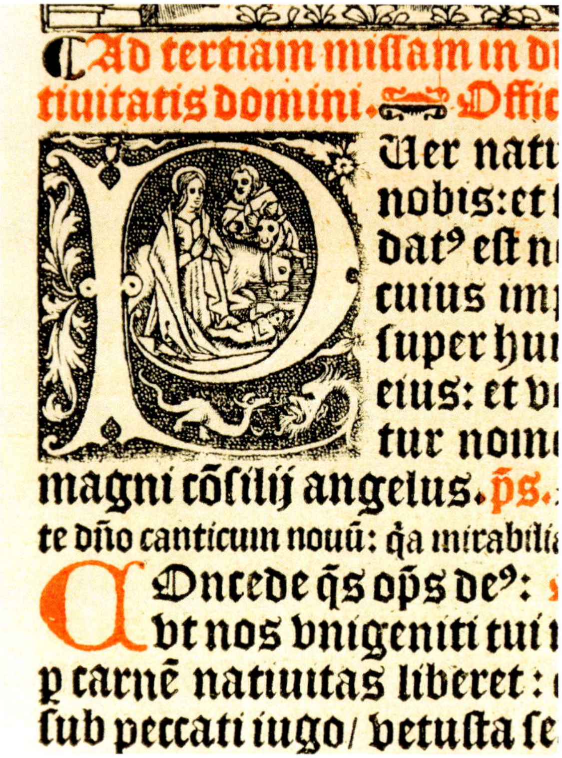
Ad tertiam missam in di
tiuitatis domini. Offic
Puer natu
nobis: et
dat⁹ est n
cuius im
super hu
eius: et v
tur nom
magni cõsilij angelus. ps.
te dño canticum nouũ: q̃a mirabili
Oncede q̃s oṗs de⁹:
vt nos vnigeniti tui
p carnẽ natiuitas liberet:
sub peccati iugo / vetusta se

Blaenlythyren addurnedig yn cynnwys llun o Ŵyl y Geni

eu gwerth am arian, argreffid y rhan a ddefnyddid amlaf yn y llyfr offeren, sef canon yr offeren, ar felwm cryf.

Roedd marchnad barod ar gyfer llyfrau fel y rhain, ac yn sgil gwerthiant y llyfrau offeren rhad hyn daeth 'Arfer' Caersallog, er ei fod eisoes wedi ennill ei blwyf, yn gyffredin iawn yn y blynyddoedd cyn y Diwygiad Protestannaidd. Yn y rhagair i Lyfr Gweddi Gyffredin Eglwys Loegr, 'Concerning the Service of the Church', dywedir: 'whereas heretofore there hath been great diversity in saying and singing in Churches within this Realm; some following Salisbury Use, some Hereford Use, and some the Use of Bangor, some of York, some of Lincoln; now from henceforth all the whole Realm shall have but one Use'.[1] Dyna'r bwriad a fynegwyd gan y rhai a luniodd y Llyfr Gweddi Gyffredin Saesneg cyntaf a gyhoeddwyd yn 1549. Daeth dros dri chan mlynedd o 'Arfer' Caersallog i ben yn y blynyddoedd cythryblus cyn y Diwygiad Protestannaidd yn Lloegr ym mlynyddoedd canol yr unfed ganrif ar bymtheg.

Cyflwynwyd ein copi o Lyfr Offeren Hopyl i Goleg Dewi Sant gan Thomas Phillips yn 1837. Cyn hynny roedd wedi bod yn llyfrgell Jean-François van de Valde, llywydd Grand College Prifysgol Leuven, a fu farw yn 1823. Rhaid ei fod, rywbryd ar ôl hynny, wedi dod i'r golwg ym marchnad lyfrau Llundain. Er ei faint bychan, mae'n waith cain ac ynddo nifer fawr iawn o dorluniau pren. Ychydig iawn o'r torluniau hyn fyddai wedi cael eu creu'n benodol ar gyfer y llyfr offeren ei hun, gan y caent eu hailddefnyddio o amrywiol weithiau cynharach. Yn wir, roedd rhai o'r torluniau pren hyn yn parhau i gael eu defnyddio a'u hailddefnyddio yn llyfrau offeren Paris ymhell i'r 1550au.

*Allan B. Barton*

1 Nid oedd y ffaith fod 'Arfer' penodol yn flaenllaw mewn eglwys gadeiriol o reidrwydd yn awgrymu y câi ei ddilyn yn eglwysi plwyf yr esgobaeth. Er enghraifft, er y sonnir am 'Arfer' Bangor, gallai hyn egluro pam nad oes unrhyw wybodaeth am fodolaeth copi o 'Arfer' o'r fath.

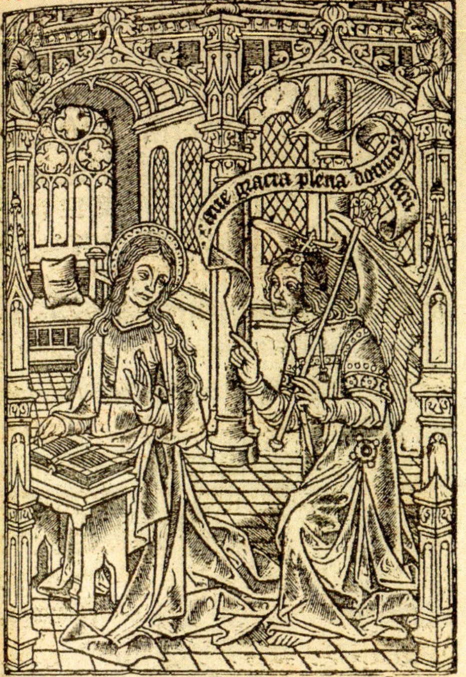


Rorate celi desuper et nubes pluāt iu-stū. aperiatur ter-ra: et germinet sal-uatorē. In tempo-re pascali alleluya alleluya. ps. Et iusticia orietur simul: ego dominus creaui eum. Oratio.

Deus q̄ de beate marie vir-ginis vtero verbū tuū an-gelo nūciante carnē suscipere vo-luisti: p̄sta supplicib⁹ tuis: vt qui vere eā dei genitricē credim⁹: ei⁹ apud te ītercessiōib⁹ adiuuemur. Per eūdē. Lcō isaie pphete. vij.

In diebus illis. Locut⁹ est dn̄s ad achaz dicens. Pete tibi signū a dn̄o deo tuo in pfun-dum inferni siue in excelsū supra. Et dixit achaz. Nō petā: et nō tē-ptabo dn̄m. Et dixit. Audite er-go dom⁹ dauid. Nunqd parū vo-bis est molestos esse hoībus: quia molesti estis et deo meo. Propter hoc dabit dn̄s ipse vobis signum Ecce virgo cōcipiet et pariet filiū: ⁊ vocabit nomē ei⁹ emanuel. Bu-tyrū ⁊ mel comedet: vt sciat repro-bare malū et eligere bonum. Gr.

Tollite portas principes vestras: et eleua-mini porte eternales/⁊ introibit rex glorie. ℣. Quis ascendet in montem domini: aut quis stabit in loco sancto eius. innocēs ma-nibus/et mundo corde. In tēpore pa-schali. Alleluya. ℣. Aue maria gra-tia plena dominus tecum: benedicta tu in mulierib⁹. Secundū Alleluya erit vnum de subscriptis in officio se-quenti scilicet sancti ricardi. Hac die dicatur ista sequentia: licet in quadragesima ɔtigerit. Seq̄ntia

Aue mundi spes maria: aue mitis aue pia/aue ple-na gratia. Aue virgo singula-ris: que per rubū designaris/nō passum incendia. Aue rosa spe-ciosa: aue iesse virgula. Cuius fructus nostri luctus: relaxabat vincula. Aue carens simili: mū-do diu flebili/reparasti gaudiū. Aue cuius viscera: contra mor-tis federa/ediderunt filiū. Aue virginū lucerna: per quam fulsit lux superna/his quos vmbra te-nuit. Aue virgo de qua nasci: ⁊ de cuius lacte pasci/rex celorū vo-luit. Aue gemma: celi lumina-rium. Aue sancti spiritus sacra-rium. O ꝙ mirabilis ⁊ ꝙ lauda-bilis/hec est virginitas. In qua p spiritū facta paraclytū/fulsit fe-cūditas. O ꝙ sctā ꝙ serena/ꝙ be-nigna ꝙ amena/esse virgo credit. Per quā seruitus finit: porta celi aperitur: necnon libertas reddit. O castitatis liliū: tuum precare

# Trigolion y Môr – a Thrigolion Dychmygol y Môr

**Conrad Gessner, *Conradi Gesneri medici Tigurini Historia Animalium. Liber I–IV* (Apud Christ. Froschouerum, 1551–8)**

Conrad Gessner oedd sefydlydd swoleg ddisgrifiadol fodern, yn ogystal â sylfaenydd llyfryddiaethau.

Brodor o Zürich oedd Gessner (1516–65). Roedd ei dad, Ursus Gesner, ffyriwr, yn rhy dlawd i ofalu am ei blant i gyd. Bu Conrad yn byw gyda'i hen ewythr, Johannes Frick, ac wedyn gyda'i athro, Johann Jakob Ammann. Fodd bynnag, fe lwyddodd Gessner i gael addysg dda. Dysgodd Roeg a Lladin yn y *Großmünsterschule*, a symud ymlaen wedyn i Strasbourg i astudio Hebraeg am bum mis. Bu'n astudio ac yn dysgu myfyrwyr mewn sawl prifysgol arall, yn Ffrainc yn ogystal â'r Swistir; Athro Groeg yn Lausanne oedd y swydd academaidd gyntaf a gafodd. Ochr yn ochr â hyn, fe gymhwysodd fel meddyg yn 1541. Pan oedd yn byw yn Basel, bu'n gweithio fel Athro'r Gwyddorau Naturiol yn y Collegium Carolinum yn ogystal â'i waith fel meddyg. Yn ôl i Zürich y mudodd am y tro olaf, lle bu'n dysgu gwyddoniaeth yn y Carolinum, yn ogystal â pharhau i weithio fel meddyg.

Ymddengys i Gessner fod o dan bwysau ariannol parhaus; dichon bod ei angen am arian yn ffactor y tu ôl i'r nifer anferthol o gyhoeddiadau ysgolheigaidd a gynhyrchwyd ganddo. Yn y cyfnod hwn yr oedd Zürich yn fan masnachu ac yn ganolbwynt llwybrau ar draws Ewrop, ond yn sicr nid oedd yn ganolfan bwysig o ran nawdd. Roedd hefyd yn ganolfan argraffu fechan. Cafodd Gessner, ac yntau heb gefnogaeth y dosbarth aristocrataidd, anogaeth a chefnogaeth ddi-ball gan ei gyhoeddwyr, gan gynnwys Christoph Froschauer a'i berthnasau ei hun, Andreas a Jacob Gessner.

Cyhoeddai Gessner fwy na dau lyfr y flwyddyn ar gyfartaledd, gan ddechrau â geiriadur Groeg yn 1537. Oherwydd ei frwdfrydedd dros gatalogio a dosbarthu, fe ddaeth yn rhyw fath ar nawddsant i lyfrgellwyr. Yn ei waith mawr cyntaf, *Bibliotheca universalis* (1545), ceisiodd restru'r holl weithiau Lladin, Groeg a Hebraeg oedd yn hysbys hyd hynny. Gwnaeth ddefnydd da o gatalogau cyhoeddwyr a rhestrau llyfrwerthwyr cyfoes. Fodd bynnag, yr oedd yn awyddus hefyd i gynnwys awduron hynafol yr oedd eu gweithiau wedi eu colli'n llwyr. Roedd golygiad cyntaf *Bibliotheca universalis* yn cynnwys manylion tair mil o awduron a deng mil o deitlau.



Morfwnci, morlew a morfarch, o Conrad Gessner, *Fischbuch*, 1575

## Von einer anderen gſtalt eines ſcheützlichen Meerthiers.

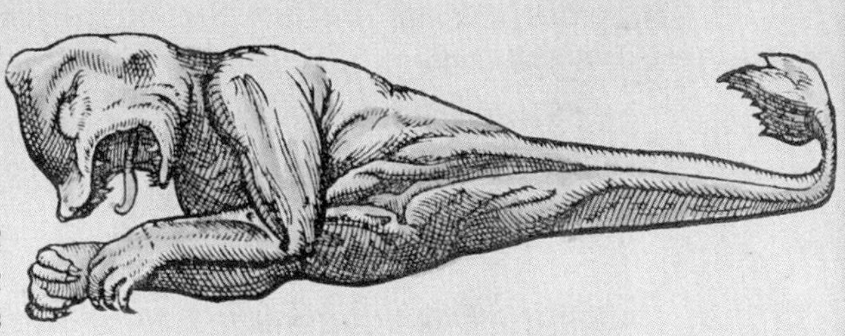

DJſes thier iſt zů Meyland in einē hauffen ſteinē funden worden/vnd von dē hochgelertē herrē Hieronymo Cardano/an herr doctor Gäßner geſchickt mit keiner weyteren beſchreybung. Die geſtalt aber deß ſchwantzes gibt zů daß es ein waſſerthier ſey/ wiewol es ſich mit dem kopff vnd den fingeren ſo es an den füſſen erzeigt/etlicher maſſen den Affen vergleycht.

## Von dem Meerlöuw.

Monſtrum Leoninum. Ein Meerwunder geleych einem Löuwen.

### Von ſeiner geſtalt.

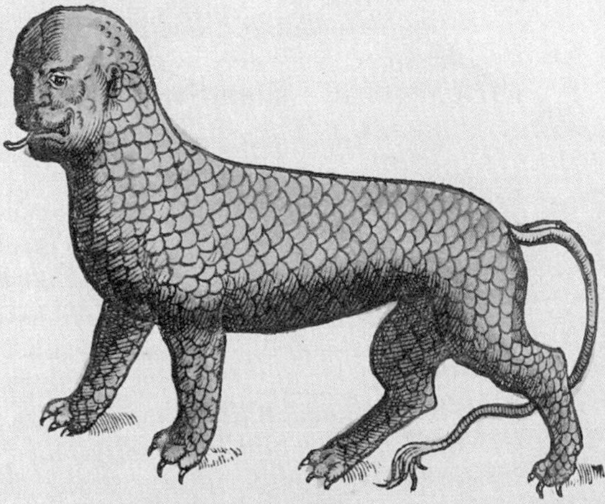

BEntzlich ſol ein fiſch ſölicher geſtalt gefangen worden ſeyn vor dē todt Papſt Pauli deß dritten/ in einer ſtatt Centuncellis genañt / Dergleychē auch eins in dem jar 1284. welches geheület ſol habē als ein menſch/ vnd als ein wūder dem Papſt Martino dem vierdten zůgefürt worden.

## Von einem erdichten Meerpfärdt.

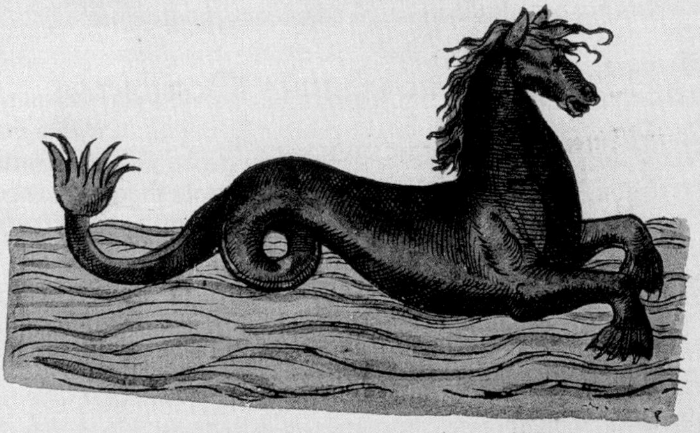

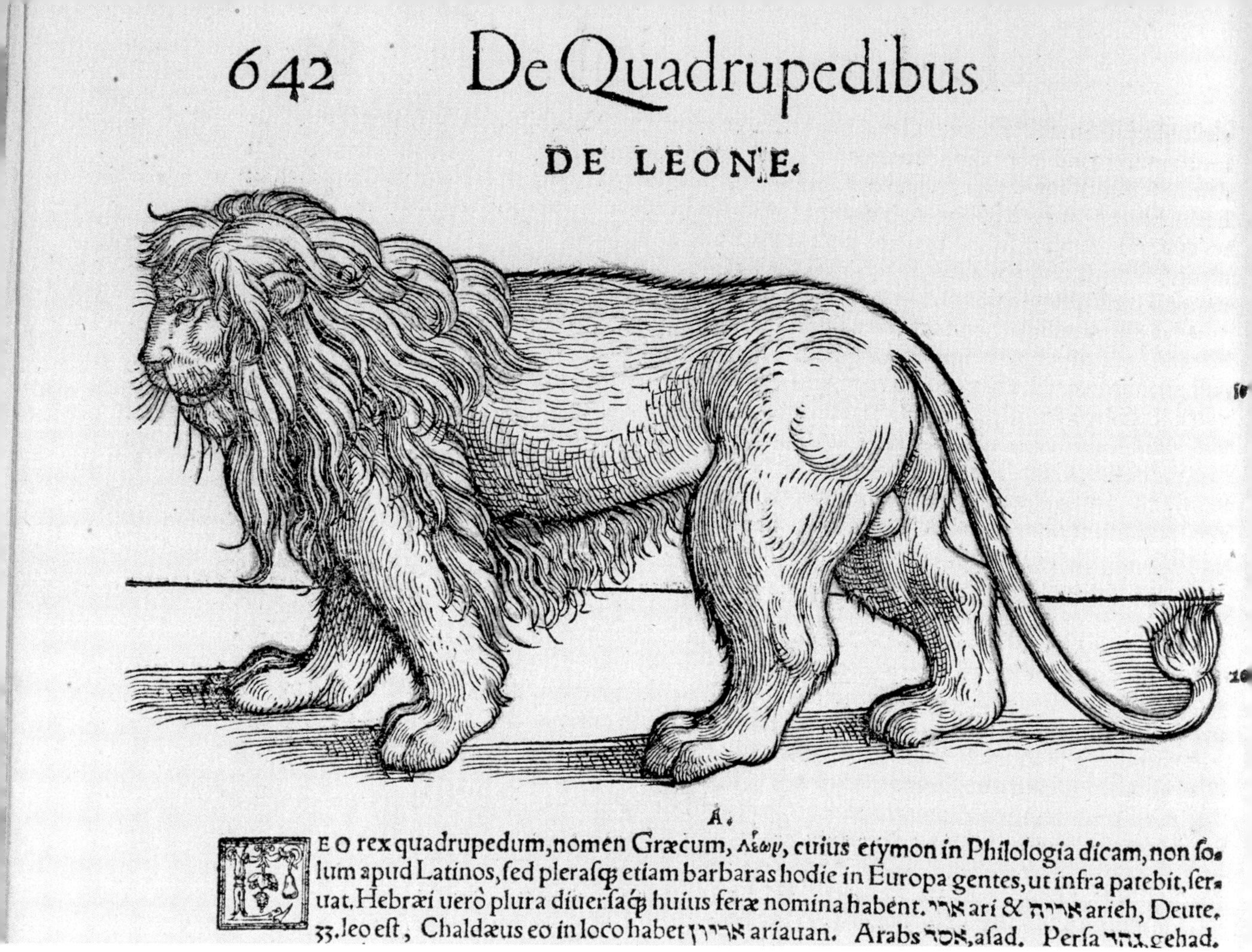
642 De Quadrupedibus

DE LEONE.

A.

LEO rex quadrupedum, nomen Græcum, λέων, cuius etymon in Philologia dicam, non solum apud Latinos, sed pleraſq; etiam barbaras hodie in Europa gentes, ut infra patebit, seruat. Hebræi uerò plura diuersaq; huius feræ nomina habent. ארי ari & אריה arieh, Deute. 33. leo est, Chaldæus eo in loco habet אריון ariauan. Arabs אסד, asad. Persa גהד, gehad.

Llew, o Conrad Gessner, *Historia animalium. Liber 1*, 1551

Dros gyfnod o ugain mlynedd, casglodd Gessner swm enfawr o ddeunydd yn ymwneud â'r byd naturiol. Cyhoeddwyd pedair cyfrol ei gampwaith *Historia animalium* gan Christoph Froschauer rhwng 1551 ac 1558. Gwyddoniadur oedd y cyfanwaith, ac fe gynhwysai dros 3,500 o dudalennau ffolio; fe'i bwriadwyd i bobl bori ynddo o bryd i'w gilydd yn hytrach na'i ddarllen o glawr i glawr. Nod Gessner oedd cynnwys popeth yr oedd awduron modern a hynafol fel ei gilydd wedi'i ysgrifennu erioed am bob rhywogaeth o anifail. Ei fwriad bob amser oedd casglu at ei gilydd gymaint o wybodaeth ag y gallai, yn hytrach na sefydlu pa mor ddibynadwy ydoedd. Am y rheswm hwn, cynhwysodd lawer o greaduriaid nad oedd erioed wedi'u gweld ei hun, gan gynnwys rhai mytholegol a ffuglennol.

Gan ddilyn dosbarthiad Aristoteles, disgrifiai'r gyfrol gyntaf bedwartroedion bywesgorol (mamolion) a'r ail gyfrol bedwartroedion dodwyol (ymlusgiaid ac amffibiaid).

Walrws, o Conrad Gessner, *Fischbuch*, 1575

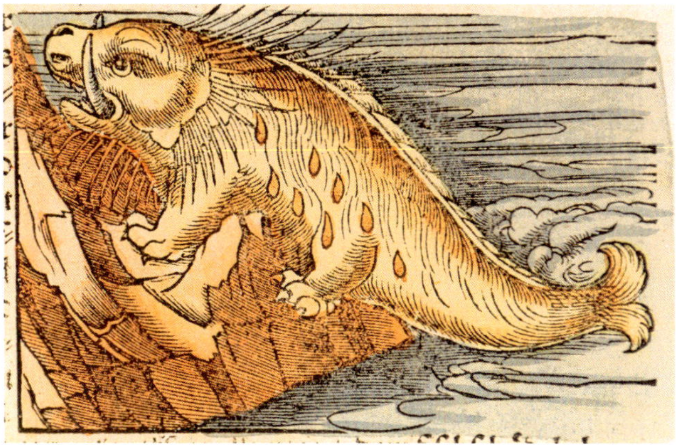

Roedd y drydedd gyfrol yn ymdrin ag adar a'r bedwaredd ag anifeiliaid dŵr. Cyhoeddwyd y gyfrol olaf am nadredd yn 1587, ar ôl marwolaeth Gessner. O fewn pob cyfrol, mae'r amrywiol greaduriaid wedi'u gosod yn nhrefn yr wyddor yn ôl eu henwau Lladin. Mae *de camelo* (y camel) yn cael ei ddilyn gan *de cane* (y ci). Disgrifiodd Gessner bob anifail mewn dilyniant safonol o wyth pennawd, yn dechrau â dull enwi, yna'n mynd ymlaen at ddosbarthiad, ffisioleg ac ymddygiad, ac yn gorffen â geirdarddiad a chyfeiriadau diwylliannol eraill. Gan restru ei ffynonellau'n ofalus, cadwodd Gessner destunau tebyg i'w gilydd, yn ogystal â disgrifiadau a ymddangosai'n anghyson neu'n annilys. Nododd yr wybodaeth a gawsai mewn ffynonellau hynafol a chanoloesol, ei thrafod ac wedyn ychwanegu'r hyn yr oedd wedi gallu ei ddarganfod, naill ai drwy arsylwi ei hun neu drwy ei rwydwaith o ohebwyr. Cynhwysodd hefyd greaduriaid yr oedd eu bodolaeth yn ansicr, gan ysgrifennu am yr uncorn: 'this image is as it is nowadays generally depicted by painters, of which I know nothing for sure'.[1] Noda Ford ei bod yn anodd cysylltu rhai o'r creaduriaid â realiti![2] Yn y bedwaredd gyfrol, mae angenfilod môr ffuglennol, gan gynnwys y pysgodyn mynach a'r morlew, i'w gweld ochr yn ochr â chreaduriaid 'go iawn' sy'n byw yn y môr. Roedd pobl yn dal i gredu bod angenfilod lawer yn y môr, gan gynnwys anifeiliaid oedd yn cyfateb i rai oedd i'w cael ar y tir. Roedd llawer o 'wybodaeth' wedi'i seilio ar waith yr awduron Clasurol, oedd yn gyfarwydd â'r Môr Canoldir ond a wyddai fawr ddim am Fôr y Gogledd. Dim ond tair brawddeg ar ddeg a ysgrifennodd Gessner am yr anifail a alwai'n ddolffin brith Môr Iwerydd (*Atlantic spotted dolphin*), ond ceir deg tudalen ar hugain am ddolffin y Môr Canoldir.

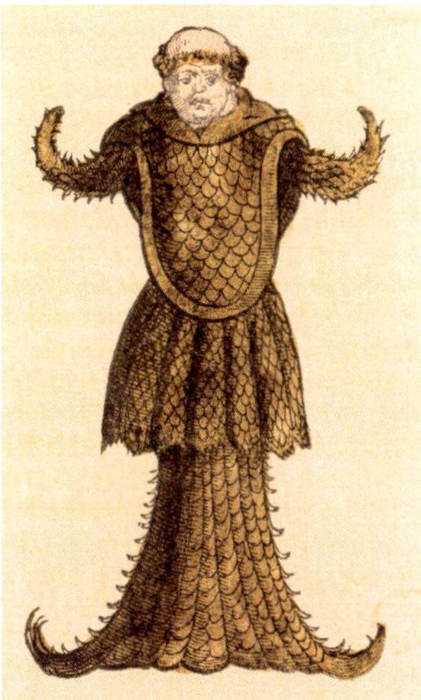

Pysgodyn mynach, o Conrad Gessner, *Fischbuch*, 1575

Cynrychiolwyd pob anifail â darluniad torlun pren, ac mae'r gyfrol gyntaf yn cynnwys 96 o dorluniau o'r fath. Noda Ford fod y lluniau'n cynrychioli croestoriad unigryw o'r hyn oedd yn hysbys bryd hynny.[3] Dibynnai Gessner ar ei rwydwaith o ohebwyr, a chyflwynodd y rhain ychydig dros chwarter y delweddau o famolion, sef pump ar hugain ohonynt i gyd. Eto, fe ddefnyddiodd ffynonellau eraill hefyd, gan gynnwys taflenni hysbysebu, llyfrau a llawysgrifau. Os oedd anifail yn un anghyffredin, byddai fel arfer

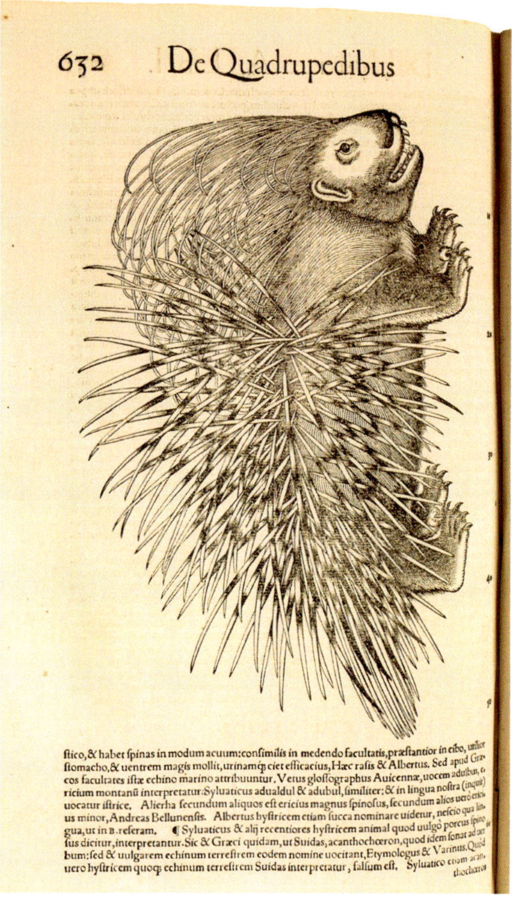

632 De Quadrupedibus

ſtico, & habet ſpinas in modum acuum: conſimilis in medendo facultatis, præſtantior in cibo, utilior ſtomacho, & uentrem magis mollit, urinamq; ciet efficacius, Hæc raſis & Albertus. Sed apud Græcos facultates iſtæ echino marino attribuuntur. Vetus gloſſographus Auicennæ, uocem adulbus, ericium montanū interpretatur: Syluaticus adualdul & adubul, ſimiliter: & in lingua noſtra (inquit) uocatur iſtrice. Alierha ſecundum aliquos eſt ericius magnus ſpinoſus, ſecundum alios uerò ericius minor, Andreas Bellunenſis. Albertus hyſtricem etiam ſucca nominare uidetur, neſcio qua lingua, ut in B. referam. ¶ Syluaticus & alij recentiores hyſtricem animal quod uulgò porcus ſpinoſus dicitur, interpretantur. Sic & Græci quidam, ut Suidas, acanthochœron, quod idem ſonat ad uerbum: ſed & uulgarem echinum terreſtrem eodem nomine uocitant, Etymologus & Varinus. Quòd uero hyſtricem quoq; echinum terreſtrem Suidas interpretatur, falſum eſt. Syluatico etiam acanthochœros

Ballasg, o Conrad Gessner, *Historia animalium. Liber 1*, 1551

yn drwyadl o ran nodi ffynhonnell y llun ohono. Copïodd rai delweddau, gan gynnwys angenfilod môr a charw Llychlyn, o fap Olaus Magnus o'r rhanbarthau gogleddol. Daeth yr udfil o hen lawysgrif gan Oppian. Mewn rhai achosion, creodd Gessner ddelwedd gyfansawdd, gan gyfuno rhan o anifail â disgrifiad mewn llyfr. Mae gan y walrws ben gweddol gywir, wedi'i gysylltu â chorff â thraed a chrafangau. Mynegodd Gessner ei amheuon, gan ysgrifennu: 'I heard that the head was made after the skull of a real head, and the rest of the body was added from conjecture or from a report.' Ar y llaw arall, mae'r ballasg yn bortread o anifail a fu'n cael ei ddangos o gwmpas Zürich gan gardotyn. Roedd y delweddau o bysgod yn aml wedi'u seilio ar sbesimen wedi'i sychu.

Nid yw'n syndod fod y pedair cyfrol yn ddrud, ac yn costio 6 ffl. 17 s. am y gyfres gyfan (felly, ychydig dros ddwywaith pris Beibl). Gan obeithio apelio at bobl arbennig o gyfoethog, cynhyrchodd Froschauer hefyd gopïau wedi'u lliwio â llaw ar sail copi gwreiddiol. Gwerthid y setiau lliw hyn am 19 fflorin – felly, unwaith eto, swm cyfwerth â dau Feibl lliw. Er mai nifer fach, yn ôl pob tebyg, o gopïau wedi'u lliwio â llaw a gâi eu gwerthu, ymddengys i Gessner gynllunio'r gwaith â'r rheini mewn golwg. Defnyddiwyd yr un torluniau pren ar gyfer rhywogaethau o'r wenci a'r bele, i ddynodi rhywogaethau a oedd yn wahanol o ran lliw yn unig.

I Christoph Froschauer, yr oedd mwy nag un ffordd o adennill ei fuddsoddiad gwreiddiol. Cafodd *Historia animalium* ei ddilyn gan olygiad darluniadol, *Icones* (1553, 1560); cyrhaeddai'r math hwn o fformat gynulleidfa wahanol, yn ogystal â gwneud defnydd da o'r torluniau pren costus. Wedyn fe baratôdd dau o gyd-weithwyr Gessner, Conrad Forer a Rudolf Heusslin, fersiwn wedi'i dalfyrru mewn Almaeneg. Cyhoeddwyd *Vogelbuch* yn 1557, a'i ddilyn gan *Thierbuch* a *Fischbuch* yn 1563. A hwythau'n fwy hygyrch na'r gwreiddiol o ran iaith, maint a phris, gallent gyrraedd mwy o ddarllenwyr. Mae gan Lyfrgell Roderic Bowen gopi godidog wedi'i liwio â llaw o *Fischbuch*, a roddwyd gan

Thomas Phillips yn 1849. Wedi'i rwymo gyda hwn y mae *Schlangenbuch*, y fersiwn Almaeneg o'r gyfrol am nadredd a gyhoeddwyd wedi marwolaeth yr awdur. Ochr yn ochr â hyn, mae'r llyfrgell yn meddu ar dair cyfrol gyntaf *Historia animalium*; rhoddwyd y rhain gan Phillips yn 1845.

Bu farw Gessner yn sydyn o'r pla ar 13 Rhagfyr 1565.

*Ruth Gooding*

1 D. Margócsy, 'The camel's head: representing unseen animals in sixteenth-century Europe', *Nederlands Kunsthistorisch Jaarboek (NKJ) / Netherlands Yearbook for History of Art*, 61 (2011), 61–85. *https://www.jstor.org/stable/43884968* (cyrchwyd 23 Ebrill 2021).

2 Brian J. Ford, *Images of Science: A History of Scientific Illustration* (London: British Library, 1992).

3 Ibid.

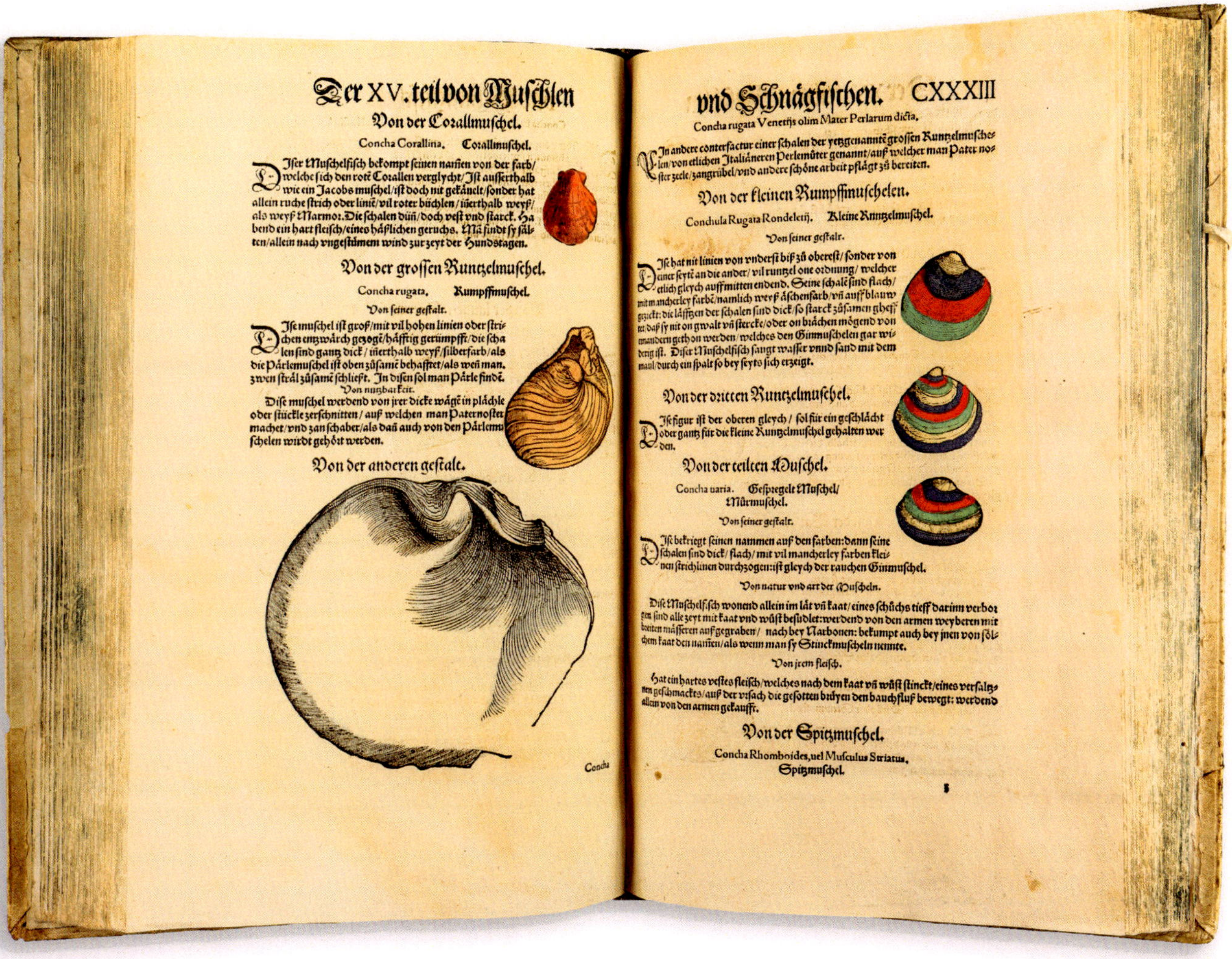

# Y Byd i Gyd – yn Cynnwys Cymru

**Abraham Ortelius, *Theatrum orbis terrarum = The theatre of the whole world set forth by that excellent geographer Abraham Ortelius* (London: Printed by Iohn Norton, 1606)**

*Theatrum orbis terrarum* gan Abraham Ortelius oedd yr enghraifft gynharaf o'r hyn y byddem yn ei adnabod fel atlas printiedig.

Roedd 'llyfrau mapiau' wedi ymddangos cyn hyn. Cofnodwyd darganfyddiadau daearyddol Portiwgal yn y bedwaredd ganrif ar ddeg a'r bymthegfed ganrif mewn siartiau llawysgrif wedi'u rhwymo ynghyd. Yn ddiweddarach, cyhoeddwyd llawer o atlasau Eidalaidd yn ôl y gofyn, a'r rheini wedi eu rhoi at ei gilydd i ddiwallu anghenion cwsmeriaid unigol. Law yn llaw â hyn, yn ystod y bymthegfed ganrif, daeth gwaith Ptolemy (yn weithredol yn yr ail ganrif OC) ar gael eto. Yn wahanol i fapiau canoloesol, oedd yn aml yn darlunio byd crwn â'r tri chyfandir hysbys ar siâp 'T', roedd Ptolemy yn dangos y gogledd ar y brig. Roedd mapiau canoloesol wedi'u cynllunio i ddangos gwybodaeth; bellach, daeth cywirdeb yn nod canolog i gartograffwyr.

Brodor o Antwerp oedd Abraham Ortelius (1527–98) a mab i fasnachwr, Leonard Ortels, a'i wraig, Anne Herwayers. Bu farw Leonard pan oedd Abraham yn ddeg oed; erbyn hynny, fodd bynnag, roedd eisoes wedi dechrau dysgu rhywfaint o Ladin i'w fab. Mae'n rhaid bod Abraham hefyd wedi dysgu mathemateg ar ei ben ei hun.

Addurno mapiau oedd gwaith Ortelius ar y dechrau; fe'i derbyniwyd i Urdd Sant Luc, Antwerp, yn 1547. Ochr yn ochr â hyn, dechreuodd brynu a gwerthu llyfrau, mapiau, printiau, hen bethau a darnau arian. Mynychai ffeiriau llyfrau Frankfurt, lle cyfarfu â Gerhard Mercator yn 1554. Mae'n amlwg fod busnes yn dda. Roedd Ortelius yn ddigon cefnog i allu datblygu ei gasgliadau ei hun, wedi'i ysbrydoli yn ôl pob tebyg gan y 'cypyrddau chwilfrydedd' oedd yn perthyn i'r bobl ddysgedig y cyfarfu â nhw. Daeth yn un o brif ddeallusion ei ddydd, yn ffigwr amlwg yn y 'Wladwriaeth Dysgeidiaeth' fodern, gynnar. Gan deithio'n helaeth yng ngorllewin Ewrop, datblygodd ystod eang o gysylltiadau ysgolheigaidd. Ym Mhrydain, roedd ei ohebwyr yn cynnwys William Camden, Richard Hakluyt, John Dee, Thomas Penny a Humphrey Llwyd.

Cyhoeddodd Ortelius ei fap cyntaf, map wal o'r byd, yn 1564. Yna, yn 1570, cyhoedd-odd ei *Theatrum orbis terrarum*. Ystyrir mai hwn yw'r gwir atlas cyntaf, a ddiffinnir

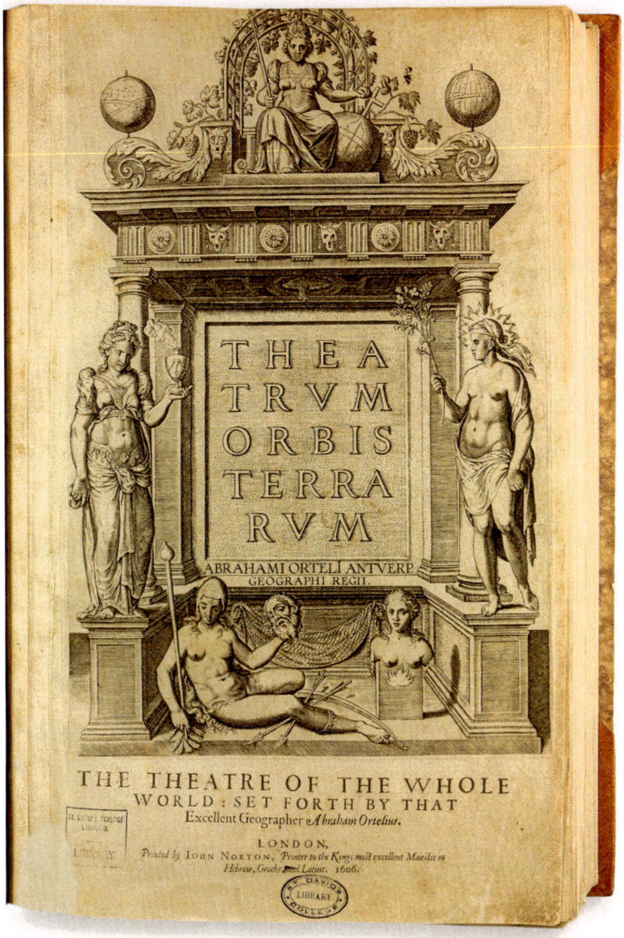


Y dudalen deitl

fel 'a collection of uniform map sheets and sustaining text bound to form a book for which copper printing plates were specifically engraved'.[1] Roedd yr argraffiad cyntaf yn cynnwys saith deg o fapiau ar hanner cant a thair o ddalennau â thestun cysylltiedig ar gefn pob map. Roedd yn ddisgrifiad cynhwysfawr o'r byd, yn annhebyg i unrhyw beth oedd wedi'i gyhoeddi cyn hynny. Trefnwyd y mapiau'n ofalus i gynrychioli cyfandiroedd, grwpiau o ranbarthau a chenedl-wladwriaethau, ag un map o'r byd, pedwar map o'r cyfandiroedd, pum deg chwech o fapiau o Ewrop, chwe map o Asia a thri o Affrica.

Golygydd yn hytrach na chartograffydd gwreiddiol oedd Ortelius, a defnyddiai fapiau a siartiau o'r ffynonellau gorau. Rhestrodd wyth deg saith o wneuthurwyr mapiau yr oedd wedi ymgynghori â'u gwaith; ei ffynhonnell fwyaf dylanwadol yn llawer o'i waith oedd map ei gyfaill Gerhard Mercator o'r byd (1569). Er mai'r *Theatrum* oedd y llyfr drutaf a gyhoeddwyd yn ail hanner yr unfed ganrif ar bymtheg, roedd yn llwyddiant ar unwaith. Roedd gan ddosbarth canol cyfoethog newydd yr Iseldiroedd ddiddordeb mewn addysg ac mewn gwyddoniaeth, ac roedd fformat yr atlas yn llawer haws i'w ddefnyddio na chyfresi o ddalennau rhydd. Byddai Ortelius yn adolygu ac yn ehangu ei atlas yn rheolaidd; ymddangosodd un ar hugain o argraffiadau wedi eu helaethu a thri ar ddeg o atodiadau yn ystod ei oes, a thri ar ddeg o argraffiadau wedi eu helaethu ar ôl ei farwolaeth.

Yn 1567, cyfarfu Ortelius â Humphrey Llwyd (1527–68), yr hynafiaethydd Cymreig oedd wedi mynd gyda Henry Fitzalan, deuddegfed iarll Arundel, ar daith o amgylch Ewrop. Gofynnodd Ortelius am gyngor Llwyd ar fap o Brydain. Darparodd Llwyd ddau fap, a gynhwyswyd yn yr *Additamentum*, atodiad i argraffiad 1573 o *Theatrum orbis terrarum*. Roedd un o'r rhain yn darlunio Cymru a Lloegr, a'r ail yn darlunio

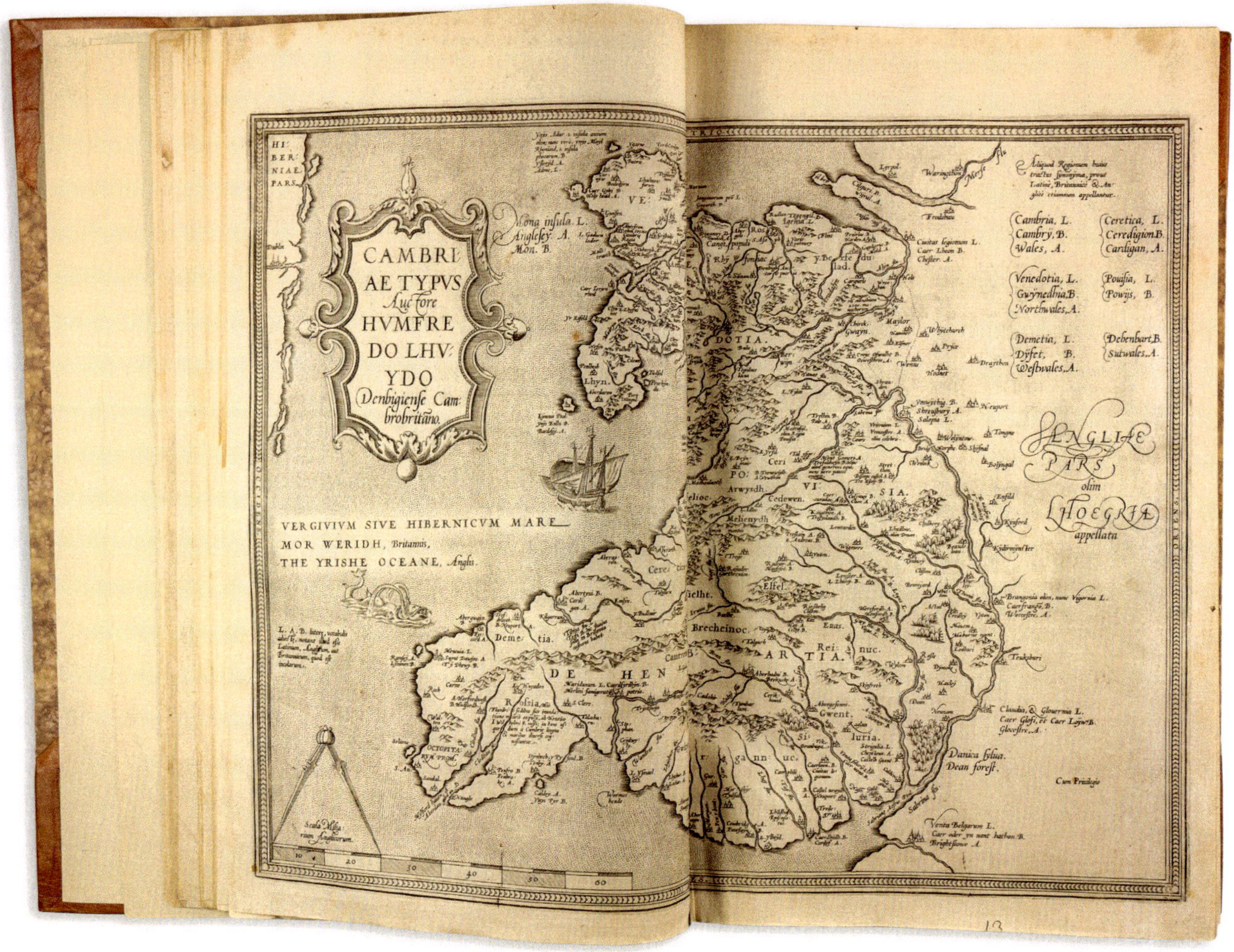


Humphrey Llwyd, *Cambriae typus*, 1606

Cymru yn unig. Gan mai hwn oedd y map cyntaf a gyhoeddwyd yn dangos Cymru fel rhanbarth ar wahân, gellir dadlau, mae'n debyg, mai dyma'r hyn y mae Llwyd yn fwyaf adnabyddus amdano erbyn hyn. Mewn llythyr at Ortelius, dywedodd Llwyd, oedd yn ddifrifol wael erbyn hynny, ei fod 'not beautifully set forth in all poynctes, yet truly depeinted, so be that certeyn notes be observed'.

Er ei fod yn welliant sylweddol ar fapiau cynharach, roedd amlinelliad yr arfordir yn dal ymhell o fod yn berffaith. Roedd Llwyd wedi hepgor penrhyn Gŵyr. Dangosir Aberdaugleddau yn wynebu'r de-orllewin ac mae Pen Llŷn yn plygu tua'r de, gan wneud i ogledd Cymru edrych yn anghymesur o fach. Dangosodd Llwyd yr afonydd yn y gogledd, lle y'i ganed, yn gywir, ond yn y gorllewin trawsosododd enwau afon Rheidol ac afon Ystwyth. Cynhwysodd yr ymadrodd 'Auctoris patria' wrth ymyl ei fan geni ei hun, sef Dinbych. Mae arysgrif arall – *Tibius flu. L. Teifi B. hic fluvius solus in*

*Britannia castors habet* – yn nodi mai afon Teifi, sy'n llifo drwy Lanbedr Pont Steffan ac sy'n cyrraedd y môr yn Aberteifi, oedd yr unig afon ym Mhrydain y gellid dod o hyd i afancod ynddi o hyd.

Cymro gwladgarol oedd Llwyd, ac un oedd yn benderfynol o hyrwyddo hanes a diwylliant Cymru. Dilynai chwedl Brutus a adroddwyd yn *Historia Regum Britanniae* Sieffre o Fynwy (tua 1136). Yn yr unfed ganrif ar ddeg CC, dywedir bod Brutus, brenin ynys Prydain, wedi rhannu ei deyrnas rhwng ei dri mab. Derbyniodd yr ail fab, Cambus, yr ardal i'r gorllewin o afon Hafren, ac fe'i henwyd felly yn Cambria. I Llwyd, mae ffiniau Cymru yn ymestyn at afon Hafren, cyn belled i'r dwyrain â Chaerwrangon a Tewkesbury ac yn cynnwys rhannau o swydd Amwythig, swydd Gaerwrangon, swydd Henffordd a swydd Gaerloyw. Felly, ychwanegodd Llwyd gyfanswm o tua 5471 km sgwâr at arwynebedd Cymru. Dangosodd hefyd fod Cymru wedi'i rhannu'n dri rhanbarth traddodiadol: Gwynedd, Deheubarth a Phowys, er nad oedd gan y rhain statws gwleidyddol ers sawl canrif. Lle yr oedd yn berthnasol, cofnododd Llwyd enwau lleoedd yn Gymraeg, Saesneg ac weithiau yn Lladin. Ymddengys fod rhai camgymeriadau wedi codi am nad oedd yr ysgythrwyr yn gyfarwydd â'r enwau lleoedd yr oeddent yn eu copïo. Ymddengys fod Llwyd wedi defnyddio L. fel talfyriad ar gyfer Llan; yn y map printiedig ceir L. Idlos am yr enw Llanidloes a Risthyd am Lanrhystud.

Ceir rhai addurniadau, gan gynnwys llong â thri mast ym Mae Ceredigion ac anghenfil y môr ger Aber-gwaun. Defnyddiai Llwyd hefyd ddarluniau i gyfleu mynyddoedd a choedwigoedd. Mae symbolau ar gyfer cestyll ac eglwysi, ond ychydig i ddangos pwysigrwydd cymharol lleoedd unigol. Bu map Llwyd yn boblogaidd; er gwaethaf ei ddiffygion, fe'i hailargraffwyd bron i hanner can gwaith a pharhaodd i gael ei gyhoeddi tan 1741.

Mae gan Lyfrgell Roderic Bowen gopi o argraffiad diweddarach o *Theatrum orbis terrarum*, a argraffwyd yn Llundain gan John Norton yn 1606. Fe'i cyflwynwyd yn rhodd gan Thomas Phillips yn 1834.

*Ruth Gooding*

1 F. Koks, 'Ortelius atlas. Abraham Ortelius'. *https://www.loc.gov/collections/general-maps/articles-and-essays/general-atlases/ortelius-atlas* (cyrchwyd 29 Ebrill 2021).

# Tipyn o Fenter

## Walter Ralegh, *The History of the World* (London: Printed for Walter Burre, 1614)

Gwelir y fforiwr, y gwyddonydd, y gŵr llys a'r milwr Syr Walter Ralegh (1554–1614) yn aml fel ymgorfforiad o un o wŷr y Dadeni. Ac yntau wedi denu sylw Elisabeth I, enillodd gyfoeth a dylanwad mawr yn y llys o dan ei nawdd. Serch hynny, profodd esgyniad Iago I i'r orsedd yn 1603 yn drychinebus iddo. Fe'i cyhuddwyd o gynllwynio i ddiorseddu'r brenin a chafodd ei ddedfrydu i farwolaeth; treuliodd y tair blynedd ar ddeg nesaf wedi'i garcharu yn Nhŵr Llundain.

Roedd amodau byw Ralegh yn gymharol gyfforddus yno. Roedd ganddo ddwy ystafell yn y Tŵr Gwaedlyd; caniatawyd iddo gael ei lyfrgell o dros bum cant o gyfrolau, 'stilhows' neu labordy, a gardd er mwyn gwneud ymarfer corff. Gan mwyaf, câi ei wraig ymweld ag ef heb gyfyngiadau sylweddol. Treuliai Ralegh lawer o'i amser yn ysgrifennu. Roedd hefyd yn gallu ymgymryd â gweithgareddau a allai fod o fudd iddo ef ei hun a'r wladwriaeth, fel ei gilydd. Yn benodol, daeth i adnabod mab hynaf Iago I, y Tywysog Harri.

Gwaith mawr Ralegh yn ystod y blynyddoedd hyn oedd *The History of the World*, a ddechreuwyd ganddo yn 1607. Ysgrifennodd â Harri mewn cof, gan gynhyrchu llawlyfr iddo ef ei addysgu ei hun drwy gyfrwng crefyddol, mawreddog, hanes y byd. Nododd Ralegh yn y rhagair: 'For it was for the service of that inestimable Prince Henry, the successive hope, and one of the greatest of the Christian world, that I undertooke this worke.' Roedd yn fenter aruthrol, ac yn cynnwys tua miliwn o eiriau.

Ymddengys i Ralegh gadw llyfrau nodiadau o'r hyn a ddarllenodd; cedwir ei lyfr nodiadau daearyddol yn y Llyfrgell Brydeinig. Yn bennawd i bob tudalen y mae llythyren o'r wyddor, â sawl tudalen i bob un ohonynt. Byddai Ralegh yn nodi enw lle penodol, yn cofnodi'r disgrifiad ohono ac yn dyfynnu ei ffynhonnell ar ymyl y dudalen. Byddai wedyn yn defnyddio'i nodiadau i ysgrifennu naratif systematig, yn adlewyrchu ei brofiad a'i ddealltwriaeth ei hun. Yn ogystal â'r Saesneg, tynnai Ralegh ar ffynonellau yn Lladin, Ffrangeg, Sbaeneg, Eidaleg a Groeg. Roedd yn gallu ymgynghori â'i ffrindiau hefyd, a rhai o'r rheini'n ysgolheigion. Ei gynllun gwreiddiol oedd gorffen y gyfrol gyntaf â'r Rhufeiniaid yn goresgyn Prydain, ac wedyn cynhyrchu dwy gyfrol arall, wedi'u cyfyngu i raddau helaeth i hanes Lloegr.



Yr wynebddarlun

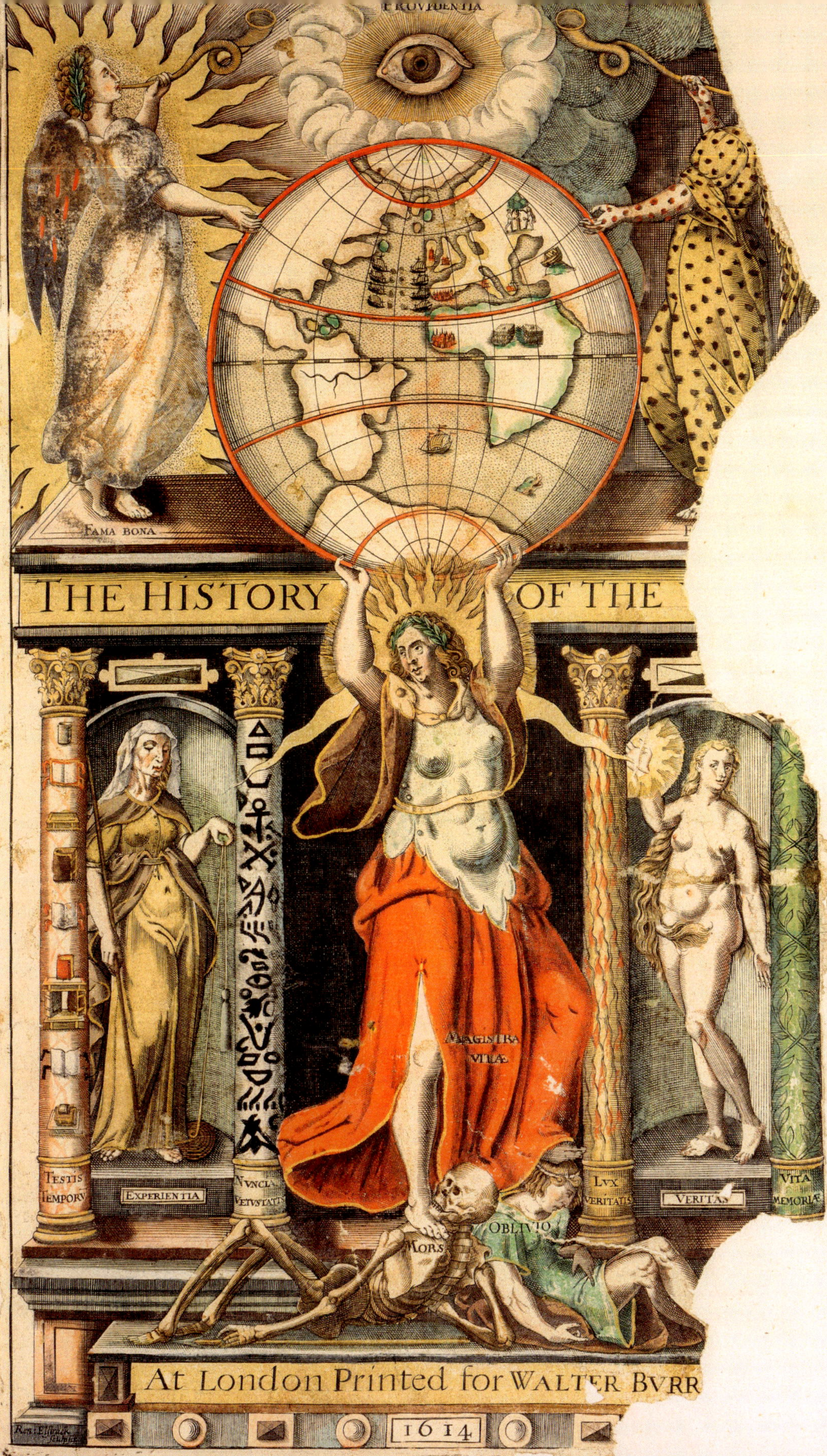
PROVIDENTIA
FAMA BONA
THE HISTORY
OF THE
TESTIS TEMPORV
EXPERIENTIA
NVNCIA VETVSTATIS
MAGISTRA VITAE
LVX VERITATIS
VERITAS
VITA MEMORIAE
MORS
OBLIVIO
At London Printed for WALTER BVRR
1614

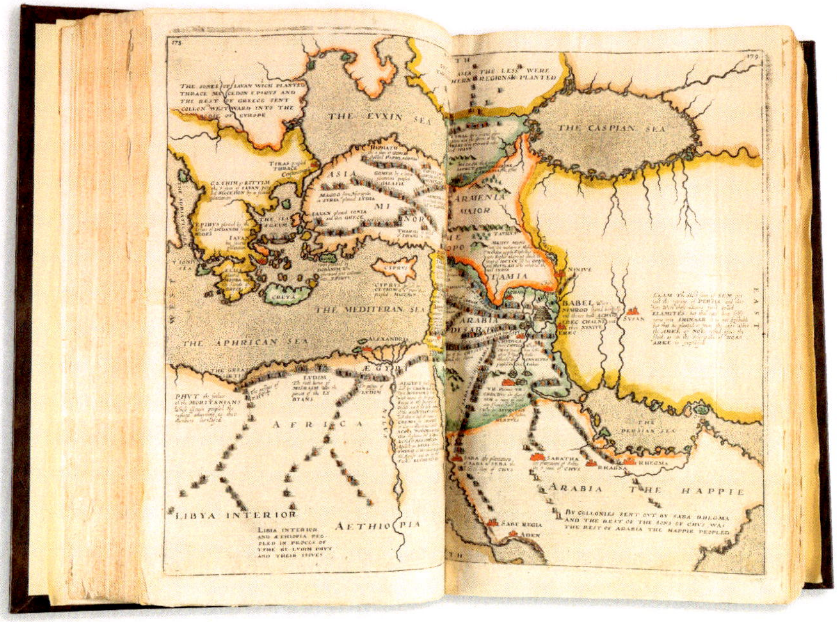


Map o'r Dwyrain Canol

Y mae Mark Nicholls yn diffinio'r gwaith fel hanes athronyddol;[1] ceisiodd Ralegh ddadlennu gwirioneddau sylfaenol am rôl a phwrpas Duw a'r gwersi y gellid eu tynnu o'r gorffennol. Fel y noda Nicholas Popper, gellir ei osod yn llwyr o fewn y traddodiad hanes hollgyffredinol, ffurf sy'n olrhain stori'r ddynoliaeth gyfan fel un hanes cydgysylltiedig gan gwmpasu pob cenedl a diwylliant hysbys.[2] Â'r Hen Destament yn bennaf y mae'r ddau lyfr cyntaf (neu'r ddwy ran gyntaf) yn ymdrin, o'r creu hyd y gaethglud ym Mabilon. Ochr yn ochr â hyn, y mae digwyddiadau cefndirol o fannau eraill, yn enwedig ymerodraethau'r Aifft, Asyria a Babilon. Y mae'r tri llyfr olaf yn archwilio ymerodraethau'r Persiaid a'r Groegiaid, gan orffen â goresgyn Macedonia gan y Rhufeiniaid yn 168 CC. Ar faterion milwrol a gwleidyddol y bydd Ralegh yn canolbwyntio, gan grwydro weithiau i ymddygiad mewn llysoedd a mecanwaith gwladweinyddiaeth. Y mae tueddiad i'w arwyr fod yn filwyr ac y mae bob amser yn barod i arddangos ei brofiad milwrol ei hun.

Y rhan olaf o'r llyfr i'w hysgrifennu oedd y rhagair; ynddo y mae Ralegh yn gofyn y cwestiwn dadleuol, 'Why do kingdoms fall?' Y mae'n awyddus hefyd i ddangos mor gymwys ydyw i roi cyngor i frenhinoedd. Gan ddadlau nad yw brenhinoedd yn dysgu gwersi hanes, fe restra farnedigaethau Duw arnynt. Gan ysgrifennu am rai Prydeinig, cred fod Harri I yn defnyddio 'force, craft, and cruelty' ac mai Rhisiart III oedd 'the greatest Maister in mischiefe of all that fore-went him'. Yn waeth byth, ysgrifenna Ralegh am Harri VIII, 'if all the pictures and Patternes of a mercilesse Prince were lost in the World, they might all againe be painted to the life, out of the story of this King'. Er i ryddfrydedd a doethineb Iago I gael eu gwrthgyferbynnu â beiau Harri, gwelodd Iago waith Ralegh fel collfarnu brenhinoedd gan un o'u deiliaid.

Er na chafodd y gwaith mo'i orffen erioed, fe'i nodwyd yng Nghofrestr y Safwerthwyr ar 15 Ebrill 1611 gan Walter Burre, llyfrwerthwr. Fe'i cyhoeddwyd tua diwedd 1614. Fodd bynnag, ar 22 Rhagfyr y flwyddyn honno, gorchmynnodd Iago I i George Abbot, archesgob Caer-gaint, ei wahardd. Ysgrifennodd John Chamberlain ei fod yn 'called in by the king's commaundment, for divers exceptions, but specially for beeing too sawcie in censuring princes'. Yna, gorchmynnodd y brenin i'r cyfrolau gael eu rhoi i ddyn o'r enw John Ramsay 'to be disposed of at our pleasure'. Gan fod sawl copi wedi goroesi, gan gynnwys yr un sydd yn Llyfrgell Roderic Bowen, ymddengys fod Ramsay, efallai, wedi'u gwerthu. Yr oedd Ralegh wedi'i ganfod yn euog o deyrnfradwriaeth ac felly'n 'gyfreithiol farw'. Cyhoeddwyd ei lyfr yn ddienw a heb dudalen deitl, ond gydag wynebddarlun alegorïaidd cymhleth. Y ffigwr canolog yw Clio, sydd wedi'i labelu fel *Magistra Vitae* neu athrawes bywyd; y mae'n dal glob sy'n cynnwys y byd oedd yn hysbys ar y pryd. Noda Anna Beer fod nodweddion penodol wedi'u marcio ar y map, a'r rheini'n cynnwys ynysoedd yn y Caribî, Cadiz, Dulyn a brwydr ar y môr yng Ngogledd yr Iwerydd. Gweithredu y mae'r rhain fel allwedd i hanes bywyd Ralegh.[3] Ynghyd â'r wynebddarlun ceir soned wedi'i hysgrifennu gan Ben Jonson.

Cyhoeddwyd argraffiad newydd o'r llyfr yn 1617, y flwyddyn cyn dienyddiad Ralegh, a ohiriwyd hyd hynny. Y tro hwn, fe ymddangosodd ei enw ar y dudalen deitl. Daeth yn un o'r llyfrau a gyhoeddwyd ac a edmygid fwyaf yn yr ail ganrif ar bymtheg gythryblus, ac fe'i darllenid gan Frenhinwyr a Seneddwyr fel ei gilydd. Argymhellodd Oliver Cromwell ef i'w fab Richard, gan ysgrifennu: 'Recreate yourself with Sir Walter Raughley's History: it's a body of history; and will add much more to your understanding than fragments of Story.'

Y mae gan Lyfrgell Roderic Bowen gopi o'r argraffiad cyntaf, ag wynebddarlun a mapiau wedi'u lliwio â llaw. Yr oedd yn un o bum cyfrol ar hugain a roddwyd i'r Casgliad Sylfaen o lyfrgell Neuadd Sant Edmwnd, Rhydychen, yn 1826, ychydig cyn agor Coleg Dewi Sant.

*Ruth Gooding*

1 Mark Nicholls a Penry Williams, *Sir Walter Raleigh: In Life and Legend* (London: Bloomsbury, 2011).

2 Nicholas Popper, *Walter Ralegh's History of the World and the Historical Culture of the Late Renaissance* (Chicago: University of Chicago Press, 2012).

3 Anna Beer, '"Left to the world without a Maister": Sir Walter Ralegh's *The History of the World* as a public text', *Studies in Philology,* 91/4 (1994), 432–63.

# Atlas Cain

**Gerhard Mercator, *Atlas or a geographicke description of the regions, countries and kingdomes of the world, through Europe, Asia, Africa, and America, represented by new & exact maps*, translated by Henry Hexham (Amsterdam: chez Henry Hondius, 1636)**

Gerhard Mercator (1512–94) oedd y person cyntaf i ddefnyddio'r gair 'atlas' am gyfrol sy'n cynnwys casgliad o fapiau.

Ganed Mercator yn Rupelmonde, sydd bellach yn rhan o Wlad Belg. Deuai o gefndir tlawd, a chrydd oedd ei dad. Fodd bynnag, llwyddodd Gerhard i fynd yn fyfyriwr ym Mhrifysgol Leuven, lle bu'n astudio o dan Gemma Frisius (Dyma pryd y cafodd ei gyfenw gwreiddiol, Kremer, ei Ladineiddio yn Mercator). Daeth yn wneuthurwr offer mathemategol ac astronomegol, gan ddysgu hefyd sut i ysgythru. Sefydlodd ei stiwdio ei hun yn 1534. Fodd bynnag, yn 1552, symudodd i Duisburg, lle mae afonydd Rhein a Ruhr yn ymuno â'i gilydd. Roedd Duisburg yn dref oddefgar, yn gartref delfrydol i ddyn busnes ysgolheigaidd, neu'n hytrach ysgolhaig a orfodwyd i redeg busnes.[1] Unwaith eto, agorodd weithdy cartograffeg.

Yn 1569 cyhoeddodd Mercator fap o'r byd, sef *Nova et aucta orbis terrae descriptio ad usum navigantium emendate accommodate* (Disgrifiad newydd a helaethach o'r ddaear wedi'i addasu at ddefnydd mordwyol). Fel pob gwneuthurwr mapiau, roedd yn wynebu'r her o gynrychioli siâp sffêr y ddaear ar arwyneb gwastad. Cynlluniwyd ei system daflunio yn benodol i helpu morwyr i lywio yn dilyn rhymlinau (neu locsodromau). Roedd y rhain bob amser yn ymddangos ar y map fel llinellau cyfochrog, gan ystyried crymedd y ddaear. Wrth gwrs, roedd i hyn oblygiadau, gyda'r ardaloedd o amgylch y pegynau wedi'u hystumio'n fawr. Mae'r Ynys Las (Greenland) yn edrych tua'r un maint ag Affrica! Mercator hefyd oedd y cartograffydd cyntaf i rannu America yn ddwy ran ac iddynt enwau (*Americane pars septentrionalis* ac *Americane pars meridionalis*).

Yn 1569 datgelodd Mercator ei gynllun mawreddog i gyhoeddi cosmograffi, gwaith pum cyfrol yn cwmpasu hanes y creu yn ogystal â seryddiaeth, astroleg a daearyddiaeth. Fodd bynnag, roedd hyd yn oed cwblhau'r atlas ar gyfer hyn yn drafferthus. Roedd yn anodd cael mapiau a hanesion am deithio. Roedd ysgythrwyr yn brin a bu'n rhaid i Mercator ei hun ymgymryd â gwaith arall er mwyn ennill bywoliaeth. Cyhoeddwyd cyfrol gyntaf yr atlas yn 1585, yn cynnwys hanner cant ac un o fapiau o

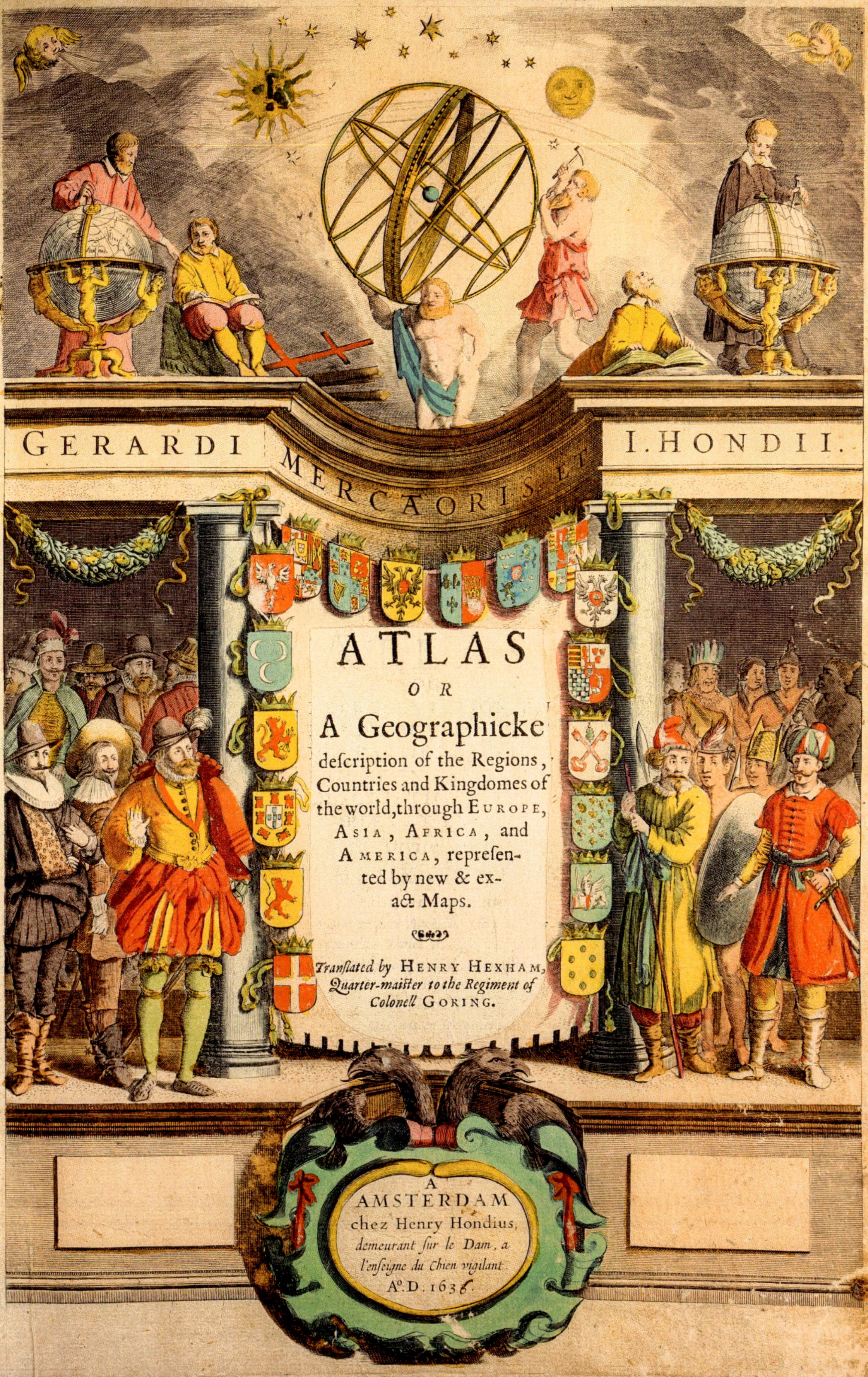
GERARDI MERCATORIS ET I. HONDII.
ATLAS
OR
A Geographicke
description of the Regions,
Countries and Kingdomes of
the world, through EUROPE,
ASIA, AFRICA, and
AMERICA, represen-
ted by new & ex-
act Maps.
Translated by HENRY HEXHAM,
Quarter-maister to the Regiment of
Colonell GORING.
A
AMSTERDAM
chez Henry Hondius,
demeurant sur le Dam, a
l'enseigne du Chien vigilant.
A°.D. 1636.

Ffrainc, y Swistir, yr Almaen a'r Iseldiroedd. Ar gyfer y rhan fwyaf o'r mapiau, roedd Mercator hefyd wedi cynnwys darn o destun, yn disgrifio rhanbarthau gwleidyddol ac eglwysig yr ardal a ddangosir yn bennaf. Roedd ail gyfrol yr atlas, a gyhoeddwyd yn 1589, yn cynnwys dau fap ar hugain o'r Eidal, Gwlad Groeg a'r Balcanau. Hwn oedd y gwaith cartograffig olaf a gyhoeddwyd gan Mercator drosto'i hun. Y flwyddyn ganlynol dioddefodd strôc; gadawodd hyn ef wedi'i barlysu'n rhannol. Bu farw ym mis Rhagfyr 1594.

Yn 1595, cyhoeddodd mab Mercator, Rumold, *Atlas sive cosmographicae meditationes de Fabrica Mundi et fabricati figura* (Atlas neu ystyriaethau cosmograffig ar greu'r byd a barn ar y pethau a grëwyd) (Bernard Busius, 1595). Yn ogystal â'r mapiau a gyhoeddwyd eisoes, cynhwysodd Rumold naw ar hugain o fapiau yr oedd ei dad wedi'u gadael heb eu cyhoeddi, ynghyd â'i fap ei hun o'r byd yn 1587, ei fap bach ei hun o Ewrop a thri map o'r cyfandiroedd eraill. Dangosai llawer o'r mapiau newydd Ynysoedd Prydain; roedd eraill yn cynrychioli Sgandinafia, Gwlad yr Iâ a Rwsia.

Yn y rhagair, esboniodd Rumold fod ei dad wedi dewis yr enw 'atlas' ar gyfer y gwaith. Dywedir yn aml fod atlasau wedi cael eu henwi ar ôl Atlas, brawd Prometheus, Titan a gondemniwyd i gynnal y nefoedd ar ei ysgwyddau. Fodd bynnag, mae Keuning yn dadlau mai'r hwn oedd gan Mercator dan sylw oedd brenin chwedlonol o Libya, y dywedir ei fod wedi gwneud y glob cyntaf o'r wybren.[2] Ymddengys bod Mercator yn awyddus i ddefnyddio enw'r cosmograffydd cyntaf yn yr hyn y bwriadai iddo fod yn waith cosmograffig. Yn wir, yn yr argraffiad cyntaf, mae tudalen deitl Mercator yn dangos Atlas yn eistedd ar ben mynydd ac yn astudio globau!

Ar y dechrau, nid oedd atlas Mercator yn arbennig o lwyddiannus. Nid oedd yn gyflawn, gan nad oedd yn cynnwys mapiau unigol o'r byd y tu allan i Ewrop, nac ychwaith o benrhyn Iberia. Efallai nad oedd cael yr amrywiol adrannau'n atlasau bach ar wahân o wledydd unigol yn apelio mewn gwirionedd. At hynny, roedd gan y gyfrol gystadleuydd cryf yn *Theatrum orbis terrarum* gan Ortelius. Bu farw Rumold Mercator yn 1600 ac nid oedd gan wyrion Mercator fawr o ddiddordeb mewn cartograffeg. Yn 1604, prynodd ysgythrwr blaengar o'r enw Jodocus Hondius y platiau copr mewn arwerthiant, a gwneud ei ffortiwn yn sgil hynny. Ar ôl cael mapiau ychwanegol, cyhoeddodd argraffiad newydd o'r atlas yn 1606. Erbyn hyn, roedd yn gyfrol ffolio urddasol, yn cynnwys 143 o fapiau gyda disgrifiadau. Roedd Hondius wedi ychwanegu sawl map o Sbaen, yn ogystal â rhai o Affrica, Asia ac America. Ysgrifennodd brawd yng nghyfraith Hondius,

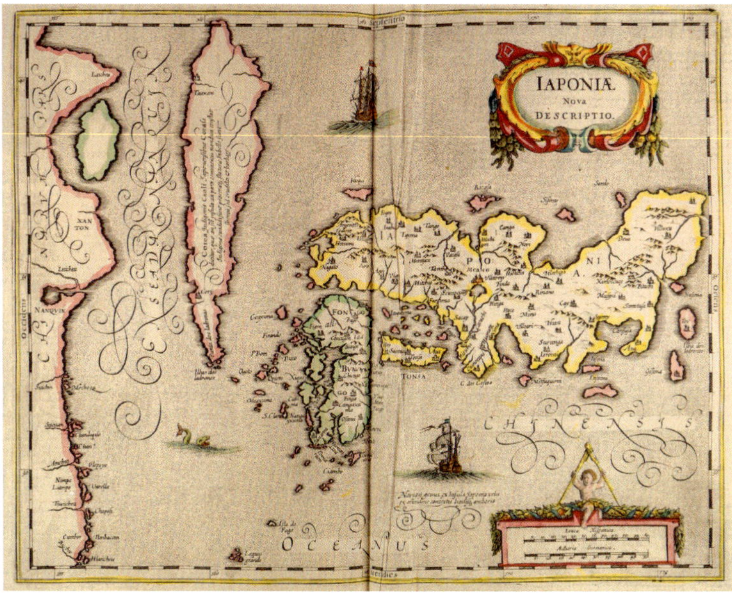


Iaponiæ [yn dangos Corea fel ynys]

Petrus Montanus, y testun ar gyfer y mapiau newydd, yn ogystal ag ychwanegu at ddisgrifiadau gwreiddiol Mercator. Y tro hwn roedd yr atlas yn llwyddiannus; o fewn blwyddyn, roedd y copïau i gyd wedi'u gwerthu. Yn dilyn hyn, cyhoeddodd Hondius gyfieithiadau i'r Ffrangeg, yr Iseldireg a'r Almaeneg, yn ogystal ag argraffiad rhatach, o faint bach, *Atlas Minor Gerardi Mercatoris à I. Hondio.*

Mae gan Lyfrgell Roderic Bowen gopi o'r cyfieithiad Saesneg a gyflwynwyd yn rhodd gan Thomas Phillips yn 1844. Cyhoeddwyd y ddwy gyfrol, a liwiwyd â llaw yn Amsterdam gan fab Jodocus, Henry Hondius, yn 1636, gan gystadlu ag argraffiad Saesneg a argraffwyd gan T. Cotes ar gyfer Michaell Sparke a Samuel Cartwright. Roedd dwy gyfrol Hondius yn cynnwys 195 o fapiau. Y cyfieithydd oedd Henry Hexham, milwr ac awdur Prydeinig a dreuliodd y rhan fwyaf o'i fywyd yn yr Iseldiroedd. Mae'r gyfrol gyntaf yn cynnwys portread gwych, wedi'i ysgythru ar ddwy dudalen, o Mercator a Hondius yn gweithio ochr yn ochr â'i gilydd. Roedd y gwaith wedi'i gyflwyno i'r Brenin Siarl I. Mae'r mapiau'n gymhleth ac yn fanwl, ac fel arfer yn cwmpasu dwy dudalen. Maent hefyd wedi'u haddurno'n helaeth; mae'r map o Affrica yn cynnwys llongau, môr-forwyn, anghenfil y môr, eliffantod, llewod a chrocodeil. Weithiau, bydd llygaid modern yn sylwi ar wall. Er enghraifft, dangosir Corea fel ynys oddi ar arfordir Tsieina.

*Ruth Gooding*

1 M. A. Zuber, 'The armchair discovery of the unknown southern continent: Gerardus Mercator, philosophical pretensions and a competitive trade', *Early Science and Medicine,* 16/6 (2011), 505–41. *https://www.jstor.org/stable/41350346* (cyrchwyd 4 Mai 2021).

2 J. Keuning, 'The history of an atlas: Mercator, Hondius', *Imago Mundi,* 4 (1947), 37–62. *https://www.jstor.org/stable/1149747* (cyrchwyd 4 Mai 2021).



Drosodd: Gerhard Mercator a Jodocus Hondius yn gweithio ochr yn ochr

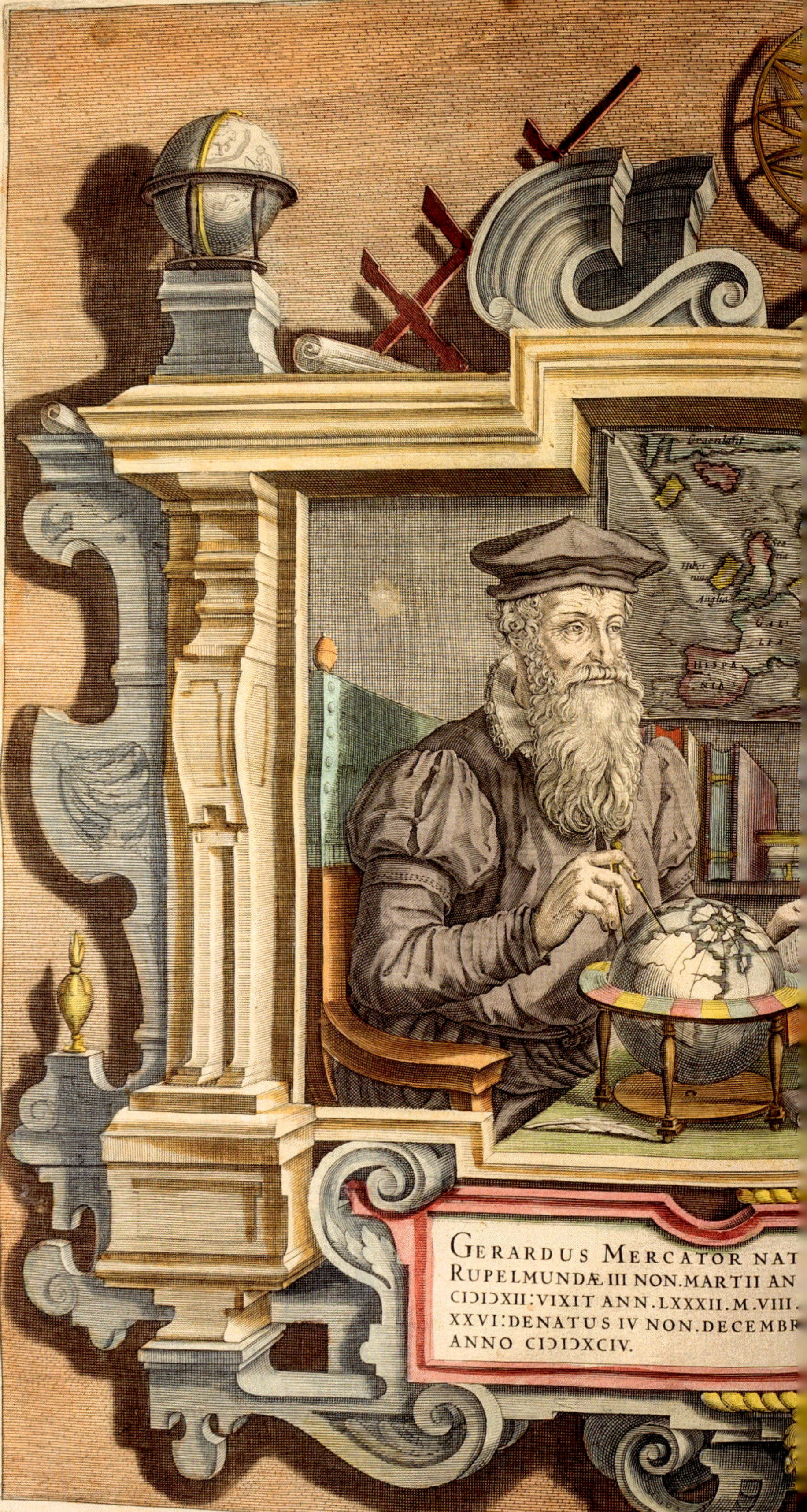
GERARDUS MERCATOR NAT
RUPELMUNDÆ III NON. MARTII AN
CIϽIϽXII: VIXIT ANN. LXXXII. M. VIII.
XXVI: DENATUS IV NON. DECEMBR
ANNO CIϽIϽXCIV.

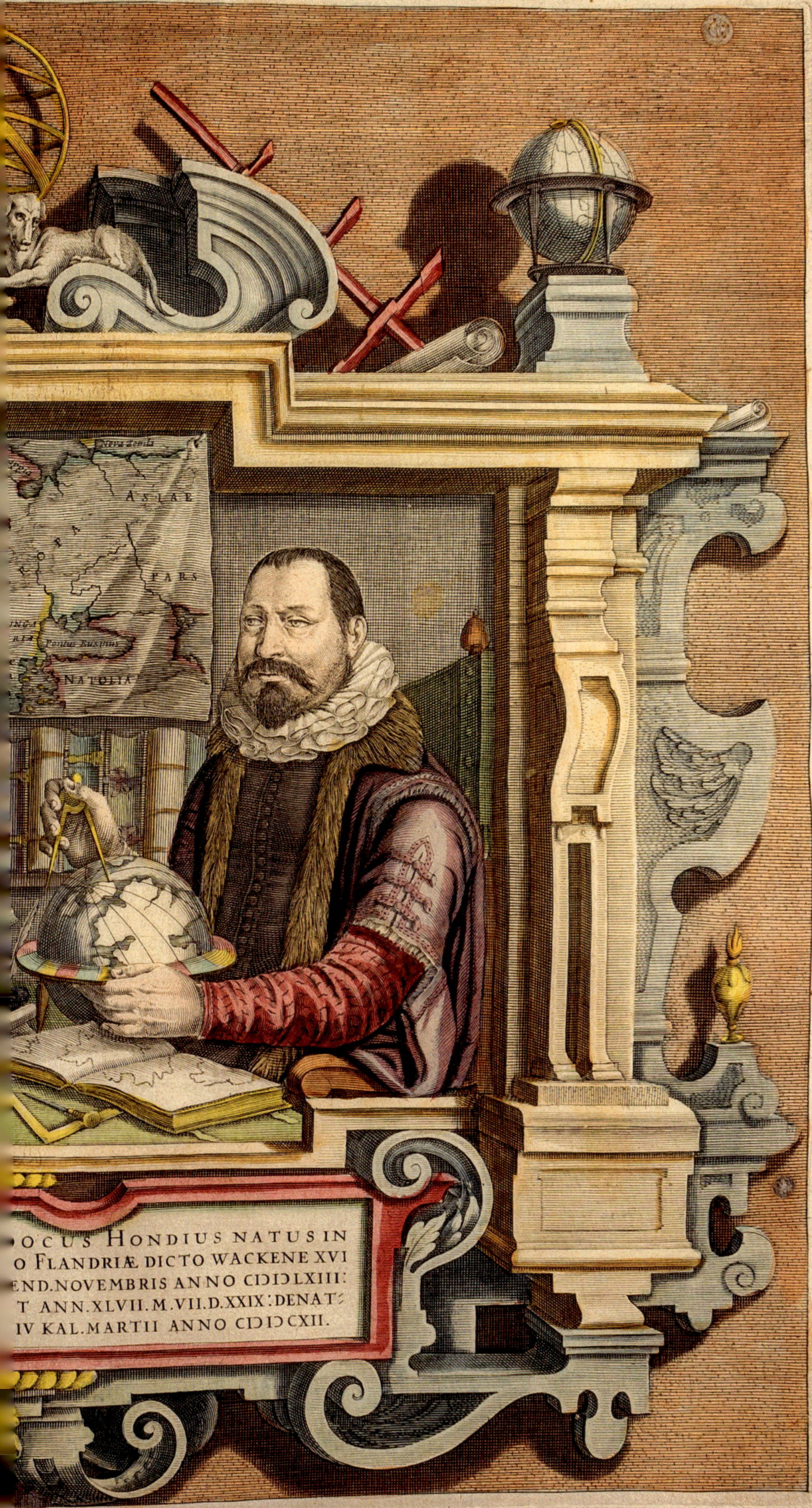
ASIAE
PARS
Pontus Euxinus
NATOLIA
DOCUS HONDIUS NATUS IN
O FLANDRIÆ DICTO WACKENE XVI
END. NOVEMBRIS ANNO CIↃIↃLXIII:
T ANN.XLVII.M.VII.D.XXIX: DENAT:
IV KAL.MARTII ANNO CIↃIↃCXII.

# Dechreuadau Anatomeg Planhigion

**Nehemiah Grew, *The anatomy of plants. With an idea of a philosophical history of plants. And several other lectures, read before the Royal Society* ([London]: Printed by W. Rawlins, for the Author, 1682)**

Nehemiah Grew oedd un o sylfaenwyr anatomeg planhigion ac roedd yn arloeswr yn y defnydd o'r microsgop.

Roedd Nehemiah (bedyddiwyd yn 1641, bu farw yn 1712) yn fab i glerigwr Piwritanaidd, Obadiah Grew; fe'i magwyd yn Coventry ac yna bu'n astudio yng Ngholeg Pembroke, Caer-grawnt. Mae'n debygol iddo ddechrau ymarfer meddygaeth ar ôl iddo raddio yn 1662. Hefyd dechreuodd archwilio botaneg, ac yn ddiweddarach ysgrifennodd: 'The first occasion of directing my thoughts this way, was in the year 1664, upon reading some, of the many and curious inventions of learned men, in the bodies of animals.' Gyda'r ymchwil newydd mewn anatomeg anifeiliaid yn ysbrydoliaeth, ei obaith oedd gwneud darganfyddiadau tebyg mewn planhigion.

Yn 1670, clywodd y Gymdeithas Frenhinol am ymchwil Grew; y flwyddyn ganlynol fe'i hetholwyd yn gymrawd, gyda'r curadur arbrofion Robert Hooke yn ei enwebu. Am gyfnod byr, bu Grew hefyd yn gweithio fel math o gymrawd ymchwil i'r Gymdeithas, dan nawdd rhai o'i haelodau cyfoethog. Cyhoeddwyd ei lyfr cyntaf, *The anatomy of vegetables begun: with a general account of vegetation founded thereon*, yn 1671. Yn ei hanfod, llyfr am forffoleg oedd hwn, wedi'i ysbrydoli gan ddiddordeb Grew yn yr hadau gardd yr oedd wedi'u cronni. Tua'r un pryd, cyflwynodd botanegwr o'r Eidal, Marcello Malpighi, bapur ar yr un pwnc i'r Gymdeithas Frenhinol. Byddai ei waith yn datblygu'n gyfochrog â gwaith Grew.

Parhaodd Grew i ymchwilio, gan ei gynnal ei hun drwy ddirprwyo ar ran athrawon ffiseg a seryddiaeth yng Ngholeg Gresham, yn ogystal â darlithio ar ran y Gymdeithas Frenhinol. Parhaodd i ysgrifennu pamffledi cwarto byr ar fotaneg. Cyhoeddwyd *An idea of a phytological history propounded* yn 1673, ac yn dilyn hynny cafwyd cyhoeddiadau ar wreiddiau a boncyffion.

Ar 22 Chwefror 1682, cofnododd Cyngor y Gymdeithas Frenhinol gyfarwyddyd i gasglu gwaith Grew ynghyd mewn un gyfrol. Yn ei *magnum opus*, sef *The anatomy of plants*, casglwyd yr holl ymchwil roedd wedi'i gyflwyno dros y deng mlynedd blaenorol at ei gilydd. Fe'i cyhoeddwyd ar fformat ffolio, ac mae'n cyfuno testunau'r cyfrolau oedd



Nehemiah Grew, *Sumach Branch Cut Transversly*, 1682

Tab. 34

Sumach Branch
cut transversly

f. 1.

f. 2.
The same

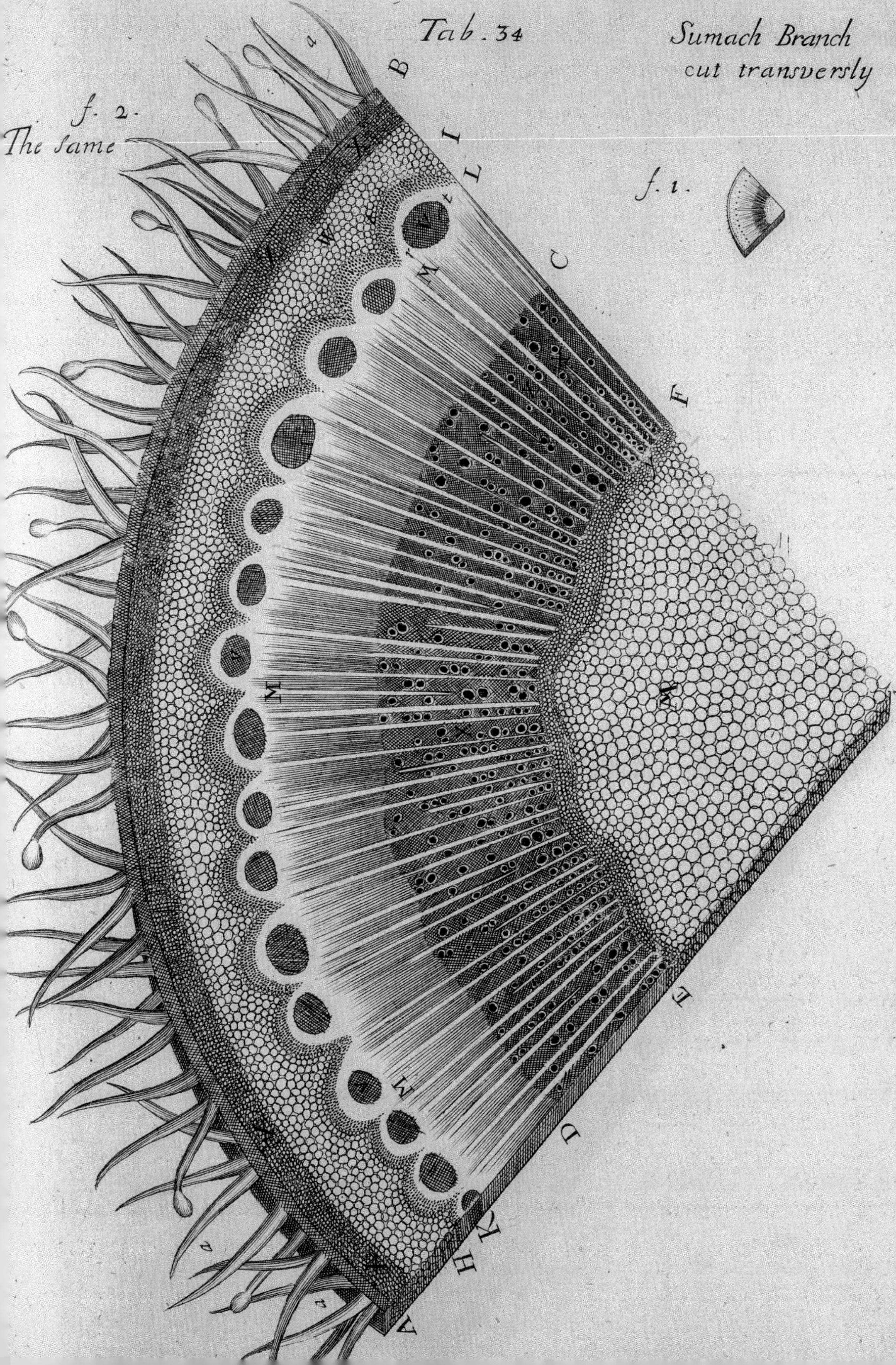

eisoes wedi eu cyhoeddi ganddo â'i arddangosiadau ar ddail, blodau, ffrwythau a hadau oedd heb eu cyhoeddi. Yn ogystal, mae'n cynnwys chwe disgwrs gemegol yr oedd Grew wedi'u darllen i'r Gymdeithas Frenhinol rhwng mis Rhagfyr 1674 a mis Mai 1677. Ar y pryd, prin oedd botaneg yn bodoli fel disgyblaeth ar wahân; roedd diddordeb mewn planhigion yn gyfyngedig yn bennaf i'w gwerth meddyginiaethol. Ysgrifennodd Grew yn ei gyflwyniad: 'there are Terræ Incognitæ in Philosophy, as well as Geography. And for so much, as lies here, it comes to pass, I know not how, even in this Inquisitive Age, That I am the first, who have given a Map of the Country.' Yr hyn yr oedd wedi'i greu oedd ymchwiliad systematig a chynhwysfawr i ffurf ac adeiledd organau planhigion. Roedd y rhan fwyaf o'i ddisgrifiadau a'i arsylwadau'n newydd. Defnyddiodd nifer o dermau botanegol am y tro cyntaf; roedd y rhain yn cynnwys 'radicle' am y rhan o embryo planhigyn sy'n datblygu i greu'r system gwreiddiau (cynwreiddyn). Grew hefyd oedd y cyntaf i dynnu sylw at rôl rywiol y brigeryn.

Roedd Grew yn wynebu her, sef disgrifio planhigyn mewn geiriau. Ochr yn ochr â chyffelybiaethau meddygol mynych, byddai'n aml yn defnyddio trosiadau syml, domestig. Er enghraifft, disgrifiodd betalau blagur y pabi 'as if Three or Four fine Cambrick Handkerchiefs were thrust into ones Pocket'. Wrth ysgrifennu am ddail ffres â blewiach arnynt, dywedodd eu bod yn 'vested with a Coat of Frize, or to be kept warm, like young and dainty Chickens, in Wool'.

Yn *The anatomy of plants* ceir wyth deg a thri o ysgythriadau ar raddfa fawr, yn portreadu'r haenau, y ffibrau, dysglau ac is-organau cymhleth a ganfuwyd yn sbesimenau planhigion Grew. Yn wahanol i'w gyd-weithiwr Robert Hooke, roedd Grew yn amheus o'r microsgop ac yn gwneud ei orau i gyfyngu ei ddibyniaeth arno. Yn *Micrographia*, roedd Hooke wedi dallu ei ddarllenwyr â delweddau disglair o'r cyfrinachau oedd yn anweledig i'r llygad noeth. Mewn cyferbyniad, roedd Grew yn ceisio arddangos yr hyn oedd yn weladwy i'r rheini oedd yn edrych yn ofalus ac yn fwriadol.[1] Yn ei ragair, disgrifiodd ei nod o archwilio 'How far it was possible for us to go, without the help of Glasses', cyn mynd ei flaen i ddweud, 'Having thus begun with the bare Eye; I next proceeded to the use of the Microscope.' Wrth graffu ar ddarn o bren oedd newydd ei dorri, sylweddololodd fod y bylchau neu'r clymau yn ei ffibrau'n llawn sylwedd sbyngaidd. Ar ôl archwilio hwn heb gymorth technoleg, fe'i cadarnhaodd gan defnyddio chwyddwydr â phŵer isel. Mae Grew yn cynnwys dau blât o'r planhigyn siwmac (*sumach*): y naill yn dangos y planhigyn yn union fel y byddai'n ymddangos i'r llygad noeth, a'r llall yn lluniad ar raddfa fawr o'r hyn a welid gan ddefnyddio microsgop.

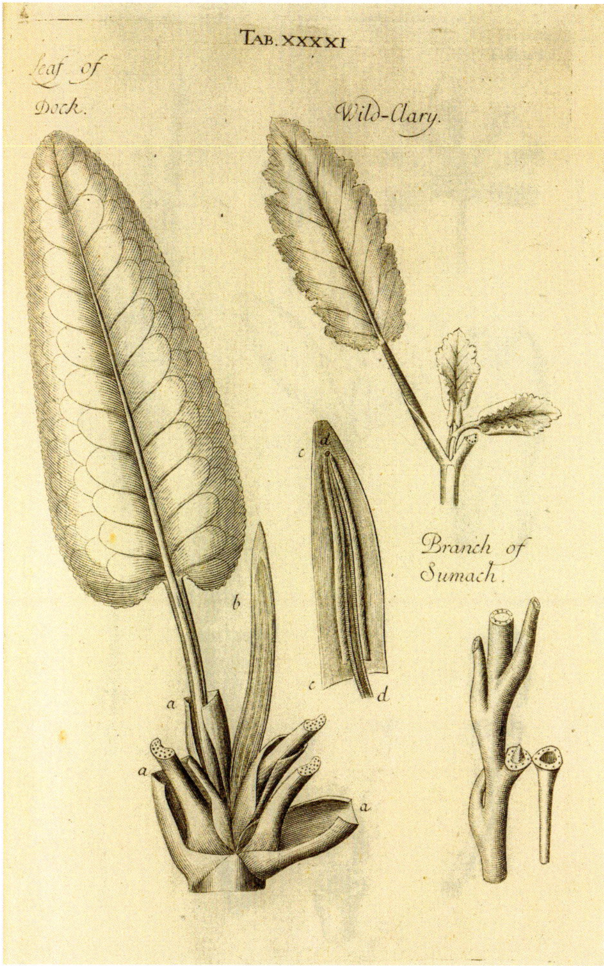


Nehemiah Grew, *Leaf of Dock, Wild-clary, Branch of Sumach*, 1682

Cyflwynwyd cyfrol Grew i Siarl II, noddwr y Gymdeithas Frenhinol. Hwn oedd un o'r llyfrau gwyddonol cyntaf ym Mhrydain i'w gyhoeddi drwy danysgrifiad, a hynny fwy na thebyg oherwydd ei ysgythriadau coeth. Roedd hyn yn golygu bod ymchwil Grew yn cyrraedd cynulleidfa wyddonol lawer ehangach nag aelodau o'r Gymdeithas Frenhinol yn unig. Gwnaeth pob tan-ysgrifiwr gyfraniad bach i alluogi cyhoeddi gwaith drud ac iddo apêl gymharol gyfyng-edig. Yn yr achos hwn, Grew ei hun a drefnodd ac a gasglodd y cyfraniadau.

Mae'n ymddangos i Grew benderfynu mynd ati i ymarfer meddygaeth yn fwy egnïol; yn 1680 daeth yn Gymrawd er Anrhydedd yng Ngholeg y Meddygon. Er iddo barhau i fynychu cyfarfodydd y Gymdeithas Frenhinol, daeth ei gyfraniadau i'w rhaglen ymchwil i ben fwy neu lai. Gwaith diwinyddol oedd ei gyhoeddiad mawr olaf, *Cosmologia sacra, or, A Discourse of the Universe as it is the Creature and Kingdom of God* (W. Rogers, S. Smith, and B. Walford, 1701). Bu farw Grew ar 25 Mawrth 1712.

Ni chafwyd dim i ddisodli gwaith Grew am dros ganrif. Ceir dau gopi o *The anatomy of plants* yn Llyfrgell Roderic Bowen; rhoddwyd un o'r rhain yn rhan o'r casgliadau sylfaen; rhoddwyd y llall gan Thomas Phillips yn 1849.

*Ruth Gooding*

1 A. Coppola, ' "Without the help of glasses": the anthropocentric spectacle of Nehemiah Grew's botany', *The Eighteenth Century*, 54/2 (2013), 263–77. *http://www.jstor.org/stable/24575078* (cyrchwyd 30 Mehefin 2021).

# Y Rhagair na fu

## George Hickes yr Annhyngwr a Llawysgrif Llanbedr Pont Steffan T512a

Yn ôl geiriau cryno un hanesydd, 'the term "Non-juror" has blurred edges'.[1] Yn y dechrau, ymraniad o fewn Eglwys Sefydledig Lloegr oedd y Mudiad Annhyngol, os gellir ei alw'n hynny, ond parhaodd am gyfnod maith, o esgyniad William III a Mari II i'r orsedd yn 1689 hyd at flynyddoedd olaf y ddeunawfed ganrif. Dechreuodd pan wrthododd Archesgob Caer-gaint, William Sancroft, a nifer o'i gyd-esgobion, ynghyd â channoedd o'u hoffeiriaid, gymryd llw teyrngarwch i'r brenin a'r frenhines newydd, ar y sail na fyddai eu cydwybod yn caniatáu iddynt wadu eu bod eisoes wedi tyngu llw i Iago II, a hwnnw yn eu barn hwy – ac yn enwedig yn ei farn ef ei hun – yn dal i fod yn frenin eneiniog a chyfreithlon. Cafodd yr 'annhyngwyr' hyn eu diarddel yn y lle cyntaf, cyn cael eu difreinio maes o law o'u swyddi a'u bywoliaeth. Drwy hyn collodd yr Eglwys Sefydledig rai o'i chefnogwyr mwyaf dysgedig, ac yn wir rai o'i hymlynwyr mwyaf duwiol, megis yr Esgob Thomas Ken a'r gŵr lleyg Robert Nelson. Yn anffodus, ond hefyd yn nodweddiadol, cafwyd ymrannu pellach; fel y nododd Gordon Rupp, aeth yn fwyfwy mewnblyg wrth i'r blynyddoedd fynd rhagddynt, ac yn 'prey to personal quarrels in a communion where all the principal characters knew one another'.[2] Roedd rhai unigolion yn benderfynol o lynu at eu barn eu hunain ynghylch yr hyn a gredent oedd yn gywir, ac fe wnaent hynny fel gelod, gan fod â'u llach yn aml ar y rheiny a oedd â barn wahanol iddynt hwy.

Un o'r rhai mwyaf di-ildio a diflewyn-ar-dafod ei farn ymysg yr annhyngwyr cynnar oedd George Hickes (1642–1715), deon Caerwrangon ac un o'r rhai a ddifreiniwyd. Dywedodd Rupp amdano, '[He] did not mince words or dodge the logic of his principles.'[3] Yn wir, aeth hanesydd o genhedlaeth gynharach, sef C. J. Abbey, mor bell â'i alw yn ddall yn ei danbeidrwydd a chanddo 'the true temper of a bigot'.[4] Eto, i liniaru rhywfaint ar y feirniadaeth ohono, cyfaddefai Abbey fod Hickes yn ysgolhaig o ddysg eithriadol, a hefyd yn ddadleuwr diwinyddol grymus. Caiff ei gofio orau, efallai, fel ysgolhaig Eingl-Sacsonaidd, yn enwedig am ei waith nodedig *Linguarum Veterum Septentrionalium Thesaurus,* sef llyfr gramadeg a gyhoeddwyd rhwng 1703 ac 1705 yn cymharu Hen Saesneg ag ieithoedd Germanaidd cytras. Ond ef, o bosibl, yn fwy nag unrhyw un arall o'r annhyngwyr blaenllaw, a ddyfalbarhaodd â'r rhwyg, gan gael awdurdod Iago II o'i alltudiaeth i barhau i sefydlu'r olyniaeth esgobol annhyngol, a hynny'n cynnwys sicrhau ei fod ef ei hun wedi'i gysegru ar 24 Chwefror 1693/4 yn 'Esgob Cynorthwyol Thetford'.



Nodyn rhagarweiniol, mwy na thebyg gan Thomas Bowdler II

This was designed for a Preface to a second Edition of a Book Entituled A Vindication of some amongst ourselves, which was written by Dr Hickes in Answer to Dr Sherlocke, This 2d Edition had many Alterations & Additions in it differ: : ent from the former, but was seised at the Press, with Mr Anderton, whome they put to death, none of that 2d Impression going abroad. —

Un o bamffledi dadleuol Hickes oedd *A Vindication of some among Our Selves against the False Principles of Dr Sherlock* yn 1692. Roedd William Sherlock (1641–1707) wedi bod yn Feistr y Deml, ond fe'i difreiniwyd oherwydd ei fod yn annhyngwr. Fodd bynnag, ar ôl i William III drechu Iago II ym Mrwydr y Boyne, cydymffurfiodd Sherlock, tyngodd y llwon, ac fe'i gwnaed yn Ddeon Sant Paul. Byddai hyn ynddo'i hun wedi ennyn dirmyg Hickes tuag ato, ond yn 1692/3 cyhoeddodd Sherlock *A vindication of the doctrine of the holy and ever blessed Trinity*, a daniodd ddadlau hir a chwerw, rhyfel pamffledi yn wir. Cyhuddwyd Sherlock yn anad dim o dridduwiaeth gan ei wrthwynebydd mwyaf tanbaid, Robert South, canon Eglwys Crist, Rhydychen. Ni fyddai Hickes wedi gallu peidio â rhoi ei big i mewn yn y dadlau hwn ynghylch gwaith dyn a ystyriai'n fradwr i'r achos. Mae ei *Vindication* ymhlith y casgliad helaeth o draethodynnau a phamffledi annhyngol sydd yn Llyfrgell ac Archifau Roderic Bowen yn Llanbedr Pont Steffan (nod dosbarthu T512). Disgrifiwyd y casgliad hwn gan ei gatalogydd Brian Ll. James yn 1975 yn 'one of the best extant collections of Non-Juring literature' yn y wlad,[5] o bosibl, ac ynddo mae 11,395 o bamffledi wedi'u rhwymo'n 828 o gyfrolau a gyhoeddwyd yn wreiddiol rhwng 1520 ac 1843. Mae cynifer â naw mil o'r rhain yn ffurfio Casgliad Bowdler, ac fe'u cyflwynwyd gan Dr Thomas Bowdler IV (1754–1825), a oedd yn byw yn esgobaeth yr Esgob Thomas Burgess, mewn ymateb i apêl yr Esgob am ddeunydd ar gyfer ei lyfrgell newydd yn Llanbedr Pont Steffan. Roedd tair cenhedlaeth o deulu Bowdler (pob un yn dwyn yr enw Thomas) wedi casglu'r deunyddiau hyn at ei gilydd yn ystod yr ail ganrif ar bymtheg a'r ddeunawfed ganrif, a phob un ohonynt yn annhyngwyr eu hunain. Nid yn unig yr oedd Thomas Bowdler II (1661–1738) wedi casglu llenyddiaeth annhyngol, ond roedd hefyd wedi rhoi enwau a dyddiadau'r awduron ar lawer o'r gweithiau hynny, gan iddynt gael eu cyhoeddi'n ddienw yn wreiddiol. Roedd llyfrgell George Hickes hefyd wedi dod i'w feddiant, a dyna, yn ôl pob tebyg, sut y daeth Llawysgrif T512A i gael ei chynnwys yn y rhodd i Lanbedr Pont Steffan.

Dogfen mewn llawysgrifen yw T512A; fe'i rhoddwyd yn yr un blwch â T512 ond gwahanwyd y ddwy pan atgyweiriwyd y gyfrol yn 1998 drwy gyllid grant cadwraeth Cyngor Cyllido Addysg Uwch Cymru. Yn ôl James David Smith, sydd wedi astudio deunydd annhyngol Llanbedr Pont Steffan, mae Llawysgrif T512A yn 'preface to an intended second edition of George Hickes's *Vindication* . . . In a hand which former Founders' Library curator, the late Robin Rider, believed was by Thomas Bowdler II'. Nodyn rhagarweiniol yw T512A yn datgan y byddai gan yr argraffiad newydd 'many alterations & additions in it differ/ent from the former, but was seised [*sic*] at the Press, with

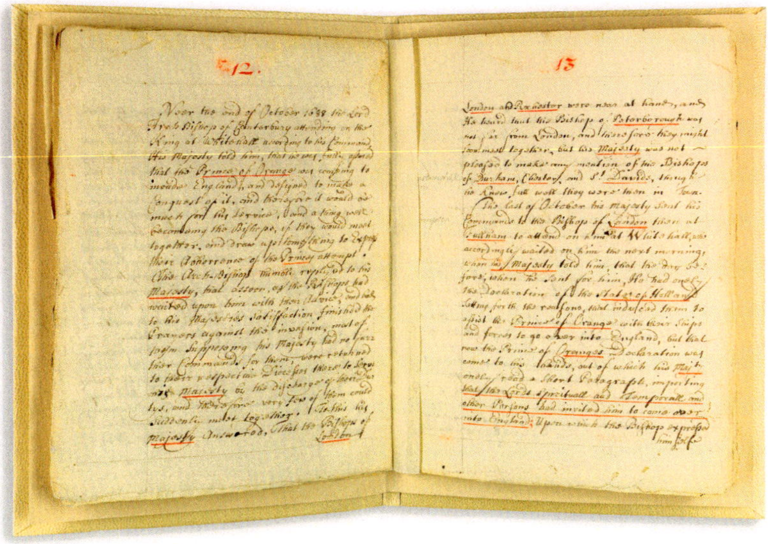

Testun argraffiad newydd arfaethedig o *Vindications* Hickes mewn llawysgrifen

Mr Anderton, whome they put to death,[6] none of that 2d Impression going abroad'.[7]

Noda Smith fod y rhagair yn cynnwys 24 tudalen; 'on each of the first four leaves, the top left quarter has been cut away and another type of paper attached in its place. The missing text has been restored in a similar hand. It is not clear whether this is a repair of the damaged original or a revision.'[8] Mae'r tudalennau, sydd o faint 14.5 cm × 19 cm ar gyfartaledd, wedi'u torri'n flêr. Drwy'r testun cyfan tanlinellwyd rhai geiriau ac ymadroddion ag inc coch, mwy na thebyg i ddangos yr hyn oedd i'w bwysleisio yn y fersiwn argraffedig. Mae'n ddigon posibl mai T512A yw'r unig gopi sydd wedi goroesi o'r rhagair i ail argraffiad arfaethedig y *Vindication* ac felly mae'n rhoi cipolwg amhrisiadwy i fyfyrdodau Hickes ar ôl ymddangosiad yr argaffiad cyntaf mewn print.

*John Morgan-Guy*

1 Gordon Rupp, *Religion in England 1688–1791* (Oxford: Clarendon Press, 1986), t. 5.

2 Ibid.

3 Ibid. t. 14.

4 Charles J. Abbey a John H. Overton, *The English Church in the Eighteenth Century* (2 gyf., London: Longmans, Green & Co., 1878), I, tt. 118, 119.

5 Brian Ll. James, *A Catalogue of the Tract Collection of Saint David's University College, Lampeter* (London: Mansell, 1975).

6 Manylir am arestio William Anderton, oedd yn gyhoeddwr annhyngol, mewn pamffled arall yng Nghasgliad Bowdler, ac mae copïau ar gael yn T197, 509, 652 a 660.

7 James David Smith, 'The Bowdler Collection as a resource for the study of the Nonjurors', William Marx (gol.), *The Founders' Library University of Wales, Lampeter, Bibliographical and Contextual Studies. Essays in Memory of Robin Rider*, *Trivium*, 29–30 (Lampeter: Trivium Publications, 1997), tt. 155–67, ar t. 166.

8 Ibid.

# Castiau Jonathan Swift

### Isaac Bickerstaff, *Predictions for the year 1708* (Sold by John Morphew, 1708)

Roedd yr ail ganrif ar bymtheg yng ngwledydd Prydain yn oes aur ar gyfer sêr-ddewiniaeth. Ar ôl i sensoriaeth swyddogol ddod i ben yn 1641, cafwyd llifeiriant o gyhoeddiadau newydd yn ymdrin ag ystod eang o bynciau. Fodd bynnag, ar ôl y Beibl, y math mwyaf poblogaidd o lenyddiaeth oedd yr almanac. Fel arfer, roedd almanac yn gyfuniad o dair elfen: calendr, gwybodaeth am ffenomenau seryddol y flwyddyn, a rhagolygon sêr-ddewinol. Roedd y proffwydoliaethau hyn bron bob amser yn cynnwys rhagargoelion am y tywydd, cnydau ac iechyd, ond hefyd ddisgwyliadau gwleidyddol a chrefyddol. Yn ystod y Rhyfel Cartref, chwaraeodd y taflenni a'r almanaciau a gyhoeddwyd gan astrolegwyr ran arwyddocaol a gweladwy iawn. Erbyn y 1660au, roedd tua 400,000 o almanaciau yn cael eu gwerthu bob blwyddyn, sef tua un i bob tri theulu.

John Partridge (1644–1715) oedd lluniwr almanaciau amlycaf dechrau'r ddeunawfed ganrif, ac roedd yn adnabyddus iawn. Fe'i ganed yn Nwyrain Sheen, Llundain; cychwr oedd ei dad, a John Partridge oedd ei enw yntau hefyd. Dechreuodd John Partridge y mab ei yrfa'n gweithio fel crydd; ochr yn ochr â hynny, dysgodd Ladin iddo'i hun, a rhywfaint o Roeg a Hebraeg, ac astudiodd feddygaeth a sêr-ddewiniaeth. Cyhoeddwyd almanac blynyddol Partridge, dan y teitl *Mercurius Coelestis* yn wreiddiol, am y tro cyntaf yn 1681. Roedd yn adnabyddus am ei ddaliadau cryfion; roedd yn Chwig radical, a bron yn weriniaethwr mewn gwirionedd. Roedd hefyd yn wrthwynebus iawn i Babyddiaeth ac i'r offeiriadaeth.

Erbyn dechrau'r ddeunawfed ganrif, roedd pobl ddysgedig, o dan ddylanwad y meddwl gwyddonol newydd, yn dechrau ymwrthod â sêr-ddewiniaeth. Yn 1708, penderfynodd y dadleuwr a'r dychanwr Torïaidd Jonathan Swift chwarae clamp o gast Ffŵl Ebrill ar Partridge. Roedd yn ffordd nid yn unig o wneud hwyl am ben ofergoeliaeth; roedd hefyd yn rhan o amddiffyniad Swift o awdurdod sefydledig. Roedd awdur dychanol cynharach, Tom Brown, wedi parodïo Partridge yn 1690 gyda *Prophecies out of Merlin's Carmen*, ac yna yn 1700 gyda *The infallible astrologer*. Mae bron yn sicr fod Swift wedi darllen gweithiau dychanol Brown.

Ym mhamffled Swift, *Predictions for the year 1708*, cymerodd arno hunaniaeth ffuglennol Isaac Bickerstaff, astrolegydd anfoddog ond bonheddig. Mewn ymgais dybiedig i ddiwygio sêr-ddewiniaeth, honnai Bickerstaff ei fod wedi treulio llawer o'i amser yn

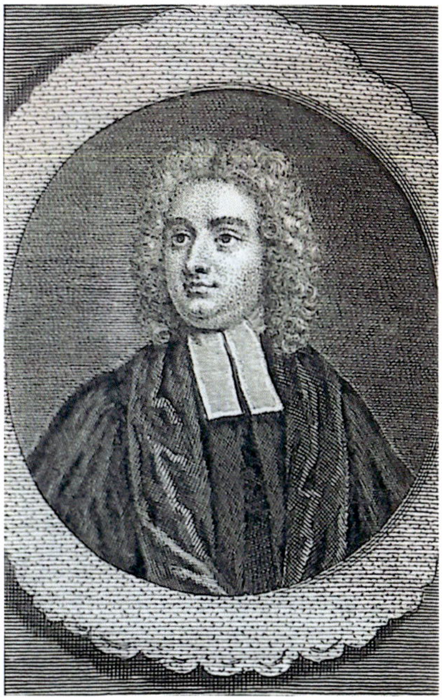

Yn seiliedig ar y portread gan Charles Jervas, *Jonathan Swift*, 1751

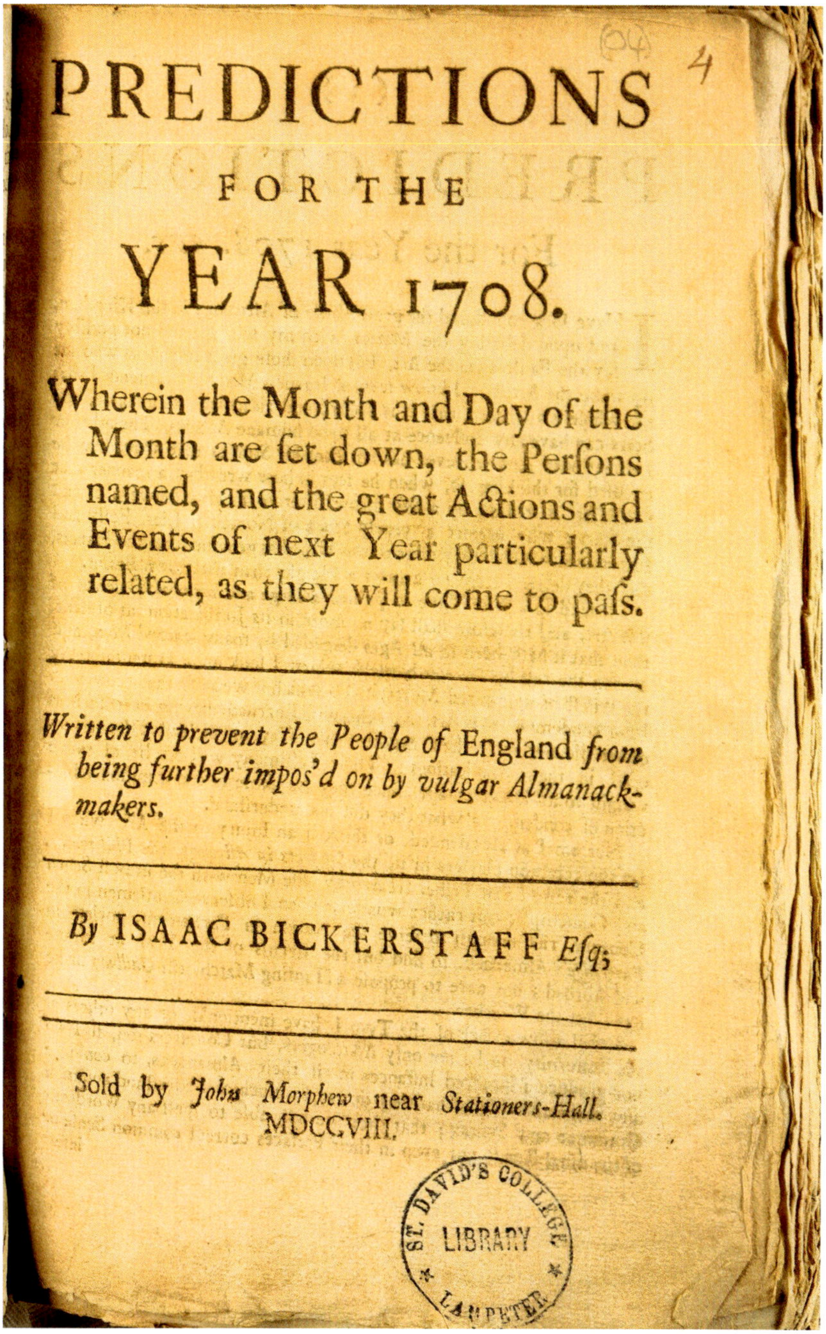

PREDICTIONS

FOR THE

YEAR 1708.

Wherein the Month and Day of the Month are ſet down, the Perſons named, and the great Actions and Events of next Year particularly related, as they will come to paſs.

*Written to prevent the People of* England *from being further impos'd on by vulgar Almanack-makers.*

*By* ISAAC BICKERSTAFF *Eſq;*

Sold by *John Morphew* near *Stationers-Hall.* MDCCVIII.



Y dudalen deitl

cywiro'i gyfrifiadau astrolegol blaenorol. Mae Ehrenpreis yn nodi bod yr 'awdur ffug' yn ymgorffori tipyn o chwaeth a nodweddion go iawn Swift.[1] Llwyddodd i gadw tinc pwyllog drwyddi draw, gan ddechrau â'r geiriau, 'I have long considered the gross abuse of astrology in this Kingdom, and upon debating the Matter with my self,

I could not possibly lay the Fault upon the Art, but upon those gross Impostors who set up to be the Artists.'

Aeth yn ei flaen i ragfynegi marwolaethau nifer o bobl o bwys, gan gynnwys y Cardinal de Noailles yn Ffrainc. Fodd bynnag, dywedodd mai 'peth dibwys' oedd testun y gyntaf o'i broffwydoliaethau: 'It relates to Partridge the Almanack-maker; I have consulted the Star of his Nativity by my own Rules, and find he will infallibly dye upon the 29th of March next, about Eleven at night, of a raging Feaver . . .'

Cyhoeddwyd y pamffled gan John Morphew, a'i werthu am geiniog y copi. Roedd yn eithriadol o lwyddiannus, ymhell y tu hwnt i freuddwydion Swift. Cyn bo hir, roedd cyhoeddwyr yn gwerthu lleidr-argraffiadau ohono am ddimai yr un, yn ogystal ag ymatebion ac efelychiadau. Anwybyddu'r cyhoeddiad wnaeth Partridge ei hun.

Yna, ar 30 Mawrth, cyhoeddodd Swift bamffled arall: *The Accomplishment of the first of Mr Bickerstaff's Predictions, being an account of the death of Mr Partridge the almanack-maker upon the 29th instant* (nid yw yng nghasgliad Llyfrgell Roderic Bowen). Yma, mabwysiadodd Swift bersona awdur anhysbys, sef cyn-swyddog cyllid. Disgrifiodd ymweld â Partridge, i wirio cywirdeb rhagfynegiadau Bickerstaff. (Noda fod Bickerstaff wedi gwneud camgymeriad o bedair awr wrth ddarogan!) Disgrifia Partridge, yn gorwedd ar ei wely angau, yn cyfaddef ei fod bob amser wedi credu: 'all pretences of foretelling by astrology are deceits . . . and none but the poor ignorant vulgar give it any credit'. Yn eironig, caiff ei bortreadu'n cyfaddef mai ffugwaith yw sêr-ddewiniaeth, ond yr un pryd mae yntau'n ildio i'w rym.

Parhaodd yr hwyl, gan dyfu'n chwiw ffasiynol. Ymddangosodd cyhoeddiadau'n dynwared y pamffled ac yn cynnig dilyniant iddo. Ymledodd y stori i'r Cyfandir a chyfieithwyd pamffledi Swift yn fuan iawn i sawl iaith Ewropeaidd. Un o'r rhai difyrraf oedd *Squire Bickerstaff detected; or, the Astrological Imposter convicted* (s.l.: s.n.), y dywedir iddo gael ei ysgrifennu gan Thomas Yalden. Ynddo, disgrifiai Partridge ei anawsterau wrth frwydro yn erbyn y gred boblogaidd ei fod wedi marw. Ar ôl mynd i'w wely gyda'r nos ar 28 Mawrth 1708, clywodd gnul y gloch yn cofnodi ei ymadawiad. Yna, cyrhaeddodd yr ymgymerwr i orchuddio'i ystafelloedd ar gyfer galaru, a cheisiodd y torrwr beddau drefnu ei angladd. Wedi hynny, ni allai adael ei gartref am dri mis, heb i gredydwyr ddod ato i ofyn iddo setlo costau ei angladd!

Yn argraffiad nesaf ei almanac *Merlinus Liberatus* (nad yw yn ein casgliad), mynnai Partridge yn ddig ei fod yn dal yn fyw, a'i fod hefyd yn fyw ar 29 Mawrth 1708. Aeth yn ei flaen i ymosod ar y 'gŵr celwyddog digywilydd' a oedd wedi proffwydo'i dranc. Cyfraniad nesaf Swift oedd *A vindication of Isaac Bickerstaff Esq; against what is objected to him by Mr Partridge, in his almanac for the present year 1709* (London: s.n.). Dadleuai Swift fod Partridge wedi marw, oherwydd 'no man alive ever writ such damn'd stuff as this'. Aeth yn ei flaen i ddadlau: 'So that Mr Partridge lies under a dilemma, either of disowning his Almanack, or allowing himself to be, *No man alive*.' Cafwyd achos arall o wadu rhagfynegiad gan Bickerstaff; mynnwyd bod Cardinal de Noailles yn dal yn fyw. Fodd bynnag, datganodd Swift nad oedd coel ar air Pabydd o Ffrancwr, o'i osod yn erbyn gair Protestant ffyddlon o Sais. (I'r Partridge ffyrnig o wrth-Babyddol, byddai hyn yn siŵr o fod yn sarhad i goroni'r cyfan!)

Fe ddeuai rhagor o anlwc i Partridge. Nid ymddangosodd ei almanaciau am y tair blynedd nesaf, yn ôl pob golwg oherwydd anghydfod annibynnol gyda Chymdeithas y Safwerthwyr. Yn y diwedd, bu farw'n ddyn cymharol gefnog, a'i ystad yn werth dros £2,000, ym mis Mehefin 1715.

Roedd Swift wedi gwneud yr astrolegydd yn gyff gwawd mewn cylchoedd dysgedig. Cymaint oedd ei lwyddiant nes i'r ffugenw a ddyfeisiwyd ganddo barhau i gael ei ddefnyddio. Y flwyddyn ganlynol, cyhoeddodd Syr Richard Steele ei gyfnodolyn newydd *The Tatler* o dan awduriaeth dybiedig Isaac Bickerstaff, Ysw. Yna, yn y 1730au, dynwaredodd Benjamin Franklin yr un cast, gan rag-weld ac yna gyhoeddi marwolaeth astrolegydd Americanaidd o'r enw Titan Leeds.

Mae copïau Llyfrgell Roderic Bowen o'r pamffledi a gynhyrchwyd ymhlith y naw mil o draethodynnau a gasglwyd gan dair cenhedlaeth o deulu Bowdler, pob un o'r enw Thomas Bowdler. Mae'n debyg i'r traethodynnau ddod i Goleg Dewi Sant, Llanbedr Pont Steffan, yn fuan ar ôl marwolaeth pedwerydd aelod o'r teulu, Dr Thomas Bowdler, sensor adnabyddus gwaith Shakespeare, yn 1825.

*Ruth Gooding*

1 Irvin Ehrenpreis, *Swift: The Man, his Works, and the Age. Volume Two, Dr Swift* (London: Methuen, 1967).

# Dirgelwch Rhifyn 81

## Rhifyn 'Coll' *Review* Daniel Defoe

Dichon mai fel awdur *Robinson Crusoe* (1719) – sydd wedi swyno cenedlaethau o ddarllenwyr byth oddi ar hynny – y cofir yn bennaf am Daniel Defoe (1660–1731) ac fel awdur *Moll Flanders* (1722) a *Roxana* (1724) hefyd, ond bu'n ysgrifennu'n ddiflino am flynyddoedd lawer cyn i'r rheini ymddangos mewn print. Roedd yn ysgrifennwr toreithiog ac amryddawn, a chanddo rai cannoedd o gyhoeddiadau i'w enw. Dilynodd yr yrfa hon, fel y gellir ei galw (**â** graddau amrywiol o lwyddiant) ar y cyd â sawl un arall, gan gynnwys perchenogi a rheoli gweithdy briciau a phanteils. Roedd yn aml yn brin iawn o arian; cafodd ei ddatgan yn fethdalwr yn 1692 ac eto yn 1703; roedd yn gyfarwydd fel carcharor yng Ngharchar y Fleet a Newgate; ffodd i guddio rhag ei gredydwyr fwy nag unwaith, a bu farw yn y diwedd – unwaith eto mewn dyled ac yn cuddio – ym mis Ebrill 1731. Er gwaethaf holl droeon ei yrfa, er gwell ac er gwaeth, yr oedd yn newyddiadurwr arloesol ac yn bamffledwr gwleidyddol a ddarllenid yn eang, er yn un dadleuol.

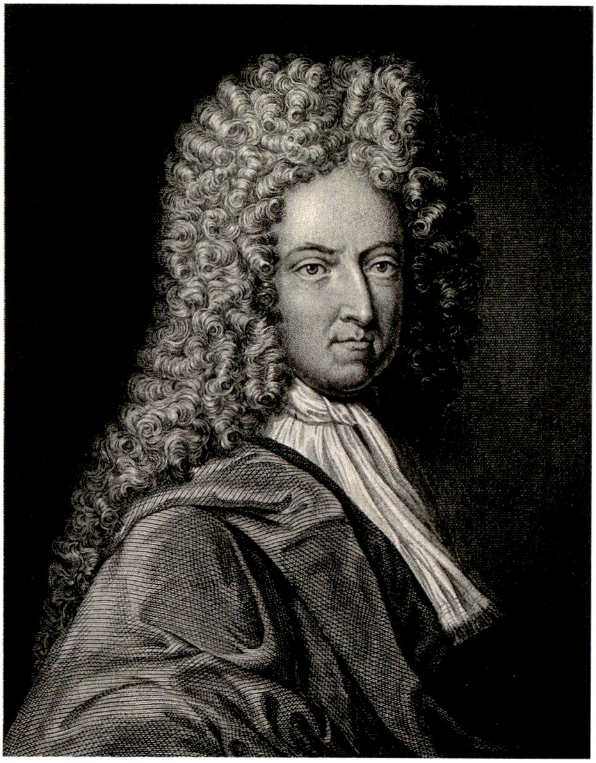

Michael van der Gucht, *Daniel Defoe*, yn gynnar yn y bedwaredd ganrif ar bymtheg, ysgythrwyd gan James Thomson (Casgliad Wellcome)



Tudalen gyntaf y rhifyn 'coll'

# REVIEW.

Thursday, April 9. 1713.

NOW, Gentlemen, the Peace being come to Town, and the Parliament approaching, I must let you alone to Scold and Rail at one another at what rate you please; to make good things bad, and bad things worse, that you may see what fruit you will have of those things whereof you are now ashamed: And in the mean time it is necessary to talk a little of the Consequences of this Peace, as they relate to my old subject of Trade; from which I have been only interrupted by what I thought necessary to speak about the Pretender, against whose Interest I hope I have sufficiently born my Testimony.

Nor shall I forget, *even all the way as I go*, to state the Circumstances of our Trade, as it may be expected to be, *in Case of* the Pretender's being set up; by which, if I do not embark all the Men of Trade against him, they must have lost their Trading Sences, and I must be very much mistaken in them.

I must begin with the State of our Trade, at the beginning of the Peace, which we have now, as they say, finished —— Some proper Period must be plac'd to take our rise from, like the station of the Eye in Perspective, or no Proportion of things can be drawn; and I see no Period so proper as the present Peace.

I know I have two Extreams to shun; I have *Scylla* and *Charybdis* to steer between; and every Reader will expect I shall split upon one side or other; but I fear not passing clear of both: The Extremes are these; *One Party* says this Peace is *so* prudently made, *so* securely fenc'd on every side; *so* calculated *for* the Encrease of our Commerce; *for* aggrandizing our Nation; *for* extending our Navigation; *for* giving *Britain* the Advantage every where; That never were such flourishing Days of Trade known, as we shall infallibly have after this War, and the Peace will appear to be the only Cause of it.

*I cannot give the Peace those fine Encomiums*; *nor do they that made it expect such Compliments from me I dare say*; *I cannot run such lengths in Panegyricking our encreasing Trade before hand*; *I see some capital Articles of our Trade which are in sinking Circumstances, and all the Peace in the World can not restore them*; nor do *Peace* and *War* influence those things one way or other.

*Others say*, The Peace will ruin our Trade; the *French* are falling into our Manufactures; they will run away with the *Spanish* Trade, we shall be worm'd out of it entirely, by *France* and *Spain* being link'd together; we shall have no Wooll *from Spain*, but after the *French* are supply'd; we shall sell no Goods *in Spain*, but after the *French* Market is over; the Alliance between *France* and *Spain* will ruin our Trade.

*I can not fall in with these Suggestions, any more than the other*; *nor do they appear rationally grounded*; *they are supported neither by Nature or Reason*; *the Fact is not true, or the Thing Practicable*; *allowing it to be in the Design, in short it is ridiculous.*

These are the Rocks therefore which I must steer between: If Party Heats have run you up, *Gentlemen* on both sides, to talk Nonsensically in Trade, *I am sorry for it*: But it must not follow, *I hope*, That if I state things on one side or other, *as they really are*, and not as they are suggested to be, *that therefore* my Discourse of Trade regards your Parties on either side, which as much as possible I would avoid.

I am none of those who applaud the Honour and punctual Dealing of the *French* King, with relation to executing the Stipulations of Treaties in their true Intent and Meaning: *Yet I cannot grant*, That either the *French* can be so subtle to *reserve*, the *Spaniards*, so horridly stupid, as to suffer; or *Britain* so blind, as not to see and resent it, when the *French* pretend to *reserve* any Footing, or possession of any Port or Place for Commerce, in the *Spanish West-Indies*, after the Peace. It does not seem rational to entertain a Belief of any thing like it: This would be to make Tools of us all, to laugh at the Queen of *Great Britain*, and openly Contravene the new Treaty in the most essential Article of it; and in short,

Yn 1704 ymgymerodd Defoe â'i dasg gyntaf yn yr hyn a elwid heddiw, efallai, yn 'newyddiaduraeth ymchwiliadol'. Yn ystod y nos ar 26–7 Tachwedd 1703, anrheithiwyd rhannau o Gymru a de a chanolbarth Lloegr gan storm o nerth corwynt mor enbyd nes bod tua wyth mil o bobl wedi marw, miloedd o dai wedi'u difrodi, miliynau o goed wedi'u dadwreiddio, a da byw dirifedi wedi'u colli. Gwelodd Defoe y dinistr yn Llundain â'i lygaid ei hun, a sylweddoli'r potensial am adroddiad 'llygad-dyst'. O fewn dyddiau cyhoeddodd apêl am wybodaeth at 'all Gentlemen of the Clergy, or others, who have made observations of this calamity, that they would transmit as distinct an account as possible, of what they have observed' i'w gyhoeddwr. Wedi'i gyflwyno ar ffurf naratif – ac efallai weithiau wedi'i orliwio – y canlyniad oedd *The Storm: or, a Collection of the most remarkable Casualties and Disasters which happened in the Late Dreadful Tempest both by Sea and Land*, a ymddangosodd ym mis Gorffennaf 1704. Roedd y casgliad hwn, oedd o hyd llyfr, yn dilyn cyhoeddiad cynharach Defoe (Chwefror 1704), sef *The Lay-man's Sermon on the Late Storm,* pamffled pedair tudalen ar hugain.

Fodd bynnag, a chan ddechrau yn yr un flwyddyn â'r cyhoeddiadau hyn, ymddangosodd y gwaith newyddiadurol y gellid dadlau mai hwn oedd gwaith mwyaf cyson Defoe, sef *Review*. Byddai'n cael ei gyhoeddi tan fis Mehefin 1713, gan ymddangos ryw deirgwaith yr wythnos, a chan ddod yn y pen draw yn gyfanswm oedd ymhell dros fil o draethodau a phum mil o dudalennau o destun. Cynhwysai sylwadau ar ddigwyddiadau cyfoes gartref a thramor, ac fel y nododd Peter Miles fe adlewyrchai i raddau helaeth safbwynt meistr gwleidyddol Defoe (y bu raid iddo fwy nag unwaith achub ei groen yn ariannol), sef Robert Harley, iarll Rhydychen.[1] Roedd pob rhifyn o'r *Review* wedi'i rifo. Y dirgelwch oedd – beth oedd wedi digwydd i Rifyn 81? Dylai fod wedi ymddangos yn gynnar ym mis Ebrill 1713, pan oedd y *Review* eisoes yn mynd ar i waered, ac o fewn wythnosau o ddiflannu'n derfynol. Nid oedd yr un copi wedi cael ei ddarganfod, ac o ganlyniad, fel y nododd Miles, cododd y cwestiwn a oedd wedi cael ei gyhoeddi o gwbl. Dichon, meddai, 'No. 81 was a chimera and what scholars were attempting to hunt down was merely an error of omission in the bookseller's notation . . . In addition, no contemporary reference to the publication survived.'[2] Parhaodd y cwestiwn heb ei ddatrys hyd nes i L. J. Harris, mewn papur byr yn *The Library* yn 1973, adrodd bod copi o 'No. 81' yn bodoli yn y casgliad traethodynnau yn y sefydliad a elwir erbyn hyn yn Llyfrgell ac Archifau Roderic Bowen, Prifysgol Cymru Y Drindod Dewi Sant yn Llanbedr Pont Steffan.[3] Roedd wedi ymddangos yr un diwrnod ag y dechreuodd y Senedd ddadl am delerau Cytundeb Utrecht, a roddai ddiwedd ar y gwrthdaro rhwng Lloegr a Ffrainc, a'r Cytundeb Masnach, er yr ymddengys iddo gael ei baratoi i'w gyhoeddi cyn hynny. Rhaid dweud bod testun 'Number 81' yn dangos nad oedd Defoe yn rhy frwdfrydig am y naill na'r llall ohonynt, ond yn enwedig y Cytundeb Masnach. Ni allai wybod, wrth iddo lunio 'No. 81', y câi telerau'r cytundeb hwnnw eu gwrthod gan Dŷ'r Cyffredin ychydig wythnosau yn unig wedi hynny.

Fel atodiad i'w draethawd, atgynhyrchodd Peter Miles, a oedd ar y pryd yn ddarlithydd yn y Saesneg yn Llanbedr Pont Steffan, destun cyflawn 'No. 81', a thrwy hynny ei roi ar gael am y tro cyntaf i ysgolheigion a astudiai Defoe, ac i haneswyr gwleidyddiaeth teyrnasiad y Frenhines Anne, a oedd yn aml yn astrus.[4] Mae Rhif 81 yn un o rediad anghyflawn o rifynnau o'r *Review* o Rifyn 16 hyd Rifyn 82, hynny yw, o 23 Medi 1712, wedi'u rhwymo ynghyd yn T257 yng Nghasgliad Traethodynnau Llyfrgell Roderic Bowen.[5] Mae pob rhifyn yn cynnwys un traethawd, wedi'i argraffu'n golofn ddwbl ar ddwy ochr dalen 18 cm × 22 cm, wedi'i gyhoeddi o wasg 'J Baker, at the Black Boy in Pater-Noster-Row', ac wedi'i brisio 'Three Half pence'. Mae copïau eraill o'r *Review* – ond nid o Rifyn 81 – wedi'u rhwymo o fewn cyfrolau eraill yn y Casgliad Traethodynnau.

*John Morgan-Guy*

1 Peter Miles, 'The text of Lampeter's rare issue of Defoe's "Review" ', yn William Marx (gol.), *The Founders' Library University of Wales, Lampeter. Bibliographical and Contextual Studies: Essays in Memory of Robin Rider*, *Trivium*, 29–30 (Lampeter: Trivium Publications, 1997), tt. 143–54.

2 Ibid. tt. 146, 147.

3 L. J. Harris, 'The missing number of Defoe's *Review*', *The Library,* 5ed gyfres, 28 (1973), 329–32.

4 Ibid. 150–4.

5 Ailrwymwyd T257 yn 1994. Y mae'n cynnwys rhifynnau 16, 17, 22, 23, 29–34, 42–8, 50–2, 54–68, 70–2 a 74–82.

# Ecolegydd Arloesol

**Maria Sibylla Merian, *Der Rupsen begin, voedzel, en wonderbaare verandering* (Amsterdam: Gedrukt voor den Autheur. By Gerard Valk, 1714)**

Maria Sibylla Merian (1647–1717) oedd un o ecolegwyr cyntaf y byd, ac un o'r naturiaethwyr cynharaf i wneud arsylwadau gofalus ar bryfed, corynnod ac amffibiaid. Roedd hefyd yn artist botanegol dawnus ac yn un o'r fforwyr benywaidd cyntaf.

Yn debyg i'r mwyafrif llethol o arlunwyr benywaidd modern cynnar, perthynai Merian i deulu artistig. Roedd yn frodor o ddinas ymerodrol rydd Frankfurt am Main. Bu farw ei thad, yr ysgythrwr, y cyhoeddwr a'r artist topograffig Matthaeus Merian yr Hynaf, pan oedd Merian yn ddim ond tair oed. Yn fuan iawn, ailbriododd ei mam, Johanna Sibylla, â Jacob Marrell, peintiwr blodau llwyddiannus. Marrell oedd yr un a ddysgodd y Maria Sibylla ifanc i luniadu, i beintio mewn dyfrlliwiau ac i ysgythru. Ochr yn ochr â hyn, datblygodd obsesiwn cynnar â'r chwilod a ymddangosai yn rhai o beintiadau ei llystad. Yn ddiweddarach, ysgrifennodd iddi fod â diddordeb mewn astudio pryfed ers cyfnod ei hieuenctid.[1] Cymaint oedd ei chwilfrydedd fel y dechreuodd gasglu pryfed a'u magu. Gwnaeth nodiadau a lluniadau manwl o'u cylch bywyd, y planhigion roedden nhw'n eu bwyta a hyd yn oed eu hysglyfaethwyr parasitaidd. Ar y dechrau, magai bryfed sidan, cyn symud at nifer o bryfed Ewropeaidd eraill, yn enwedig gloÿnnod byw a gwyfynod. Yn ddiweddarach, ehangodd ei diddordeb i gynnwys brogaod, madfallod a nadroedd, oll yn anifeiliaid o faint yr oedd hi'n gallu eu dal ei hun. Roedd ei harsylwadau manwl yn rhyfeddol, a hithau wedi datblygu ei holl sgiliau ei hun.

Priododd Maria Sibylla Johann Andreas Graff, un o ddisgyblion ei thad, yn 1665. Deunaw oed oedd hi, ac yntau ddeng mlynedd yn hŷn. Ganwyd dwy ferch iddynt, sef Johanna Helena a Dorothea Maria. Ar ôl pum mlynedd o fywyd priodasol symudodd y cwpwl i dref enedigol Graff, sef Nuremberg. Aeth Maria Sibylla ati i beintio, brodio ac ysgythru, yn ogystal â dysgu grŵp o ddisgyblion benywaidd sut i beintio blodau a brodio. Cyhoeddwyd ei chyfrol gyntaf, *Neues Blumenbuch*, casgliad o ddelweddau plât copr o flodau, mewn tair rhan rhwng 1675 ac 1680. Y bwriad oedd y byddai'n ddetholiad o samplau i'w copïo, ac nid oedd yn cynnwys unrhyw destun.

Ochr yn ochr â hyn, parhaodd Maria Sibylla i gasglu lindys, gan eu bwydo â dail priodol, cofnodi eu hymddygiad a'u lluniadu a'u peintio wrth iddynt ddatblygu. Gan ddilyn Aristotlys, y gred o hyd oedd fod pryfed yn codi drwy genhedlu digymell, gan

VIII

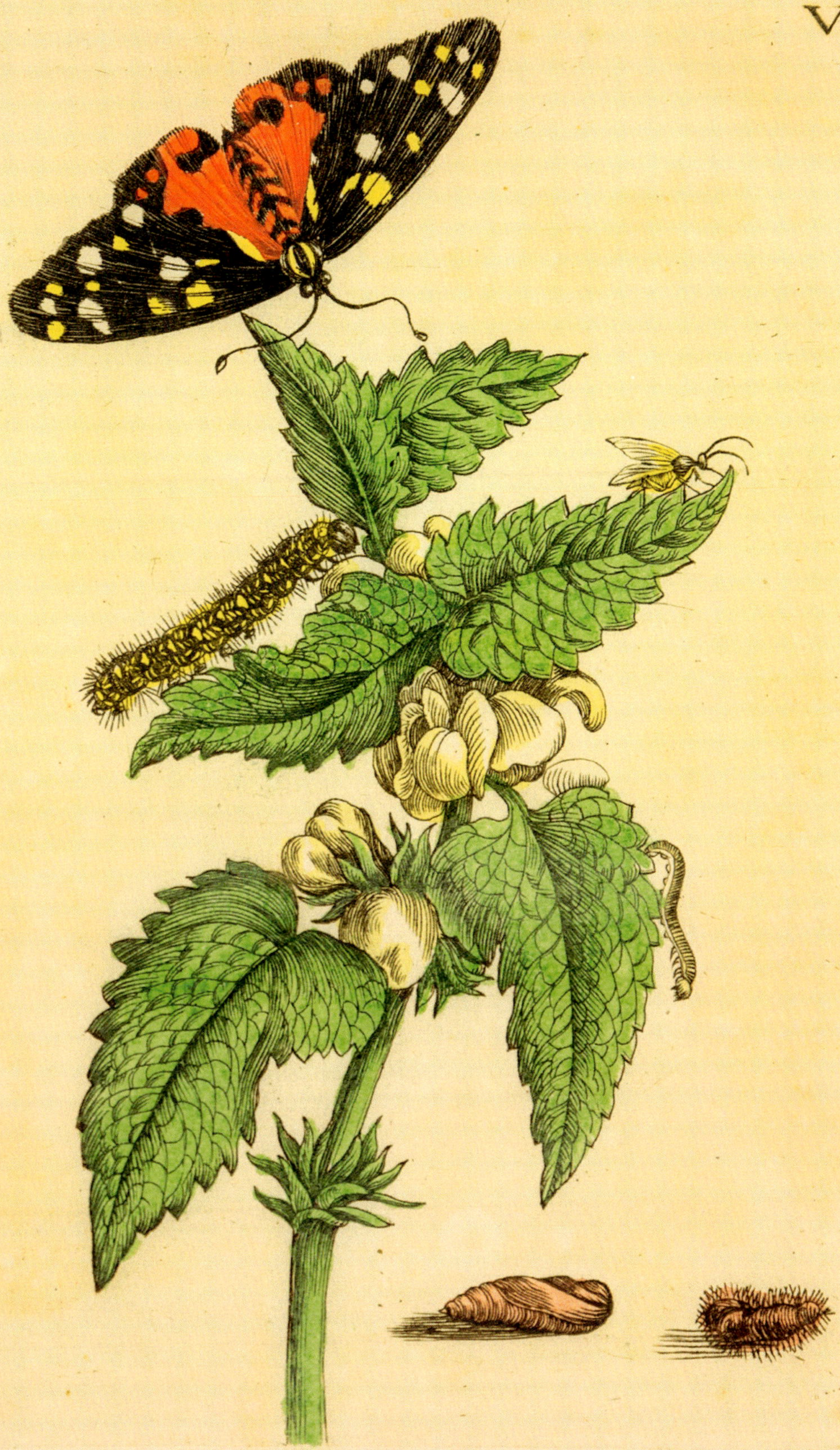

ddatblygu o fater pydredig. Ni chyhoeddodd Francesco Redi ei ddamcaniaeth fod pryfed yn deor o wyau tan 1668, a chyhoeddodd Marcello Malpighi ei draethawd ar fetamorffosis pryfed sidan yn 1669. Dengys dyddiadur Maria Sibylla ei bod yn deall amrywiol gamau metamorffosis pryfed bron i ddeng mlynedd yn gynharach na hyn. Hefyd darganfu'r gwahaniaethau rhwng gloÿnnod byw a gwyfynod.

Yn 1679 cyhoeddodd Maria Sibylla ei llyfr gwyddonol cyntaf, *Der Raupen wunderbare Verwandelung und sonderbare Blumen-nahrung* (Trawsnewidiad rhyfeddol lindys a'u deiet hynod o flodau). Yr enw poblogaidd ar y gyfrol yw 'Y llyfr lindys'. Roedd yn cynnwys hanner cant o blatiau cwarto, pob un wedi'i ysgythru ganddi hi ei hun; dilynodd ail gyfrol, hefyd yn cynnwys hanner cant o blatiau, yn 1683. Roedd pob darlun yn dangos un rhywogaeth neu ragor o bryfed yn eu hamrywiol gyfnodau: lindys, chwiler â chocŵn neu hebddo, gwyfyn, glöyn byw neu bryf. Roedd llawer o'r delweddau hefyd yn cynnwys cyfnod yr wy. Roedd pob darlun yn cynnwys un planhigyn, yn ei flodau gan amlaf. Fel hyn, dangosodd Maria Sibylla ddewis y lindys o ddeiet, yn ogystal â'r mannau y byddai'r fenyw yn dodwy ei hwyau ynddynt. Nododd bob planhigyn â'i enw Almaeneg a Lladin. Roedd testun yn cyd-fynd â'r delweddau, gyda Maria Sibylla yn esbonio ymddangosiad ac ymddygiad ei sbesimenau. Yn wahanol i rai o'i chyfoedion, ymddengys mai chwyddwydr yn unig a ddefnyddiai, yn hytrach na microsgop.

Tua diwedd ei hoes, roedd Maria Sibylla yn gweithio ar drydedd gyfrol am lindys; fe'i cyhoeddwyd gan ei merch ar ôl ei marwolaeth yn 1717. Hefyd cyfieithodd ei dwy gyfrol gyntaf ar lindys i'r Iseldireg, dan y teitl *Der rupsen begin*, ac fe'u cyhoeddwyd gan Gerard Valk yn Amsterdam. Mae gan Lyfrgell Roderic Bowen gopi o'r ail gyfrol Iseldireg wedi'i lliwio â llaw, a gyflwynwyd gan Thomas Phillips yn 1847. Fe'i rhwymwyd mewn croen llo Iseldiraidd cyfoes, â phaneli wedi'u llunio ag offer rholio a siâp diemwnt addurnedig yn y canol.

Roedd bywyd diweddarach Maria Sibylla yn llawn cyffro. Ganol y 1680au, gwahanodd hi a Johann Andreas. Ar ôl iddynt ysgaru, ailgydiodd Maria Sibylla yn ei henw morwynol, Merian. Ymddengys iddi gael rhyw fath o dröedigaeth grefyddol. Gyda'i mam a'i merched, ymunodd â chomiwn yng nghastell Walta yn Wieuwerd, Friesland, dan ofal sect grefyddol Bietistaidd, y Labadiaid. (Roedd Jean de Labadie wedi pwysleisio'r angen i wir gredinwyr ymneilltuo oddi wrth elfennau drwg y byd; aeth ati felly i sefydlu ei gymuned ei hun, lle gallai'r detholedig rai fyw fel yr oedd Duw wedi'i fwriadu.)

Er gwaethaf llymder ei hamgylchedd, roedd Maria Sibylla yn dal i allu dilyn ei diddordebau gwyddonol. Byddai'n dyrannu brogaod, ac yn ei dyddiadur yn 1686 disgrifiodd ddatblygiad wyau brogaod a metamorffosis penbyliaid. Gadawodd hi a'i merched gastell Walta yn 1691 a symud i Amsterdam, dinas lewyrchus ym myd masnach, bancio a diwydiant, â 200,000 o drigolion. Ar ôl cyrraedd yno, ailafaelodd yn ei bywoliaeth fel peintiwr ac athrawes; dechreuodd ei merch hynaf, Johanna Helena, hefyd werthu lluniau blodau.

Roedd Maria Sibylla wedi gweld y lindys a'r gloÿnnod byw prydferth yr oedd rhai o'r Labadiaid wedi eu cludo yno o Surinam (Guiana'r Iseldiroedd, gynt, yn rhan ogleddol De America). Fodd bynnag, doedd dim gwybodaeth am eu datblygiad ar gael i gyd-fynd â'r sbesimenau. Gwnaeth Maria Sibylla benderfyniad beiddgar i deithio i Dde America ei hun, gyda'i merch Dorothea Maria yn gwmni. Dywedodd iddi gael ei chymell i fynd ar daith hir a chostus i Surinam.[2] Yn ôl Valiant, mae'n bosibl mai hon oedd y daith Ewropeaidd gyntaf at ddibenion gwaith gwyddonol yn unig.[3] Cyrhaeddodd Maria Sibylla Surinam yn 1699, ac yno aeth ati i gasglu gwybodaeth a braslunio sbesimenau o'i gardd ei hun a'r jyngl. Arhosodd yno am yn agos i ddwy flynedd cyn cael ei tharo'n ddifrifol wael, â'r clefyd melyn o bosibl. Pan ddychwelodd i'r Iseldiroedd, daeth â chasgliad helaeth o sbesimenau byd natur gyda hi. Yn 1705, cyhoeddodd ganlyniadau ei thaith mewn cyfrol ffolio gain, *Metamorphosis insectorum Surinamensium*.

Parhaodd Maria Sibylla i weithio cyhyd ag y gallai. Yn anffodus, dioddefodd strôc yn 1715, a bu farw yn ei chartref yn Amsterdam ar 13 Ionawr 1717. Ychydig cyn iddi farw, prynodd y Tsar Pedr Fawr ddwy gyfrol o'i lluniau, yn cynnwys 254 dalen femrwn am 3,000 gildern Iseldiraidd. Symudodd ei mab yng nghyfraith George Gsell a'i merch Dorothea Maria i St Petersburg i fod yn athrawon yn yr Academi Gelfyddydau newydd ac yn gynghorwyr i'r Tsar ar gaffael gweithiau celf.

*Ruth Gooding*

1 Natalie Zemon Davis, *Women on the Margins: Three Seventeenth-Century Lives* (Cambridge, Mass.: Harvard University Press, 1995). *https://www-fulcrum-org.ezproxy.uwtsd.ac.uk/concern/monographs/44558d48n* (cyrchwyd 28 Ebrill 2021).

2 Ibid.

3 S. Valiant, 'Maria Sibylla Merian: recovering an eighteenth-century legend', *Eighteenth-Century Studies,* 26/3 (1993), 467–79. *https://www.jstor.org/stable/2739414* (cyrchwyd 28 Ebrill 2021).

# Chwerthin yn y Tŷ Coffi

## Dychan a Hiwmor yn Bowdler T269

Mae enw Dr Thomas Bowdler (1754–1825) yn rhan o'r iaith Saesneg. Yn 1818 cyhoeddodd fersiwn wedi ei sensro o waith William Shakespeare mewn deg cyfrol; hynny yw, cafodd wared o unrhyw beth yn y testun a ystyriai'n anaddas i ddarllenwyr parchus a syber. Mae 'to bowdlerize' testun, tynnu beth bynnag a allai wneud i rywun wrido – neu biffian chwerthin, efallai – wedi parhau i fod yn ddiffiniad o weithgarwch o'r fath byth ers hynny.[1]

Nid yw holl aelodau ei deulu wedi bod mor sidêt. Cymerwch, er enghraifft, T269 yn y casgliad o draethodynnau a phamffledi a gynullwyd gan ragflaenwyr Dr Bowdler, Thomas I, Thomas II a Thomas III, yn yr ail ganrif ar bymtheg a'r ddeunawfed ganrif. Er bod y rhan fwyaf o'r casgliad yn ymwneud â materion gwleidyddol a chrefyddol, nid yw hynny'n gwbl wir am yr hyn sydd rhwng cloriau T269. Mae'r ffocws yma ar ddychan a hiwmor, ac mae rhai enghreifftiau o'r hiwmor y gellid eu disgrifio fel rhai aflednais neu anllad. O gael eu darllen yn uchel o amgylch y bwrdd yn y tŷ coffi neu ym mharlwr y dafarn, byddent yn sicr o fod wedi arwain at chwerthin.

Mae T269 yn cynnwys tri deg un o eitemau gwahanol, ac mae wedi'i ailrwymo. Mae'r cynnwys yn amrywio o un ddalen, 'The Exerceese of the Muckle Goon and Saundaleero's',[2] i bamffled chwe deg saith o dudalennau, *Academia, or the Humours of the University of Oxford in Burlesque Verse*, ac i *The Dispensary; a Poem*, sy'n wyth deg pedwar o dudalennau ac yn ddim llai na chwe chant o gwpledi sy'n odli. Mae tri phamffled yn Ffrangeg (heb ddyddiad na man cyhoeddi), ac un yn Sbaeneg. Mae'r rhan fwyaf o gynnwys T269 yn ddienw ac, yn wahanol i'w arfer yn y traethodynnau annhyngol eraill, nid yw Thomas Bowdler II wedi gwneud unrhyw ymdrech i ddarganfod yr awduron. Mewn rhai achosion *mae* awdur yn cael ei enwi: Mrs Alicia D'Anvers, Mr Cobb, H Crispe, er enghraifft.[3] Mewn dau achos, *The Dyet of Poland: A Satyr* 'printed at Dantzick in the year MDCCV by Anglipoloski of Lithuania' a *The Masquerade. A Poem* 'by Lemuel Gulliver, Poet Laureat to the King of Lilliput', a ysgrifennwyd 'from my Garret in Grub Street' (Llundain, 1728, a'i werthu am 6d y copi), mae'r priodoliad yn amlwg yn ffug. Cyhoeddwyd *Gulliver's Travels*, sy'n dal yn boblogaidd, gan Jonathan Swift yn 1726; y gyfrol hon arweiniodd at enwogrwydd 'Lemuel Gulliver' ac roedd yn cynnwys ei brofiadau yn Lilliput. Felly, roedd y pamffled hwn, p'un a oedd wedi'i ysgrifennu gan Swift ai peidio, yn manteisio ar ei lwyddiant cynnar. Bu llawer o ddyfalu ynghylch tarddiad yr enw 'Lemuel Gulliver'. Honnodd Bernard Acworth yn ei astudiaeth o Swift



Traethodyn yn honni bod
gan Lemuel Gulliver

# THE

# MASQUERADE.

## A

# P O E M.

INSCRIB'D TO

C------T *H------D------G------R.*

---

*——Velut ægri somnia, vanæ*
*——Species——* Hor. Art. Poet.

---

By *LEMVEL GVLLIVER*, Poet Laureat to the King of *LILLIPVT*.

---

*LONDON*,

Printed: and Sold by *J. Roberts* in *Warwick-Lane*, and *A. Dodd* at the *Peacock* without *Temple-Bar*. 1728.

[Price Six Pence.]

yn 1947 mai'r unig ddefnydd blaenorol o'r enw Lemuel yr oedd wedi'i olrhain oedd hwnnw yn Llyfr y Diarhebion yn yr Hen Destament, pennod 31, adnodau 1 a 4.[4] Yn gyffredinol, credir bod y cyfeiriad yno at 'y Brenin Lemuel' (o'r Hebraeg am 'dduwiol' neu 'Duw yn ddisglair') yn gyfeiriad at Solomon, ac felly at ddoethineb.[5] Gall 'Gulliver' ar y llaw arall ddeillio yn yn wreiddiol o'r Hen Ffrangeg *goulafre* sy'n golygu 'glwth', ond mae defnydd Swift o'r gair yn fwy tebygol o adleisio 'gullible'. Felly, mae 'Lemuel Gulliver' yn wrthddywediad – un wedi'i freintio â doethineb Duw a oedd yr un pryd yn hawdd ei dwyllo. Dyma'r math o wrthddywediad a fyddai wedi difyrru Swift, a'i ddarllenwyr craffaf, mae'n debyg.[6]

Mae hyn yn arwain yn naturiol at ystyried dau o'r pamffledi mwyaf diddorol efallai yn T269: *The Wonderfull Wonder of Wonders; Being an Accurate Description of the Birth, Education, Manner of Living, Religion, Politicks, Learning, Etc. of mine A-se* a *The Benefit of Farting Explaind: or, The FUNDAMENT-all Cause of the Distempers incident to the Fair Sex*. Mae'r cyntaf, fe honnir, yn drydydd argraffiad Llundain yn 1721, ac wedi'i argraffu o'r 'copi gwreiddiol o Ddulyn'. Fe'i priodolir i 'Dr Sw-ft', hynny yw, wrth gwrs, Jonathan Swift (1667–1745). Nododd Brian Ll. James, a fu'n gyfrifol am gatalogio'r casgliad cyfan o draethodynnau yn 1975, nad yw'r priodoliad hwn yn sicr.[7] Roedd Swift, deon Sant Padrig, yn sicr yn Nulyn ar y pryd, ac mae peth o'i farddoniaeth ddiweddarach – *The Lady's Dressing Room* (1730) a *Strephon and Chloe* (1731) yn enghreifftiau adnabyddus a nodedig – yn dangos ei fod yn eithaf abl i ysgrifennu yn y modd hwn. Mae T269 yn cynnwys dau 'argraffiad' o *The Benefit of Farting Explaind*, sef y 'seithfed' a'r 'nawfed', y ddau o 1722, a oedd yn gwerthu am 3d y copi. A yw 'seithfed' a 'nawfed' yn gywir, ynteu ai dim ond 'pwffian' argraffydd neu lyfrwerthwr? Os caiff ei hyn gymryd fel y gwir, yna roedd y pamffled hwn yn werthwr gorau. (Yn sicr, roedd yn ddigon enwog i gael cyfeiriad ato yn *A Dictionary of Slang and Unconventional*

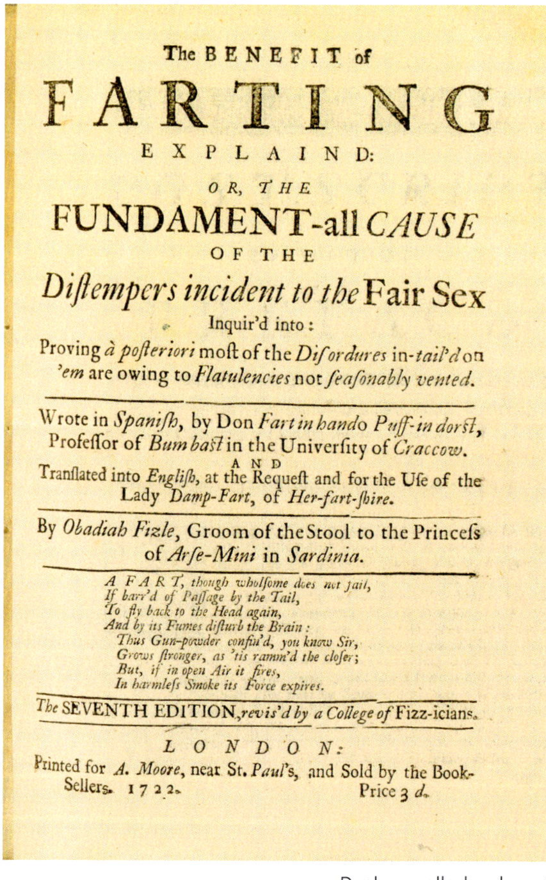
The BENEFIT of
FARTING
EXPLAIND:
*OR, THE*
FUNDAMENT-all *CAUSE*
OF THE
*Diſtempers incident to the* Fair Sex
Inquir'd into:
Proving *à poſteriori* moſt of the *Diſordures* in-*tail'd* on *'em* are owing to *Flatulencies* not *ſeaſonably vented.*

Wrote in *Spaniſh*, by Don *Fart in hando Puff-in dorſt*, Profeſſor of *Bumbaſt* in the Univerſity of *Craccow.*
AND
Tranſlated into *Engliſh*, at the Requeſt and for the Uſe of the Lady *Damp-Fart*, of *Her-fart-ſhire.*

By *Obadiah Fizle*, Groom of the Stool to the Princeſs of *Arſe-Mini* in *Sardinia.*

*A FART, though wholſome does not fail,*
*If barr'd of Paſſage by the Tail,*
*To fly back to the Head again,*
*And by its Fumes diſturb the Brain:*
*Thus Gun-powder confin'd, you know Sir,*
*Grows ſtronger, as 'tis ramm'd the cloſer;*
*But, if in open Air it fires,*
*In harmleſs Smoke its Force expires.*

*The* SEVENTH EDITION, *revis'd by a College of* Fizz-icians.

*LONDON:*
Printed for *A. Moore*, near St. *Paul's*, and Sold by the Book-Sellers. 1722. Price 3 *d.*

Dychan anllad yn honni
bod gan y Deon Swift

*English*, 1937, Eric Partridge.) Unwaith eto, er nad yw wedi'i nodi yn unman yn y pamffled ei hun, priodolir yr awduriaeth i Swift: 'gynt', meddai Brian James. Gall y ffaith fod y ddau waith hyn wedi'u gosod gyda'i gilydd (rhifau 28, 29, 30) yn T269 awgrymu bod Bowdler yn teimlo y gallent fod gan yr un awdur, Swift o bosibl. Mae'r nawfed argraffiad o *The Benefit of Farting Explaind* yn cynnwys rhai nodiadau yn yr ymylon, dyfyniadau Lladin mewn llawysgrifen ar dudalennau 7 a 10, anodiadau sy'n brin yn T269.

Yn ei ragair i gatalog Brian James o Gasgliad Traethodynnau Bowdler o weithiau o'r ail ganrif ar bymtheg a'r ddeunawfed ganrif, dywed Julian Roberts, 'Among the most obvious features of English literature of this period are that it is largely topical in content and that it is bibliographically ephemeral.'[8] Efallai fod cynnwys T269 yn fwy byrhoedlog na'r rhan fwyaf o gasgliadau, ond serch hynny mae'n llawn diddordeb, difyrrwch, ac o leiaf mewn rhai achosion yn codi cwestiynau sydd heb eu hateb eto.

*John Morgan-Guy*

1 Mae Llyfrgell Roderic Bowen yn meddu ar gopi o'r argraffiad un gyfrol *Family Shakespeare* gan Bowdler a gyhoeddwyd yn 1863. Fe'i rhoddwyd i'r llyfrgell yn 2002 gan yr awdur, y nofelydd a'r colofnydd Syr Ferdinand Mount pan ddaeth yn Gymrawd Anrhydeddus o'r brifysgol.

2 Gall 'Muckle-goon' ddeillio o dafodiaith yr Alban: *muckle* = *much*, a *goon* = *gown*, i nodi ysgolhaig, efallai. Mae ystyr 'Saundaleero' yn parhau heb ei ddatrys hyd yn hyn.

3 Bardd di-nod oedd Alicia D'Anvers (1668–1725); ysgrifennai mewn ffordd ddychanol ac weithiau'n aflednais – nid yw'n nodweddiadol o feirdd benywaidd ei chyfnod. Mae ei *Oxford-Act* yn arbennig o fasweddus. Mae'n debyg mai Mr Cobb yw Samuel Cobb (1675–1713), beirniad ac ysgolfeistr, a ysgrifennai benillion ysgafn, weithiau'n wladgarol ac weithiau â hiwmor di-chwaeth. Ni wyddys hyd yn hyn pwy oedd H. Crispe.

4 Bernard Acworth, *Swift* (London: Eyre & Spottiswoode, 1947), t. 79.

5 Mae gan Acworth drafodaeth fer, ddiddorol ynglŷn â pham y gallai Swift fod wedi defnyddio'r enw Lemuel. Ibid.

6 Mae'n ddigon posibl fod 'Lilliput' wedi'i ddychmygu gan Swift ei hun. Gwnaed rhywfaint o ymdrech i ddod o hyd i'w darddiad yn Lilliput, ar lannau Lough Ennell yn Swydd Westmeath yn Iwerddon, ond Nure oedd enw'r pentref hwnnw yn oes Swift.

7 Brian Ll. James, *A Catalogue of the Tract Collection of St David's University College, Lampeter* (London: Mansell, 1975).

8 Ibid. t. viii.

# Pensaernïaeth Tsieineaidd o Lygad y Ffynnon

**William Chambers, *Desseins des edifices, meubles, habits, machines, et ustenciles des chinois. Gravés sur les originaux dessinés à la Chine par Mr. Chambers, Architecte, membre de l'Académie Impériale des Arts à Florence. Auxquels est ajoutée une description de leurs temples, de leurs maisons, de leurs jardins, &c.* (Londres: De l'imprimerie de J. Haberkorn . . .; Se vend chez l'Auteur, 1757)**

William Chambers (1722–96) oedd yr Ewropead cyntaf i astudio pensaernïaeth Tsieineaidd yn y fan a'r lle.

Yn anarferol, cafodd Chambers, oedd yn fab i fasnachwr o'r Alban, ei eni yn Göteborg, ar arfordir gorllewinol Sweden. Yn ddiweddarach ysgrifennodd iddo gael ei eni yn Göteborg, ei addysgu yn Lloegr, a dychwelyd i Sweden pan oedd yn 16 mlwydd oed. Ar ôl gadael byd addysg, ymunodd â Chwmni India'r Dwyrain Sweden, gan hwylio i Bengal yn 1740. Wedi hynny, bu'n rhan o ddwy fordaith i Canton (Guangzhou) oedd â'r potensial i fod yn rhai proffidiol iawn, ar y *Riddarhuset* i ddechrau ac yna ar yr *Hoppet*. Ar y teithiau hyn, yn ei eiriau ei hun, 'I studied modern languages, mathematics and the liberal arts, but chiefly civil architecture.' Byddai hefyd yn anfon memoranda pensaernïol, gan gynnwys darluniau o dai Tsieina, at brif bensaer Sweden, Baron Hårleman.

Yn yr ail ganrif ar bymtheg y gwelwyd *chinoiserie*, arteffactau a phensaernïaeth Ewropeaidd ac iddynt arlliw Tsieineaidd, am y tro cyntaf. Wedi'i hysbrydoli gan adroddiadau chwedlonol o'r Dwyrain Pell ac ansawdd uchel crefftau Tsieineaidd, daeth yn ailgread dychmygus o'r Dwyrain. Dylanwadodd y ffasiwn hon am bopeth Tsieineaidd ar ystod o gelf addurniadol yng ngwledydd Prydain yng nghanol y ddeunawfed ganrif. Disgrifiwyd *chinoiserie* fel arddull fwngrelaidd; roedd eitemau'n aml yn cael eu llunio mewn cymysgedd o chwaeth Tsieineaidd a Rococo.[1] Fe gredid nad oedd gwaith adeiladu Tsieineaidd yn arhosol, ond fe ddefnyddid yr arddull ar gyfer adeiladau gardd ac ar gyfer rhannau o'r tŷ, fel ystafell wisgo neu ystafell wely.

Erbyn i Chambers ddychwelyd o Tsieina i Ewrop, roedd yn ddigon cyfoethog i allu treulio chwe blynedd yn astudio pensaernïaeth ym Mharis ac yna yn Rhufain. Yn 1755, gadawodd yr Eidal i sefydlu practis pensaernïaeth yn Llundain. Gan sylweddoli bod



William Chambers
Gwisg Tsieineaidd, 1757,
ysgythrwyd gan C. Grignion

XX

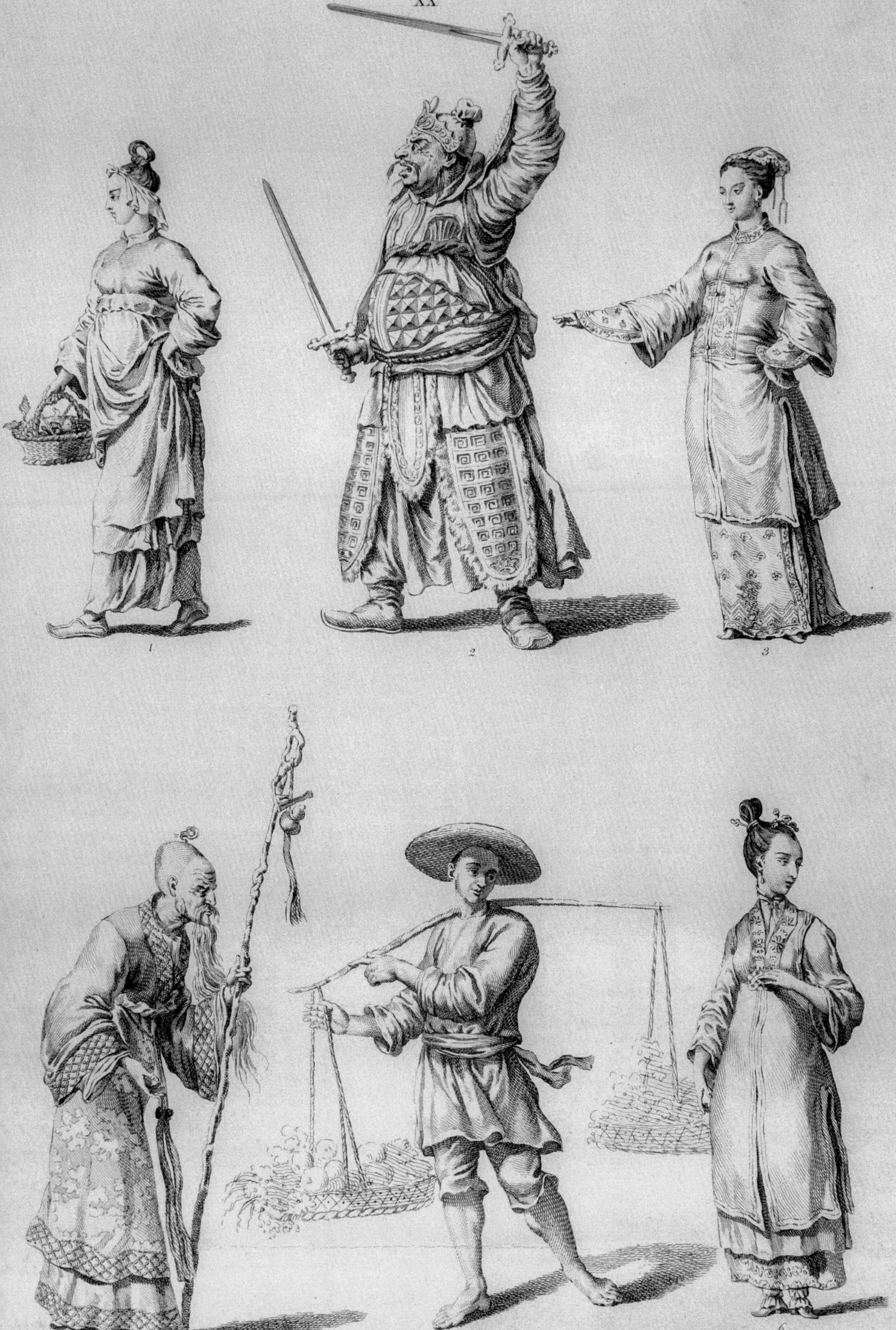


C. Grignion sculp.

William Chambers, Pagoda Ta-ho, 1757,
ysgythrwyd gan P. Fourdrinier

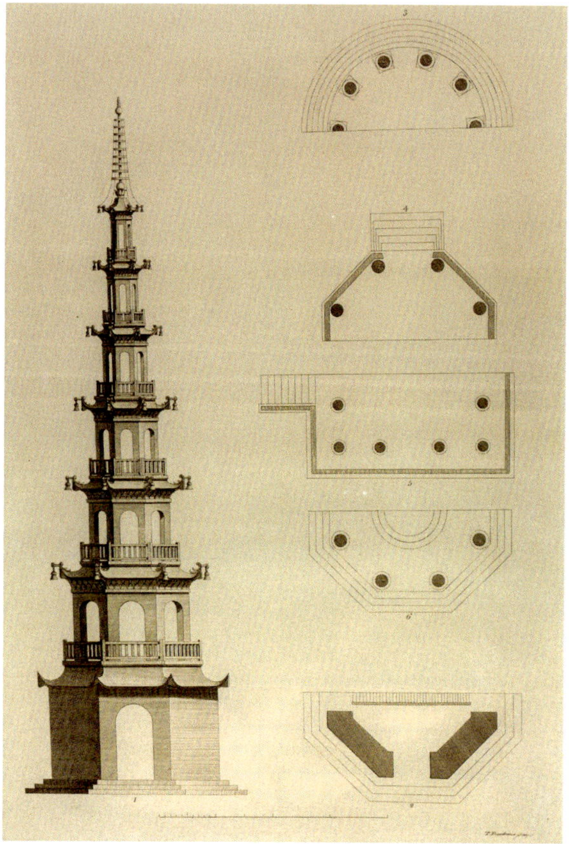

angen iddo hyrwyddo ei hun drwy gyhoeddi, tynnodd ar ei brofiad o adeiladau Tsieineaidd. Ymddangosodd ei ail lyfr, *Designs of Chinese buildings, furniture, dresses, machines and utensils* ym mis Mai 1757. Ymddengys mai 'nifer o bleidwyr *chinoiserie*' oedd wedi'i berswadio i'w gyhoeddi; awgryma Eileen Harris y posibilrwydd mai'r fwyaf arwyddocaol o'r rhain oedd Augusta, Tywysoges Weddw Cymru.[2] Hwn oedd y tro cyntaf i bensaernïaeth Tsieineaidd gael ei thrin fel pwnc a oedd yn deilwng o astudiaeth o ddifri fel yr astudiaethau o hynafiaethau gorllewinol. Yn y rhagair, ysgrifennodd Chambers mai dim ond rhoi syniad o bensaernïaeth Tsieineaidd oedd ei fwriad, gan roi diwedd ar yr afradlonedd oedd yn ymddangos beunydd o dan yr enw Tsieineaidd. Gwelai arddulliau Tsieineaidd fel rhai oedd yn israddol i'r arddulliau hynafol ac yn gwbl anaddas ar gyfer yr hinsawdd ar y pryd. Er hynny, tynnodd sylw at eu newydd-deb a'u hamrywiaeth, gan ddatgan: 'an architect should by no means be ignorant of so singular a stile of building'. Gallai penseiri gyflwyno elfennau Tsieineaidd mewn parciau a gerddi helaeth pan fo gofyn am amrywiaeth mawr o olygfeydd, neu yn rhannau eilradd palasau enfawr, oedd yn cynnwys cyfres niferus o ystafelloedd. Credai hefyd y gallai pobl Prydain ddysgu o fodelau Tsieineaidd o ddylunio gerddi. Y rhan o'i lyfr a ddenodd fwyaf o ddiddordeb oedd ei draethawd, 'The art of laying out gardens among the Chinese'.

Roedd yn un o gyfrolau pensaernïol harddaf ei dydd. Fe'i cyflwynwyd i George, tywysog Cymru (Siôr III yn ddiweddarach), ac roedd y 164 o danysgrifwyr yn cynnwys gwŷr bonedd yr oedd Chambers wedi dod ar eu traws ar y Daith Fawr yn ogystal â chrefftwyr, penseiri a darpar noddwyr. Dilynwyd pedair tudalen ar bymtheg o destun gan un ar hugain o blatiau a gynhyrchwyd gan yr ysgythrwyr gorau, gan gynnwys Paul Fourdrinier, Edward Rooker a Charles Grignion. Mae'r amrywiaeth o bynciau a bortreadir yn debyg i'r hyn a geir mewn llyfrau patrymau; maent yn cynnwys adeiladau, gerddi, dodrefn, gwrthrychau i'r cartref a dillad. Mae'r lluniau i gyd yn seiliedig ar yr ardal o gwmpas Canton y bu Chambers ynddi. Fel y rhan fwyaf o'r teithwyr Ewropeaidd, fe gredai'n anghywir fod arddulliau Tsieineaidd bron yn unffurf ledled y wlad. A chan mai cyfyngedig fyddai ei brofiad o'r tu mewn i gartrefi, roedd rhai o'i luniau yn seiliedig ar luniau wedi'u hallforio a dynnwyd gan artistiaid Cantonaidd.

Er gwaethaf gwychder y gyfrol, cyfyngedig oedd ei dylanwad yng ngwledydd Prydain. Roedd y ffasiwn am *chinoiserie* eisoes yn pylu erbyn hyn. Dim ond tri adeilad yn Lloegr, gan gynnwys teml Chambers yn Ansley, y gwyddys iddynt gael eu hysbrydoli gan ei ddyluniadau.[3] I ddechrau, felly, ar y Cyfandir y gwelwyd y rhan fwyaf o ddylanwad y gyfrol, lle ffynnai'r ffasiwn am *chinoiserie* yn ystod y 1770au a'r 1780au. Er enghraifft, adeiladodd Carl von Gontard Dŷ Draig ar gyfer Ffredrig II, brenin Prwsia, yn seiliedig ar bagoda Ta-ho Chambers. Yn Sweden, ysbrydolwyd y pafiliwn Tsieineaidd ym Mhalas Drottningholm gan luniau Chambers. Yn eironig ddigon, roedd llyfr Chambers yn fwy dylanwadol yng ngwledydd Prydain ar ôl iddo farw. Yn 1790, ychwanegodd y darpar frenin Siôr IV barlwr Tsieineaidd yn Carlton House, ei gartref yn Llundain. Roedd llawer o'r manylion yn seiliedig ar ddyluniadau Chambers.

Ychydig fisoedd yn unig ar ôl cyhoeddi *Designs of Chinese buildings* . . ., penodwyd Chambers yn bensaer i'r Dywysoges Augusta yn Kew ac yn diwtor pensaernïol i Dywysog Cymru (Siôr III yn ddiweddarach). Dilynodd oes o nawdd brenhinol. Yn y pen draw, daeth yn rheolydd ac yn syrfëwr cyffredinol yn y Swyddfa Waith, ac yn un o sylfaenwyr Academi Frenhinol y Celfyddydau. Rhoddodd y gorau i *chinoiserie*, ac roedd y rhan fwyaf o'i waith yn cyfuno Paladiaeth Seisnig a Neo-glasuriaeth Ffrengig. Mae'n debyg mai ei adeilad enwocaf yw Somerset House, a adeiladwyd yn gartref i amrywiaeth o gymdeithasau dysgedig a gweinyddiaeth gyhoeddus.

Mae gan Lyfrgell Roderic Bowen gopi o'r cyfieithiad Ffrangeg o *Designs of Chinese buildings* . . ., a gyhoeddwyd yr un pryd â'r cyhoeddiad Saesneg. Cyflwynwyd hwn yn rhodd fel rhan o'r Casgliadau Sylfaen.

*Ruth Gooding*

1 John Harris, 'Chambers, Sir William (1722–1796), architect', *Oxford Dictionary of National Biography* (Oxford: Oxford University Press, 2004).

2 Eileen Harris, 'Designs of Chinese buildings and the dissertation on Oriental gardening', yn John Harris (gol.), *Sir William Chambers: Knight of the Polar Star* (London: A. Zwemmer, 1970), tt. 144–8.

3 Ibid.

# Trem o Fwrdd y Swyddogion

## Llyfr Lòg HMS *Elizabeth*, 1759–61 (Llawysgrif Llanbedr Pont Steffan 11)[1]

Bywgraffiad llong yw ei llyfr lòg. Ynddo mae cofnod o'r gweithgareddau beunyddiol sy'n ffurfio bywydau'r morwyr sy'n gwasanaethu ar ei bwrdd, o'r capten a'r swyddogion â chomisiwn i lawr drwy'r rhengoedd at y gweision powdwr a'r ieuengaf a'r lleiaf o fechgyn y llong. Roedd llawer o'r gweithgareddau hyn yn ddefodau beunyddiol, i'r graddau eu bod yn ddiflas o undonog, ond wedi'u plethu ymysg y rhain gellir cael digwyddiadau sydd ymhell o fod yn gyffredin. Ceir cofnod dyddiol o'r tywydd ar y daith, safle'r llong (yn ôl cyfrifiadau ei swyddogion), cyflwr y llong, ei chyflenwadau, iechyd y criw, y cosbi am amrywiol enghreifftiau o gamymddwyn, a chadw cyfrif o farwolaethau oherwydd salwch neu ddamwain. Cofnodion fel y rhain yw bara menyn unrhyw fywgraffiad. Ac fel y gellir cael sawl ysgrif mewn bywgraffiad am fywyd unigolyn, felly hefyd gyda bywyd llong. Mae mwy nag un llyfr lòg. Roedd y cyfrifoldeb cychwynnol am gadw'r lòg, ar ddyddiadau'r hyn a gedwir yn Llyfrgell Roderic Bowen, ar ysgwyddau'r llongfeistr. Ar y dechrau byddai ar ffurf lòg bras, a allai fod yn ddrafft rhagarweiniol wedi'i ysgrifennu'n frysiog, ac yna'n cael ei adysgrifennu maes o law yn lòg swyddogol. Hwn oedd y bywgraffiad terfynol, ac ni ellid – neu ni ddylid – ei newid neu ei ddiwygio wedyn, oni bai fod unrhyw newidiadau wedi'u dangos yn glir, ac ar y lleiaf fod llythrennau'r sawl oedd yn gyfrifol am y newidiadau wedi'u nodi. Roedd nifer o lyfrau lòg eraill yn dibynnu ar y lòg swyddogol hwn. Cadwai capten y llong ei lòg ei hun, wedi'i lunio ar sail lòg y llongfeistr, ond gan gynnwys ei ychwanegiadau a'i arsylwadau personol ei hun. Yna ceid llyfrau lòg yr is-gapteniaid, wedi'u llunio mewn ffordd debyg ac fel arfer wedi'u cadw'n hynod fanwl a thaclus oherwydd y posibilrwydd o orfod eu cyflwyno i'w harchwilio mewn Byrddau Arholi, a gallai sicrhau dyrchafiad ddibynnu arnynt.

Nid yw'n glir o gwbl i ba gategori y perthyn Llawysgrif Llanbedr Pont Steffan 11, gan ei bod yn ddienw. Mae'n cwmpasu'r cyfnod o 1759 hyd 1761, a daeth i'r coleg ymysg un o roddion hael Thomas Phillips, sef yr un dyddiedig 1847. Roedd Thomas Phillips ei hun yn llawfeddyg ac wedi gwasanaethu am gryn amser gyda Chwmni India'r Dwyrain, ac felly'n gyfarwydd â dyfroedd Cefnfor India a Moroedd Tsieina lle roedd yr *Elizabeth* wedi'i lleoli yn ystod y blynyddoedd hynny. Gellir dweud gyda pheth sicrwydd nad lòg capten *Elizabeth*, sef Richard Tiddeman, ydyw gan fod ei bapurau a'i ddyddiaduron ef, gan gynnwys y rhai ar gyfer y blynyddoedd dan sylw yn Llawysgrif Llanbedr Pont Steffan 11, ar adnau yn yr Amgueddfa Forwrol Genedlaethol yn Greenwich (Llawysgrif NMM TID/8 a 9). Roedd HMS *Elizabeth* yn hen long; cawsai ei rhoi ar y blociau



'Bil cigydd' y sgwadron Prydeinig, 9–10 Medi 1759 (y niferoedd oedd wedi'u clwyfo a'u lladd)

# The State & Condition of the Company of his Majestys Ship Elizabeth the Day of Action

| Kill'd in Action | Died since of their Wounds | Wounded | Sick on Shore | Sick on board | Number on board att this Time &c. |
|---|---|---|---|---|---|
| 22 1 Died y^e same Night | 20 | 54 of which Number 23 are Dangerous | 6 | 31 | 440 |

The Form of the English Line of Battle on the 10.th of September 1759. The Elizabeth to lead the Van on the Starb.d Tacks and the Weymouth on the Larboard Tacks

| Frigates | Ships Names | Commanders Names | Number of Men | Number of Guns | Number Kill'd | Number Wounded |
|---|---|---|---|---|---|---|
| | Elizabeth | Cap.tn Rich.d Tiddeman | 490 | 64 | 23 | 54 |
| Royal George | Newcastle | Cap.tn Collin Mackey | 350 | 50 | 35 | 70 |
| Revenge | Tyger | Cap.tn W.m Brereton | 420 | 60 | 27 | 135 |
| Queenborough to repeat Sign.ls | Grafton | Rear Adm.l Stevens / Cap.tn Rich.d Kempleslt[illegible] | 535 | 60 | 10 | 70 |
| Protector | Yarmouth | Vice Adm.l Pocock / Cap.tn Jn.o Harrison | 540 | 66 | 0 | 30 |
| Fire Ship | Cumberland | Cap.tn Stock. Somerset | 420 | 56 | 0 | 30 |
| | Salisbury | Cap.tn Digby Dent | 350 | 50 | 10 | 20 |
| | Sunderland | Hon.ble Jam.s Colvill | 420 | 60 | 2 | " |
| | Weymouth | Sir Will.m Baird | 420 | 60 | " | " |
| | | Total | 3935 | 536 | 131 | 425 |

## Officers Kill'd & Wounded in y^e Squadron

The Master of y^e Yarmouth Kill'd, the 2.nd Lieuten.t of y^e Grafton wound.d the Cap.tn of y^e Cumberland wound.d the Boatsw.n & Deputy Purser of the Elizabeth Kill'd; the Cap.tn and 1.st Lieuten.t of the Tyger wound.d the Captain and Cap.tn of Marines of the Newcastle Kill'd; and three of the Lieuten.ts wound.d The 1.st Lieutenant of the Salisbury Wounded

mor bell yn ôl ag 1706, ond fe'i hailadeiladwyd yn 1737. O ganol y 1750au, llongau dau ddec '74' oedd y prif longau rhyfel, ond roedd llongau 64 canon fel yr *Elizabeth*, serch hynny, yn addas iawn ar gyfer gwasanaeth ym mhellafoedd anghysbell y byd, megis Cefnfor India. Roedd ei chapten, Richard Tiddeman, yn swyddog profiadol ar y môr; erbyn 1759 roedd ganddo ddeng mlynedd ar hugain o wasanaeth gyda'r Llynges Frenhinol, gan gynnwys cyfnodau'n rheoli'r *Harwich* a'r *Grafton*, er iddo dreulio'r blynyddoedd 1750–8 ar dir sych ar hanner cyflog, hyd nes i ddechrau'r Rhyfel Saith Mlynedd gyda Ffrainc ei ddwyn yn ôl i wasanaeth gweithredol.

O safbwynt yr hanesydd, mae'r holl gofnodion yn Llawysgrif Llanbedr Pont Steffan 11 yn ymwneud â'r gwrthdaro ar 9–10 Medi 1759 rhwng y sgwadron Prydeinig o dan George Pocock a'r Ffrancwyr o dan Comte d'Aché. Roedd y ddau wedi cyfarfod ddwywaith o'r blaen, y tro cyntaf ym mis Ebrill 1758 a'r eildro bedwar mis yn ddiweddarach. Nid oedd y naill gyfarfyddiad na'r llall wedi troi'r fantol, er bod y cyntaf wedi arwain yn anuniongyrchol at gipio a datgymalu Fort St David o eiddo Cwmni India'r Dwyrain gan y Ffrancwyr. Yn y llawysgrif hon adroddir manylion y drydedd frwydr – a'r un olaf – rhwng y ddwy fyddin, fel y gwneir hefyd yn lòg Tiddeman sydd yn Greenwich. Gyda'i gilydd, maent yn rhoi darlun byw o'r frwydr, ac yn wir yn rhoi adroddiad y gellid ei alw'n adroddiad daniad wrth daniad, a'r *Elizabeth*, ar flaen y gad, â rôl flaenllaw a pheryglus. Yn y diwedd d'Aché roddodd y gorau iddi, ac ar ôl gorfod gwneud gwaith atgyweirio dros dro i'w longau yn Pondicherry, ciliodd i safle llynges Ffrainc ym Mauritius. Dychwelodd maes o law i ddyfroedd India. Yr ymddygiad gwangalon hwn, oedd yn golygu gadael lluoedd Ffrainc yn ddiymgeledd ar dir India, a arweiniodd yn y pen draw at ddiwedd dyheadau Ffrainc yn yr is-gyfandir.

Ni ddychwelodd Richard Tiddeman adref i Loegr. Ym mis Hydref 1762, ac yntau'n dal wrth lyw'r *Elizabeth* ond bellach wedi cyrraedd rheng comodor, bu'n rhan o'r ymosodiad llwyddiannus ar anheddiad y Sbaenwyr ym Manila, a'r ildio o du'r Sbaenwyr, ond ar y seithfed o'r mis hwnnw boddodd Tiddeman pan drodd ei gwch drosodd mewn tywydd tymhestlog. Yr oedd, fel y dywedodd Syr Samuel Cornish, uwch-swyddog iddo yn y cyrch hwnnw, yn ddyn o 'ddewrder naturiol' ac yn uchel ei barch. Yr oedd yn wir yn ŵr oedd wedi cynnal traddodiadau gorau'r Llynges Frenhinol.

Mae sawl nodwedd sy'n peri penbleth am y llawysgrif hon. Ar hyn o bryd mae'n 75 o dudalennau (*recto* a *verso*, 25 cm × 40 cm) ond mae'n gorffen yn swta ac yn sydyn. Efallai felly ei bod yn anghyflawn, gan yr ymddengys na fyddai'r rhwymiad presennol yn ddigon sylweddol i amddiffyn y cynnwys ar y môr. Yna rhaid ystyried yr hyn sydd wedi'i ludio i'r clawr. Y tu mewn i'r clawr blaen mae map wedi'i ludio sy'n dangos 'The Seat of War on the Coast of Coromandel' gan Thomas Jefferys, 'Geographer to His Majesty'. Jefferys (1719–71) oedd prif gyflenwr mapiau ei gyfnod, a byddai'n ysgythru ac yn argraffu llawer o fapiau ar gyfer asiantaethau'r llywodraeth a rhai masnachol. Wedi'i ludio i'r clawr cefn mae cynllun o Gaer San Siôr, sef pencadlys byddin Prydain yn y rhan hon o India, hwn hefyd wedi'i wneud gan Jefferys. Hefyd ar y clawr cefn ceir 'A View of the Attack on the Fort of Geriah by Admiral Watson 13th Feb 1756' wedi'i ysgythru gan 'P Canot'. Torrwyd y ddau olaf hyn braidd yn drwsgl o gyhoeddiadau eraill. Roedd Caer Geriah wedi bod yn gadarnle i Tulagee Angria, môr-leidr o Marata a ysbeiliai longau Cwmni India'r Dwyrain oddi ar arfordir Malabar. Llwyddodd ymosodiad Watson i ddileu'r bygythiad penodol hwnnw i fasnach y cwmni, er i Tulagee ei hun ddianc. Darluniwyd y frwydr mewn peintiad olew, sydd bellach yn yr Amgueddfa Forwrol Genedlaethol yn Greenwich (Casgliad Macpherson, BHCo.377), gan Dominic Serres (1722–93). Ganed Serres yn Ffrainc, ac yn dilyn cyfnod yn gapten llong ymsefydlodd yn Lloegr gan arbenigo mewn peintio'r môr (daeth yn Beintiwr Morol i Siôr III), ac yn 1768 yr oedd yn un o sylfaenwyr yr Academi Frenhinol. Y peintiad hwn, a ysgythrwyd gan Pierre-Charles Canot (1710–77), sydd wedi'i ludio i Lawysgrif 11. Mae gwaith Serres wedi'i ddyddio yn 1771, felly mae'n rhaid bod ysgythriad Canot wedi'i wneud rhwng hynny a'i farwolaeth chwe blynedd yn ddiweddarach – rhyw ddeng neu bymtheg mlynedd ar ôl y cofnod olaf yn Llawysgrif 11. Parhau i fod yn ddirgelwch y mae'r cwestiwn ym meddiant pwy yr oedd y copi penodol hwn o'r lòg, a phwy oedd yn gyfrifol am y rhwymo ac am ludio'r lluniau.

*John Morgan-Guy*

1 I gael yr hanes yn llawnach, yn enwedig am yr ymladd ar 9–10 Medi, gweler fy erthygl 'Close action off the Coromandel coast: a Founders' Library manuscript and the British fight for India', yn William Marx a Janet Burton (goln), *Readers, Printers, Churchmen, and Travellers: Essays in Honour of David Selwyn*, *Trivium*, 35 (Lampeter: Trivium Publications, 2004), tt. 97–120.

# Ysgolhaig Angerddol

**Thomas Pennant, *The British zoology. Class I. Quadrupeds. II. Birds Published under the inspection of the Cymmrodorion Society* (London: Printed by J. and J. March . . . for the Society, 1766)**

Roedd Thomas Pennant (1726–98) yn naturiaethwr, yn hynafiaethydd ac yn awdur arloesol ym maes llyfrau taith.

Hanai Pennant o hen deulu uchelwrol Cymreig. Fe'i ganwyd ym mhlasty Downing yn Chwitffordd, ger Treffynnon yn sir y Fflint, yn fab i David ac Arabella Pennant. Ymddengys i diddordeb gydol oes Thomas ym myd natur gael ei ysgogi pan oedd tua deuddeng mlwydd oed. Rhoddodd perthynas iddo, John Salisbury, gopi o *Ornithology* gan Francis Willughby (1678) iddo. Yn ddiweddarach ysgrifennodd mai'r gyfrol hon 'first gave me a taste for that study, and incidentally a love for that of natural history in general, which I have since pursued with my constitutional ardor'.[1]

Daeth Pennant yn fyfyriwr israddedig ym Mhrifysgol Rhydychen yn 1744, gan astudio yn gyntaf yng Ngholeg y Frenhines ac yna yng Ngholeg Oriel. Yn 1746 neu 1747, ac yntau'n dal yn fyfyriwr israddedig, aeth ar daith i Gernyw, a honnodd i'r ymweliad hwn ei wneud yn angerddol dros fwynau a ffosiliau.[2] Cyfeiriodd hefyd at yr anogaeth a gawsai gan y Parchedig Ddr William Borlase, naturiaethwr a hanesydd. Parhaodd Pennant â'i angerdd dros ddaeareg drwy gydol y 1750au gan fynd ar deithiau i chwilio am ffosiliau yng Nghymru ac Iwerddon, a mynd ati i gasglu sbesimenau. Hefyd, cyhoeddodd sawl erthygl yng nghyhoeddiad y Gymdeithas Frenhinol, *Philosophical Transactions*; roedd y testunau'n amrywio o ddaeargrynfeydd yng Nghymru i bengwiniaid, crwbanod a chwrel ffosil. Ochr yn ochr â hyn bu'n gohebu'n rheolaidd â rhai o naturiaethwyr blaenllaw'r cyfnod; yn eu plith yr oedd Benjamin Stillingfleet, John Ellis, Emanuel Mendes Da Costa a hyd yn oed yn fwy nodedig, Carl Linnæus. Byddai'n cyfnewid sbesimenau gyda chasglwyr tramor, yn cynnwys y Tywysog Ignazio Biscari o Sisili, Barwn Charles de Geer o Stockholm ac Erich Pontoppidan, esgob Bergen.

Ymhen amser, trodd sylw Pennant at ganghennau eraill o fyd natur, yn benodol swoleg ac yn enwedig adareg. Ysgrifennodd Borlase ato yn 1761: 'You have exhausted the fossil kingdom, and you do well now to direct your studies to the Animal, which, I think, must also submit to you in time.' Yna, ym mis Mehefin 1762, ysgrifennodd Pennant at Da Costa yn dweud ei fod wedi llunio 'cynllun mawr' ar gyfer byd natur Prydain. Er iddo fynd ati i gasglu deunydd ar gyfer *British zoology* o 1761 ymlaen,



Peter Paillou, *The Squirrel, The Dormouse*, 1766, ysgythrwyd gan P. Mazell

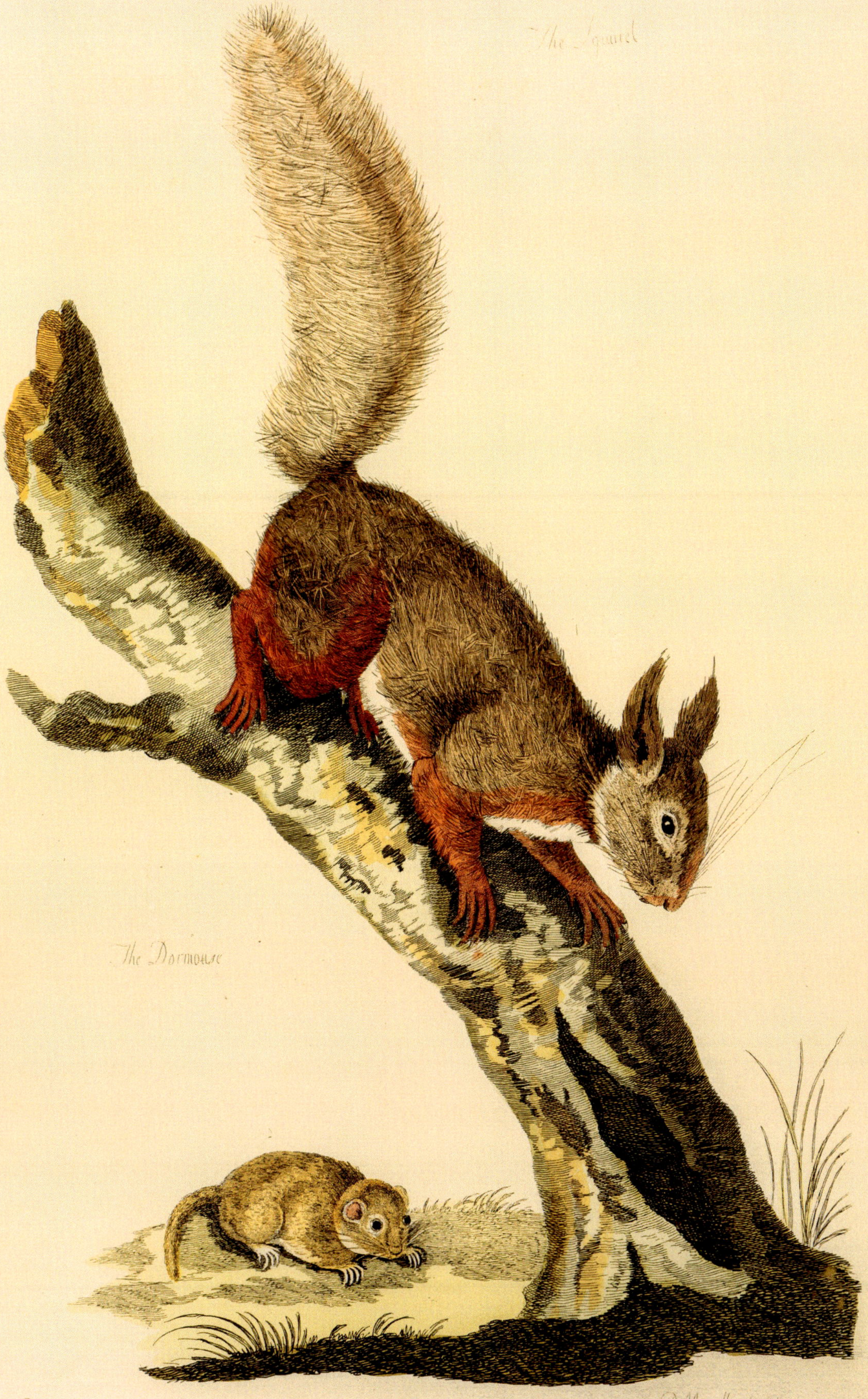


P. Paillou pinx    P. Mazell sculp

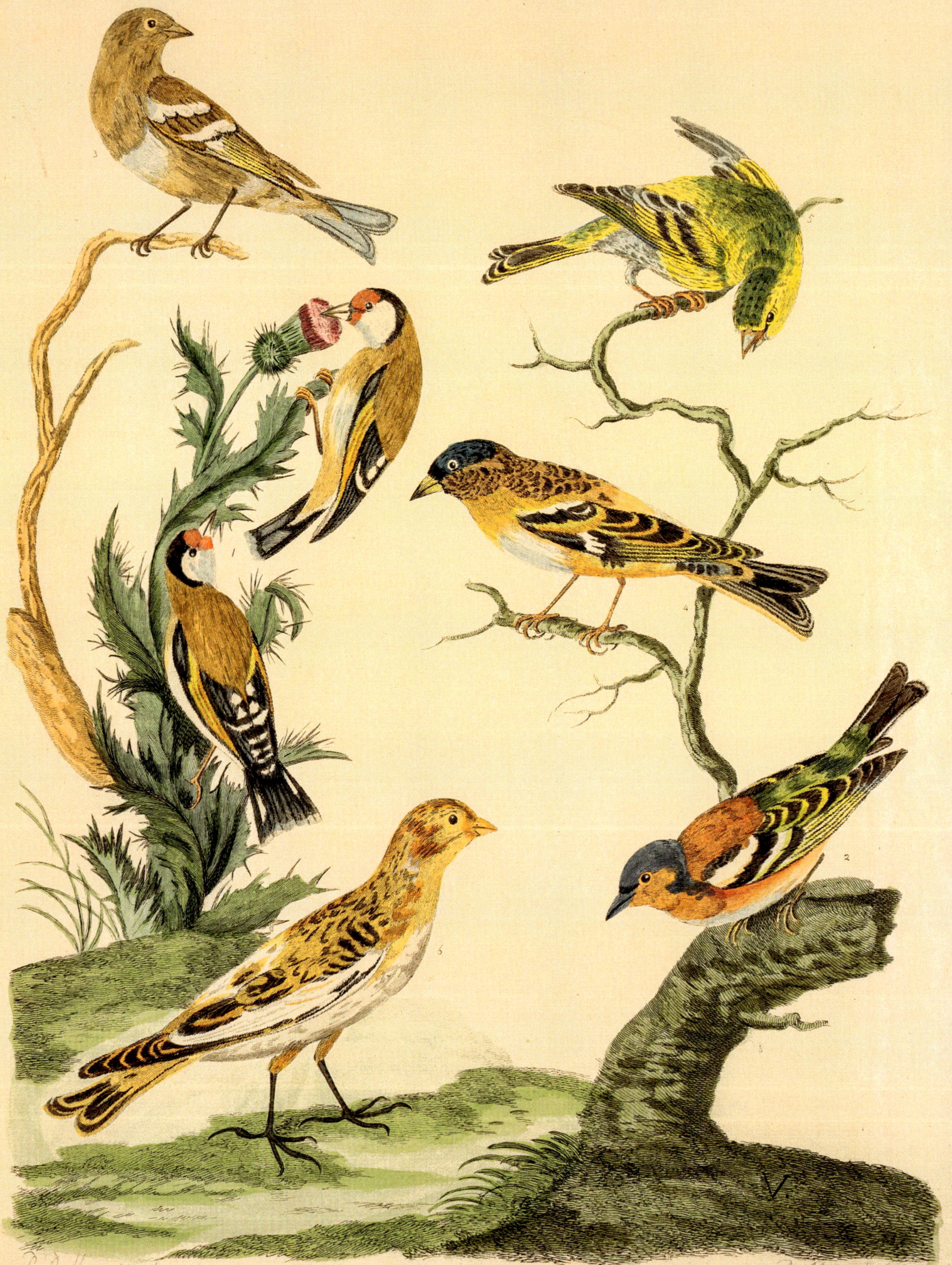

P. Paillou pinx | P. Mazell Sculp

ni chafodd ei gyhoeddi am bum mlynedd arall. Roedd hyn yn rhannol oherwydd amgylchiadau teuluol anodd. Bu farw tad Pennant yn 1763. Yna, yn drasig, bu farw ei wraig, Elizabeth, ym mis Mehefin 1764, gan ei adael gyda dau blentyn bach. Mewn ymdrech i ymdopi â'i iselder dilynol, treuliodd Pennant chwe mis yn 1765 yn teithio'r Cyfandir. Roedd hwn yn gyfle iddo gyfarfod â rhai o naturiaethwyr blaenllaw Ewrop ac archwilio'u casgliadau.

Gan y byddai'n waith drud, y bwriad oedd cyhoeddi *British zoology* mewn pedair rhan ar wahân, â phob rhan yn costio dwy gini; byddai'r tanysgrifwyr yn talu am y rhannau'n unigol. Pan ymddangosodd y gyfrol gyflawn yn y diwedd, roedd *British zoology* yn gyfrol ffolio eliffant hardd, yn cynnwys naw deg wyth o blatiau lliw o adar a naw o famaliaid. Fe'i cyhoeddwyd yn ddienw, ond gydag enw Cymdeithas Cymmrodorion Llundain ar y flaenddalen. Bwriadwyd i unrhyw elw fynd at Ysgol y Cymry ger Gray's Inn Lane yn Llundain.

Gyda *British zoology*, cynhyrchodd Pennant y llawlyfr cyntaf ar adar Prydain ers *Ornithology* gan Francis Willughby, oedd erbyn hyn yn naw deg oed. Cyfrol Pennant hefyd oedd un o'r gweithiau cynharaf ar fyd natur i ddefnyddio platiau lliw ar raddfa fawr. Cyfunai bob disgrifiad o famolyn neu aderyn â darlun perthnasol. Enwodd bob creadur yn ôl system ddosbarthu John Ray gan nodi ei genws ac yna ei rywogaeth. Yn hytrach na disgrifio'i anatomeg, âi Pennant yn ei flaen i ddisgrifio'r prif nodweddion allanol. Cyfunodd hyn â deunydd anecdotaidd yn gysylltiedig ag achosion o'u gweld yn y gwyllt. Mae Peter Cotgreave wedi disgrifio'r gyfrol fel model y byddai'n fuddiol i olygyddion modern ei efelychu, a'i bod yn cynnwys sylwebaeth ecolegol ac esblygol sy'n llawer gwell nag a geir mewn rhai canllawiau modern.[3] Roedd Pennant yn amharod i dderbyn gwybodaeth o ffynonellau eilaidd. Lle'r oedd yn bosibl, dibynnai ar ei arsylwadau ei hun; pe bai angen, defnyddiai ddisgrifiad a roddid iddo gan un o'i rwydwaith o ohebwyr. Drwy'r gohebwyr hyn roedd ganddo system oedd yn cynnig cyngor a beirniadaeth academaidd, a hwythau'n anfon llif cyson o arsylwadau a gwybodaeth ato.

Mae ansawdd y platiau lliw yn rhagorol; daeth wyth deg pedwar o'r rhain o ddyfrlliwiau gwreiddiol gan Peter Paillou, artist adar arbenigol. Fe'i disgrifiwyd gan Pennant fel artist ardderchog, ond un oedd yn rhy hoff o roi lliwiau llachar i'w destunau. Dywedodd i Paillou beintio sawl llun o adar ac anifeiliaid ar gyfer cyntedd ei gartref yn Downing, oll yn cynnwys tirluniau addas, gan ychwanegu: 'All have their merits,

Peter Paillou, Pincod, 1766,
ysgythrwyd gan P. Mazell

but occasion me to lament his conviviality, which affected his circumstances and abridged his days.'[4] Cofnodir enwau dau artist arall a fu'n gweithio ar *British zoology*: Peter Brown a George Edwards. Yr ysgythrwr oedd Peter Mazell, a aeth yn ei flaen i ysgythru'r platiau yn ymron pob un o gyhoeddiadau diweddarach Pennant. Dywedodd Pennant amdano, 'of whose skill and integrity I had always occasion to speak well'.

Er gwaethaf hyn i gyd, roedd yr argraffiad coeth cyntaf o gyfrol Pennant yn fethiant masnachol. Fe'i hanelwyd at lyfrgelloedd ysgolheigion bonheddig cyfoethog, a go brin y gallai llawer o weithwyr maes ei fforddio. Ar ben hyn, nid oedd Pennant wedi ystyried ymarferoldeb defnyddio cyfrol mor fawr yn y maes. Roedd ei ohebydd Benjamin Stillingfleet yn teimlo: 'The large edition can never be generally usefull, few people can purchase it and those few cannot make the use of it they would wish, not being portable.' Sylweddolodd Pennant ei hun natur y broblem, gan nodi nad oedd ganddo brofiad yn y materion hyn pan ymgymerodd â'r gwaith ac iddo dderbyn cyngor cyfeiliornus i gyhoeddi ar bapur mor fawr.

Yn 1768, ailgyhoeddodd y cyhoeddwr Benjamin White *British zoology* mewn dwy gyfrol *octavo*, wedi'u darlunio â dau blât ar bymtheg. Y tro hwn cafodd dderbyniad calonogol. Y flwyddyn ganlynol, cwblhaodd Pennant drydedd gyfrol yn ymdrin ag ymlusgiaid a physgod; cyhoeddodd bedwaredd gyfrol yn ymwneud â phryfed morol cramennog, llyngyr a chregyn, yn 1777. Roedd *British zoology* mor boblogaidd fel y cyhoeddwyd pum argraffiad rhwng 1766 ac 1812. Cyn hir cafodd ei gydnabod yn waith cyfeiriol safonol. Rhoddwyd copi i Lyfrgell Roderic Bowen gan Thomas Phillips yn 1846.

Aeth Pennant yn ei flaen i fod yn awdur toreithiog, yn adnabyddus am ei deithiau yn Lloegr, yr Alban a gogledd Cymru, yn ogystal â rhagor o gyfrolau ar fyd natur. Roedd hefyd yn gohebu â'r clerigwr o swydd Hampshire Gilbert White; roedd deugain a phedwar o'r llythyrau yn *Natural history of Selborne* gan White wedi'u cyfeirio at Pennant.

*Ruth Gooding*

1 Thomas Pennant, *The Literary Life of the Late Thomas Pennant, Esq. by himself* (London: Sold by Benjamin and John White, 1793).

2 Ibid.

3 P. Cotgreave, 'The historian and the dodo', *History Today,* 47/1 (1997), 7–8.

4 Pennant, *Literary Life*.



George Edwards, *The Long Legged Plover*, 1766, ysgythrwyd gan P. Mazell

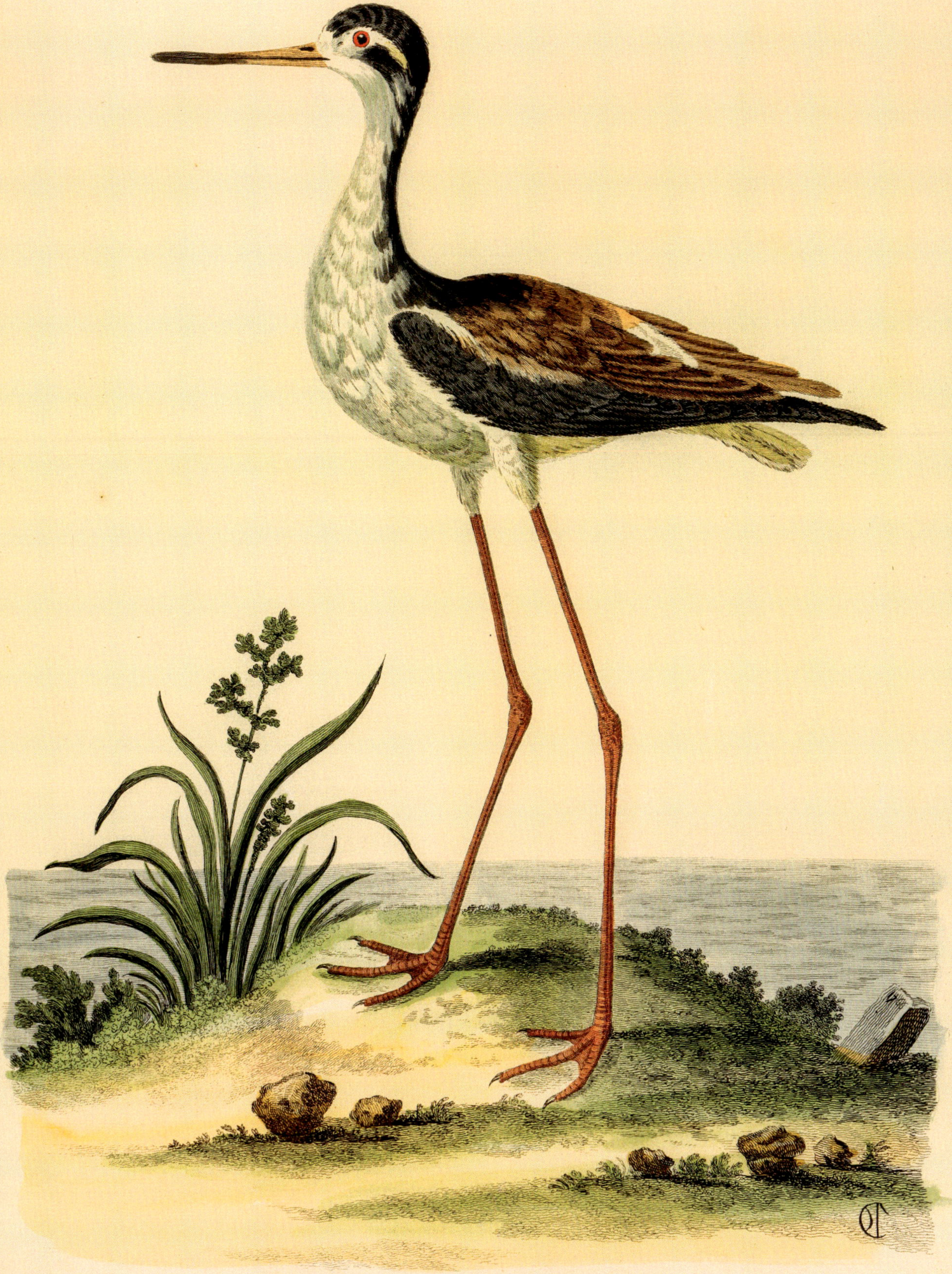

*G Edwards pinx*  *P Mazell Sculp*

# Yr Hydrograffydd Diflino

**Siartiau, Cynlluniau a Golygfeydd Alexander Dalrymple**

Un disgrifiad o'r Anrhydeddus Alexander Dalrymple (1737–1808), seithfed mab Syr James, Ail Farwn Hailes, swydd Haddington, yw 'sylfaenydd hydrograffeg swyddogol Prydain'.[1] Ymunodd â Chwmni India'r Dwyrain yn 1752 fel 'Ysgrifennwr', ac yntau'n ddim ond pymtheg oed, a threuliodd dros ddegawd ym Madras, gan gynnwys cyfnod o grwydro'n eang – i'r Philipinau, Borneo, Cefnfor India a Moroedd Tsieina. O ddechrau'r 1770au ymlaen, roedd yn preswylio fwy neu lai'n barhaol yn Llundain, ac yno yr arhosodd, yn hen lanc cymdeithasgar, weddill ei oes. Ond ni ellid ei gyhuddo o fod yn segur; sail ei weithgarwch oedd ei lyfrgell, y byddai'n ei helaethu'n gyson. O'r adnoddau oedd ynddi ac o'i ymchwil yn archifau Tŷ India'r Dwyrain (East India House) a mannau eraill, llifodd ffrwd ddi-baid o siartiau printiedig, cynlluniau, golygfeydd, dyddlyfrau ac atgofion na ddaeth i ben tan ddiwedd ei oes. O 1779 ymlaen gweithredai fel cyhoeddwr swyddogol deunydd o'r fath dros Gwmni India'r Dwyrain, y cyfan o ddiddordeb sylweddol ac mewn sawl achos o werth amhrisiadwy i'r rhai oedd yn rheoli llongau'r cwmni ar eu mordeithiau masnachol eang. Yn 1795 ychwanegodd at ei gyfrifoldebau a dod yn hydrograffydd i'r Llynges Frenhinol, swydd yr arloesodd ynddi gan drefnu gwaith yr adran, oedd yn hanfodol yn ystod rhyfeloedd y Chwyldro Ffrengig a rhyfel Napoleon. Nid oedd ei gynnyrch yn ddim llai na syfrdanol. Mae Andrew Cook, sydd wedi catalogio ei waith, wedi nodi dim llai na 1,116 o eitemau argraffedig unigol.

Yn ôl Cook, nid oes un casgliad cyflawn cynhwysfawr o'i waith i'w gael yn unman. Yn 1841, yn un o'i roddion hael i Lyfrgell Coleg Dewi Sant, Llanbedr Pont Steffan, cyflwynodd Thomas Phillips nifer sylweddol o eitemau, sydd bellach wedi'u cynnwys yn Llyfrgell Roderic Bowen. Bu Phillips yntau'n gwasanaethu yn ŵr ifanc – yn ystod oes Dalrymple – fel llawfeddyg yn y Llynges Frenhinol, ac wedi hynny yn India gyda lluoedd arfog Cwmni India'r Dwyrain, yn ogystal â theithio ym moroedd Tsieina, Cefnfor India ac i Awstralia. Felly, byddai ganddo ddiddordeb personol yn llawer o gynnyrch Dalrymple, ac yn wir mae'n bosibl fod y casgliad yn Llanbedr Pont Steffan wedi dod o'i lyfrgell bersonol. Mae'r casgliad hwnnw'n cynnwys pum 'cyfrol' sy'n cwmpasu deugain a chwech o eitemau unigol: cynlluniau, dyddlyfrau, atgofion ac arsylwadau. Mae pob un o'r rhain wedi'i rifo, ac maent wedi'u rhwymo'n feddal mewn cloriau brith, cadarn. Er enghraifft, ceir yma *Journal of the Jane from a manuscript at East India House* a ddyddiwyd i 1781, *Remarks made at Mauritius, 1755, by Charles Frederick Noble*,[2] ac

Andrew Werner, *Plan and View of Gingerah commonly called Donda Rajapore on the Malabar Coast*, 1774, ysgythrwyd gan P. Begbie

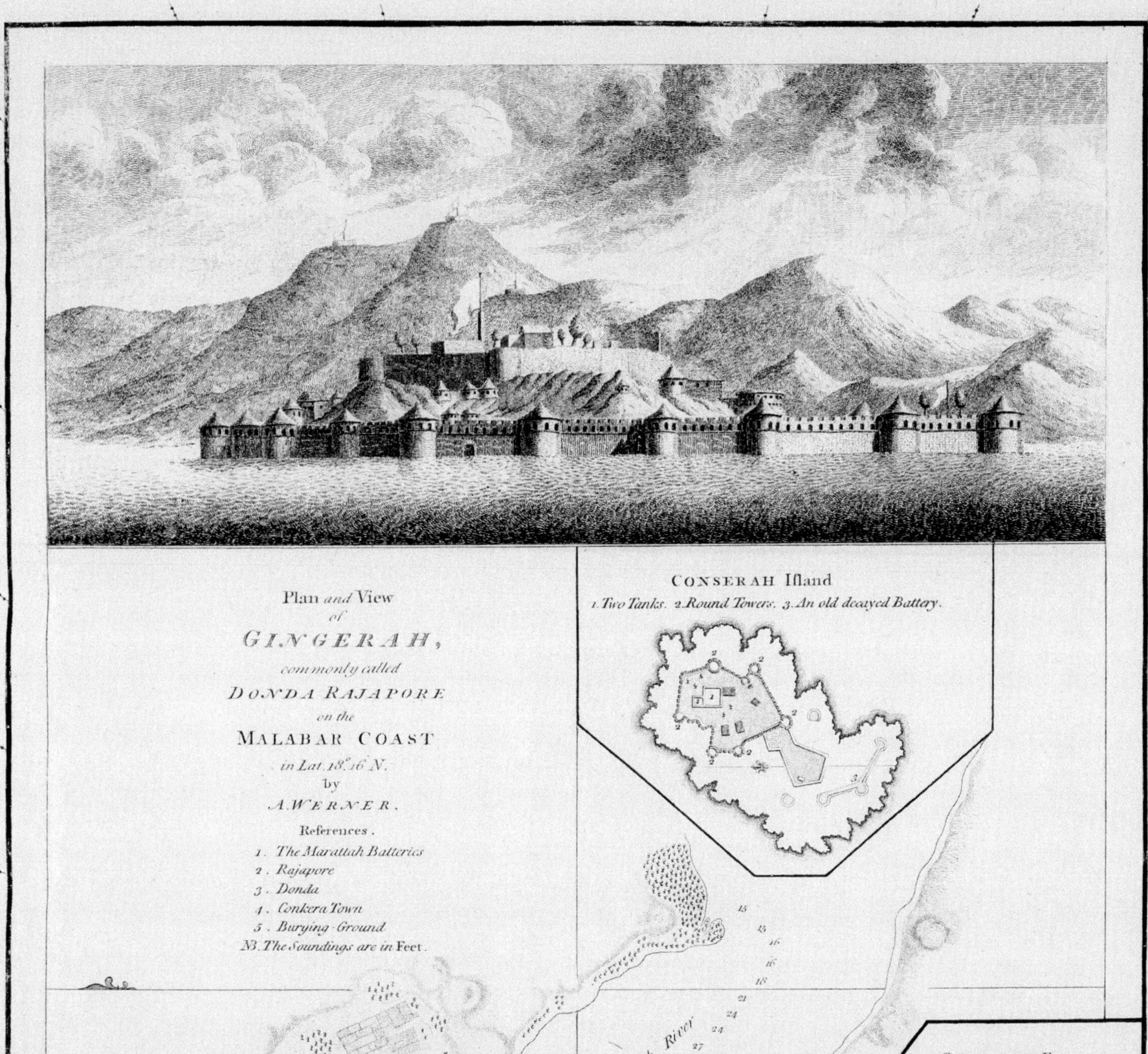


Published according to Act of Parliament, 30th June 1774 by A. Dalrymple. Engrav'd by P. Begbie.

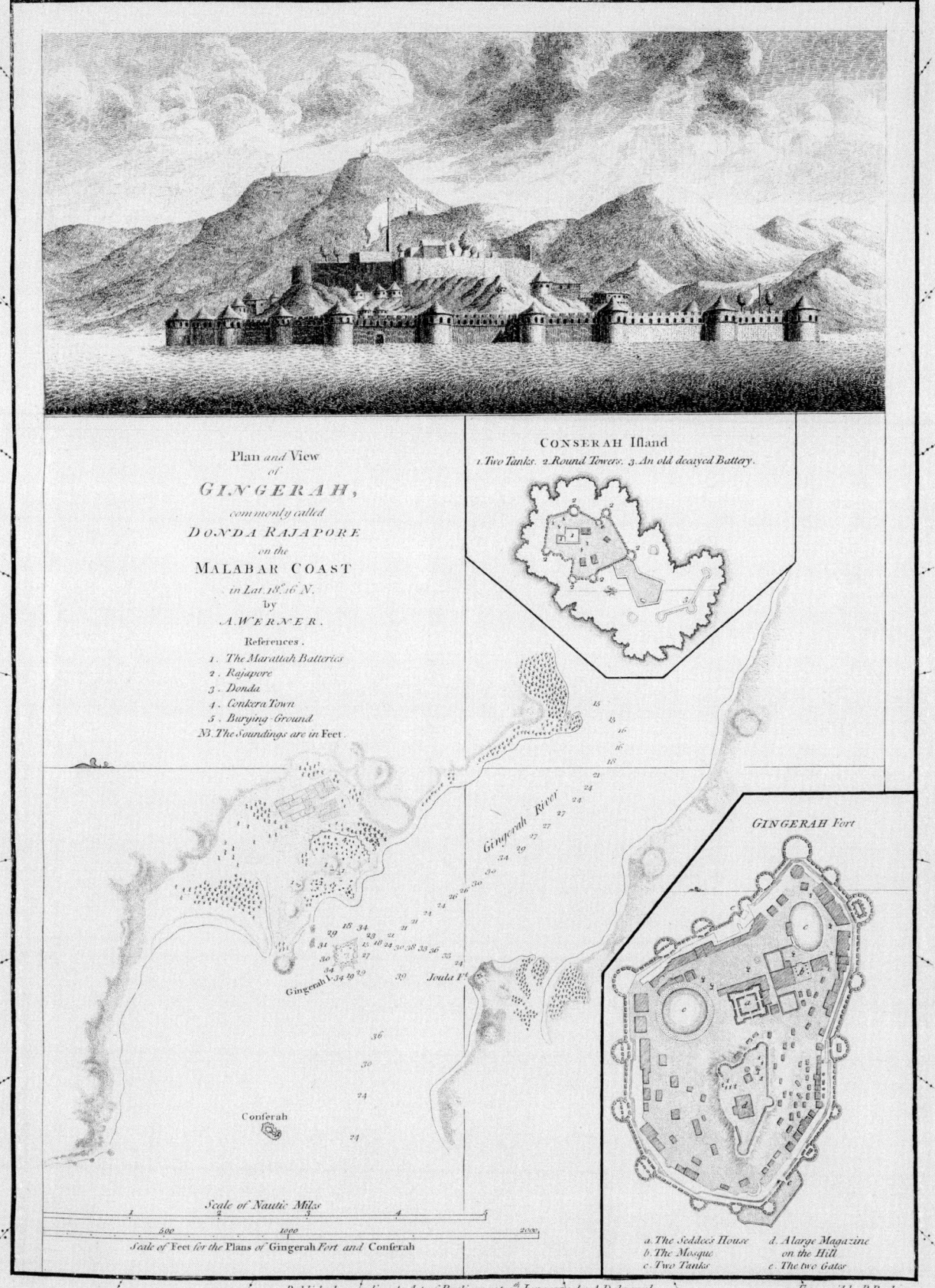

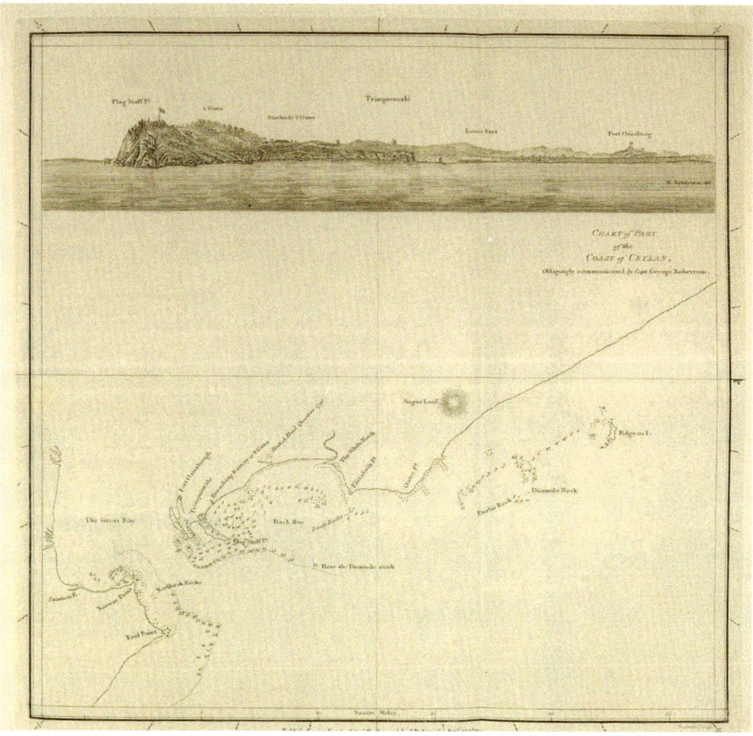


George Robertson, *Chart of Part of the Coast of Ceylan*, yr ysgrifennu gan T. Harmar

yn bellach o lawer, *Memoir of a Map of Lands around the North Pole*, 1789, a *Memoir concerning the geography of the Countries situated on Rio de la Plata and rivers falling into it*, 1807. Mewn gwirionedd, blychau pren yw'r pum 'cyfrol', wedi'u rhwymo â lledr a'u boglynnu i edrych fel cyfrolau ffolio, y gellid felly eu gosod ar silffoedd mewn llyfrgell. Mae'r deugain a chwech o eitemau a gynhwysir i gyd yn dyddio o'r cyfnod ar ôl 1779, pan dalwyd cost eu cynhyrchu gan Gwmni India'r Dwyrain. Mae'r rhan fwyaf, ond nid pob un ohonynt, yn 'argraffiadau cyntaf' ac mae rhif 14 yng 'nghyfrol 2' o ddiddordeb penodol. Dyma drydydd argraffiad, dyddiedig 1787, atgofion am deithiau i Tsieina ac yn ôl oddi yno ym mis Mehefin 1782, ac mae'n cynnwys y nodyn 'only few copies originally printed, given by the Secret Committee of the East India Company for information of their China ships during the latter part of the war'. (Cyfeirir yma at y Rhyfel Eingl–Marathaidd cyntaf yn 1775–82, sef gwrthdaro yn India rhwng lluoedd Cwmni India'r Dwyrain ac Ymerodraeth Maratha.)

O fewn cyfyngiadau'r erthygl hon, does dim cyfle i gyflwyno dadansoddiad manwl o'r casgliad; yn y 'cyfrolau' o gynlluniau a siartiau ategol ceir golygfeydd o arfordiroedd, a fyddai'n cynorthwyo swyddog ar bedryfwrdd llong o eiddo'r Cwmni i adnabod y tir a welai. Yma, er enghraifft, ceir golygfa o'r gaer yn Gingerah ar arfordir Malabar, cynllun o'r cadarnle yn arddull Vauban yn Saigon o lawysgrif Ffrengig, a 'View of the Harbour where the Swedish East India Company Ship *Calmar* wintered in 1745/6', â'r llong ei hun i'w gweld yn amlwg yn y canol.

Ceir tair cyfrol o ddiddordeb arbennig yng nghasgliad Llanbedr Pont Steffan o *An historical collection of the several voyages and discoveries in the South Pacific Ocean*.

Ymddengys i Dalrymple ei hun dalu am argraffu'r cyfrolau hyn yn 1770. Ar dudalen weili'r gyfrol gyntaf ceir nodyn mewn llawysgrifen sy'n awgrymu bod y drydedd gyfrol yn cynnwys hanes mordeithiau yn Ne Cefnfor yr Iwerydd [tanlinellu gwreiddiol] 'which is scarce'. Yn y drydedd gyfrol ceir *Journal of Winds and Weather at the Falkland Islands 19 February 1766–19 January 1767.* Ceir darluniau niferus yn yr ail gyfrol ag ysgythriadau diddorol, ac mae'n destun trafodaeth ar wahân yn y cyhoeddiad hwn.

Mae'n werth ailddarllen llawer iawn o'r atgofion a'r disgrifiadau yn y rhodd hon gan Phillips, sydd o bwysigrwydd hanesyddol. A dewis bron ar hap, er enghraifft, ceir *Directions for the Mouth of Rio de la Plata by the Hon Duncombe Playbell Bouverie, Captain of H.M.S. Medusa,*[3] *and Astronomical Observations of Captain Beaufort of H.M.S. Woolwich . . . in 1805*, a gyhoeddwyd yn 1808.[4] Roedd y *Medusa* yn llong gymharol newydd, ffrigad 32-gwn a lansiwyd yn 1801, ac yn addas ar gyfer y math hwn o arolwg, oedd yn baratoad gwerthfawr ar gyfer ymosodiad mympwyol Syr Home Popham (1762–1820) yn 1806–7 i gefnogi'r gwrthryfel yn erbyn rheolaeth Sbaen, yn y gobaith niwlog o ehangu masnach a dylanwad Prydain yno. Ar y llaw arall, llong hynafol bumed radd â 44 gwn oedd y *Woolwich*, wedi'i rhoi o'r neilltu i bob pwrpas (fe'i drylliwyd yn y diwedd yn India'r Gorllewin yn 1813) a dim ond yn addas ar gyfer y mathau o 'arsylwadau' yr oedd Beaufort, sy'n enwog am greu 'Graddfa Beaufort', yn eu cynnal, mewn gwirionedd.[5] Mae casgliad Dalrymple yn Llanbedr Pont Steffan yn cyffwrdd â hanes llynges, gwladychu a masnach Prydain mewn sawl man.

*John Morgan-Guy*

1 Andrew S. Cook, 'Alexander Dalrymple (1737–1808), Hydrographer to the East India Company and to the Admiralty as Publisher' (3 cyf., traethawd PhD anghyhoeddedig, Prifysgol St Andrews, 1993), III, t. 7.

2 Roedd Noble yn awdur nifer o weithiau ar fforio a mordwyo.

3 Bouverie (1780–1850) oedd ail fab Iarll Maesyfed. Ac yntau'n ddyn ifanc adeg ei arolwg, yn y pen draw fe'i dyrchafwyd i reng fanerog.

4 Daeth Francis Beaufort (1774–1857) yn y pen draw, fel Dalrymple, yn hydrograffydd i'r llynges. Canmolodd Dalrymple ei hun ei waith ar afon Plât (Rio de la Plata).

5 Mae Graddfa Beaufort – ffordd o fesur grym a chyflymder gwynt – yn dal i gael ei defnyddio mewn rhagolygon morol.

# Hwylio Rownd yr Horn

**Alexander Dalrymple, *An historical collection of the several voyages and discoveries in the South Pacific Ocean. Volume II, Containing the Dutch voyages* (London: Printed for the author; and sold by J. Nourse, T. Payne and P. Elmsly, 1771)**

Ymhlith y cyfrolau o siartiau, cynlluniau ac atgofion a gasglwyd ynghyd ac a gyhoeddwyd gan Alexander Dalrymple ac sydd bellach yn cael eu cadw yn Llyfrgell Roderic Bowen, mae un sy'n dwyn y teitl *An historical collection of the several voyages and discoveries in the South Pacific Ocean*. Dyma'r ail gyfrol mewn cyfres o dair sydd â'r teitl cyffredinol hwnnw, a'r gyfrol hon, fel y dengys yr isdeitl *Containing the Dutch Voyages*, sy'n sôn am deithiau'r Iseldirwyr. Fe'i hargraffwyd ar gyfer Dalrymple yn 1771, ac ynddi mae cant a deugain o dudalennau wedi'u rhifo, yn ogystal ag 'A Chronological Table of the Discoveries in the Southern Hemisphere and Pacific Ocean', 'Vocabulary of Languages in some of the islands visited by Le Maire and Schouten', a mynegai i'r cyfan, lle nad yw'r tudalennau wedi'u rhifo. Mae'r 64 tudalen gyntaf yn sôn am 'The Voyage of James Le Mair and William Schouten, 1616' a'r 55 dilynol yn ymwneud â 'The Voyage of Abel Jansan Tasman, 1642'. Roedd y ddau hanes hyn wedi'u cyhoeddi cyn hyn, a chyfieithiad Saesneg o'r cyntaf mor gynnar ag 1619.

Mae pob un o'r tri fforiwr a enwir yn y gyfrol hon yn ddynion o gryn ddiddordeb. Morwr o Wlad Belg oedd 'James Le Mair', neu'n fwy cywir, Jacob Le Maire (*c.*1585–1616), ac roedd Willem Schouten (*c.*1567–1625) yntau'n forlywiwr o'r Iseldiroedd. Hwyliodd y ddau gyda'i gilydd yn 1615 ac yn 1616, gan chwilio am lwybr i'r gorllewin i'r Môr Tawel. Llwyddwyd i wneud hyn drwy fynd rownd yr Horn ym mhegwn mwyaf deheuol De America. Le Maire a roddodd yr enw ar y penrhyn – sef 'Hoorn' ar ôl man geni ei gydymaith yn yr Iseldiroedd. Roedd y fordaith gyfan, oedd yn cynnwys ymweld â llawer o ynysoedd deheuol y Môr Tawel, yn y pen draw yn gylchfordaith o'r ddaear, er mai dim ond Schouten a'i cwblhaodd oherwydd bu farw Le Maire ar y daith am adref.

I gyd-fynd â'r hanes am y fordaith yn y gyfrol hon, ceir tri darlun wedi'u hysgythru. Y disgrifiad a roddir ar gyfer y cyntaf yw 'inhabitants of Horne Island. Two kings meeting each other' (lleolir Ynys yr Horn yn archipelago Ynysoedd Culfor Torres). Ar yr ail ddarlun ceir 'Horn Island Road. Vessel at Anchor in the river mouth, Union Bay', ac mae'r trydydd yn siart sy'n dangos y berthynas rhwng yr hyn a elwid bryd hynny yn Ynys Amsterdam ac Ynys Rotterdam ac arfordir Seland Newydd. Rhwymwyd y ddau ddarlun cyntaf gyda'i gilydd rhwng tudalennau 58 a 59, a'r trydydd rhwng

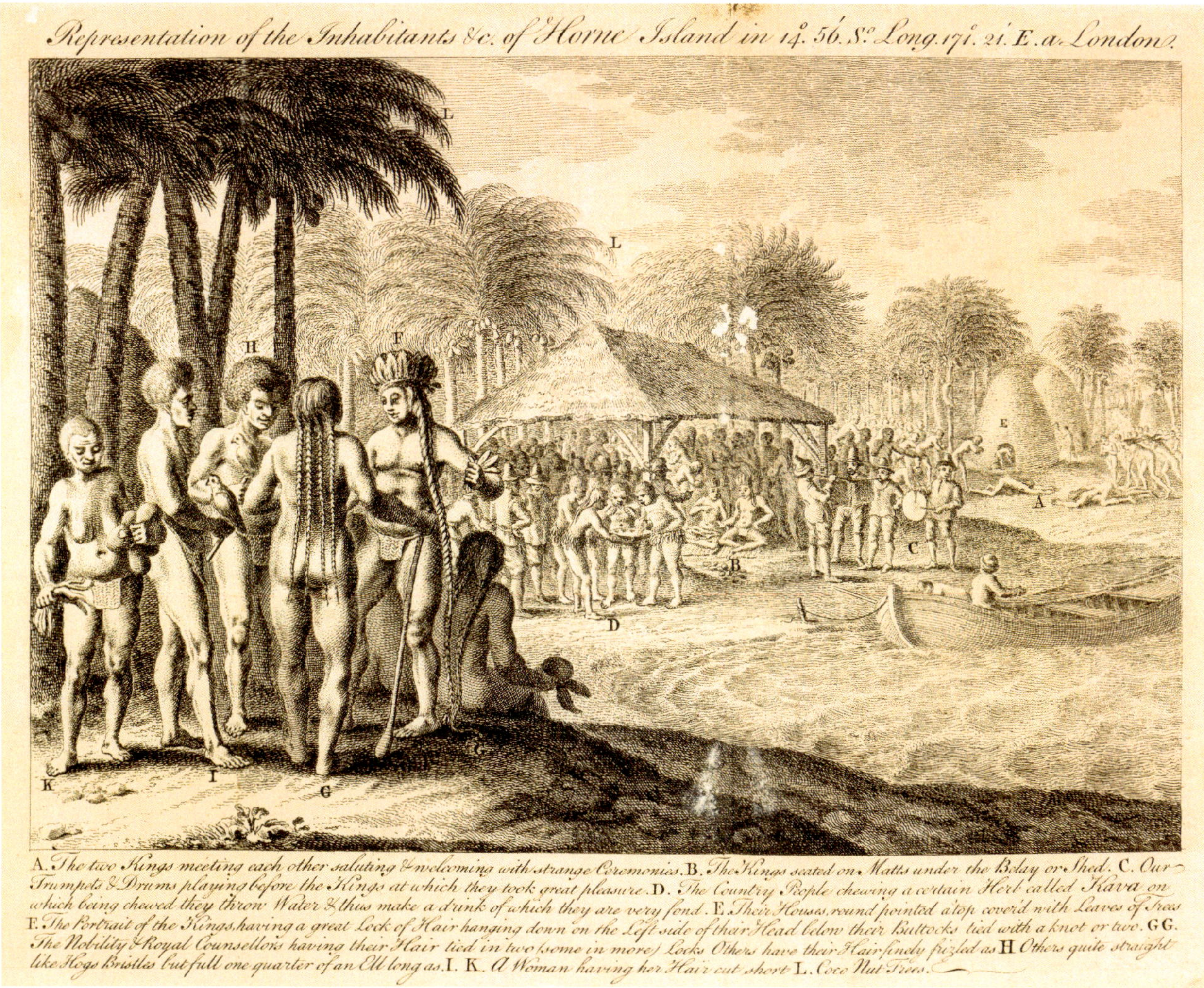


*Representation of the Inhabitants &c. of Horne Island*

tudalennau 64 a 65. Mae'r ddau ddarlun o Ynys yr Horn a'i phobl yn llawn elfennau diddorol. Maent yn 'naratifau' sy'n darlunio nifer o weithgareddau'n cael eu cynnal yr un pryd, gan felly gyfleu yn fyw i'r darllenydd yr hyn a welodd ac a brofodd Le Maire a Schouten yn ystod eu harhosiad ar yr ynysoedd.

Mae darluniau tebyg yn 'The Voyage of Abel Jansan Tasman, 1642'. Masnachwr a morwr o'r Iseldiroedd oedd Tasman (1603–59). Gwnaeth ei daith yn 1642 – yn ogystal ag un arall yn 1644 – o dan nawdd Cwmni Iseldiraidd India'r Dwyrain gan fod y cwmni hwnnw yn chwilio am ffynonellau masnach newydd posibl. Mae Tasman yn cael ei gydnabod fel y fforiwr cyntaf i gyrraedd Seland Newydd (sy'n awgrymu bod y siart sy'n gysylltiedig â thaith Le Maire a Schouten yn dangos cam diweddarach o ran darganfod y tir na'r hyn a ddarganfuwyd ganddynt hwy eu hunain), yn ogystal â Ffiji a Thir

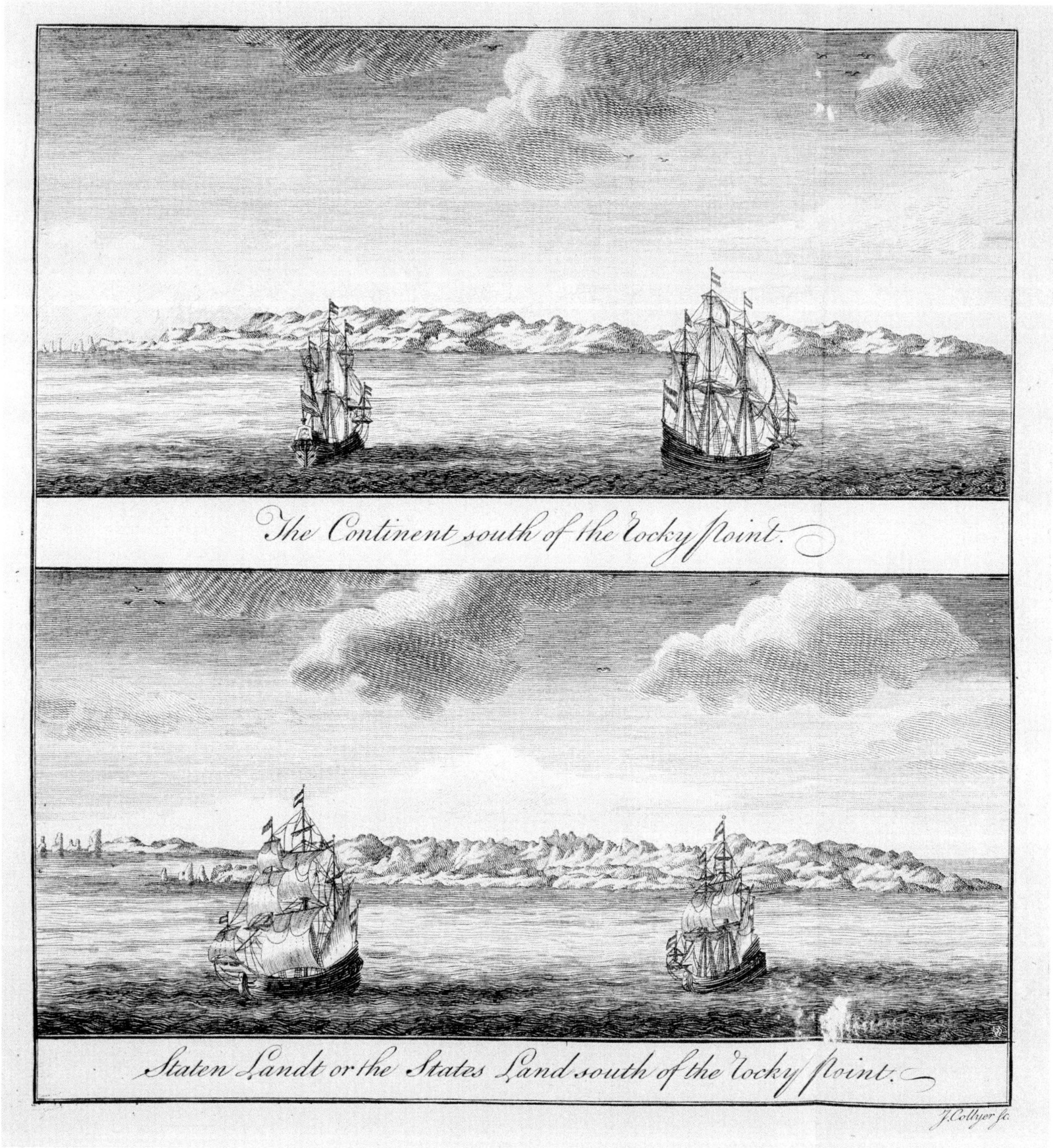


*The Continent south of the Rocky Point*; *Staten Landt or the States Land south of the Rocky Point*, ysgythrwyd gan J. Collyer

Van Diemen (a elwir bellach yn Tasmania). O ran y rhagolygon am lwybrau newydd ar gyfer masnach, roedd y mordeithiau hyn braidd yn siomedig, ond o ran ehangu gwybodaeth a dealltwriaeth o ben deheuol y Môr Tawel gellir eu cyfrif yn llwyddiant.

Mae argraffiad Dalrymple yn 1771 yn cynnwys chwe darlun wedi'u hysgythru. Ceir golygfeydd o longau yn dod i olwg tir, er enghraifft, yn gweld Ynys y Tri Brenin mewn 40 gwrhyd ar yr ochr ogledd-orllewinol (gyferbyn â thudalen 74), ac Ynys Amsterdam i gyfeiriant dwyrain-gogledd-ddwyrain a phellter o dair milltir (gyferbyn â thudalen 75). Mae dau o'r darluniau yn debyg i'r rhai yn 'The Voyage of James Le Mair and William Schouten', ac yn ddarluniau naratif. Mae'r cyntaf o'r rhain yn Ynys Amsterdam, yn dangos llongau wrth angor, proaod brodorol, pysgota, y dirwedd leol ac, yn amlwg yn y blaendir, mae grwpiau o ffurfiau dynion a menywod, gyda'r bwriad o gofnodi sut roeddynt yn edrych a'u dillad (rhwng tudalennau 80 ac 81). Mae'r ail, yn Ynys Rotterdam, yn ailadrodd y thema (rhwng tudalennau 82 ac 83). Llofnodwyd tri o'r chwe ysgythriad â 'J. Collyer, sculpt'. Dyma Joseph Collyer, ARA (1748–1827), ysgrythwr amlwg a phoblogaidd yn Llundain, ac yn fwyaf adnabyddus o bosibl am ei ysgythriadau o bortreadau. Mae dyddiadau Collyer yn awgrymu bod y darluniau yn y gyfrol benodol hon wedi'u comisiynu gan Dalrymple i gyd-fynd ag ailargraffu hanes y mordeithiau hyn gan forwyr o'r Iseldiroedd. Y maent, serch hynny, yn weithiau celf hynod ddiddorol, ac yn sicr yn cyfoethogi cynnwys y gyfrol hon.

*John Morgan-Guy*

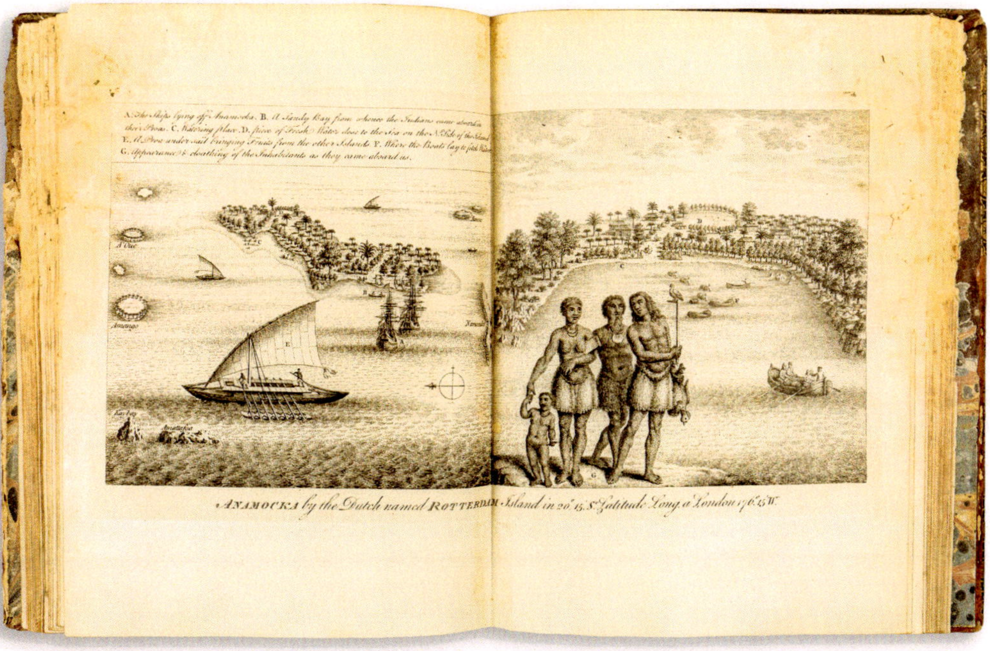


*Anamocka by the Dutch named Rotterdam Island*

# Artist ag Egni Rhyfeddol

**Sydney Parkinson, *A journal of a voyage to the South Seas, in His Majesty's ship, the Endeavour. Faithfully transcribed from the papers of the late Sydney Parkinson, draughtsman to Joseph Banks, Esq. on his late expedition, with Dr. Solander, round the world. Embellished with views and designs, delineated by the author, and engraved by capital artists* (London: Printed by Stanfield Parkinson, the editor, 1773)**

Sydney Parkinson oedd yr artist ar daith gyntaf James Cook, pan ymwelwyd â Tahiti ac yna â Seland Newydd ac Awstralia.

Sylweddolai seryddwyr y ddeunawfed ganrif y gallai fod yn bosibl cyfrifo'r pellter rhwng y ddaear a'r haul drwy arsylwi ar y blaned Gwener yn croesi wyneb yr haul (sef trawstaith Gwener). Digwydda'r trawsteithiau hyn fesul dwy bob 120 mlynedd; rhagwelwyd y byddent yn digwydd ym misoedd Mehefin 1761 a Mehefin 1769. Aflwyddiannus fu'r ymdrechion i arsylwi ar y gyntaf o'r rhain, oherwydd fe'u llesteiriwyd gan y rhyfel rhwng Prydain a Ffrainc. Fodd bynnag, yn 1769 cafwyd menter wyddonol ryngwladol fawr, a llwyddodd 151 o arsyllwyr i wylio'r drawstaith o 77 lleoliad. Roedd cyfraniad Prydain yn cynnwys cynnal taith i ynys a oedd newydd ei darganfod yn ne'r Môr Tawel, sef Tahiti, gan y credid y byddai'r fan honno yn safle allweddol i wylio.

Y Gymdeithas Frenhinol a'r Morlys a noddodd y daith hon, ac fe hwyliodd y fintai ar 25 Awst 1768. Yr arweinydd oedd y Lefftenant James Cook (1728–79). Ac yntau'n fab i weithiwr amaethyddol, roedd Cook wedi gweithio ar longau glo ym Môr y Gogledd cyn ymuno â'r llynges. Roedd wedi treulio amser yn nyfroedd Gogledd America ac wedi cael profiad ymarferol o fapio, seryddiaeth a mathemateg. Dewiswyd ei long, yr *Endeavour*, sef llong glo Whitby 336 tunnell, ar sail ei chryfder, ei haddasrwydd ar gyfer dŵr bas, a maint ei lle storio. Roedd aelodau'r criw yn cynnwys y seryddwr Charles Green a'r botanegydd Joseph Banks, ynghyd â'i gynorthwywyr Daniel Carl Solander a Herman Diedrich Spöring, yn ogystal â dau artist, Alexander Buchan a Sydney Parkinson.

Yng Nghaeredin y ganed Sydney Parkinson, er bod blwyddyn ei enedigaeth yn ansicr (bu farw yn 1771). Roedd ei dad, Joel Parkinson, yn fragwr ac yn un o'r Crynwyr; aeth Sydney i fod yn brentis i wlanennwr. Fodd bynnag, gwelwyd yn gynnar fod ganddo ddawn i dynnu llun bywyd gwyllt a byd natur. Mae'n bosibl ei fod wedi astudio o



Sydney Parkinson, *The Head of a Chief of New Zealand*, 1773, ysgythrwyd gan T. Chambers

Plate XVI

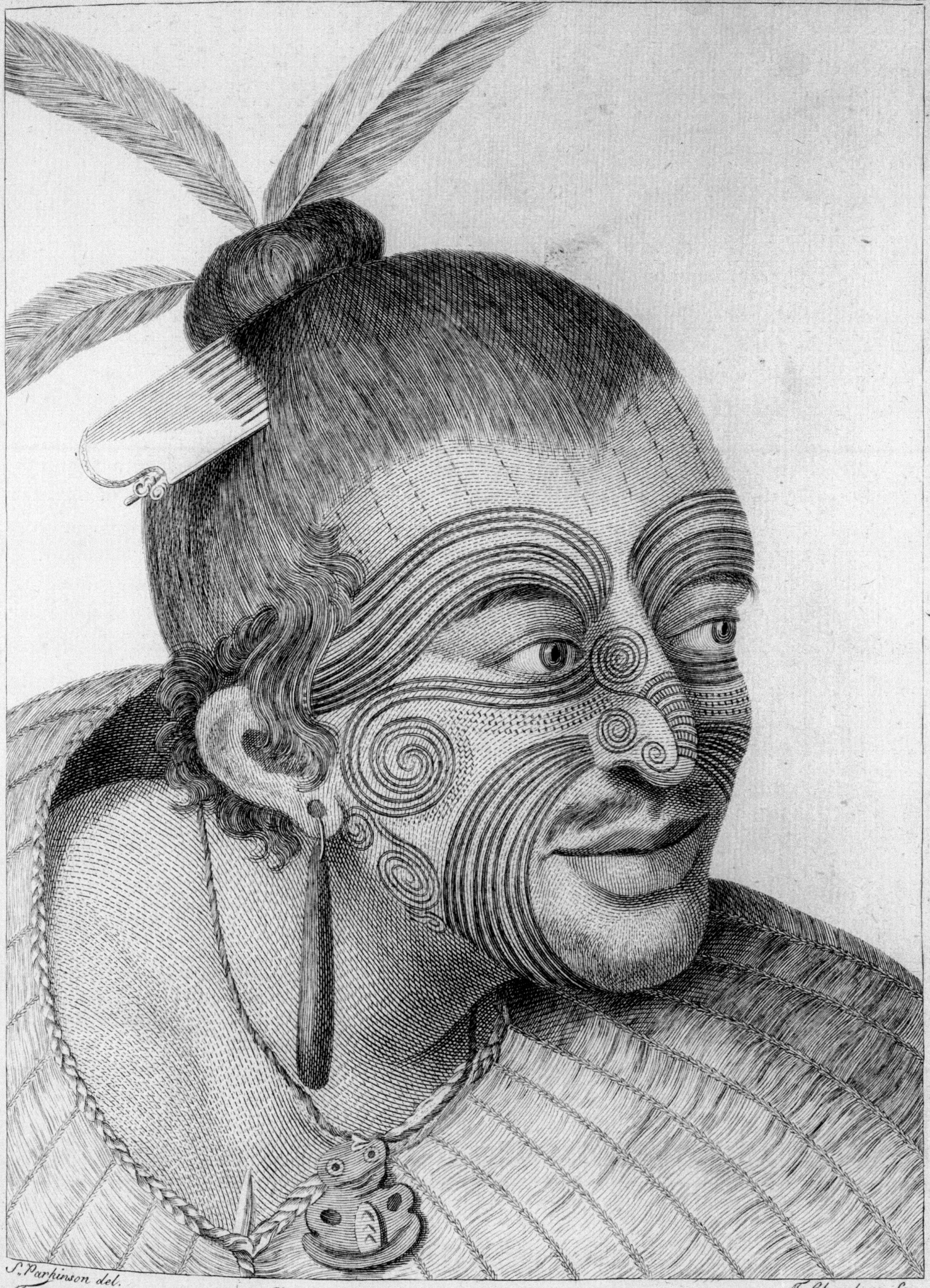

S. Parkinson del. T. Chambers Sc.

The Head of a Chief of New Zealand, the face curiously tataow'd, or mark'd, according to their Manner.

dan William de la Cour, a oedd wedi agor, yng Nghaeredin, yr ysgol gelf gyntaf ym Mhrydain ag arian cyhoeddus. Symudodd y teulu i Lundain, ac arddangoswyd rhai o beintiadau Parkinson o flodau gan Gymdeithas Rydd yr Artistiaid yn 1765–6. Cafodd ambell gomisiwn hefyd gan Joseph Banks, ac ef a'i recriwtiodd i ymuno â'r *Endeavour* fel un o'i fintai bersonol. Parkinson fyddai'n gyfrifol am dynnu lluniau byd natur, ac Alexander Buchan am dopograffeg a phortreadau. Fodd bynnag, bu farw Buchan, oedd yn epileptig, bedwar diwrnod ar ôl i'r llong gyrraedd Tahiti. Cynyddodd cyfrifoldebau Parkinson felly, er iddo gael cymorth gan Herman Spöring, drafftsmon amatur medrus.

Cyrhaeddwyd Tahiti ganol fis Ebrill 1769. Yno, ym Mae Matavai, aethant ati i adeiladu gwersyll caerog, Fort Venus, 'to secure us against the natives'. Serch hynny, llwyddwyd i feithrin perthynas dda ag arweinwyr yr ynys, gan gynnwys Tuteha, pennaeth yr ardal o gwmpas y man glanio, a Purea, gwraig flaenllaw. Yn ogystal â hwylio o gwmpas arfordir Tahiti, mapiodd Cook 75 o ynysoedd eraill yn y grŵp, gan eu henwi yn Society Islands.

Yn eu comisiwn i Cook, roedd y Morlys hefyd wedi rhoi ail gasgliad o orchmynion iddo. Ar ôl iddo adael Tahiti, roedd i hwylio i'r de, at y 40fed gyflin, a chwilio am dir. Yr adeg honno, credid bod cyfandir mawr, *Terra Australis Incognita*, yn hemisffer y de; tybid bod hyn yn angenrheidiol er mwyn cydbwyso'r tiroedd yn y gogledd. Fodd bynnag, cyrhaeddodd Cook 40° i'r de heb weld tir; felly trodd i'r gorllewin am Seland Newydd. Daeth i olwg tir ar 7 Hydref. Dros y pum mis nesaf, mapiodd arfordir dwy brif ynys Seland Newydd, gan brofi nad oeddent yn rhan o unrhyw gyfandir. Glaniodd mewn chwe lle ar Ynys y Gogledd a dau le ar Ynys y De, gan dreulio tua saith wythnos ar y lan.

Ar ôl gadael Seland Newydd, hwyliodd yr *Endeavour* tua'r gorllewin, a chyrraedd dwyrain Awstralia ym mis Ebrill 1770. Yna hwyliodd Cook i'r gogledd i chwilio am harbwr lle gallai gael cyflenwadau. Tua diwedd y mis, glaniodd mewn man a enwodd yn Fae Botany, ar ôl y casgliad enfawr o blanhigion a gasglodd Banks a Solander yno. Yna hwyliodd am y gogledd eto; meddiannodd Cook yr holl arfordir dwyreiniol yn enw Prydain, gan roi'r enw De Cymru Newydd arno maes o law. Fodd bynnag, aeth yr *Endeavour* ar greigiau yn y Barriff Mawr (Great Barrier Reef), mewn lleoliad a enwyd gan Cook yn Cape Tribulation.

Gweithiai Sydney Parkinson yn ddiflino; byddai'n aml ar ei draed drwy'r nos yn tynnu lluniau neu'n ysgrifennu yn ei ddyddiadur. Gwnaeth o leiaf 1,300 o luniau



Sydney Parkinson, *Two of the Natives of New Holland*, 1773, ysgythrwyd gan T. Chambers

Plate XXVII

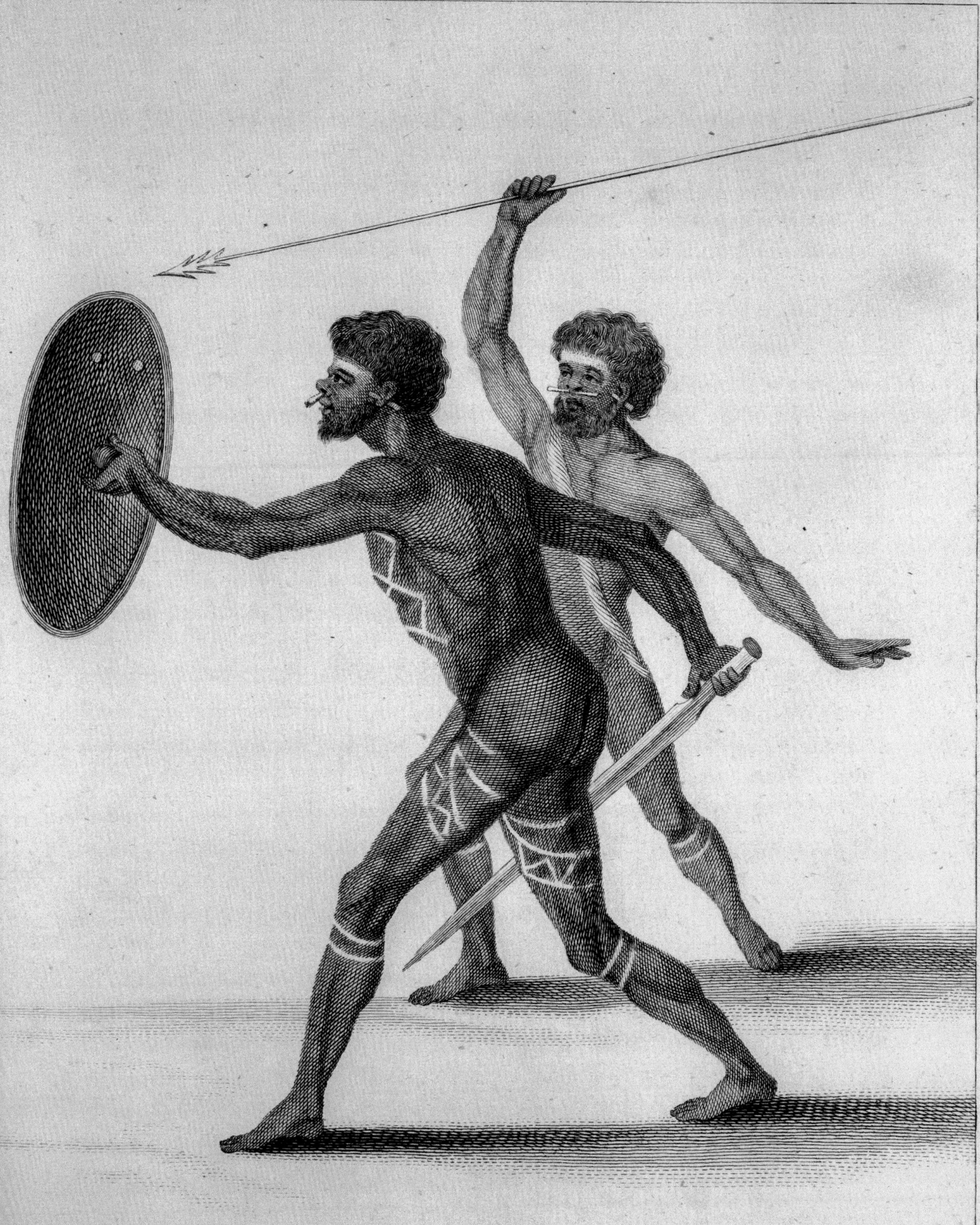

Parkinson del.  T. Chambers Sc.

Two of the Natives of New Holland, Advancing to Combat.

Portread ar yr wynebddalen o Sydney Parkinson, 1773, ysgythrwyd gan J. Newton

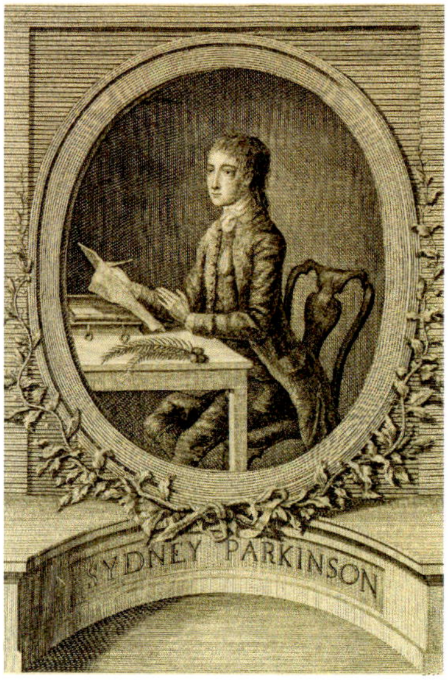

neu frasluniau, a hynny'n aml mewn môr garw a heb lawer o le ar long gyfyng. Mae ei gynnyrch yn cynnwys 276 o ddarluniau gorffenedig a 676 o rai anorffenedig o blanhigion; 83 o ddarluniau gorffenedig a 212 o rai anorffenedig o anifeiliaid, a thua chant o bosibl o luniau o bobl, golygfeydd a chychod. Ym mis Mai 1770, nododd Banks yn ei ddyddiadur: 'In 14 days just, one draughtsman has made 94 sketch drawings, so quick a hand has he acquird by use.'[1] Parkinson oedd yr artist Ewropeaidd cyntaf i ymweld ag Awstralasia, ac felly hefyd y cyntaf i ddarlunio gwir dirwedd Awstralia. Ef oedd un o'r rhai cyntaf i dynnu llun cangarŵ, anifail oedd 'as large as a greyhound, of a mouse colour and very swift'. O ran Seland Newydd, mae ei luniau o bennau dau Faori wedi dod yn enghraifft glasurol weledol o ryfelwyr y Maoriaid.

Ymhen hir a hwyr hwyliodd Cook am adref, gan aros ar y ffordd yn Batavia (Jakarta erbyn hyn) i drwsio'r *Endeavour*. Gwaetha'r modd, nid oedd gan Batavia enw da am fod yn ddinas iach; roedd y camlesi a adeiladwyd gan y gwladychwyr o'r Iseldiroedd yn gronfeydd naturiol i bob math o glefydau. Trawyd criw'r *Endeavour* gan falaria ac yna gan ddysentri. Roedd y rhai a fu farw yn cynnwys Parkinson, a hynny ar 26 Ionawr 1771.

Rhoddwyd eiddo Parkinson, gan gynnwys ei ddyddiadur, i ofal Banks. Gan mai Banks oedd cyflogwr Parkinson, credai mai ei hawl ef oedd cyhoeddi'r papurau. Fodd bynnag, ar yr amod na fyddai'r teulu'n copïo nac yn cyhoeddi dim, benthycodd gopi o'r dyddiadur i frawd Parkinson, Stanfield, oedd yn dioddef o iechyd meddwl ansefydlog. Ond roedd Stanfield o'r farn mai ei etifeddiaeth ef oedd y papurau a'r darluniau, a phenderfynodd gyhoeddi dyddiadur ei frawd. Gorfodwyd John Hawkesworth, golygydd yr adroddiad swyddogol, i godi gwaharddeb i rwystro hyn. I gyfaddawdu, cadwodd Banks bapurau swyddogol Parkinson ond talodd £500 i'w ysgutorion yn weddill ei gyflog.

Cyhoeddodd Stanfield argraffiad o ddyddiadur ei frawd yn 1773. Ynddo, roedd rhagair wedi'i rith-ysgrifennu a oedd yn enllibus yn ei gamddarlunio ar Banks. Dywedwyd bod ymddygiad Banks yn dangos 'a high degree of insolence or avarice: possessed, as he was, of so large a collection of curiosities, as well as of my brother's drawings and designs, was it not covetous in him to desire also the little store bequeathed to me'. Wedi'i ddychryn gan hyn, aeth ffrind i'r teulu, John Fothergill, ati i brynu tua 400 o gopïau o'r argraffiad.

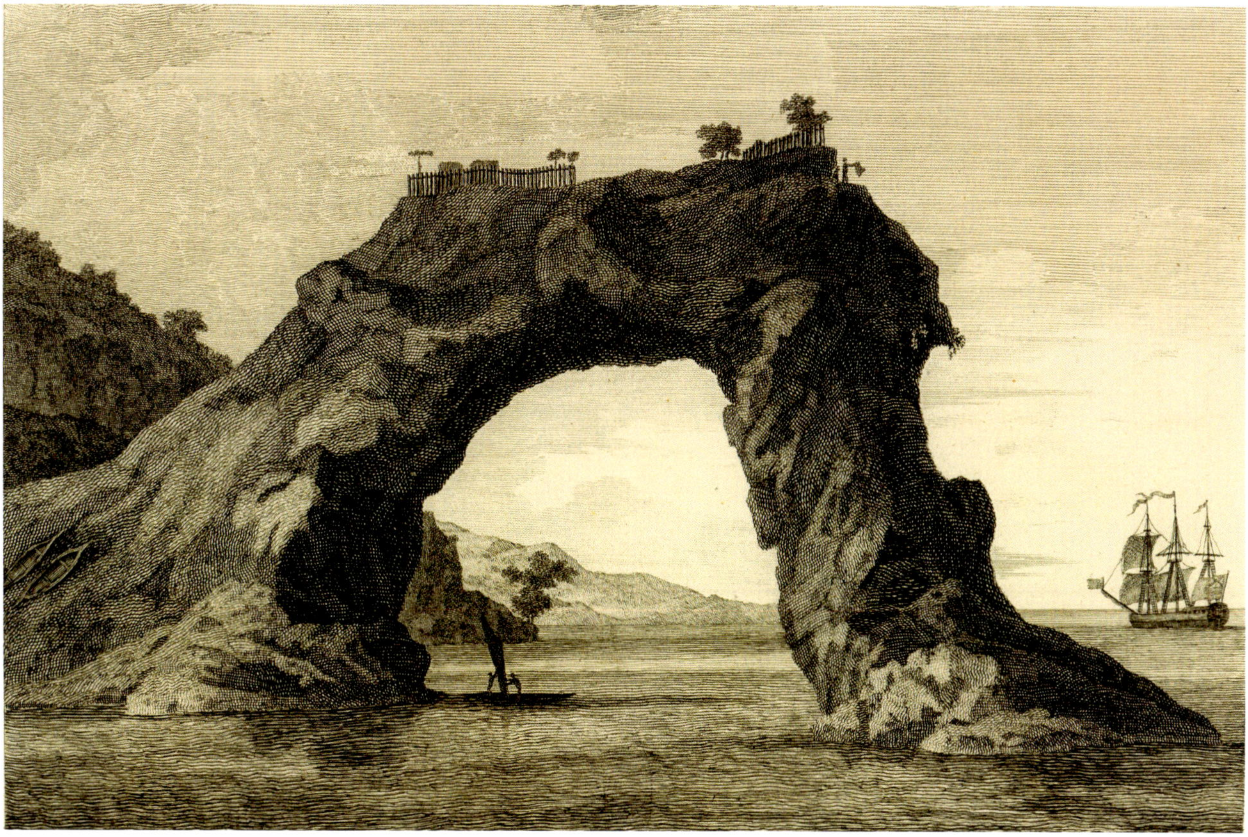

Sydney Parkinson, *View of an Arched Rock on the Coast of New Zealand*, 1773, ysgythrwyd gan J. Newton

Nid yw'n glir a oedd yn fwriad gan Parkinson i gyhoeddi ei waith ysgrifenedig o gwbl. Mae ei ddyddiadur yn ddarn hardd o waith, serch hynny, ac yn cynnwys 27 o blatiau wedi'u hysgythru o ddarluniau Parkinson ynghyd â phortread ohono ar yr wynebddalen. Ymhellach, mae ei ryddiaith yn ddigon teilwng yn ei haeddiant ei hun, ac roedd yn cynnwys llawer o fanylion lliwgar yr oedd eraill wedi'u hepgor. Fe gofnododd gasgliad mwy helaeth o arferion ac ieithoedd y Tahitiaid a'r Maoriaid nag unrhyw awdur arall ei gyfnod. Mae ei eirfaoedd o ieithoedd Tahiti, Maori, Maleiaeg ac ieithoedd eraill yn llenwi chwarter y gyfrol, bron. O dan iaith yr Iseldiroedd Newydd (Awstralia), mae'n diffinio 'kangooroo' fel creadur pedwartroed sy'n llamu.

Ar ôl cael yr hawliau i'r dyddiadur, cyhoeddodd Fothergill ail argraffiad yn 1784, gan gynnwys ateb i'r rhagair cynharach. Mae gan Lyfrgell Roderic Bowen gopi o'r argraffiad cyntaf, wedi'i roi gan Thomas Phillips yn 1844.

*Ruth Gooding*

1 Joseph Banks, 'The Endeavour journal of Joseph Banks', *c.*1770 (Sydney: llawysgrif a gedwir yn Llyfrgell Talaith De Cymru Newydd). *https://www.sl.nsw.gov.au/joseph-banks-endeavour-journal* (cyrchwyd 21 Ebrill 2021).

# Coeden Gyhyreg

**Jean-Nicolas Jadelot, *Cours complet d'anatomie* (Nancy: Jean-Baptiste-Hyacinthe LeClerc, 1773)**

Argraffwyd *Cours complet d'anatomie, peint et grave en couleurs naturelles* gan Arnauld Éloi Gautier D'Agoty, gydag esboniad gan Jean-Nicolas Jadelot (1738–93), ar ffurf ffolio yn Nancy gan Jean-Baptiste-Hyacinthe Leclerc, yn 1773.[1] Ni wyddys dim am hanes perchnogaeth y copi cyn ei gyflwyno i'r coleg yn 1846 gan Thomas Phillips (1760–1851), llawfeddyg ac aelod o Goleg Llawfeddygon Llundain (Coleg Brenhinol y Llawfeddygon yn ddiweddarach) a oedd wedi bwrw'i brentisiaeth yn y Gelli cyn mynd yn ddisgybl i'r anatomydd a'r llawfeddyg John Hunter.[2] Er na cheir tystiolaeth bendant fod unrhyw un o'r llyfrau a anfonodd Phillips i Lanbedr Pont Steffan wedi bod ar unrhyw ystyr yn ei feddiant personol ef ei hun, mae pwnc y gyfrol hon yn sicr mewn cytgord â'r ffaith ei fod wedi gwaddoli cadair Gwyddoniaeth Naturiol yn 1852.[3] Ailrwymwyd y copi'n broffesiynol yn yr ugeinfed ganrif.

Er gwaethaf teitl y gwaith, cyhyreg yw anatomeg yn sylfaenol, sef astudio adeiledd, trefniant a gweithrediad y cyhyrau, â'r gewynnau, yr esgyrn a'r tendonau cysylltiol. Roedd ei awdur, Jean-Nicolas Jadelot, yn Athro Anatomeg a Ffisioleg ym Mhrifysgol Nancy. Mae'r testun Ffrangeg yn cynnwys 'Coeden Gyhyreg' gyda disgrifiadau o'r cyhyrau (sig. $A^r$–$G^v$, tt. 1–14). Yn dilyn hynny, ceir tri ar ddeg o blatiau wedi'u rhifo ('tables') o III hyd XV (y ddau blât sydd yn eisiau yw'r rhai sy'n cynrychioli anatomi allanol yn y ffigurau o Apolon a Gwener). Rhoddir allwedd yn cyplysu'r platiau ag esboniadau yn Ffrangeg a Lladin (sig. $H^r$–$N^r$, tt. 15–25). Ysgythriadau plât copr mesotint wedi'u lliwio ar dablau tudalen lawn, fel arfer o ffigur gwryw, yw'r darluniau trawiadol hyn. Mesotint oedd y dull cyntaf i'w ddefnyddio i gyfleu tôn wrth wneud printiau, gan alluogi cynhyrchu arlliwiau heb ddefnyddio technegau wedi'u seilio ar linellau neu ddotiau. Ond Jakob Christoph Le Blon (1667–1741) a ddyfeisiodd y dechneg o brintio mewn lliwiau o blatiau mesotint. Arnauld Éloi Gautier D'Agoty (1741–80?) a ddyluniodd ac ysgythru'r platiau yn *Cours complet d'anatomie*. Mae pob plât wedi'i lofnodi, mewn llawysgrifen, 'A. E Gautier-Dagoty. Pinxit. et. Sculp. Cum Priv. Regis', neu rywbeth tebyg, er mai 'A. E. Gautier Dagoty pinxit Cum Priv.' ac 'L. Gautier Dagoty Sculp' yw'r llofnodion a geir ar Gynllun IX, gan ddangos, efallai, mai Louis Charles, ei frawd, a ffynnai tua 1770, oedd ysgythrwr y plât hwn.[4]

Tad yr artist oedd y crefftwr a'r *entrepreneur* enwog Jacques-Fabien Gautier D'Agoty (?1710–81), gŵr a fyddai nid yn unig yn ysgrythru ond hefyd yn gwneud ei ddifyniadau



Arnauld Éloi Gautier D'Agoty,
Y corff dynol, 1773

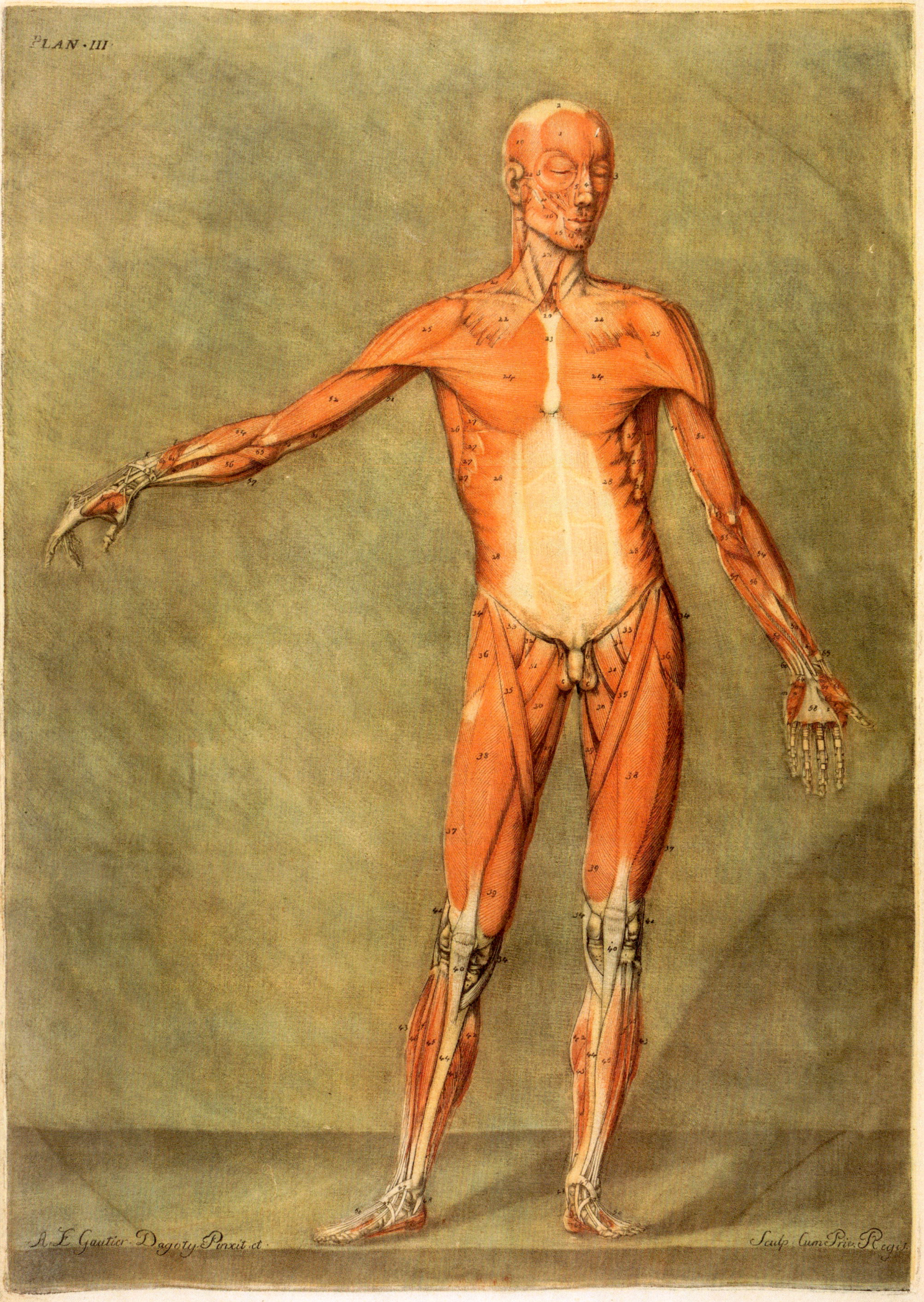
PLAN · III
A. E. Gautier Dagoty Pinxit et
Sculp. Cum Priv. Regis

ei hun,[5] er iddo weithio hefyd â sbesimenau wedi'u paratoi gan yr anatomydd nodedig Jacques-François-Marie Duverney (1661–1748).[6] Tua 1738, ymunodd Jacques-Fabien Gautier D'Agoty â gweithdy printio lliw Le Blon, er iddo ymadael yn fuan wedyn, yn anfodlon, ac yntau'n amlwg yn ei weld ei hun yn fwy na chynorthwyydd.[7] Roedd y broses a ddysgodd wedi'i seilio ar ddamcaniaeth Newton yn *Opticks* (1704) fod yr amrediad cyfan o arlliwiau wedi ei lunio o'r lliwiau sylfaenol glas, melyn a choch,[8] damcaniaeth y byddai'n ymosod arni yn ddiweddarach, fodd bynnag.[9] Nod honedig y broses yw bod yn ffyddlon i arlliwiau naturiol, ac mae hynny'n esbonio'r ymadrodd '*en couleurs naturelles*' yn nheitl *Cours complet d'anatomie*. Mae'n golygu ysgythru ar blât ar wahân bob rhan o'r gwaith sydd i'w brintio mewn lliw sylfaenol gwahanol; drwy arosod yr argraffiadau hyn ar ben ei gilydd, dylent gyfuno i roi'r canlyniad cyfansawdd.[10] Gan fod gofyn cael cryn amser i ysgythru'r platiau, pob yn un cael ei argraffu ar wahân yn ei dro, gan adael i'r dalennau sychu rhwng y prosesau, a hynny'n cael ei ddilyn weithiau gan gôt o farnais, yr oedd y platiau'n gostus i'w cynhyrchu a'u cyhoeddi.[11] Sicrhaodd Le Blon batent yn Lloegr a'r *privilège exclusive du roi*, a chwenychid yn fawr, i'w ddull ym Mharis.[12] Ar ôl ei farwolaeth, daeth Jacques-Fabien Gautier D'Agoty yn berchen ar ei fraint a honni ei fod wedi datblygu ei broses ychydig ar wahân,[13] a'i fod wedi ychwanegu pedwerydd plât du i gyflymu'r broses. Roedd hyn yn groes i ddamcaniaeth sylfaenol Newton, ond yn cyd-fynd â'i ddamcaniaeth ef ei hun mai du a gwyn yw'r lliwiau cyntefig ac mai rhai eilaidd yw coch, melyn a glas. Ymddengys fod Le Blon ei hun, efallai, wedi cyflwyno plât du, ond mewn ffordd a argyhoeddodd Gautier D'Agoty nad oedd Le Blon yn deall gwirionedd y cydberthnasau rhwng y lliwiau.[14]

Roedd yr angen am dechneg gymharol rad i greu copïau niferus o ddarluniadau anatomegol ar gyfer myfyrwyr meddygol yn cael ei gydnabod ledled Ewrop. Troes gweithdy teulu Gautier D'Agoty at ddatblygu'r farchnad hon, ag ychwanegu lliw'n cynnig dull o wahaniaethu cyhyrau, gwythiennau a rhannau eraill oddi wrth ei gilydd.[15] Ymddengys *privilège du roi* Arnauld Éloi Gautier D'Agoty yn *Cours complet d'anatomie* (sig. *ᵛ). Mae arddull ei ysgythriadau'n arbennig o naturiolaidd, ac mae'n cyflwyno anatomi fel y gallai fod wedi ymddangos yn dilyn un difyniad.[16] Eto, 'the kind of display used in naturalistic illustration relies heavily upon knowing how to read a series of conventions'.[17] Dengys Cynllun XI olwg o flaen y pen mewn pedwar cam o ddifyniad (ffigurau 1, 2, 7 ac 8). Mae pob un o'r ffigurau'n bwrw cysgod ar y cefndir, ac mae dau (7 ac 8) wedi'u lapio yn y llieiniau a ddefnyddid wrth ddifynnu i amsugno gwaed. Gan wrthbwyso realaeth, cynrychiolir y ffigurau o gyrff cyflawn wedi eu blingo, megis Cynllun III, fel y maent yn y corff byw. Dechreuodd y confensiwn o 'anatomeg *fyw*' yn gynnar yn yr unfed ganrif ar

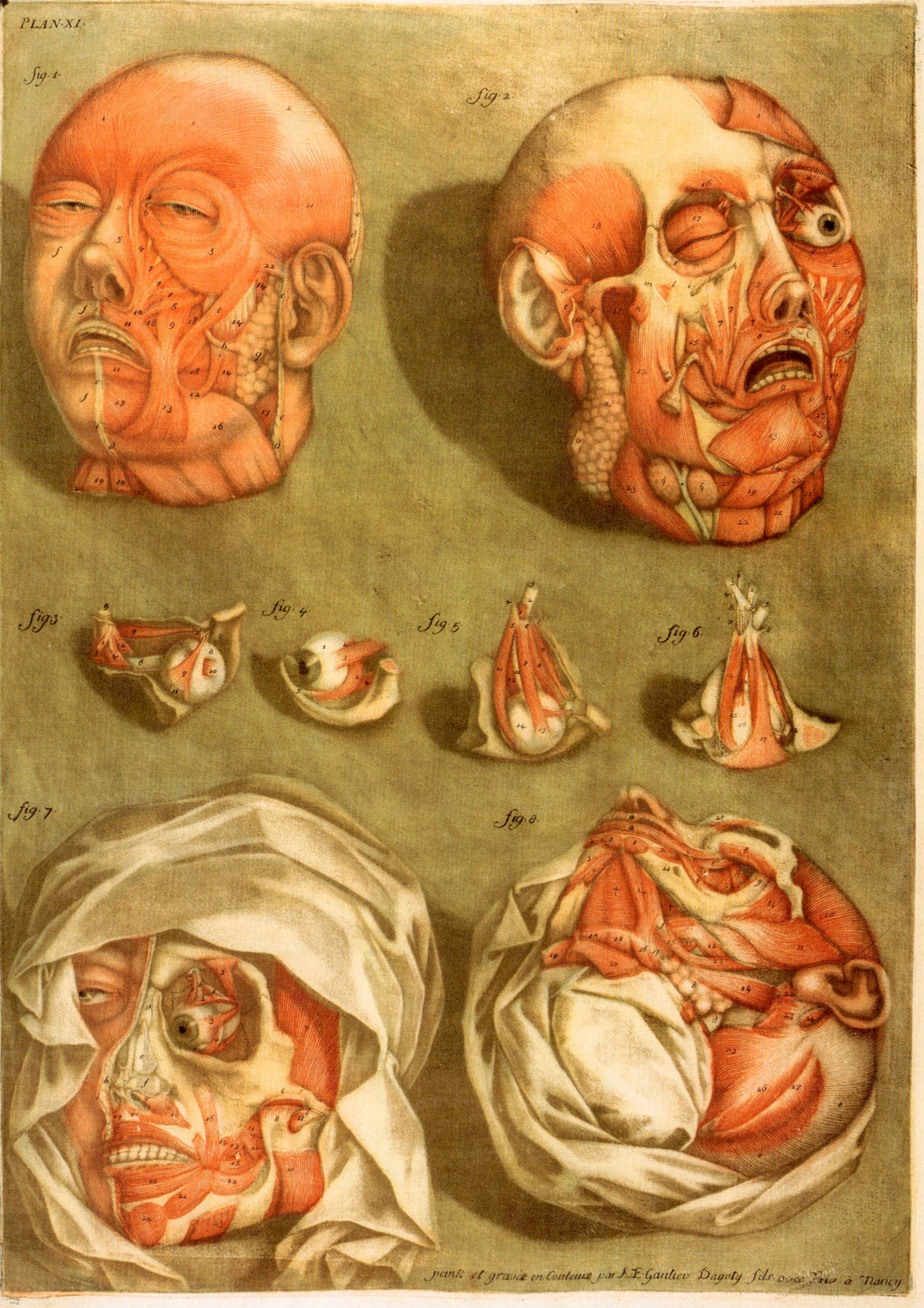
PLAN.XI.
fig.1.
fig.2.
fig.3.
fig.4.
fig.5.
fig.6.
fig.7.
fig.8.
peint et gravée en Couleur par A.E. Gautier Dagoty fils

bymtheg pan na châi'r disgrifiad o'r adeiledd ei wahanu oddi wrth y disgrifiad o swyddogaeth, a threfn anatomegol a phwrpas y corff yn deillio o'r enaid a oedd yn ei fywhau.

Er gwaethaf ei botensial cyfoethog, mae'n amheus a fu ysgythru mesotint lliw erioed yn foddhaol yn ymarferol.[18] Gall mesotint gyfleu ystod gyfoethog o arlliwiau, ond efallai nad dyna'r gelfyddyd ar gyfer realaeth efelychiadol mewn lliw.[19] Nodai *privilège* Le Blon yn benodol addasrwydd y dull lliw at ddarlunio anatomegol,[20] ond er y gellir defnyddio lliw'n effeithiol at ddibenion dysgu anatomeg, ychydig o amrywiaeth naturiol sydd yn lliwiau meinweoedd ar ôl marwolaeth.[21] At hynny, nid oedd y dechneg yn ei chynnig ei hun yn rhwydd i ddangos llawer o fanylder, ac yn ôl Mimi Cazort et al., 'none of the Gautiers ever mastered the scraping and burnishing techniques necessary to bring out the sharp edges and details, techniques then reaching a state of perfection in England'.[22] Felly ni ddaeth ysgythriadau lliw o'r math hwn yn boblogaidd ar gyfer darluniadau meddygol.

*Peter Mitchell*

1 Ceir disgrifiad llyfryddol yn D. J. Culpin, *Catalogue des Ouvrages du Fonds Français, 1601–1850: conservés dans la 'Founders' Library', Université du Pays de Galles, Lampeter*, Introduction, notices et index rédigés par D. J. Culpin, avec la collaboration de Philippe Parker, avec un répertoire des incunables et des éditions du seizième siècle rédigé par Trevor Peach (Cardiff: University of Wales Press, 1996), 724, t. 375.

2 D. T. W. Price, 'Thomas Phillips of Brunswick Square', yn William Marx (gol.), *The Founders' Library, University of Wales, Lampeter, Bibliographical and Contextual Studies: Essays in Memory of Robin Rider, Trivium*, 29–30 (Lampeter: Trivium Publications, 1997), t. 170.

3 Idem, *A History of Saint David's University College Lampeter: Volume 1, to 1898* (Cardiff: University of Wales Press, 1977), tt. 88, 182.

4 Arthur M. Hind, *A History of Engraving & Etching from the 15th Century to the Year 1914: Being the Third and Fully Revised Edition of 'A Short History of Engraving and Etching'* (Boston, Mass.: Houghton Mifflin, 1923; ailargraffwyd New York, N.Y.: Dover, 1963), tt. 309 n. 3, 442.

5 *Bryan's Dictionary of Painters and Engravers*, new edn revised and enlarged under the

supervision of George C. Williamson, 5 cyfrol (Port Washington, N.Y.: Kennikat Press, 1964), II, t. 220; Sarah Lowengard, *The Creation of Color in 18th-century Europe* (New York, N.Y.: Columbia University Press, 2007), pennod 12; Deanna Petherbridge (gol.), *The Quick and the Dead: Artists and Anatomy* (London: The South Bank Centre, 1997), t. 88.

6 Mimi Cazort, Monique Kornell a Bruce Hugh Russell, 'Catalogue of works', yn Mimi Cazort, Monique Kornell a K. B. Roberts, *The Ingenious Machine of Nature: Four Centuries of Art and Anatomy* (Ottawa: National Gallery of Canada, 1996), t. 228. Enwir yr anatomydd yn anghywir fel Guichard Joseph Duverney, a fu farw yn 1730, yn Petherbridge (gol.), *The Quick and the Dead*, t. 88, ac yn Philip Oldfield a Richard Landon, *Ars Medica: Medical Illustration through the Ages* (Toronto: University of Toronto Press, 2006), t. 52.

7 Lowengard, *The Creation of Color in 18th-century Europe*, pennod 12.

8 Hind, *A History of Engraving & Etching from the 15th Century to the Year 1914*, t. 307.

9 Royal College of Surgeons, 'Jacques-Fabien Gautier D'Agoty – *Exposition anatomique des organs des sens*, 1775'. *https://www.rcseng.ac.uk/library-and-publications/library/blog/jacques-fabien-gautier-dagoty-exposition/* (cyrchwyd 17 Mawrth 2022).

10 Hind, *A History of Engraving & Etching from the 15th Century to the Year 1914*, tt. 307, 310.

11 John L. Thornton a Carole Reeves, *Medical Book Illustration: A Short History* (Cambridge: The Oleander Press, 1983), t. 78.

12 S. T. Prideaux, *Aquatint Engraving: A Chapter in the History of Book Illustration* (London: W. and G. Foyle, 1968), t. 36.

13 Hind, *A History of Engraving & Etching from the 15th Century to the Year 1914*, t. 309.

14 Prideaux, *Aquatint Engraving*, t. 36; Thornton a Reeves, *Medical Book Illustration*, t. 78; Hind, *A History of Engraving & Etching from the 15th Century to the Year 1914*, t. 308; Lowengard, *The Creation of Color in 18th-century Europe*, pennod 12.

15 Lowengard, *The Creation of Color in 18th-century Europe*, pennod 12.

16 Carol Déry, 'Reading the body: Materia Medica in the Founders' Library', yn Peter Mitchell (gol.), *The Nature and Culture of the Human Body: Lampeter Multidisciplinary Essays, Trivium*, 37 (Lampeter: Trivium Publications, 2007), t. 106.

17 Martin Kemp, '"The mark of truth": looking and learning in some anatomical illustrations from the Renaissance and eighteenth century', yn W. F. Bynum a Roy Porter (goln), *Medicine and the Five Senses* (Cambridge: Cambridge University Press, 1993), t. 87.

18 Prideaux, *Aquatint Engraving*, t. 37.

19 Hind, *A History of Engraving & Etching from the 15th Century to the Year 1914*, t. 310; Martin Kemp a Marina Wallace, *Spectacular Bodies: The Art and Science of the Human Body from Leonardo to Now* (Berkeley, Calif.: University of California Press, 2000), t. 52.

20 Cazort, Kornell a Russell, 'Catalogue of works', t. 226.

21 Thornton a Reeves, *Medical Book Illustration*, t. 78.

22 Cazort, Kornell a Russell, 'Catalogue of works', t. 226.

# Gwibdaith i Dalmatia

**Robert Adam, *Ruins of the Palace of the Emperor Diocletian at Spalatro in Dalmatia* (s.l.: printed for the author, 1774)**

Roedd y pensaer a'r cynllunydd Robert Adam (1728–92) yn un o brif ladmeryddion yr arddull Neoglasurol, a ysbrydolwyd gan gelfyddyd a diwylliant 'Clasurol' Groeg a Rhufain yr henfyd.

Penseiri yn yr Alban oedd teulu Adam; roedd ei dad, William, a'i frodyr, John a James, i gyd yn aelodau o'r proffesiwn hwnnw. Astudiodd Robert ym Mhrifysgol Caeredin, cyn ymuno â swyddfa ei dad yn 1746. Wyth mlynedd yn ddiweddarach, yn 1754, aeth ar y Daith Fawr, gyda'r bwriad o'i addysgu ei hun yng nghelfyddyd a phensaernïaeth y byd clasurol. Yn y cyfnod hwn, ystyrid bod y rhan fwyaf o benseiri ar yr un lefel ag adeiladwyr a masnachwyr eraill, ond, mewn gwrthgyferbyniad, gobeithiai Adam fedru dal ei dir gyda'i noddwyr aristocrataidd fel cydradd deallusol a oedd wedi teithio'n helaeth.

Ar ôl treulio peth amser yn Ffrainc, cyrhaeddodd Adam Fflorens ar 30 Ionawr 1755 a Rhufain ar 24 Chwefror 1755. Roedd yn dal i fod yn ymwybodol o'i statws cymdeithasol cymharol isel, gan ysgrifennu adref, 'If I am known in Rome to be an Architect, if I am seen drawing or with a pencil in my hand, I cannot enter into genteel company.' Er ei fod ynddo'i hun yn benderfynol o edrych a dysgu, hyfforddiant ar gyfer diletant dawnus yn hytrach nag artist proffesiynol a gawsai. Yn Fflorens, daeth i adnabod pensaer o Ffrainc o'r enw Charles-Louis Clérisseau. Daeth Clérisseau yn *cicerone* i Adam, gan fod yn gyfuniad o dywysydd hynafiaethol ac athro peintio dyfrlliwiau a lluniadu. Yn ogystal â hyn, astudiodd Adam sut i ddylunio tirwedd gyda Jean-Baptiste Lallemand a chyfansoddiad pensaernïol gyda Laurent-Baptiste Dewez. Daeth hefyd yn gyfaill agos i'r pensaer-ysgythrwr adnabyddus Giambattista Piranesi. Ar 21 Mehefin 1755, ysgrifennodd Adam, 'Piranesi who is I think the most extraordinary fellow I ever saw is become immensely intimate with me . . . and says that I have more genius for the true noble architecture than any Englishman ever was in Italy.'

Casglodd Adam hefyd dîm o ddrafftsmyn ifanc i weithio ar nifer o brosiectau hynafiaethol mawreddog. Gwyddai mai drwy archaeoleg y gallai gael eraill i sylwi arno fel pensaer; os gallai gyhoeddi gwaith hynafiaethol wedi'i gyflwyno'n gain, byddai hynny'n 'a great puff, conducive to raising all at once one's name and character'. Gan nad oedd ganddo'r amser na'r arian i ymweld â Groeg neu'r Dwyrain Canol,



Charles-Louis Clérisseau, *View of the Inside of the Temple of Jupiter*, 1764, ysgythrwyd gan D. Cunego

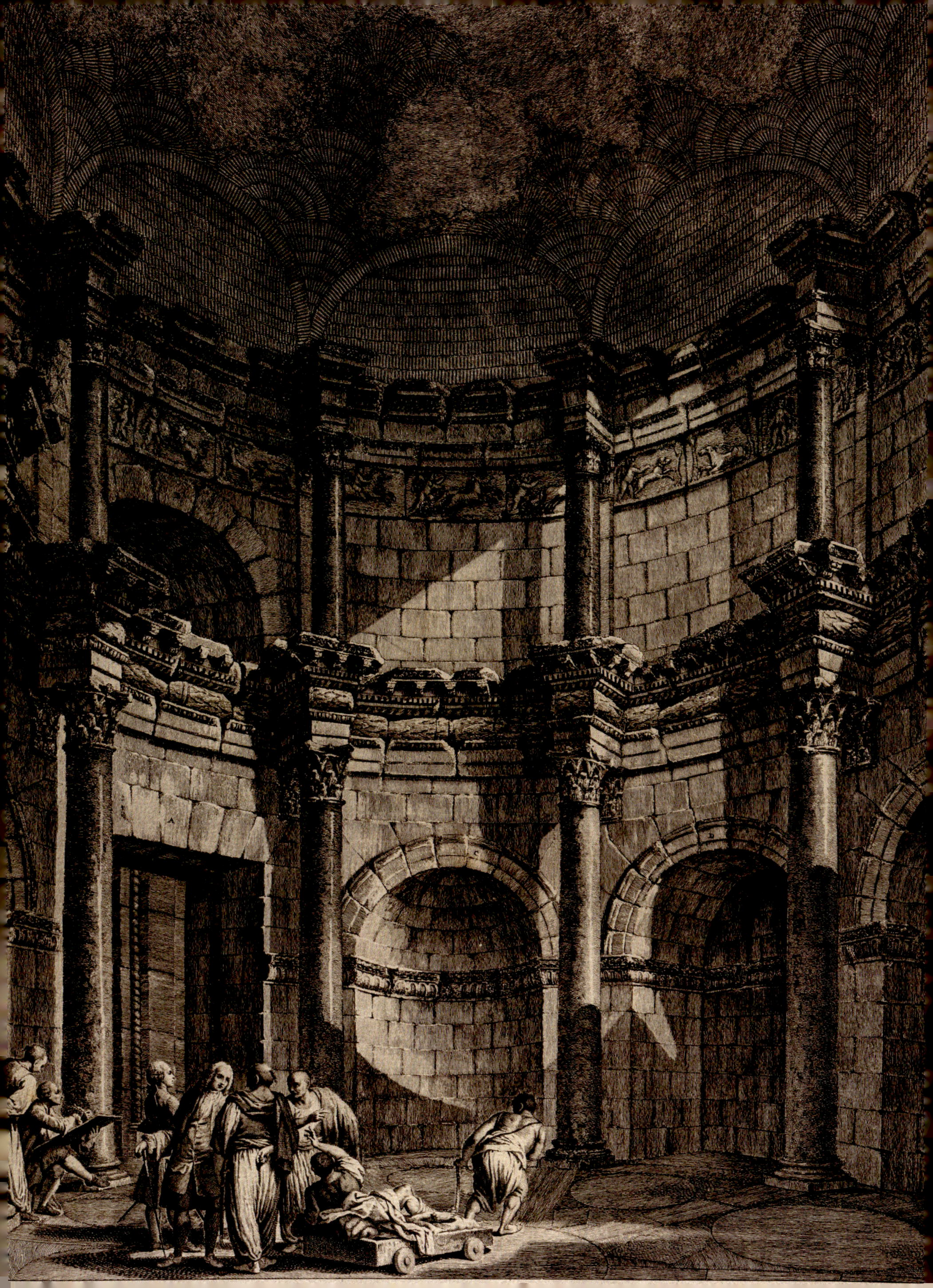

penderfynodd Adam fynd ar wibdaith i Dalmatia ac i balas yr Ymerawdwr Diocletian yn Spalatro (sef Split erbyn hyn). Yr adeg honno, nid oedd y safle wedi'i ddogfennu ac ychydig a wyddai am y lle.

Roedd Diocletian wedi adeiladu ei balas enfawr ar gyfer ei ymddeoliad o fywyd cyhoeddus; mae'n debyg iddo gael ei gwblhau tua 305 OC. Yn wreiddiol, roedd y palas ar ffurf petryal mawr ac iddo dyrau cornel a muriau uchel. Yn y canol roedd cwrt bwaog â phendistiau, ac ar un ochr iddo roedd teml wythonglog i Iau, sef beddrod Diocletian ei hun maes o law. Fodd bynnag, roedd y palas mor fawr (naw erw a hanner) fel yr adeiladwyd y dref ddiweddarach o fewn ei furiau. A hwythau wedi gorfod ffoi rhag yr Afariaid, meddiannodd trigolion tref Salona y palas a'i droi'n dref gaerog. Addaswyd ac ailddefnyddiwyd yr adeiladau gwreiddiol; daeth y cyrtiau yn rhwydwaith o strydoedd a daeth teml Iau yn eglwys gadeiriol.

Gyda dau ddrafftsmon, llwyddodd Adam a Clérisseau i wneud arolwg rhesymol o'r dref mewn pum wythnos yn unig ym misoedd Gorffennaf ac Awst 1757. Mae'n amlwg i'r gwaith gael ei wneud i amserlen dynn. Ar ben hyn, arafwyd y gwaith gan amheuon awdurdodau Fenis fod Adam yn ysbïwr, yn gwneud arolwg o'r amddiffynfeydd. Er hyn, lluniodd Clérisseau ddarluniau o'r golygfeydd yn ogystal â lluniadau mewn persbectif a rhai topograffig o'r prif adeiladau a'r treflun. Gellid tybio mai'r ddau ddrafftsmon a wnaeth y darluniau mesuredig, a'r rheiny maes o law yn rhan bwysig o gyhoeddiad Adam. Byddai brasluniau a wnaed ar y safle yn cael eu datblygu'n lluniau gorffenedig maes o law.

Dychwelodd Adam i Brydain ym mis Ionawr 1758. Fodd bynnag, aeth saith mlynedd heibio cyn cyhoeddi ei lyfr. Yn Fenis, Clérisseau oedd yn gyfrifol am oruchwylio'r gwaith o ysgythru'r platiau, gyda chymorth brawd iau Adam, sef James. (Yn ôl Bryant, gellid yn hawdd roi'r clod am y gyfrol orffenedig i Clérisseau, yn hytrach nag Adam!)[1] Yn y cam hwn, golygwyd llawer o'r lluniadau gwreiddiol; yn aml, ychwanegwyd grwpiau o ffurfiau pobl i roi effaith atmosfferig. Yna, byddai'n rhaid gwirio proflenni'r ysgythriadau un ai yn erbyn y lluniadau gwreiddiol neu yn erbyn cof Adam yn Llundain neu gof Clérisseau yn Fenis. Ymhen hir a hwyr cludwyd y platiau copr o Fenis i Lundain, ac yno ychwanegwyd teitlau a llythrennau allweddol. Cefnder Adam, yr hanesydd William Robertson, a gyfrannodd y rhagair a hynny'n gyfnewid am ddeg casyn o ddiod clared. Ysgrifennodd Adam ei hun sylwadau ar y gwahanol blatiau.

Yr wynebddarlun, 1764, ysgythrwyd gan F. Bartolozzi

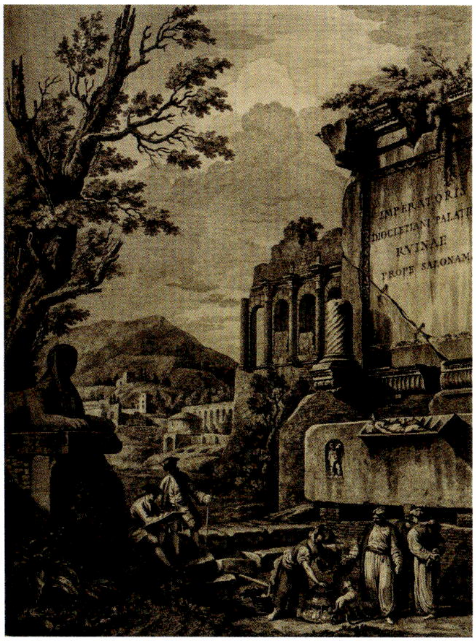

Ymddengys mai prif nod Adam wrth gyhoeddi ei gyfrol oedd dod yn enwog. Ei fwriad oedd creu argraff ar ddarpar gleientiaid gyda'i ysgolheictod, ei chwaeth a'i ddawn i ddefnyddio gwersi o'r gorffennol. Fel awdur llyfr archaeolegol, roedd disgwyl iddo gyfaddawdu drwy gyfuno gwaith ysgolheigaidd â ffolio ddarluniadol. Yn ei gyhoeddiad, mae golygfeydd yn cael eu cyflwyno am yn ail â darluniau mesuredig o fowldinau cornis a gwaelod colofnau. Mae platiau eraill yn rhoi ymdeimlad o'r 'mieri lle bu mawredd': darlunnir pobl leol, gyffredin yn coginio ymhlith yr adfeilion neu'n gorweddian ar golofnau wedi torri. Weithiau, mae nodwedd neu fanylyn wedi'i symud i greu effaith. Yn ogystal â phortreadu'r hyn a welodd pan oedd yno, ceisiodd Adam ail-greu darlun o sut yr edrychai'r palas yn wreiddiol.

Roedd y gwaith gorffenedig yn cynnwys 61 o blatiau, ac o'r rhain roedd 47 yn portreadu golygfeydd ac 14 yn dangos cynlluniau, gweddluniau a rhannau gwahanol. Llofnodwyd y rhan fwyaf o'r platiau gan eu hysgythrwyr, ond nid gan Clérisseau. Mae Adam fel petai'n awgrymu mai ef oedd yn gyfrifol am y darluniadau, ond heb ddatgan hynny'n benodol. Ymddengys bod Adam wedi defnyddio hierarchaeth lliwiau ar gyfer y rhwymo: derbyniai perchenogion brenhinol gopïau â rhwymiad coch o groen gafr, tra defnyddid lledr glas ar gyfer Marchogion y Gardas a gwyrdd ar gyfer Marchogion yr Ysgallen. Roedd copïau ar gyfer cyfoethogion cyffredin wedi'u rhwymo'n frown.

Mae'r gyfrol wedi'i chyflwyno i Siôr III. Efallai fod Adam yn tybio (yn anghywir) y byddai canmol gwybodaeth a chwaeth bensaernïol y brenin yn helpu i sicrhau comisiwn iddo gynllunio palas brenhinol newydd. Ar frig y rhestr o dros bum cant o danysgrifwyr yr oedd enw Ffredrig Fawr, brenin Prwsia (ac fe anfonodd Adam gopi ato).

Erbyn cyhoeddi *Ruins of the Palace of the Emperor Diocletian . . .*, roedd Adam wedi ymsefydlu ar frig ei broffesiwn. Aeth ymlaen i greu arddull a oedd yn rhwydd i'w adnabod yn syth, ac arddull a adwaenir wrth ei enw ef.

Cafwyd copi Llyfrgell Roderic Bowen yn rhodd gan Thomas Phillips yn 1845.

*Ruth Gooding*

1 Julius Bryant, *Robert Adam 1728–92: Architect of Genius* (London: English Heritage, 1992).

# Anrheg Ben Blwydd gan Hoff Fodryb

**Arnaud Berquin, *L'ami de l'adolescence* (Paris: Au Bureau de l'Ami des Enfants, 1784–5)**

Yn Llyfrgell Roderic Bowen mae tair cyfrol fechan o gyfnodolion Ffrangeg i blant, un wedi'i llofnodi gan Jane Austen a dwy gan ei chwaer Cassandra.

Awdur y cyfrolau oedd Arnaud Berquin (1747–91), awdur straeon moesol ac un o awduron plant mwyaf adnabyddus ei ddydd, yng ngwledydd Prydain yn ogystal â Ffrainc. Cafodd Berquin ei eni yn Bordeaux yn fab i fasnachwr, a'i addysgu yng ngholeg y Jeswitiaid yno. Symudodd i Baris tua 1770. Roedd yn gallu ymwneud yn dda â phlant er na fu iddo briodi erioed.

Lansiodd Berquin ei gyhoeddiad *L'ami des enfans* ym mis Rhagfyr 1782. Roedd wedi'i anelu at blant dan un ar ddeg oed; fe'i gwerthid drwy danysgrifiad a'i gyhoeddi'n fisol mewn pedwar rhifyn ar hugain. Dilynodd hwnnw â *L'ami de l'adolescence* oedd wedi'i anelu at blant ychydig hŷn, a gyhoeddwyd rhwng mis Medi 1784 a mis Gorffennaf 1785.

Gweithiau i'w darllen gan y teulu cyfan fel profiad ar y cyd oedd y rhain; roedd ei ddramodigau ar gyfer eu perfformio gan rieni a phlant gyda'i gilydd fel 'gŵyl deuluol'. Ei brif gyfryngau oedd y ddramodig a'r stori fer mewn iaith syml, ac roedd realaeth yn bwysig iddo. Y cefndir yw'r dosbarth canol llewyrchus. Roedd Berquin yn hepgor cyfeiriadau at fytholeg, chwedlau a straeon tylwyth teg, ac eglurodd mai dim ond yr hyn fyddai'n digwydd neu a allai ddigwydd o fewn terfynau eu teuluoedd y byddent yn ei weld.[1] Dywedodd hefyd mai bwriad ei ddramodigau oedd dod â phlant o'r ddau ryw ynghyd er mwyn creu'r undod a'r agosatrwydd hwnnw y byddai'n falch o'i weld yn bodoli rhwng brodyr a chwiorydd.[2] Plant oedd llawer o'i gymeriadau, a disgrifiai ddigwyddiadau bob dydd cymharol ddibwys, pethau y gallai ei ddarllenwyr ifainc fod wedi dod ar eu traws eisoes. Ceisiai

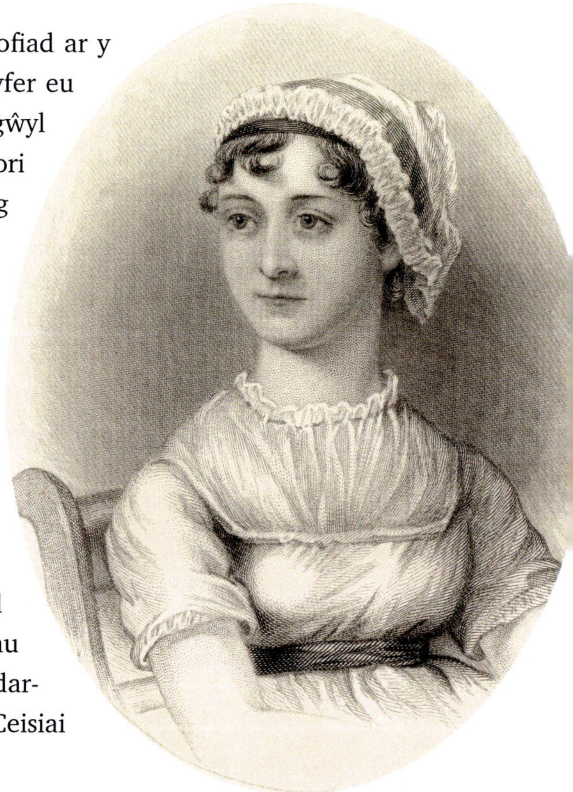

Yn seiliedig ar James Andrews, *Jane Austen*, c.1870, yn dilyn y portread gan Cassandra Austen

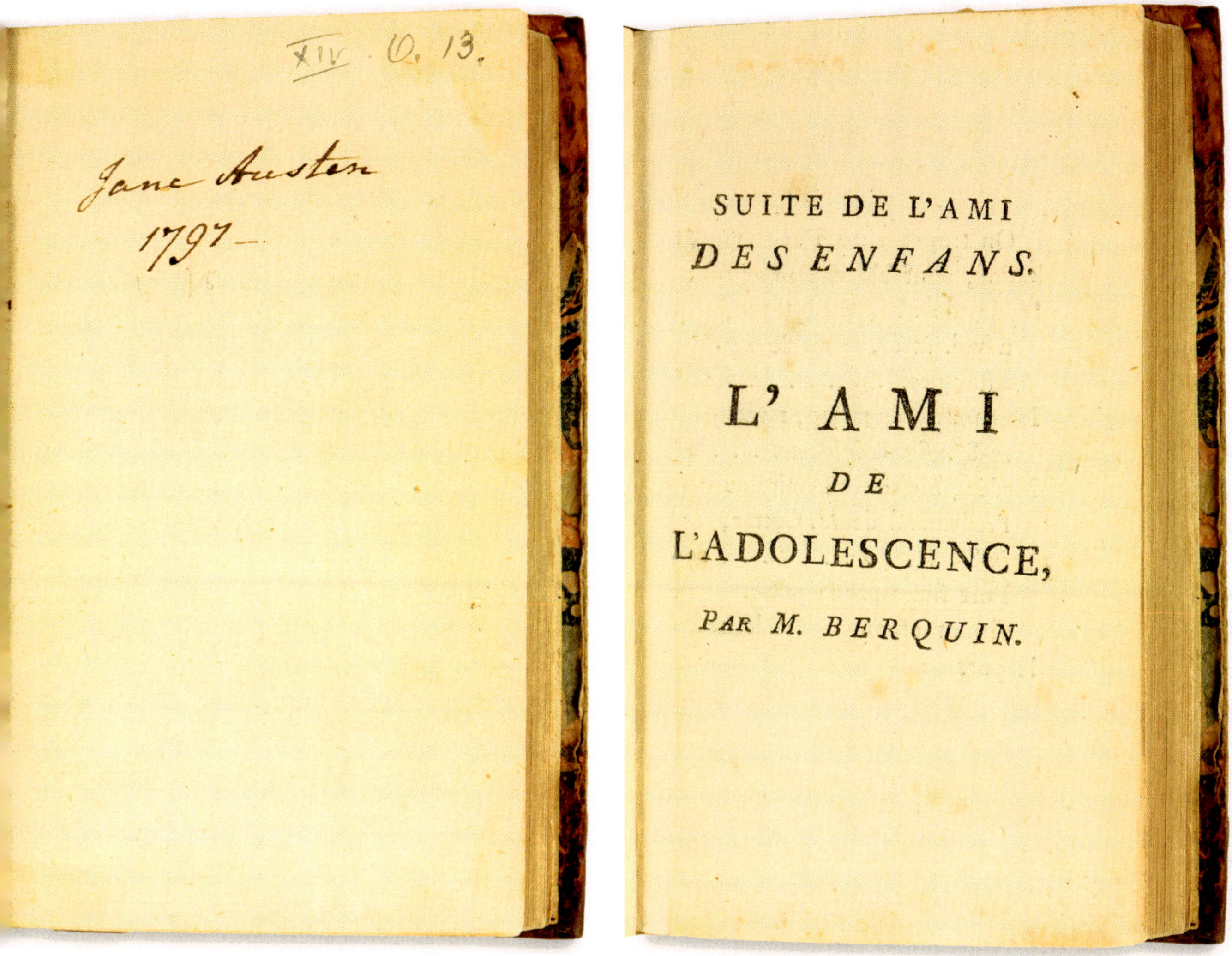

Llofnod Jane Austen a'r dudalen deitl

annog haelioni, caredigrwydd at weision ac anifeiliaid, elusengarwch tuag at y tlawd a gwaith caled. Mae diffygion ei gymeriadau'n cael eu dinoethi a'u cywiro; yn aml, maen nhw'n dysgu o brofiad. O dan ddylanwad Rousseau, roedd ei agwedd foesol yn un optimistaidd. Roedd yn gweld plant fel bodau hydrin tu hwnt, a da yn eu hanfod; gellid newid hyd yn oed y plant anoddaf. Gan eu bod yn gwybod y gwahaniaeth rhwng da a drwg wedi i'w sylw gael ei dynnu ato, doedd dim angen pregethu wrthynt. Roedd hyn yn golygu bod fformiwla Berquin yn plesio rhieni a phlant fel ei gilydd. Barnwyd bod ei weithiau yn cynnig dewis amgen llesol yn hytrach na'r deunydd di-chwaeth, anweddus, a chyfeiliornus weithiau, oedd i'w gael yn y llyfrynnau rhad oedd o fewn cyrraedd plant ac yn aml yn cael eu darllen gan weision lled-lythrennog.

Cyfieithwyd gwaith Berquin i'r Saesneg yn fuan iawn; ymddangosodd *The Children's Friend* o fis Tachwedd 1783 ymlaen, fesul dau rifyn y mis. Yn ogystal â hynny, cyhoeddwyd argraffiad Ffrangeg yn Llundain yn 1783 ac 1784, gyda'r nod o helpu plant gwledydd Prydain i ddysgu Ffrangeg. Gwerthai pedair cyfrol y fersiwn Ffrangeg am ddeg swllt, a'r cyfieithiad Saesneg am wyth swllt. Yn fuan wedi hynny, dilynodd *The Friend of Youth,* cyfieithiad Saesneg o *L'ami de l'adolescence*. Honnodd Maria Edgeworth fod *The Children's Friend* i'w gael ym mhob tŷ lle ceid plant.[3]

Gallai Jane Austen (1775–1817) ddarllen Ffrangeg yn rhwydd, er na ddysgodd ei siarad yn rhugl o bell ffordd. Gwyddys iddi fod yn berchen ar sawl rhifyn Ffrangeg o gyfres Berquin. Ymddengys mai anrheg ben blwydd iddi yn un ar ddeg oed oedd ei chopïau o *L'ami des enfans*, a hynny gan ei modryb Philadelphia Hancock a'i merch Eliza. (Roedd ei phriodas â gŵr bonheddig o Ffrainc yn golygu bod Eliza bellach yn Comtesse Eliza de Feuillide. Byddai Austen yn gyfeillgar â hi hyd at farwolaeth Eliza yn 1813.) Byddai Eliza'n mwynhau perfformiadau theatr preifat, ac mae'n bosib bod ganddi ddiddordeb arbennig yn yr agwedd hon ar Berquin. Fodd bynnag, roedd Austen hefyd yn ysgrifennu dramodigau; mae Paula Byrne hyd yn oed yn awgrymu bod Austen wedi parodïo gweithiau Berquin yn ei dramodig 'The visit', a luniodd pan oedd yn ferch ifanc.[4] Mae 'Little fiddler' Berquin yn portreadu ymweliad cymdeithasol lle caiff dyn ifanc ei ddiarddel o'i gylch teuluol oherwydd ei anghwrteisi tuag at ei chwaer a'i hymwelwyr. Mewn cyferbyniad, yn 'The visit', mae Austen yn dychanu moesddefodau'r ystafell fwyta; mae ei chymeriadau'n gwneud cyflwyniadau ffurfiol, rhwysgfawr i'w gilydd, cyn sylweddoli nad oes digon o gadeiriau i bawb eistedd arnynt.

Yn Llyfrgell Roderic Bowen ceir tair cyfrol o *L'ami de l'adolescence,* sy'n cynnwys pedwar ar ddeg o'r rhifynnau a gyhoeddid bob pythefnos; eiddo Jane Austen a'i chwaer Cassandra oedd y rhain gynt. Mae'r drydedd gyfrol, sy'n cynnwys rhifynnau 1785, wedi'i llofnodi'n daclus 'Jane Austen 1797–' ar y dudalen weili flaen. Felly, mae'n ymddangos yn debygol mai yn ddiweddarach y daeth y gyfrol i feddiant Austen, pan oedd yn ei hugeiniau cynnar. Mae gennym hefyd ddwy gyfrol arall, sy'n cynnwys rhifynnau 1784. Mae Cassandra wedi llofnodi'r rhain fel 'Cass Elizth Austen'. Awgrymodd David Gilson, llyfryddwr Jane Austen, ei bod yn bosib mai Jane oedd biau'r rhain hefyd a bod Cassandra wedi eu llofnodi ar ôl marwolaeth annhymig ei chwaer.[5] Dim ond 13 cm wrth 9 cm yw maint y tri llyfr, sydd wedi'u hargraffu ar ffurf cyfrolau bychain i weddu i ddwylo bychain. Mae pob un wedi'i rwymo'n rhannol mewn lledr llo, yn ôl y ffasiwn, â chloriau brith.

Daw'r eitemau hyn o gasgliad David Salmon (1852–1944), pennaeth Coleg Hyfforddi Abertawe rhwng 1892 ac 1932. Roedd Salmon yn addysgwr ac yn llyfrbryf mawr, a bu'n casglu llyfrau ar hyd ei oes.

*Ruth Gooding*

1 Richard De Ritter, 'From wild fictions to accurate observations: domesticating wonder in children's literature of the late eighteenth century', yn A. O'Malley (gol.), *Literary Cultures and Eighteenth-Century Childhoods* (Cham: Springer, 2019). *https://eprints.whiterose.ac.uk/132589/1/De%20Ritter%2C%20Domesticating%20Wonder.pdf* (cyrchwyd 26 Ebrill 2021).

2 Paula Byrne, *Jane Austen and the Theatre* (London: Hambledon Continuum, 2002).

3 Joyce Hemlow, 'Fanny Burney and the courtesy books', *PMLA,* 65/5 (1950), 732–61. *https://www.jstor.org/stable/459572* (cyrchwyd 26 Ebrill 2021).

4 Byrne, *Jane Austen and the Theatre.*

5 David Gilson, *A Bibliography of Jane Austen* (Winchester: St Paul's Bibliographies, 1997).

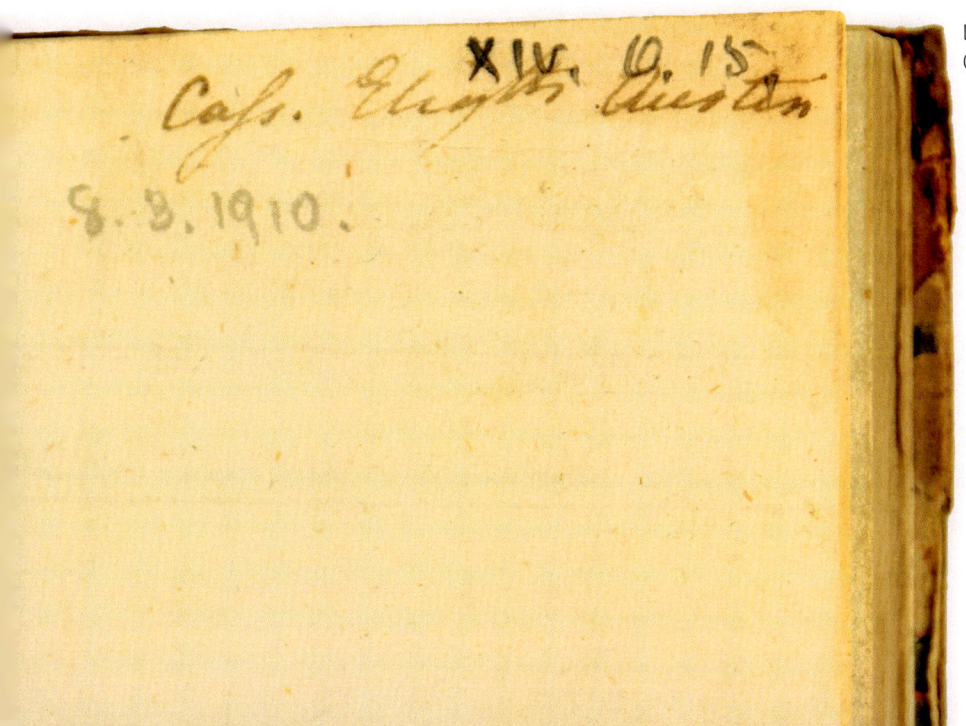


Llofnod
Cassandra Austen

# Dyddlyfr Llawfeddyg y 'Llynges Gyntaf'

**John White, *Journal of a voyage to New South Wales with sixty-five plates of non descript animals, birds, lizards, serpents, curious cones of trees and other natural productions* (London: Printed for J. Debrett, 1790)**

John White (?1756–1832) oedd prif lawfeddyg yr alltaith a sefydlodd wladfa benyd ym Mae Botany.

Ymddangos i White gael ei eni yn swydd Fermanagh yng nghanolbarth Iwerddon. Ymunodd â'r llynges ar 26 Mehefin 1778, gan ddod yn drydydd is-lawfeddyg ar HMS *Wasp*. Cafodd ei ddiploma gan Gwmni'r Llawfeddygon dair blynedd yn ddiweddarach. Aeth ei wasanaeth morwrol ag ef i India ac India'r Gorllewin, cyn iddo ddod yn llawfeddyg yr *Irresistible* ym mis Mehefin 1786. Yn fuan wedyn, cafodd ei ddewis yn brif lawfeddyg alltaith y Llynges Gyntaf i sefydlu gwladfa benyd ym Mae Botany.

Ar 13 Mai 1787, hwyliodd un llong ar ddeg, o dan arweiniad y Capten Arthur Phillip, am arfordir dwyreiniol Awstralia. Roedd bron i bymtheg cant ar fwrdd y llong, ac ychydig dros eu hanner yn garcharorion. Roedd llawer o'r rhain yn wael eu hiechyd oherwydd eu carchariad a'u deiet gwael o fwydydd wedi'u halltu. Trefnodd White i gig a llysiau ffres gael eu cynnig am beth amser cyn iddynt hwylio. Ar y llong, sicrhaodd fod sylw'n cael ei roi i lanweithdra ac ymarfer corff rheolaidd. Yn y pen draw, dim ond wyth a deugain a fu farw ar y fordaith allan, a barodd wyth mis. Hwyliodd y llongau i Tenerife, yna ar draws Cefnfor Iwerydd i Rio de Janeiro ac yna'n ôl i Cape Town. Yn y diwedd, fe groeswyd Cefnfor India i gyrraedd De Cymru Newydd. Glaniwyd ym Mhort Jackson ym Mae Botany ym mis Ionawr 1788, a hithau'n ganol haf yn y de. Cododd y Llywodraethwr Phillip bolyn baner yn Sydney Cove ar 26 Ionawr 1788 (sef gwreiddiau Diwrnod Awstralia).

Wedi i'r llynges lanio, adeiladodd White, fel llawfeddyg, bebyll i'r cleifion a oedd 'soon filled with patients afflicted with the true camp dysentery and the scurvy'. Prin oedd cyflenwadau meddygol ac roedd y deiet yn annigonol. Roedd White ac un o'i lawfeddygon cynorthwyol, Denis Considen, yn naturiaethwyr amatur a byddent yn treulio tipyn o amser yn chwilio'r prysglwyn am blanhigion bwytadwy. Yr un pryd, byddent yn casglu samplau o anifeiliaid a phlanhigion i'w hastudio gan wyddonwyr Prydain. Bu White hefyd yn cadw cwmni i Phillip ar archwiliadau ymhellach i mewn i'r tir.



Sarah Stone,
*The White Fulica*, 1789

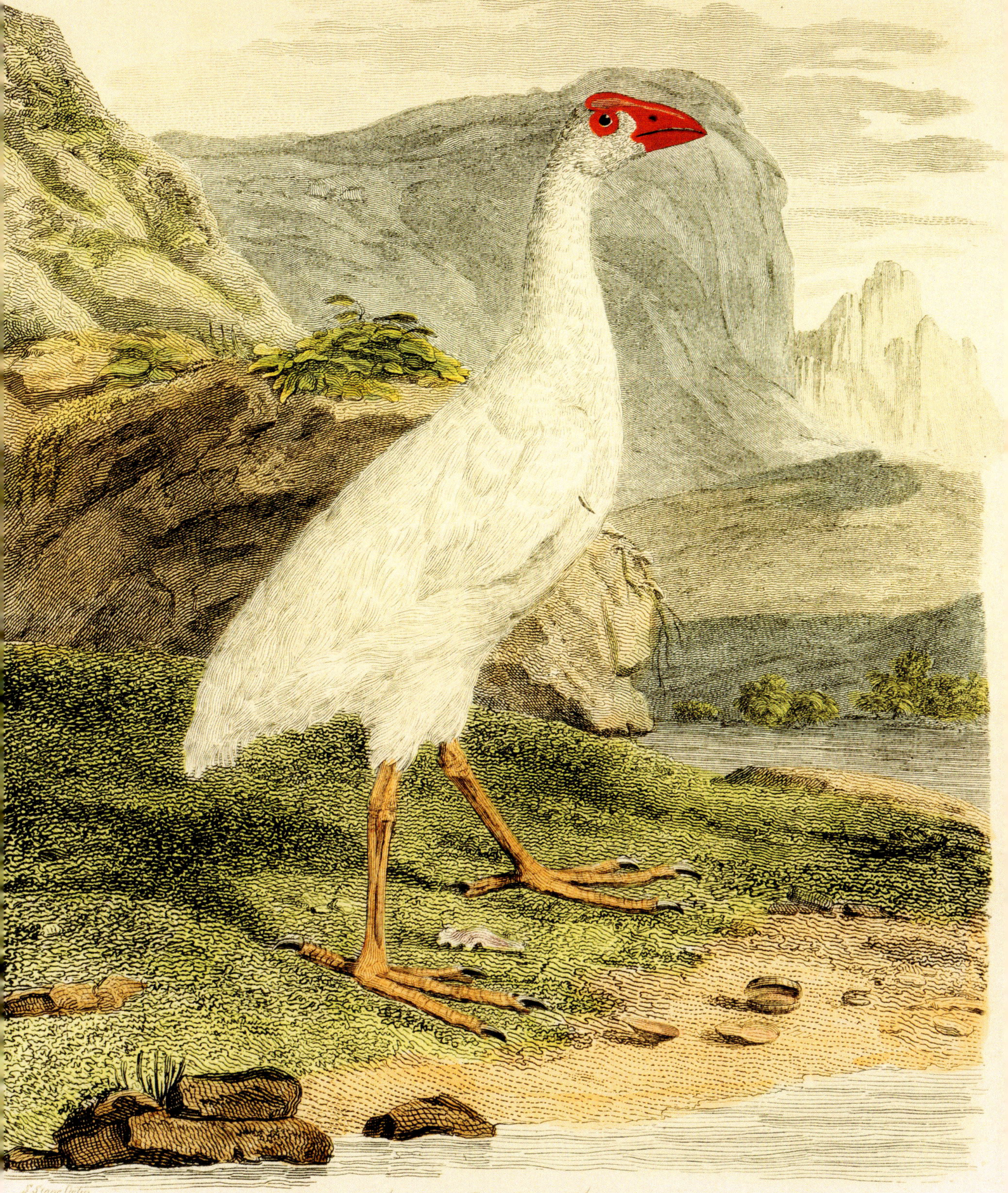

J. Stone Delin

*The White Fulica.*

Roedd bywyd yn y wladfa newydd yn galed. Roedd disgwyl i'r carcharorion, oedd yn cael eu rheoli gan bedwar cwmni o fôr-filwyr, ddod yn gymuned hunangynhaliol o dyddynwyr. Roedd y Llynges Gyntaf wedi cludo da byw yno, yn ogystal â hadau ac eginblanhigion, offer amaethyddol a digon o fwyd am ddwy flynedd. Erbyn mis Ebrill 1790, cynnwys y dogn wythnosol oedd cilogram o borc hallt brau, cilogram o reis oedd yn berwi o widdon, a chilogram o hen flawd. Disgrifiodd White y wlad fel un 'so forbidden and so hateful, as only to merit execrations and curses'. Roedd ymhlith y rhai a gynigiodd bysgota bob yn ail noson i ychwanegu at y dognau. Cyrhaeddodd yr Ail Lynges yn 1790, gan ddod â chyflenwadau gyda hi; fodd bynnag, roedd tua phum cant o'r carcharorion a laniodd gyda hi naill ai ar fin marw neu'n ddifrifol wael. Gofalodd White a'i gynorthwywyr amdanynt, a llwyddo i adfer iechyd mwy na'u hanner. Glaniodd y Drydedd Llynges yng nghanol 1791. Yn raddol, fe ddaeth y sefyllfa'n haws. Erbyn diwedd 1792, roedd 600 hectar wedi'u hau, a gerddi ffrwythau a llysiau yn tyfu'n braf.

Dechreuasai White ysgrifennu mewn dyddlyfr pan adawodd Lundain ym mis Mawrth 1787; parhaodd i wneud hynny hyd at 11 Hydref 1788. Fe'i disgrifiwyd gan Ford fel 'the vivid observations of a doctor whose work takes him among all sections of the community, and an enthusiastic naturalist dropped into a new world'.[1] Yn ystod y fordaith, byddai White yn gwneud sylw ar unrhyw beth yn ymwneud ag iechyd y cyhoedd. Adroddodd am dranc sawl carcharor, ynghyd ag achosion y marwolaethau: clwy'r dŵr, iselder ysbryd a nychdod, y felan a chaethiwed am amser maith, ac ati. Disgrifiodd ei waith yn trin ei gyd-longwyr oedd yn dioddef o'r llwg, a gwnaeth sylwadau ar ddogni dŵr, gan awgrymu na ddylai pobl ar fordeithiau hirion byth gael eu rhoi ar lwfans cyfyngedig o ddŵr.

Pan gyrhaeddodd Dde Cymru Newydd, aeth ati i ddisgrifio byd natur lleol, ochr yn ochr ag ysgrifennu am y wladfa newydd. Roedd ei arsylwadau'n cynnwys nodiadau ar briodweddau meddyginiaethol planhigion a choed lleol. Gwelodd fod gwm o'r goeden ewcalyptws yn 'fuddiol iawn' wrth drin dysentri ac y gallai cyrens brodorol wella'r llwg. Gwnaeth White sylwadau hefyd ar ffordd o fyw'r bobl frodorol. Ddeng mis ar ôl i'r Llynges Gyntaf lanio, anfonodd ei lawysgrif at Thomas Wilson, a'i paratôdd ar gyfer ei chyhoeddi. Cyhoeddwyd ei *Journal of a voyage to New South Wales* fel cyfrol bedwarplyg hardd yn gynnar yn 1790. Mae'r dudalen deitl yn cynnwys portread bychan o olygfa o Port Jackson, wedi'i dynnu o un o luniau White. Darluniwyd y llyfr yn helaeth gyda phump a thrigain o ysgythriadau copr, o blanhigion ac anifeiliaid

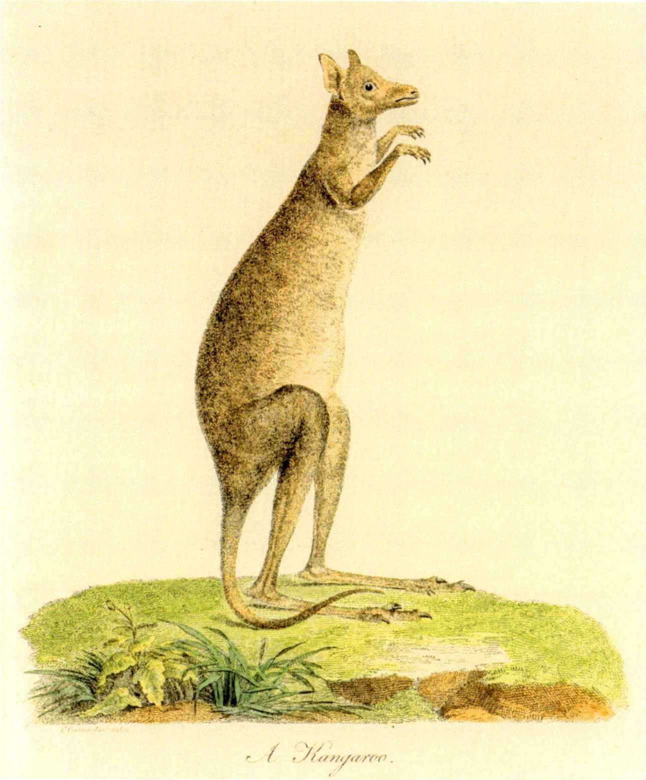

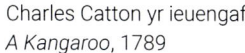

Charles Catton yr ieuengaf,
*A Kangaroo*, 1789

nodedig Awstralia yn bennaf. Tynnwyd y lluniau hyn yng ngwledydd Prydain o samplau yr oedd White wedi'u hanfon adref. Mae atodiad hir, sy'n disgrifio samplau swolegol a botanegol, gan gynnwys y cangarŵ. Ysgrifennwyd y disgrifiadau gan arbenigwyr o Saeson, gan gynnwys John Hunter. Mae'r llyfr yn gorffen gyda 'A diary of the winds, weather, temperature of the air, &c.' ar y fordaith allan. Roedd y gyfrol yn llwyddiannus ac fe'i cyfieithwyd yn ddiweddarach i'r Ffrangeg, Swedeg ac Almaeneg.

Roedd bywyd yn y wladfa newydd yn anodd i White. Ym mis Rhagfyr 1792, gwnaeth gais am ganiatâd i ddychwelyd adref. Yn y pen draw, fe ganiatawyd ei gais; hwyliodd tua thref yn y *Daedalus*, gan adael De Cymru Newydd ym mis Rhagfyr 1794. Erbyn hyn, roedd y wladfa'n llawer iachach nag y bu. Fodd bynnag, roedd White yn amharod i ddychwelyd i Awstralia; ymddiswyddodd ym mis Awst 1796. Treuliodd dair blynedd yn gwasanaethu mewn amryw longau cyn dod yn llawfeddyg yn Iard Llynges Sheerness rhwng 1799 ac 1803 ac yn Iard Chatham rhwng 1803 ac 1820. Bu farw yn Worthing ar 20 Chwefror 1832.

Rhoddwyd copi Llyfrgell Roderic Bowen o'i gyfrol gan Thomas Phillips yn 1841. Bu Phillips hefyd yn gweithio yn Ne Cymru Newydd, yn fuan iawn ar ôl White. Glaniodd ym Mae Botany ym mis Mai 1796 i fwrw tymor dyletswydd fel Arolygydd Ysbytai.

*Ruth Gooding*

1 E. Ford, 'Some early Austalian medical publications', *Medical History*, 16/3 (1972), 205–25.

# William Blake a 'Night Thoughts'

**Edward Young, *The complaint, and the consolation; or, Night thoughts*, illustrated by William Blake (London: Printed by R. Noble for R. Edwards, 1797)**

Darlunio *The complaint, and the consolation; or, Night thoughts* oedd prosiect masnachol mwyaf gyrfa William Blake.

Roedd Blake (1757–1827) wedi bwrw prentisiaeth fel ysgythrwr, gan weithio o dan James Basire. Roedd Basire yn ysgythrwr i'r Gymdeithas Frenhinol a Chymdeithas yr Hynafiaethwyr, felly fe gafodd Blake ei gyflwyno, ac yntau'n ddyn ifanc, i fywyd deallusol Llundain. Aeth i weithio wrth y dydd yn ysgythrwr copïau, ond ochr yn ochr â hyn dechreuodd hyfforddi fel artist gwreiddiol, gan gofrestru fel myfyriwr yn Academi Frenhinol y Celfyddydau. Hefyd, mabwysiadodd ac addasu'r dechneg o ysgythru cerfwedd, rhywbeth a ganiataodd iddo greu geiriau a delweddau mewn un broses. Cynhyrchodd ei lyfr goliwiedig cyntaf, *Songs of innocence*, yn 1789. Roedd y llyfrau goliwiedig hyn yn ychwanegol at ei waith fel ysgythrwr. Ymddengys fod ei brif gyflogwr, Joseph Johnson, wedi'i gyflwyno i rai o brif lenorion ac artistiaid rhyddfrydol Lloegr.

Yn 1795, cyflogwyd Blake gan y cyhoeddwr Richard Edwards i wneud dyluniadau ar gyfer argraffiad newydd, pedair cyfrol, mewn papur mawr moethus, o *Night thoughts* gan Edward Young. Roedd y gerdd grefyddol, fyfyriol hon yn cynnwys yn agos at ddeng mil o linellau o fesur moel wedi'u rhannu'n naw llyfr neu 'nos'. Mae Ward wedi'i ddisgrifio fel 'immensely popular and long-drawn-out rumination on life, death, and immortality'.[1] Ysgrifennwyd y gwaith mewn ymateb i golled bersonol, ac mae'r siaradwr yn galarnadu am golli Lucia, Narcissa a Philander. Roedd y rhain wedi'u seilio'n fras ar ddiweddar wraig, llysferch a mab yng nghyfraith Young. Caiff y siaradwr nosweithiol gysur Cristnogol; fe dry'r thema'n gynyddol at theodiciaeth (sef astudio paham y bydd Duw yn caniatáu drygioni), diffyniaeth Gristnogol a thröedigaeth. Bydd yn fynych yn annerch Lorenzo, gwrthgiliwr sy'n ei wrthwynebu. Mae'r gerdd yn cynnwys y llinell enwog, 'Procrastination is the thief of time'. Yn ei dydd, yr oedd yn boblogaidd tu hwnt. Fe'i cyhoeddwyd yn wreiddiol rhwng 1742 ac 1746.

Roedd gan Richard Edwards yn ei feddiant gopi Young ei hun o *Night thoughts*, wedi'i gywiro gan yr awdur ei hun. Roedd Blake, a oedd yn adnabyddus am ei radicaliaeth, yn un annisgwyl i fod â chysylltiad ag Edwards, a oedd yn geidwadol ei fryd. Fodd

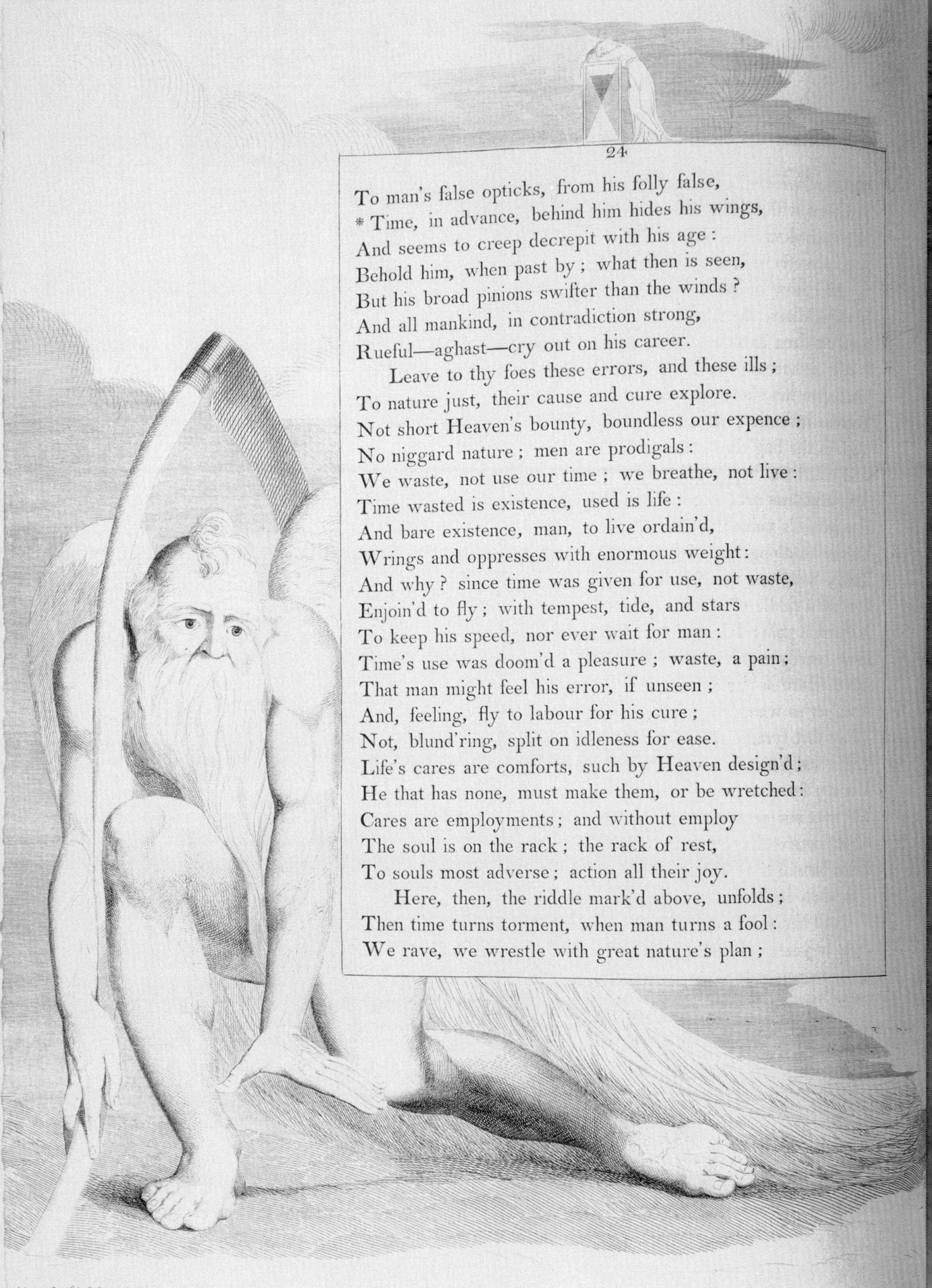



To man's false opticks, from his folly false,
* Time, in advance, behind him hides his wings,
And seems to creep decrepit with his age:
Behold him, when past by; what then is seen,
But his broad pinions swifter than the winds?
And all mankind, in contradiction strong,
Rueful—aghast—cry out on his career.

Leave to thy foes these errors, and these ills;
To nature just, their cause and cure explore.
Not short Heaven's bounty, boundless our expence;
No niggard nature; men are prodigals:
We waste, not use our time; we breathe, not live:
Time wasted is existence, used is life:
And bare existence, man, to live ordain'd,
Wrings and oppresses with enormous weight:
And why? since time was given for use, not waste,
Enjoin'd to fly; with tempest, tide, and stars
To keep his speed, nor ever wait for man:
Time's use was doom'd a pleasure; waste, a pain;
That man might feel his error, if unseen;
And, feeling, fly to labour for his cure;
Not, blund'ring, split on idleness for ease.
Life's cares are comforts, such by Heaven design'd;
He that has none, must make them, or be wretched:
Cares are employments; and without employ
The soul is on the rack; the rack of rest,
To souls most adverse; action all their joy.

Here, then, the riddle mark'd above, unfolds;
Then time turns torment, when man turns a fool:
We rave, we wrestle with great nature's plan;

Pub.d June 27th 1796 by R. Edwards No 142 New Bond Street.

bynnag, mae Bentley'n damcaniaethu fod y ddau adnabod ei gilydd, efallai, drwy un neu fwy o'r rhai canlynol: brawd Edwards, James; prif noddwr masnachol Blake, Joseph Johnson; a'r peintiwr Henry Fuseli.[2]

Yn y cyfnod hwn, yr oedd tipyn o fynd ar argraffiadau darluniedig coeth, â darluniau tudalen gyfan a thudalen o destun yn wynebu ei gilydd. Roedd gwaith Blake yn wahanol iawn o ran hyn. Rhoddodd Edwards ddalennau o bapur Whatman iddo, yn mesur tua 420 mm wrth 325 mm. Roedd ffenestr, heb fod yn hollol yn y canol, wedi cael ei thorri o'r papur; yn y ffenestr hon gludwyd tudalennau o destun printiedig cerdd Young. Mae delweddau Blake yn amgylchynu'r testun printiedig, ac mae'r testun a'r dyluniad yn cystadlu am lygad y darllenydd yn llawer mwy amlwg yma nag mewn gweithiau darluniedig eraill. Yn aml, ei ddyluniadau sydd amlycaf ar y dudalen; bydd ei ffigurau'n fynych yn llenwi ymyl cyfan tudalen o'r brig hyd y gwaelod. Ar y dudalen ei hun y gwnaed y rhan fwyaf o'r gwaith paratoi, er i Blake wneud ychydig o frasluniau ymlaen llaw. Ar ôl iddo gwblhau'r ffigurau, byddai'n ychwanegu dyfrlliwiau ac amlinellau cryfach. Gan ei fod yn gweithio mor gyflym ac yn cynhyrchu tua phum darluniad yr wythnos, byddai'n aml yn trosi geiriau Young mewn ffordd lythrennol iawn. Portreadwyd themâu megis amser ac angau fel ffigurau dynol erchyll. Ymddengys fod Blake eisoes yn meddu ar system gydlynol o arwyddion artistig. Tueddai hefyd i gynhyrchu parau cymesur o ddarluniadau; ar daeniad dwbl fe'u gwelir yn un cyfuniad neu'n gyfwyneb â'i gilydd. Noda Ackroyd fod pob tudalen yn edrych yn debyg i'r hyn a geir yn llyfrau goliwiedig blaenorol Blake.[3] Bu'n gweithio am dros ddwy flynedd ar y prosiect, gan greu 537 o ddarluniau dyfrlliw mawr. Rhwymwyd y rhain yn ddwy gyfrol fawr, ag wynebddalen yr un. Y bwriad oedd iddynt fod yn sail i ddethol y testunau i'w hysgythru gan Blake. Gofynnodd Blake am dâl o 100 gini am y lluniau dyfrlliw. Fel y digwyddodd, dim ond 20 gini neu 9d am bob llun oedd y ffi, er bod disgwyl y byddai tâl eto am ysgythriadau a wneid wedyn. Serch hynny, 'despicably low price!' oedd hyn o hyd.[4]

Yna, edrychwyd ar y lluniau dyfrlliw i weld pa rai fyddai'n cael eu hysgythru. Nid oedd y blwch testun yn union yn y canol, felly roedd angen i Blake wybod p'un ai ar dudalen dde ai ar dudalen chwith y byddai llun penodol. Roedd yn rhaid amcangyfrif y testun yn ofalus i weld ym mhle y deuai tudalen benodol i ben. Mewn rhai achosion, methodd yr amcangyfrif hwn; mae ychydig o ddarluniadau sy'n cyfeirio at linellau ar dudalennau blaenorol. Ysgythriadau amlinellol yn unig oedd y platiau, yn hytrach na'r ysgythriadau tra gorffenedig a ddefnyddiwyd mewn rhai gweithiau cyffelyb. Buasai wedi bod yn amhosib i Blake gynhyrchu ysgythriadau gorffenedig iawn o fewn yr amser a oedd ar gael. Buasai'r ysgythriadau amlinellol wedi bod yn addas i'w lliwio â llaw, ac yn wir fe liwiodd Blake nifer o gopïau.

Noda Bindman mai'r gwaith hwn oedd ymgais gyntaf Blake i wneud i 'illustrations act as a commentary that "corrects" the text'.[5] Mewn rhai achosion, mae lluniau Blake yn gwyro'n sylweddol oddi wrth syniadau ac agweddau Young. Mae ei safbwyntiau i'w gweld yn y llun caricatur o'r 'awdur' ac mewn cyfeiriadau achlysurol at apocalyps. Mae sawl llun yn dangos marwolaeth gormeswr. Yn aml, mae'r darluniau'n cynnwys egin syniadau, a welir wedyn yng ngweithiau eraill Blake.

Ni fu'r cyhoeddiad yn llwyddiant, a'r gyntaf yn unig o'r pedair cyfrol arfaethedig a gyhoeddwyd. Roedd hon yn cynnwys pedair noson gyntaf y gerdd, â thri a deugain o blatiau. (Roedd Blake wedi disgwyl gwneud 107 o ysgythriadau'n rhagor ar gyfer y cyfrolau a ddeuai wedyn.) Mae Bindman yn priodoli'r methiant hwn i'r newid yn yr amgylchiadau economaidd a achoswyd gan y rhyfel â Ffrainc.[6] Roedd y rhyfel wedi creu chwyddiant a pheri bod gofyn yn gyffredinol i gredyd gael ei ad-dalu, yn ogystal ag atal y fasnach allforio llyfrau darluniedig. Daeth Edwards â'i fusnes i ben ychydig wedyn, i fynd yn Brif Gofrestrydd [Is-forlys] Minorca. Arhosodd lluniau dyfrlliw Blake yn nheulu Edwards am bedwar ugain mlynedd, cyn eu trosglwyddo yn y pen draw i'r Amgueddfa Brydeinig.

Rhoddwyd copi Llyfrgell Roderic Bowen gan Thomas Phillips yn 1846.

*Ruth Gooding*

1 A. Ward, 'William Blake and his circle', yn M. Eaves (gol.), *Cambridge Companion to William Blake* (Cambridge: Cambridge University Press, 2003), tt. 19–36.

2 G. E. Bentley Jr., 'Richard Edwards, publisher of church-and-king pamphlets and of William Blake', *Studies in Bibliography*, 41 (1988), 283–315. *http://xtf.lib.virginia.edu/xtf/view?docId=StudiesInBiblio/uvaBook/tei/sibv041.xml;chunk.id=vol041.18;toc.depth=1;toc.id=vol041.18;brand=default* (cyrchwyd 27 Ebrill 2021).

3 Peter Ackroyd, *Blake* (London: Sinclair Stevenson, 1995).

4 Bentley, 'Richard Edwards', 283–315.

5 D. Bindman, 'Blake as a painter', yn Eaves, *Cambridge Companion to William Blake*, tt. 85–109.

6 Ibid.

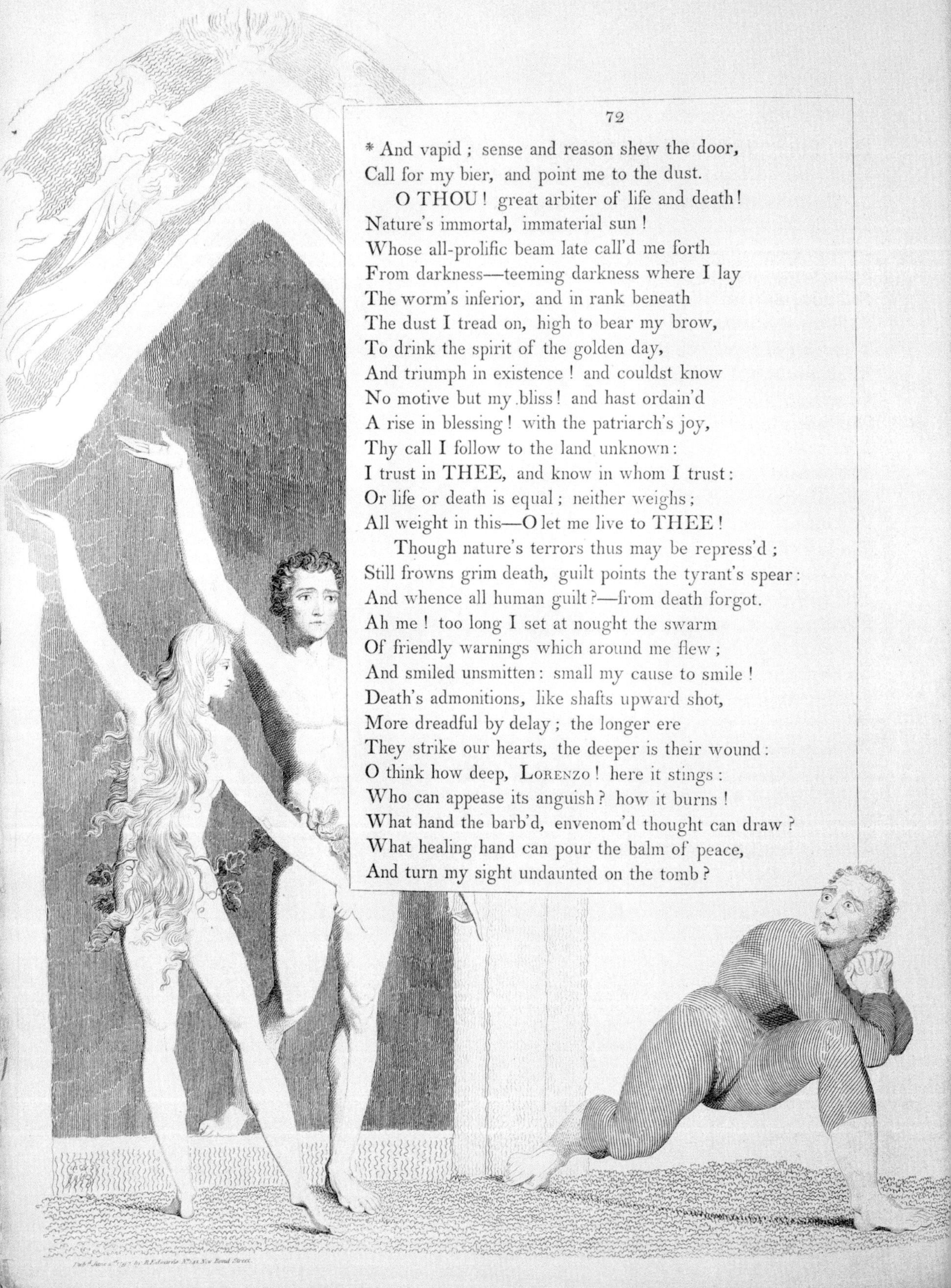

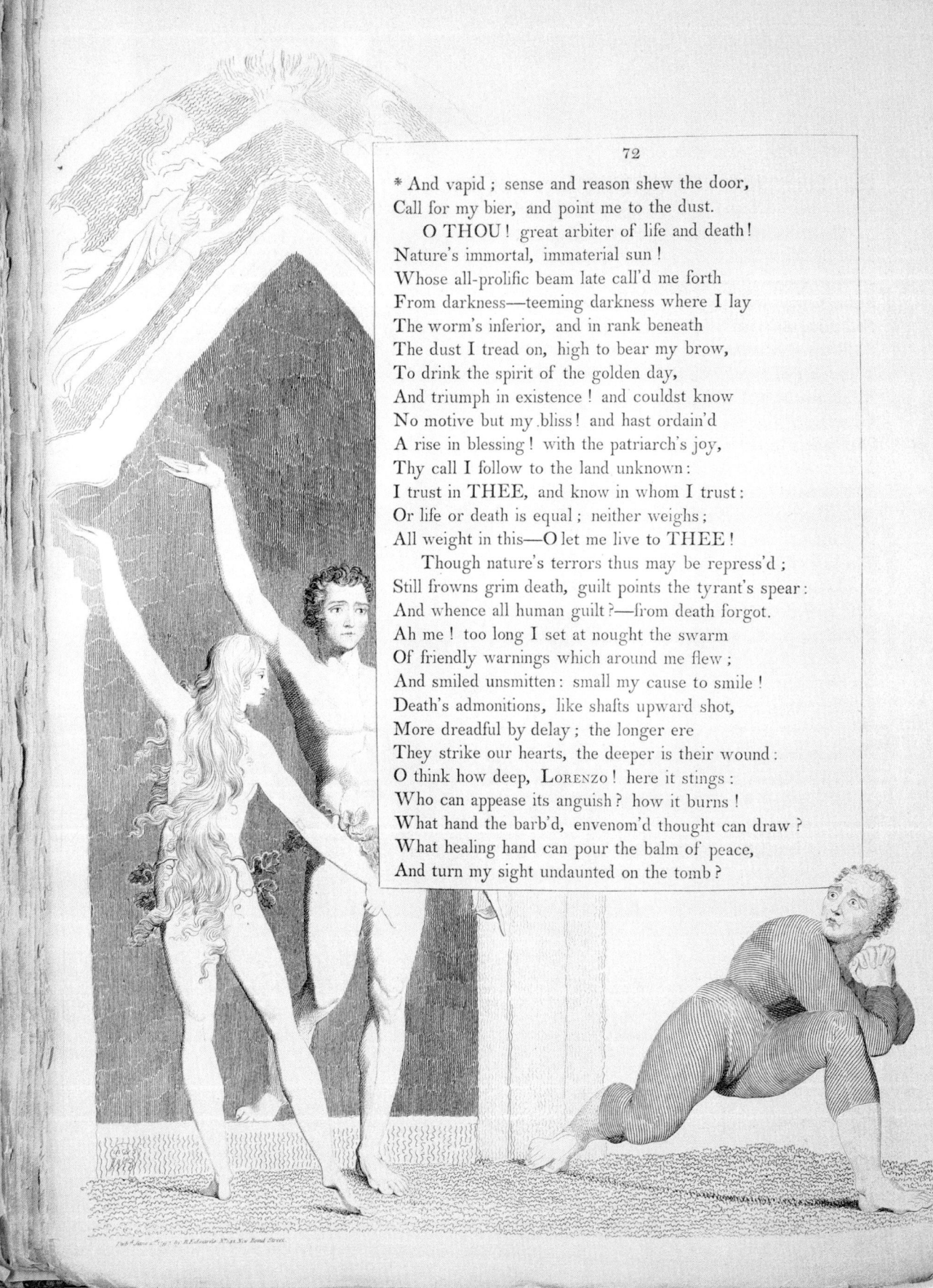

* And vapid ; sense and reason shew the door,
Call for my bier, and point me to the dust.
O THOU ! great arbiter of life and death !
Nature's immortal, immaterial sun !
Whose all-prolific beam late call'd me forth
From darkness—teeming darkness where I lay
The worm's inferior, and in rank beneath
The dust I tread on, high to bear my brow,
To drink the spirit of the golden day,
And triumph in existence ! and couldst know
No motive but my bliss ! and hast ordain'd
A rise in blessing ! with the patriarch's joy,
Thy call I follow to the land unknown :
I trust in THEE, and know in whom I trust :
Or life or death is equal ; neither weighs ;
All weight in this—O let me live to THEE !
Though nature's terrors thus may be repress'd ;
Still frowns grim death, guilt points the tyrant's spear :
And whence all human guilt ?—from death forgot.
Ah me ! too long I set at nought the swarm
Of friendly warnings which around me flew ;
And smiled unsmitten : small my cause to smile !
Death's admonitions, like shafts upward shot,
More dreadful by delay ; the longer ere
They strike our hearts, the deeper is their wound :
O think how deep, LORENZO ! here it stings :
Who can appease its anguish ? how it burns !
What hand the barb'd, envenom'd thought can draw ?
What healing hand can pour the balm of peace,
And turn my sight undaunted on the tomb ?

Pub^d June 1st 1797 by R. Edwards No 142 New Bond Street

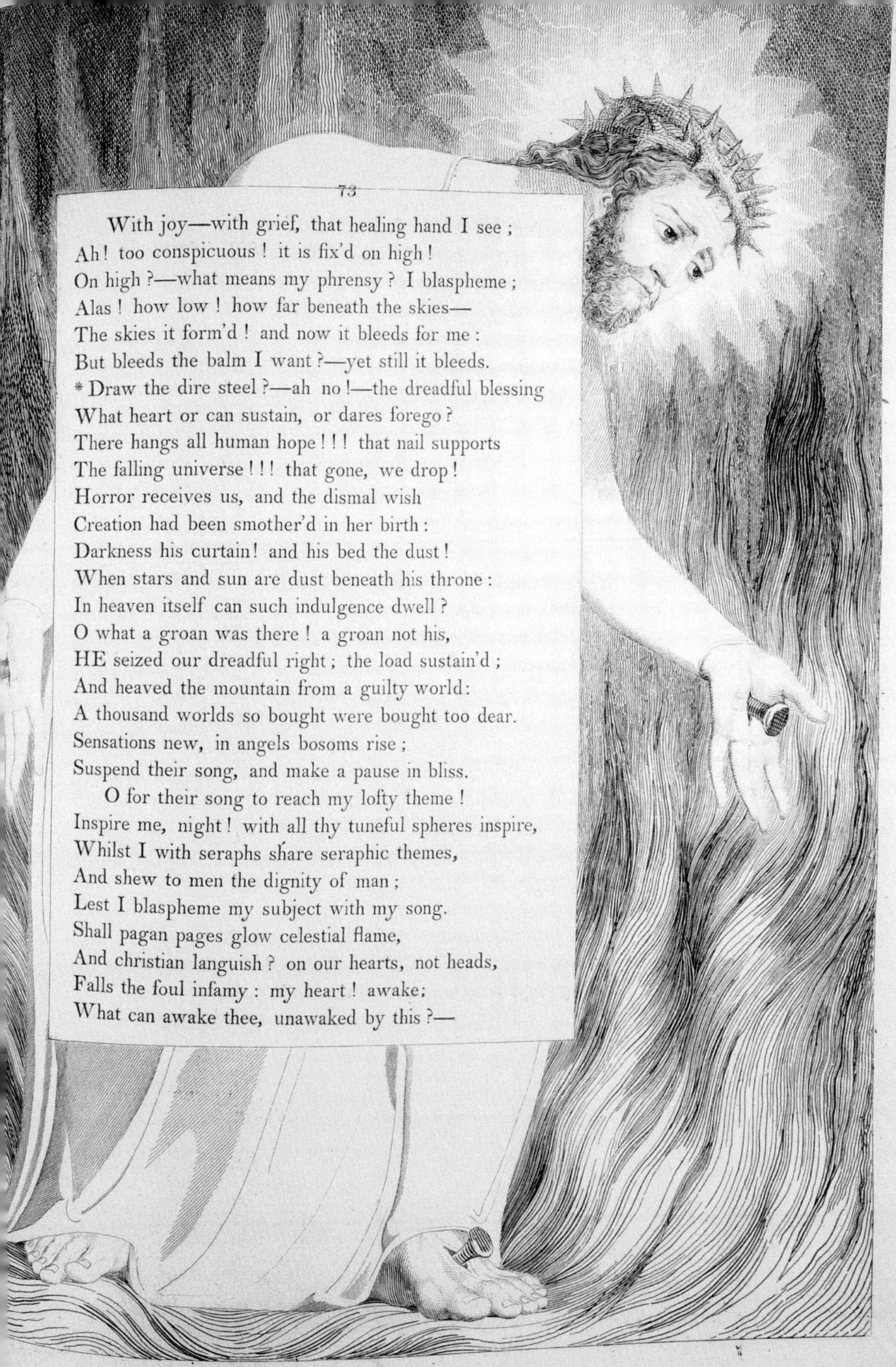

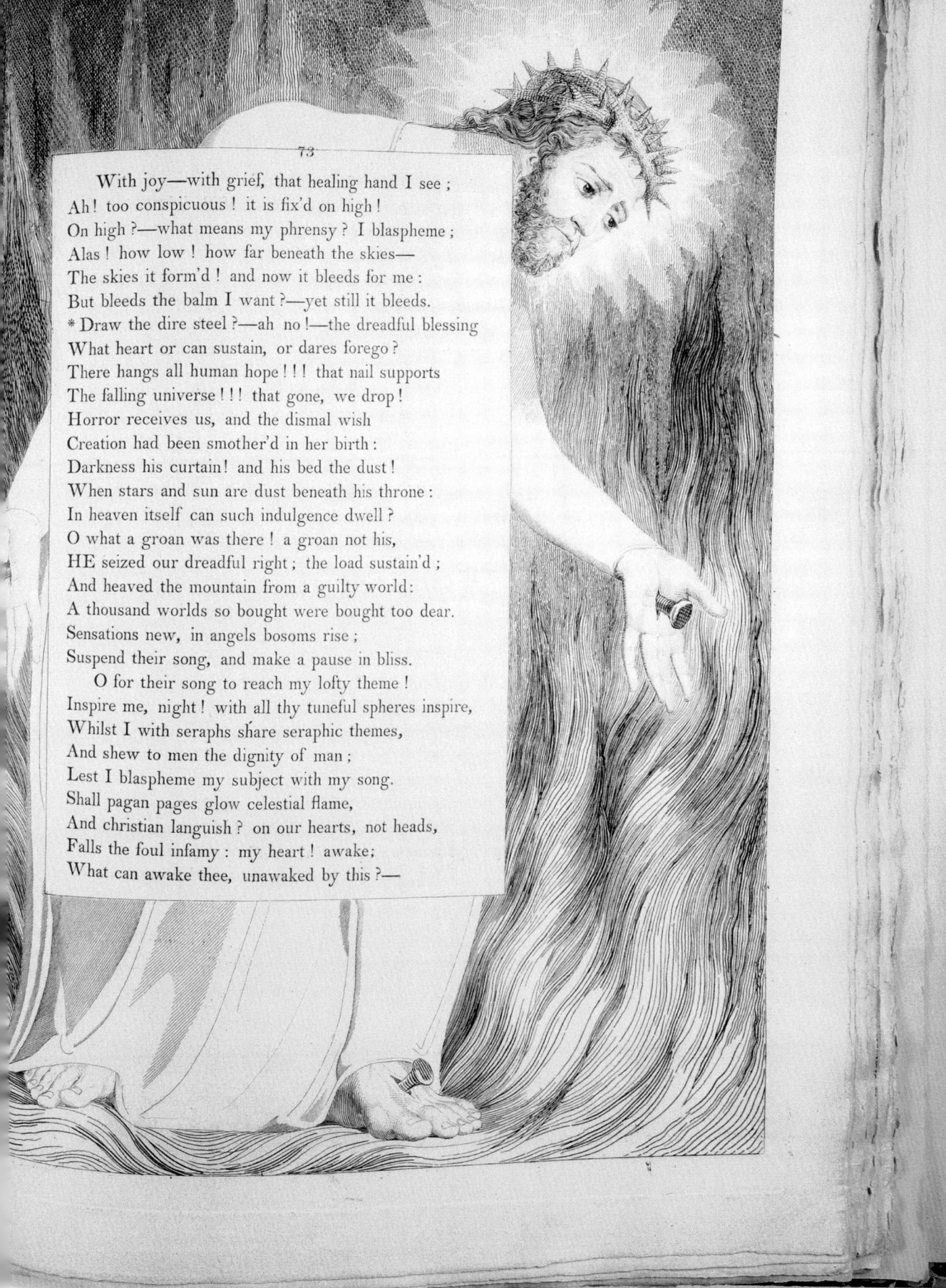

With joy—with grief, that healing hand I see;
Ah! too conspicuous! it is fix'd on high!
On high?—what means my phrensy? I blaspheme;
Alas! how low! how far beneath the skies—
The skies it form'd! and now it bleeds for me:
But bleeds the balm I want?—yet still it bleeds.
* Draw the dire steel?—ah no!—the dreadful blessing
What heart or can sustain, or dares forego?
There hangs all human hope!!! that nail supports
The falling universe!!! that gone, we drop!
Horror receives us, and the dismal wish
Creation had been smother'd in her birth:
Darkness his curtain! and his bed the dust!
When stars and sun are dust beneath his throne:
In heaven itself can such indulgence dwell?
O what a groan was there! a groan not his,
HE seized our dreadful right; the load sustain'd;
And heaved the mountain from a guilty world:
A thousand worlds so bought were bought too dear.
Sensations new, in angels bosoms rise;
Suspend their song, and make a pause in bliss.
O for their song to reach my lofty theme!
Inspire me, night! with all thy tuneful spheres inspire,
Whilst I with seraphs share seraphic themes,
And shew to men the dignity of man;
Lest I blaspheme my subject with my song.
Shall pagan pages glow celestial flame,
And christian languish? on our hearts, not heads,
Falls the foul infamy: my heart! awake;
What can awake thee, unawaked by this?—

# Siom i Gynllun Uchelgeisiol

**Robert John Thornton, *A new illustration of the sexual system of Linnæus*, volumes 1–3 (London: Printed for the author by T. Bensley, 1799)**

Gobaith Robert John Thornton gydag *A new illustration of the sexual system of Linnæus* oedd cynhyrchu cyhoeddiad botanegol Prydeinig y byddai ei ysblander yn rhagori ar bob enghraifft flaenorol. O'r holl lyfrau am flodau a gyhoeddwyd erioed, mae'r drydedd gyfrol, *The Temple of Flora*, ymhlith y rhai sydd wedi derbyn y ganmoliaeth fwyaf.

Thornton (1767 neu 1768–1837) oedd plentyn ieuengaf yr awdur a'r digrifwr Bonnell Thornton a'i wraig, Sylvia, née Braithwaite. Bu farw Bonnell yn 1768; mae'n ddigon posibl i Robert John gael ei eni ar ôl iddo farw. Roedd yn blentyn chwilfrydig, yn llawn diddordeb mewn natur o oed ifanc. Fel bachgen, roedd ganddo ardd fotaneg fach yn cynnwys blodau gwyllt yr oedd wedi'u casglu o'r meysydd, ynghyd ag adardy gydag ystlumod, adar ysglyfaethus ac amrywiaeth o golomennod. Astudiodd yng Ngholeg y Drindod, Caer-grawnt, a'i fwriad yn wreiddiol oedd mynd yn glerigwr. Fodd bynnag, yn y brifysgol trodd ei sylw at feddygaeth a botaneg; graddiodd yn Faglor mewn Meddygaeth yn 1793. Yn ystod ei gyfnod yn fyfyriwr, roedd darlithoedd botanegol Thomas Martyn yn ddylanwad mawr arno; yn benodol, fe'i cyflwynwyd gan Martyn i system rywiol Carl Linnæus ar gyfer planhigion.

Treuliodd Thornton sawl blwyddyn yn teithio yn Ewrop ac yna sefydlodd ei hun yn feddyg yn Llundain yn 1797. Erbyn hyn, roedd ei fam a'i frawd hŷn wedi marw, ac roedd yntau wedi etifeddu cyfoeth y teulu. Defnyddiodd hwn i gyhoeddi ei waith coeth, *A new illustration of the sexual system of Linnæus*. Eglurodd ei nod yn ei brosbectws: 'to trace in as perspicacious a manner as possible the philosophical principles of botany from the earliest times up to the present period'. Byddai ei lyfr gorffenedig yn cynnwys tair rhan: trafodaeth ar gylch atgenhedlu rhywiol planhigion, esboniad o system ddosbarthu planhigion Linnæus gyda darluniau botanegol a *The Temple of Flora*, yn cynnwys platiau mawr o rywogaethau planhigion egsotig. Roedd testun Thornton yn cynnwys barddoniaeth yn ogystal â botaneg wyddonol, ac yn trafod amrywiaeth o faterion gwleidyddol, crefyddol, cymdeithasol ac emosiynol. Roedd Thornton yn geidwadwr ac yn frenhinwr; credai fod astudio botaneg yn arwain at gariad at drefn a theimladau priodol o barchedig ofn at ragluniaeth ddwyfol. Yn benodol, roedd natur fathemategol, resymegol tacsonomeg yn golygu ei bod yn addas iawn ar gyfer hyfforddi meddyliau pobl ifanc, oedd yn rhy barod o lawer i gael eu harwain ar ddisberod gan weithgareddau difyr 'sy'n tanio'r angerdd'. Credai fod amrywiaeth botanegol y ddaear yn cynnig cefnogaeth gref dros gyflawni gweithgareddau masnach rydd yn hytrach na



Philip Reinagle ac Abraham Pether, *The Night-blowing Cereus*, 1800, ysgythrwyd gan R. Dunkarton

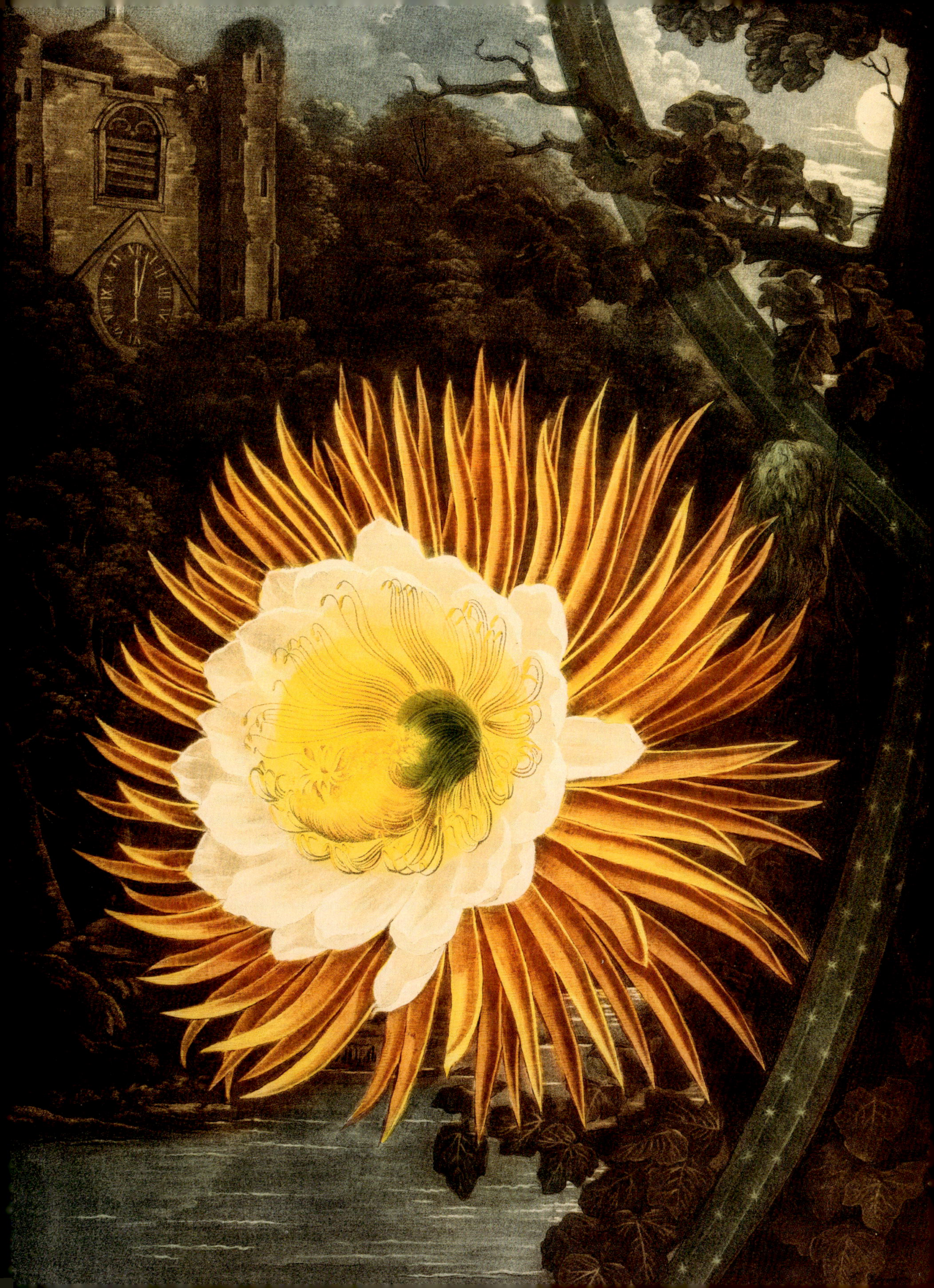

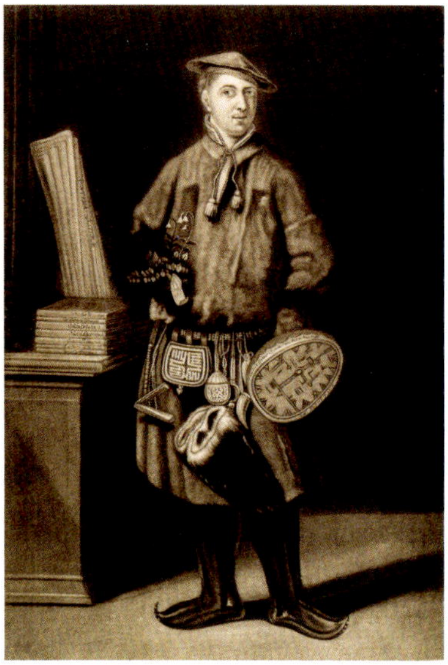

Martin Hoffman, *Linnæus in his Lapland Dress*, 1805, ysgythrwyd gan R. Dunkarton

choncwest filwrol a rhyfela di-baid. Ei fodel ar gyfer gwareiddiad heddychlon oedd Prydain dan y frenhiniaeth. Cyflwynodd Thornton y gwaith i'r Frenhines Charlotte, gwraig Siôr III, oedd yn 'bright example of conjugal fidelity and maternal tenderness'.

Ymhlith y darluniau yn y ddwy gyfrol gyntaf roedd portreadau o fotanegwyr blaenllaw, gan gynnwys Linnæus mewn gwisg Sami, ynghyd ag alegorïau cymhleth, fel *Cupid Inspiring the Plants to Love*. Ceir lluniadau botanegol yn yr ail gyfrol hefyd. Fodd bynnag, mae'r drydedd gyfrol, *The Temple of Flora*, yn gynhyrchiad unigryw, yn cynnwys darluniau a ddisgrifir gan Kemp fel y rhai mwyaf amlwg ddramatig yn hanes botaneg.[1] Ar y dechrau, roedd Thornton wedi dymuno cael dros saith deg o blatiau; yn y pen draw, tri deg un a gynhyrchwyd. Cyflogodd Thornton amrywiaeth o artistiaid, gan ddethol y planhigion, symbolaeth y blodau a'r cefndir ei hun. Drwy wneud hyn, llwyddodd i gynnal cysondeb rhyfeddol o ran arddull drwyddi draw. Roedd o leiaf ddau ddeg wyth o artistiaid yn rhan o'r gwaith, gan gynnwys Philip Reinagle, Abraham Pether ac Andrew Henderson. Roedd rhai o'r rhain yn fenywod, er enghraifft Maria Cosway, a beintiodd yr wynebddarlun oedd yn portreadu'r dduwies Flora. Cyfrannodd Thornton ei hun y llun o'r rhosyn. Defnyddiwyd pedair techneg wahanol wrth ysgythru'r platiau: acwatint, mesotint, ysgythru dotwaith a dotwaith ag ysgythru llinell. Ymhlith y pedwar deg tri o ysgythrwyr yr oedd Richard Earlom, James Caldwall a Thomas Burke.

Dangosir pob blodyn yn erbyn cefndir sy'n olygfa wedi'i chynllunio i gynrychioli ei gynefin, a'r olygfa honno'n briodol i'w thestun, yn ôl Thornton. Fodd bynnag, nid yw'r golygfeydd bob amser yn ecolegol; maent yn cysylltu â photensial esthetig y planhigion, eu tarddiadau egsotig, a'u cysylltiadau emosiynol a sosio-wleidyddol. Mae'r platiau a gwblhawyd gyntaf yn dangos yr alwys Americanaidd a'r tiwlip. Gwelir yr alwys o flaen cefndir mynyddig; gellir gweld uchder a maint y planhigyn cyfan yn y cefndir. Gosodir y tiwlip mewn golygfa Iseldiraidd o dir gwastad a chamlesi, â melin wynt yn y pellter. Mae'n bosibl mai'r darlun enwocaf

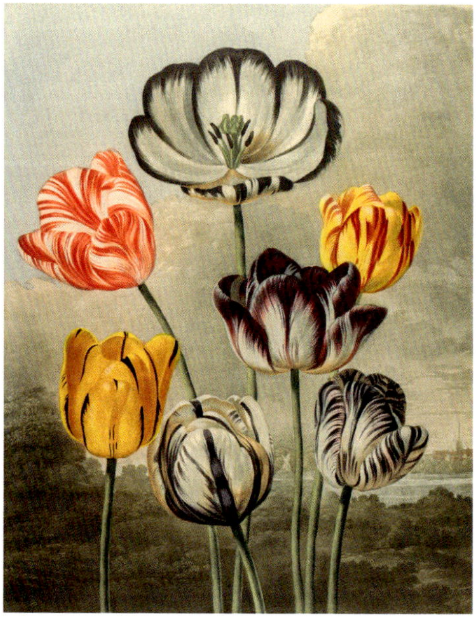

Philip Reinagle, *Tulips*, 1798, ysgythrwyd gan R. Earlom

yw *The Night-blowing Cereus*. Mae darlun cyfoethog Reinagle o'r blodyn o Jamaica yn llenwi'r dudalen, bron. Fodd bynnag, mae wedi'i osod o flaen tirlun anghydweddol o dŵr eglwys ac 'afon banylog' yng ngolau'r lleuad, a beintiwyd gan Abraham Pether. Byddai'n amhosibl i'r planhigyn flodeuo yn y lleoliad Prydeinig oer hwn! Ysgrifennodd Thornton y testun ar gyfer y platiau, gan ddiweddu pob rhan â llinellau addysgiadol o farddoniaeth. Mae'r rhan fwyaf o'r planhigion yn rhai egsotig, newydd eu mewnforio o America, Affrica neu Asia. Ystyriai Thornton fod wyth o'r platiau, gan gynnwys y darluniau o rosod, tiwlipau, hiasinthau ac eirlysiau, yn flodau Ewropeaidd brodorol.

Cafwyd llu o broblemau wrth argraffu *A new illustration of the sexual system of Linnæus* ac mae hanes y cyhoeddi'n gymhleth. Fe'i cyhoeddwyd mewn rhannau, ar gost o gini yr un i ddechrau ac yna bum swllt ar hugain yr un. Er bod y platiau wedi'u hargraffu mewn lliw, fe'u gorffennwyd â llaw. Mae hyn yn golygu y gall pob plât fod mewn 'cyflwr' gwahanol o'r ddelwedd benodol honno. Mae pob copi o'r llyfr felly'n wahanol ac mae'n amhosibl dweud a oes unrhyw set yn gyflawn. Yn y pen draw gorfodwyd Thornton i roi'r gorau i'w brosiect a chyhoeddwyd y tair cyfrol ar ffurf llyfr yn 1807.

Roedd y cyfuniad o gostau cynhyrchu afresymol a diffyg tanysgrifwyr yn drychinebus i Thornton. Golygai'r rhyfel â Ffrainc yng nghyfnod y chwyldro a'r anawsterau economaidd cysylltiedig nad oedd hwn yn gyfnod da i fentro gyda chyhoeddiad mor ysblennydd. Fel y dywedodd Thornton ei hun, 'The once *moderately* rich very justly now complain that they are exhausted through *taxes* laid on them to pay armed men to diffuse *rapine, fire*, and *murder*, over *civilised* EUROPE.' Ochr yn ochr â hyn roedd ffasiynau'n newid; yn 1808 honnodd Syr Joseph Banks na allai ddweud bod botaneg yn parhau i fod yr un mor ffasiynol ag yr arferai fod. Mewn ymgais i hyrwyddo'i waith, arddangosodd Thornton ei blatiau gwreiddiol yn 1804 yn 49 New Bond Street. Yna, yn 1811, lansiodd 'Loteri Fotanegol'. Y brif wobr fyddai ei set o beintiadau gwreiddiol, 'paintings of the choicest Flowers, Allegorical Subjects, and Heads of Botanists, executed by the most eminent Painters'. Ond methodd Thornton â gwerthu digon o docynnau. Pan fu farw yn 1837, gadawyd ei deulu yn agos iawn at dlodi.

Rhoddwyd copïau Llyfrgell Roderic Bowen o'r tair cyfrol gan Thomas Phillips yn 1844 ac 1850.

*Ruth Gooding*

1 M. Kemp, 'Thornton, Robert John' (1767–1837), *Oxford Dictionary of National Biography* (Oxford: Oxford University Press, 2004).

# Ffrwythau Teithiau Tramor

**William Alexander, *The costume of China, illustrated in forty-eight coloured engravings* (London: Published by William Miller, 1805)**

Erbyn diwedd y ddeunawfed ganrif, Prydain oedd partner masnachu mwyaf Tsieina. Roedd yr arfer o yfed te yn golygu bod Tsieina yn chwarae rhan ym mywydau bron pawb yng ngwledydd Prydain. Yn 1786, prynodd gwledydd Prydain werth £1,300,000 o de yn Canton (Guangzhou bellach). Roedd y bonedd a'r dosbarth canol wedi arfer prynu nwyddau moethus o Tsieina, gan gynnwys porslen, sidan, lacr a phapur wal. Ochr yn ochr â hynny, roedd gweithgynhyrchwyr Prydain yn gobeithio am farchnad bosib yn Tsieina ar gyfer amrywiaeth o nwyddau traul newydd. Fodd bynnag, roeddent yn teimlo bod y system oedd yn cyfyngu'r holl fasnach dramor forwrol i Guangzhou yn eu llyffetheirio. Mynnai urdd y masnachwyr Tsieineaidd, y Cohong, mai dim ond o 'ffatrïoedd' maestrefol y gallai masnachwyr gwledydd Prydain weithredu, gan ddefnyddio cychwyr ac asiantau trwyddedig.

Gwnaed cynlluniau i anfon dirprwyaeth i Tsieina, i gludo llongyfarchion Siôr III ar ben blwydd yr ymerawdwr Qianlong yn dair a phedwar ugain oed. Gobaith y fintai oedd sicrhau oes newydd o gysylltiadau diplomyddol â llys Qing, a chyflwyno llysgennad parhaol newydd i Guangzhou. Yn ogystal, byddent yn apelio am weld agor mwy o borthladdoedd a marchnadoedd a lleihau'r cyfyngiadau a'r tollau ar fasnach.

Dan arweiniad George, is-iarll Macartney, ac wedi'i hariannu gan Gwmni India'r Dwyrain, cychwynnwyd ar y daith ar 26 Medi 1792. Ymhlith aelodau'r cwmni yr oedd George Staunton, John Barrow a Llywydd y Gymdeithas Frenhinol, Joseph Banks, ynghyd â chriw o wyddonwyr a dau feddyg. Fodd bynnag, roedd y ddau gyfieithydd, offeiriaid o'r Collegium Sinicum yn Napoli, yn siarad Lladin, ond doedd ganddynt ddim Saesneg. Yr unig Brydeiniwr a allai siarad Tsieinëeg oedd gwas bach deuddeg oed Macartney, sef Thomas Staunton. Penodwyd William Alexander (1767–1816) yn ddrafftsmon iau. Roedd yn un o bedwar plentyn Harry Alexander, adeiladwr coetsys o dref Maidstone. Ychydig cyn hynny, roedd wedi graddio o'r Academi Frenhinol; ymddengys yn debygol iddo gael ei argymell gan yr arlunydd J. C. Ibbetson. Byddai ymweliad Alexander â Tsieina yn ysbrydoliaeth iddo ar gyfer gweddill ei yrfa.

Cymerodd y ddirprwyaeth ddeng mis i gyrraedd Tsieina, gan fynd heibio De America. Yn eironig, treuliodd ei haelodau lai na thri mis ar fewndir Tsieina. Cyrhaeddwyd Môr Bohai ym mis Gorffennaf 1793, a glanio yn Tianjin. Yna trosglwyddwyd i jynciau



William Alexander,
*A Chinese Comedian*, 1801

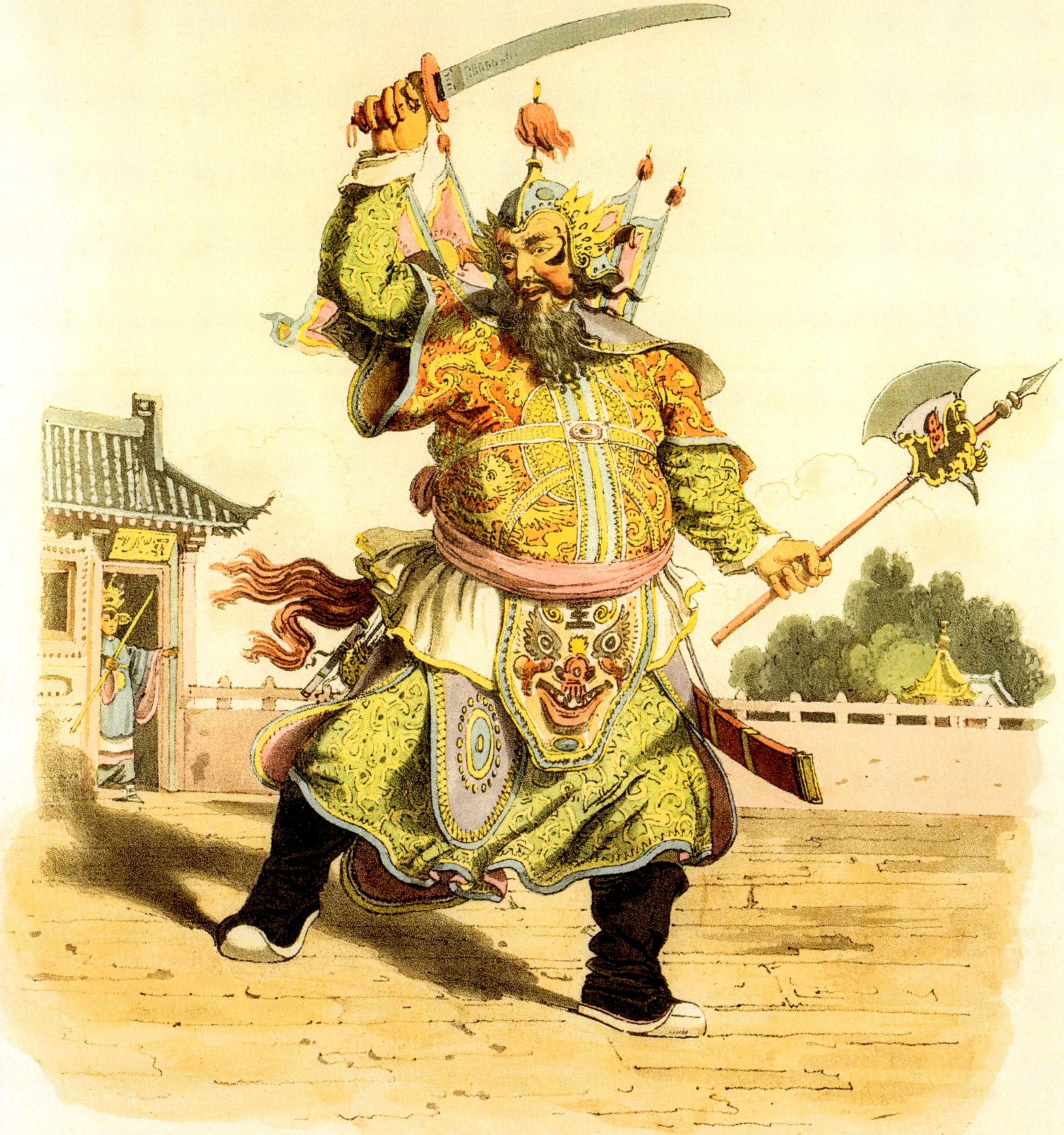

W. Alexander fect.

London Published Augt. 13th 1801, by G and W. Nicol Pallmall.

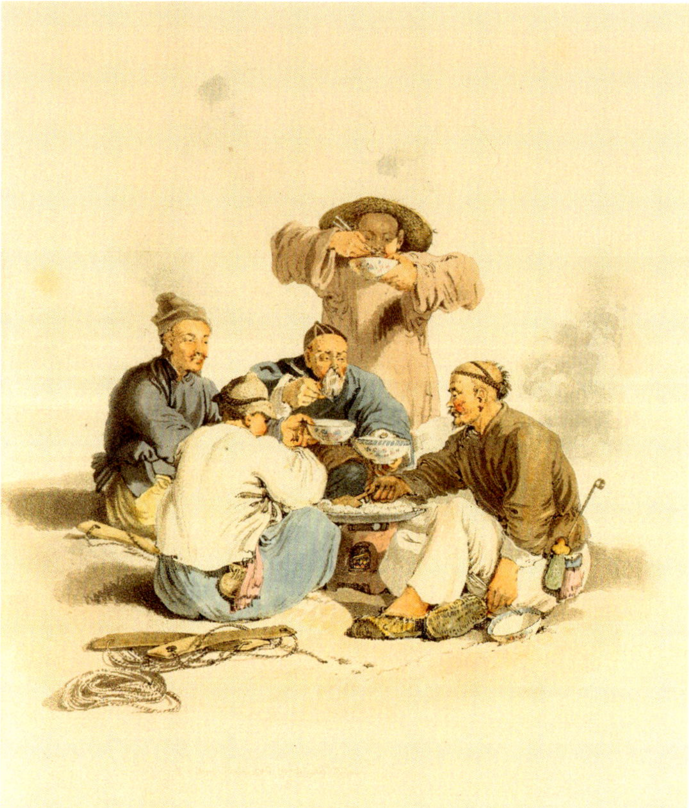

William Alexander,
*A Group of Trackers*, 1797

Tsieineaidd er mwyn hwylio tua'r gogledd i Beijing. Dywedodd William Alexander am fordeithio i fyny afon Pei-Ho, 'the constant succession of new objects makes this mode of travelling the most novel & interesting that can be conceived'.[1] Teithiodd y grŵp ar hyd y ffordd am yr ugain milltir (deuddeg cilometr ar hugain) olaf i Beijing, gan ddefnyddio troliau anghyfforddus a dynnid gan geffylau. Gorymdeithiodd y fintai i mewn i'r ddinas ar 21 Awst 1794, heb ymolchi, wedi blino ac yn anniben ar ôl teithio. Yn ddiweddarach, ysgrifennodd gwas Macartney, Æneas Anderson, 'our cavalcade had nothing like the appearance of an embassy, from the first nation in Europe, passing through the most populous city in the world'.[2]

Roedd y gwrandawiad i ddigwydd nid yn y Ddinas Waharddedig, ond yng nghartref haf yr ymerawdwr yn Chengde ym Manchuria, 120 milltir (193 cilometr) i'r gogledd. Roedd William Alexander ymhlith y rhai a adawyd ar ôl yn Beijing, i baratoi'r arddangosfa o 'roddion' Prydain i'r ymerawdwr. Ysgrifennodd:

> To have been within 50 miles of that stupendous monument of human labour, the famous Great Wall, and not to have seen that which might have been the boast of a man's grandson, as Dr Johnson has said, I have to regret forever. That the artists should be doomed to remain immured at Peking during the most interesting journey of the Embassy is not easily accounted for.[3]

Fodd bynnag, aflwyddiannus oedd gwrandawiad Macartney gyda'r ymerawdwr. Roedd y Tsieineaid yn gweld dyfodiad y ddirprwyaeth fel achlysur digon tebyg i'r cenhadau fyddai'n ymweld yn gyson i dalu teyrnged o wladwriaethau cyfagos. Nod Macartney oedd cael ei gadarnhau fel llysgennad ar delerau cyfartal â Tsieina. At hynny, gwrthodai

William Alexander, *Portrait of a Lama, or Bonze*, 1798

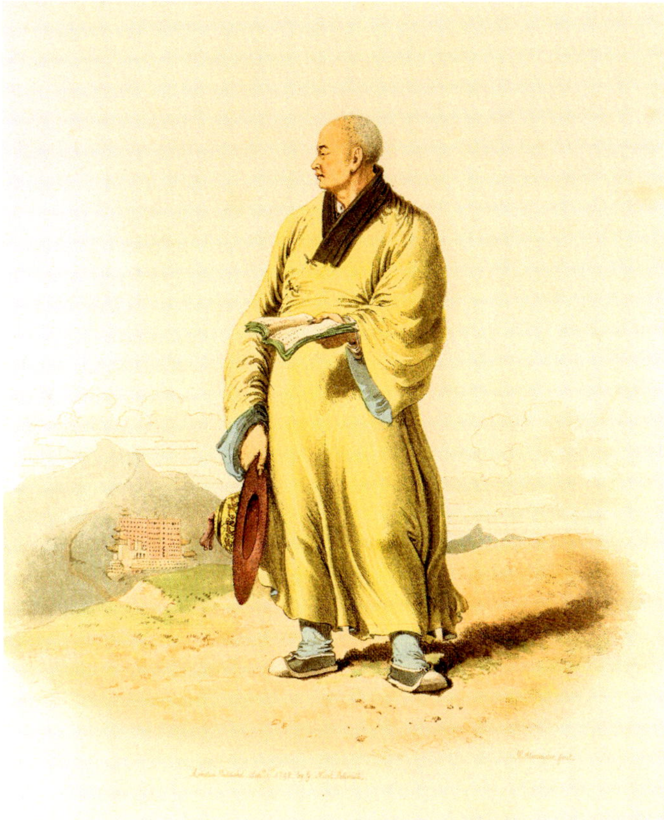

ymgreinio i'r ymerawdwr, a'r mwyaf y cytunodd i'w wneud oedd plygu glin fel y byddai'n ei wneud i'w frenin ei hun. Cyhoeddodd yr ymerawdwr na fyddai gan Brydain lysgennad yn Tsieina ac nad oedd angen nwyddau gwledydd Prydain ar Tsieina. Dri mis yn ddiweddarach, hwyliodd y fintai Brydeinig am adref. Er gwaetha'r diffyg llwyddiant diplomyddol, casglwyd llawer o wybodaeth ac fe lwyddodd o leiaf i sbarduno diddordeb gwledydd Prydain yn Tsieina.

Roedd William Alexander wedi llunio nifer helaeth o frasluniau (mewn cyferbyniad llwyr â'r artist swyddogol Thomas Hickey). Mae tair cyfrol ffolio sy'n cynnwys 870 o'i luniau, mewn pensil, pen ac inc, golch lliw a dyfrlliw, bellach yn eiddo i'r Llyfrgell Brydeinig. Pan oedd angen, defnyddiai Alexander frasluniau aelodau eraill o'r ddirprwyaeth i gofnodi pethau yr oedd wedi'u colli. Ar gyfer yr ymweliad â chartref yr ymerawdwr yn Chengde, bu'n gweithio o frasluniau a dynnwyd gan swyddog magnelau Macartney, Lefftenant William Henry Parish. Fodd bynnag, lluniau Alexander o'r daith yn ôl wrth hwylio tua'r de o gyfeiriad Beijing yw ei weithiau mwyaf adnabyddus o'r cyfnod hwn. Drwy gofnodi golygfeydd o fywyd cyffredin a phobl gyffredin, creodd bortread atgofus, unigryw o Tsieina yn y 1790au. Darluniodd yr afonydd a'r camlesi, cipiodd olygfeydd o'r trefi, a lluniodd astudiaethau o gychod, pensaernïaeth a phobl yn mynd o gwmpas eu pethau.

Ar ôl dychwelyd i Brydain, defnyddiodd Alexander ei luniau i greu peintiadau gorffenedig, gan arddangos tri ar ddeg o luniau dyfrlliw yn yr Academi Frenhinol rhwng 1795 ac 1804. Yn ogystal â hynny, defnyddiwyd ei ddarluniau ar gyfer y cofnod swyddogol, sef *An authentic account of an embassy from the King of Great Britain to the Emperor of China* George Staunton (W. Bulmer and Co., 1797). Yna, yn 1805, cyhoeddwyd llyfr gan Alexander ei hun, *The costume of China* (William Miller), yn cynnwys wyth a deugain o acwatintau gyda sylwadau ar bob llun. Ysgrifennodd y capsiynau hyn gan ddefnyddio

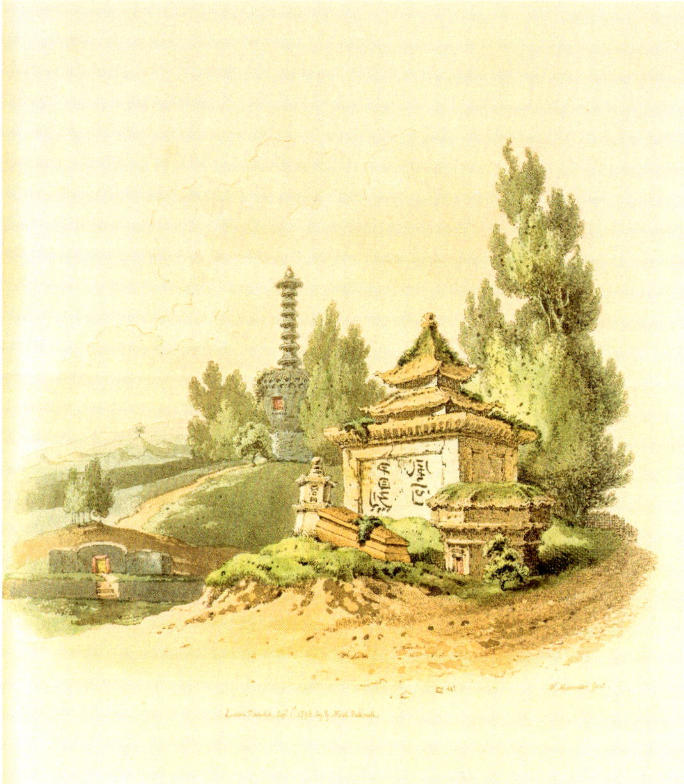

William Alexander, *View of a Burying-place*, 1798

cymysgedd o atgofion, cofnodion dyddiadur a disgrifiadau cryno yr oedd wedi'u nodi gyda'i frasluniau gwreiddiol. Mewn rhai achosion, aeth ati i gyfuno ffigurau a golygfeydd o wahanol frasluniau. Er enghraifft, yn *View of a Burying-place*, rhoddodd ddau feddrod gwahanol iawn o ogledd a de Tsieina gyda'i gilydd mewn un llun. Mae'r darlun gorffenedig yn amhosibl yn ddaearyddol!

Argraffwyd y rhan fwyaf o'r platiau gan George Nicol, a fu hefyd yn gyfrifol am gynhyrchu'r platiau ar gyfer llyfr Staunton. Mae'r ysgythriadau yn lliwgar a disglair, gan adlewyrchu'n fedrus effaith y dyfrlliw gwreiddiol. Cafodd y platiau diweddarach eu hysgythru gan William Miller; mae llinell y rhain yn feddalach ac mae arlliw cochddu iddynt nas gwelir ym mheintiadau Alexander.

Roedd dylanwad Alexander ar y celfyddydau gweledol yn sylweddol. Defnyddiodd Frederick Crace sawl delwedd o *The costume of China* wrth addurno Pafiliwn Brenhinol Brighton. Er enghraifft, mae digrifwr Tsieineaidd Alexander i'w weld uwchben Grisiau'r Gogledd ac ar y canhwyllyr mawr yn yr Ystafell Gerdd. Defnyddiwyd delweddau Alexander hefyd gan ddylunwyr crochenwaith yn ffatri Wedgwood.

Ym mis Mehefin 1808, penododd yr Amgueddfa Brydeinig Alexander yn llyfrgellydd cynorthwyol ac yn geidwad cyntaf y printiau a'r darluniau. Bu farw ar 23 Gorffennaf 1816 yng nghartref ei ewythr yn Maidstone.

Cyflwynwyd copi Llyfrgell Roderic Bowen o *The costume of China* yn rhodd gan Thomas Phillips yn 1846.

*Ruth Gooding*

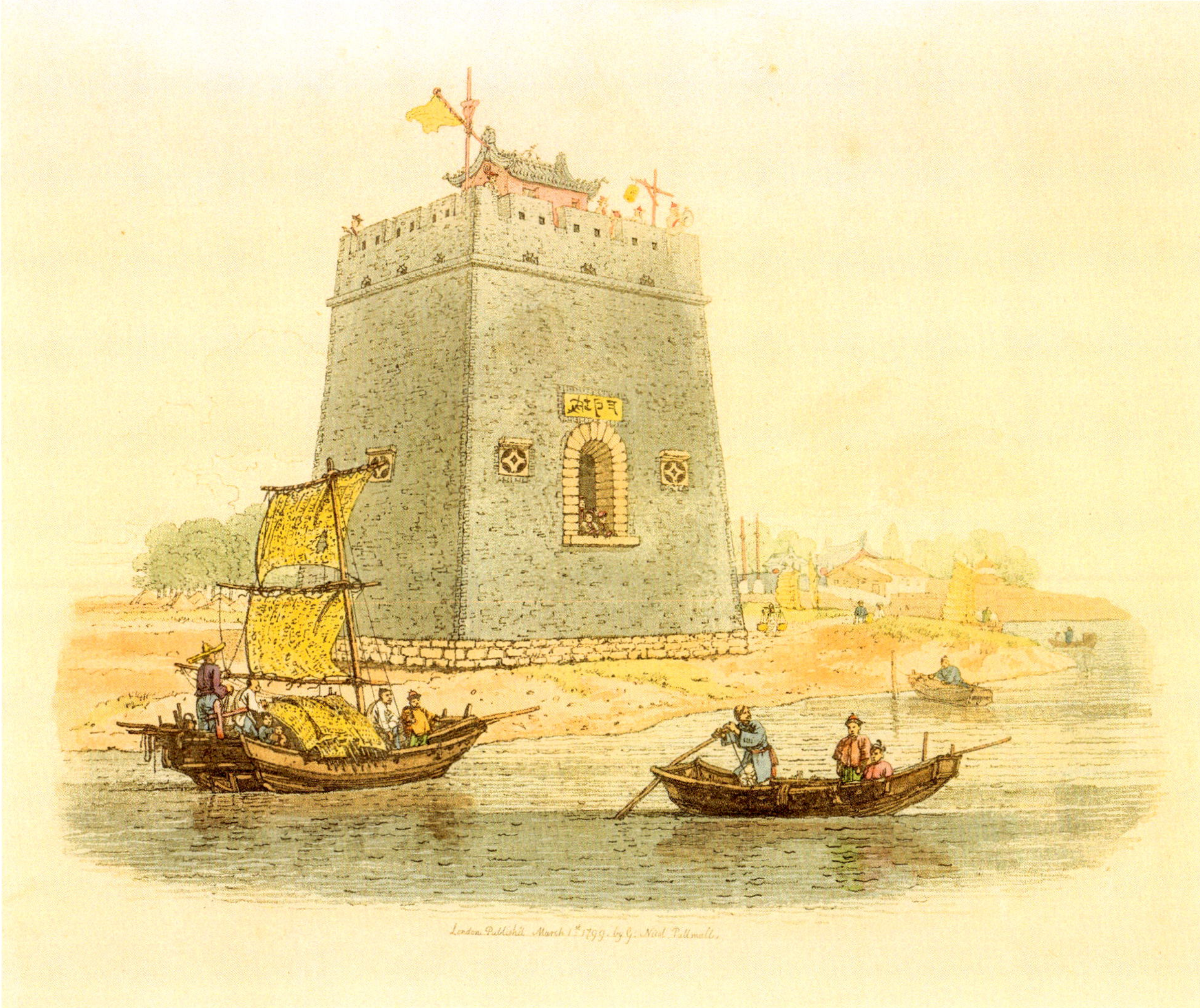


William Alexander,
*View of a Castle*, 1799

1 S. Sloboda, 'Picturing China: William Alexander and the visual language of chinoiserie', *British Art Journal*, 9/2 (2008), 28–36. *https://web-a-ebscohost-com.ezproxy.uwtsd.ac.uk/ehost/pdfviewer/pdfviewer?vid=1&sid=b7c7266f-14aa-40f5-878c-438824959a61%40sdc-v-sessmgr01* (cyrchwyd 19 Ebrill 2021).

2 Æneas Anderson, *A narrative of the British embassy to China, in the years 1792, 1793, and 1794; containing the various circumstances of the embassy, with accounts of customs and manners of the Chinese; and a description of the country, towns, cities, &c. &c.* (London: Printed by J. Debrett, 1795), t. 101.

3 A. Rylance-Watson, *William Alexander pictures China* (London: British Library, 2019). *https://www.bl.uk/picturing-places/articles/william-alexander-pictures-china* (cyrchwyd 19 Ebrill 2021).

# Un o'r Sylfaenwyr yn Ymddangos ym Myd Ffuglen

**Hannah More, *Cœlebs in search of a wife*, tenth edition (London: Printed for T. Cadell and W. Davies, 1809)**

Roedd Hannah More (1745–1833) yn awdur toreithiog, yn eiriolwr dros addysg menywod ac yn gyfaill i'r Esgob Thomas Burgess, sylfaenydd Coleg Dewi Sant. Mae iddi'r anrhydedd amheus o fod yn un o'r awduron a edmygid fwyaf yn ei hoes ei hun, ond sy'n cael ei darllen leiaf erbyn hyn.

Magwyd Hannah a'i phedair chwaer ym Mryste a'r cyffiniau. Roedd eu tad, Jacob More, yn ysgolfeistr. Addysgwyd ei ferched i allu ennill eu bywoliaeth eu hunain; yn y pen draw, byddent hwythau hefyd yn cynnal eu hysgol eu hunain. Am chwe blynedd yr oedd Hannah wedi dyweddïo â thirfeddiannwr lleol, William Turner, ond wedi i'r berthynas ddod i ben, penderfynodd ymroi i ysgrifennu. Ar ôl cael blwydd-dal o £200 gan Turner, roedd y modd ganddi bellach i ymweld â Llundain bob blwyddyn. Fe'i tynnwyd yn fuan iawn i mewn i gylch adnabyddus o ferched llên, cylch y sanau gleision.

Cyhoeddwyd llu o lyfrau crefyddol, moesol ac addysgol o waith More, yn ogystal â llyfrynnau stori rhad wedi'u hanelu at y dosbarthiadau cymdeithasol is. Fe'i disgrifir fel ffeminydd Cristnogol ceidwadol, ac un o'i phrif ddiddordebau oedd addysg menywod. Credai fod y gyfundrefn addysg ddiwerth ac arwynebol wedi gwneud tro gwael â menywod gan eu gadael heb eu paratoi i fod yn wragedd ac yn famau effeithiol. Gan feirniadu'r pwyslais cyfoes ar gyflawni, ysgrifennodd at ei chyfaill Elizabeth Bouverie, 'Dancing and music fill up the whole of life, and every *Miss* of fashion has *three* dancing, and a still greater number of music masters.' Roedd More yn dal i gredu mai'r cartref oedd lle menywod, ond roedd am iddynt gael eu haddysgu fel Cristnogion. Iddi hi, roedd y fenyw ddelfrydol yn rhesymegol ddeallus, yn wylaidd ac yn ddiwair, ac yn Gristion selog.

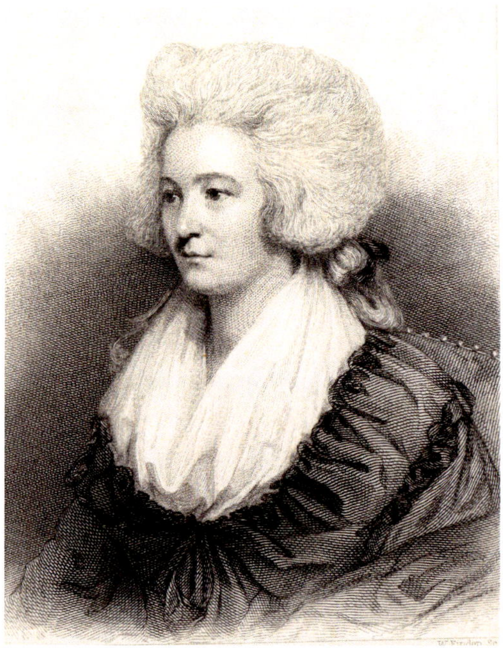

John Opie, *Hannah More* (1834), ysgythrwyd gan W. Finden, o W. Roberts, *Memoirs of the life and correspondence of Mrs Hannah More*

# CŒLEBS

## IN SEARCH OF A WIFE.

COMPREHENDING

OBSERVATIONS

ON

DOMESTIC HABITS AND MANNERS, RELIGION AND MORALS.

---

For not to know at large of things remote
From use, obscure and subtle, but to know
That which before us lies in daily life,
Is the prime wisdom. *Milton.*

---

THE TENTH EDITION.

IN TWO VOLUMES.

VOL. I.

*LONDON:*

PRINTED FOR T. CADELL AND W. DAVIES,
IN THE STRAND.

1809.

*Cœlebs in search of a wife* (T. Cadell a W. Davies, 1808) oedd unig nofel More. Fe'i hanelwyd at danysgrifwyr y llyfrgell gylchynol fel dewis arall yn lle'r nofelau rhamantus safonol, 'to raise the tone of that mart of mischief and to counteract its corruptions'.[1]

Yn anarferol, mae'r plot yn ymwneud â'r arwr yn hytrach nag ymchwil yr arwres am gymar. Adroddir y stori gan Charles (Cœlebs neu ddi-briod), hen lanc tair ar hugain oed, y dywedir iddo gael ei seilio ar gyfaill mynwesol i More ym Mryste, sef John Scandrett Harford. (Yn ddiweddarach, Harford fyddai'n rhoi'r tir ar gyfer Coleg Dewi Sant, Llanbedr Pont Steffan.)

Mae gwraig ddelfrydol Charles yn ymdebygu i Eve Milton yn ei chymeriad ac yn ymgorffori barn ei ddiweddar fam am addysg Gristnogol briodol. Yn ogystal, mae'r rhinweddau'n adlewyrchu'n union safbwyntiau More ei hun: 'For my own part I call education, not that which smothers a woman with accomplishments, but that which tends to consolidate a firm and regular system of character; that which tends to form a friend, a companion, and a wife.'

Mae'r deuddeg pennod gyntaf yn disgrifio ymweliadau Charles â Llundain, a'i gyfarfyddiadau ag amrywiaeth o wragedd ffasiynol a'u merched. Seiliodd More gymeriad Lady Melbury, 'brenhines gydnabyddedig harddwch a ffasiwn' ar Georgiana Cavendish, duges swydd Dyfnaint, a fu farw rai blynyddoedd ynghynt. Fe'i disgrifir fel cymeriad 'warm-hearted, feeling, liberal on the one hand; on the other, vain, sentimental, romantic, extravagantly addicted to dissipation and expence'. Ar y llaw arall, Lady Bab Lawless 'knew by instinct when a younger son was in the room, and by a petrifying look checked his most distant approaches'. Ar ôl methu dod o hyd i wraig yn Llundain, mae Charles yn mynd i weld Mr Stanley, cyfaill agos i'w ddiweddar dad. Mae merch hynaf Stanley, Lucilla, sy'n ddeunaw oed, yn weithgar, yn ymarferol ac yn anhunanol. Mae'n athrawes ysgol Sul, yn dda am reoli'r cartref, yn weithgar o ran gofalu am y tlodion, ac, fel More, yn arddwraig frwd. Mae hi hefyd yn ysgolhaig, ac wedi dysgu Lladin. Daw'r nofel i ben gyda dyweddïad Charles a Lucilla, wrth iddynt ystyried y 'rational scene of felicity' a ddaw gyda'u priodas. Felly, mae More yn cyflwyno'i barn am y briodas ddelfrydol, rhwng dau 'enaid hoff, cytûn'.

Cyhoeddwyd *Cœlebs* gyntaf ym mis Rhagfyr 1808 mewn dwy gyfrol wythblyg. Fel y rhan fwyaf o lyfrau More, fe'u cyhoeddwyd yn wreiddiol yn ddienw. Fodd bynnag, roedd ei

harddull ysgrifennu a'i safbwyntiau yn rhy adnabyddus i'w hunaniaeth fod ynghudd yn hir. Cymysg oedd derbyniad y beirniaid. Meddai'r *Edinburgh Review*: 'Events there are none; and scarcely a character of any interest. The book is intended to convey religious advice; and no more labour appears to have been bestowed upon the story, than was merely sufficient to throw it out of the dry, didactic form.'[2] Ysgrifennodd *Cabinet* am More ei bod yn ymdrechu i droi'r bwrdd te yn fwrdd y cymun, gan geisio troi pawb yn bolemig, a phob peth yn grefydd.[3] Fodd bynnag, daeth *Cœlebs* yn un o'r gwerthwyr gorau. Roedd yr argraffiad cyntaf allan o brint ar ôl ychydig ddyddiau yn unig; gwerthwyd deg argraffiad arall yn ystod y chwe mis cyntaf. Cafodd More £2,000 mewn elw yn ystod y flwyddyn gyntaf; o'i gymharu, dim ond £150 enillodd Jane Austen am *Sense and Sensibility* (a gyhoeddwyd yn 1811). Mae gan Lyfrgell Roderic Bowen gopi o'r degfed argraffiad, a gyhoeddwyd yn 1809, a fu'n eiddo i Thomas Burgess.

Roedd More yn un o gefnogwyr cynnar Coleg Dewi Sant: 'I hardly know so pressing a cause. There will, unavoidably, to save credit, be mixed with it a little too much High Church, but we must be glad to do something if we cannot do all that is wanted.' Mae rhestr gynnar o gymwynaswyr, dyddiedig 1810, yn rhestru rhodd More o £10, gan nodi mai hon oedd ei phedwerydd cyfraniad. Mae archifau Prifysgol Cymru Y Drindod Dewi Sant yn cynnwys llythyr at Thomas Burgess a ysgrifennwyd ar ran More gan ei chyfaill Mary Roberts. Mae'n crybwyll ei thanysgrifiad o £4 ar gyfer y coleg, yn ogystal â rhodd o £2 ar gyfer y Gymdeithas Lenyddol. Yn ogystal, gadawodd More £400 i'r Gronfa Ysgoloriaethau; drwy hyn, darparwyd ysgoloriaeth agored, yn dwyn ei henw, o £12 y flwyddyn.

*Ruth Gooding*

1 William Roberts, *Memoirs of the life and correspondence of Mrs Hannah More*, ail argraffiad (London: R. Seeley and W. Burnside, 1834).

2 Francis Jeffrey (gol.), 'ART. XI. Cœlebs in Search of a Wife; comprehending Observations on Domestic Habits and Manners, Religion and Morals', *The Edinburgh Review*, 14/27 (1809), 145–51. *https://www-proquest-com.ezproxy.uwtsd.ac.uk/docview/6531420/B36A4C3BB-CA5486BPQ/10?accountid=130472&imgSeq=1* (cyrchwyd 20 Awst 2021).

3 Anon. 'Cœlebs in search of a Wife, comprehending Observations on Domestic Habits and Manners, Religion and Morals', *Cabinet*, 4/1 (1809), 347–55. *https://www-proquest-com.ezproxy.uwtsd.ac.uk/docview/1298957728?pq-origsite=primo&imgSeq=9* (cyrchwyd 20 Awst 2021).

# Rhybudd Perygl ar y Môr Mawr

**John Smeaton, *A Narrative of the Building and a Description of the Construction of the Edystone Lighthouse with Stone: to which is subjoined, an appendix, giving some account of the Spurn Point, built upon a sand*, second edition (London: Printed by T. Davison . . . for Longman, Hurst, Rees, Orme, and Brown, 1813)**

Er mai goleudai yw un o'r mathau hynaf o dechnoleg sydd ar gael, dim ond yn yr ail ganrif ar bymtheg y dechreuodd gwledydd Ewrop eu hadeiladu o ddifri. Bryd hynny, roedd dinas Plymouth yn dod yn fwyfwy pwysig oherwydd y fasnach ag America yn ogystal â sefydlu dociau'r llynges yno. Fodd bynnag, roedd creigiau Eddystone, ddau gilometr ar hugain a hanner (neu ychydig dros dair milltir ar ddeg) i'r de-dde-orllewin o'r ddinas, yn beryglus i longau. Mae'r rîff yn cynnwys thri chefn garw o haenithfaen coch ar oleddf, ac mae'r graig yn ymestyn cryn bellter o dan y dŵr. Bydd moroedd enfawr yn torri ar y gorllewin; a bydd ymchwydd o'r de yn taflu ewyn dros ddeng metr ar hugain (can troedfedd) o uchder.

Yn 1664, deisebodd dau o fasnachwyr Plymouth awdurdod y goleudai, Tŷ'r Drindod, i godi goleudy yno. Fodd bynnag, nododd Tŷ'r Drindod nad oedd neb wedi codi goleudy ar y môr mawr o'r blaen. Dal i ddod wnâi'r ceisiadau. Yn y pen draw, derbyniwyd yr her gan Henry Winstanley, ysgythrwr a dyfeisiwr, a hynny o bosib gan fod un o'i longau ef ei hun wedi'i cholli yno eisoes. Dechreuodd y gwaith ym mis Mehefin 1696, ond cafodd ei ddinistrio flwyddyn yn ddiweddarach gan herwlong Ffrengig. Fodd bynnag, cwblhawyd y prosiect yn 1700. Roedd tua 35 metr o uchder (115 troedfedd). Yn ôl Waterhouse, yr oedd yn adeilad anhygoel, wedi'i wneud i raddau helaeth o bren wedi'i rwymo â strapiau haearn, â gwaith cerrig y sylfaen wedi'i rwymo â chopr neu haearn.[1] Dim ond am dair blynedd y goroesodd, cyn cael ei ysgubo ymaith mewn storm wyllt ar 26 Tachwedd 1703. Bu farw Winstanley gyda'i greadigaeth; roedd wedi mynd i'r tŵr i oruchwylio gwaith atgyweirio. Yn ddiweddarach, awgrymodd John Smeaton mai un o'r rhesymau dros ei fethiant oedd ei ddiffyg gwybodaeth am smentiau.

Cynlluniwyd yr ail oleudy gan fasnachwr sidan, John Rudyerd, rhwng 1708 ac 1709. Unwaith eto, fe'i hadeiladwyd o bren â balast gwenithfaen. Credid y byddai'r coed yn symud gyda'r tonnau yn hytrach na cheisio'u gwrthsefyll. Y tro hwn, bu'r tŵr yn sefyll am saith mlynedd a deugain; fodd bynnag, ar 2 Rhagfyr 1755, aeth to'r llusern ar dân. Bu'r fflamau'n llosgi am bum niwrnod; dinistriwyd y tŵr yn llwyr.



John Smeaton, *South Elevation of Winstanley's Lighthouse, upon the Edystone Rock*, 1762, ysgythrwyd gan H. Roberts

*South* **ELEVATION** *of* **WINSTANLEY'S LIGHTHOUSE,**
*upon the* **EDYSTONE ROCK,** *As it was finished in the Year 1699.*
*Drawn Orthographicaly from a Perspective Print thereof, Published by himself.*

*Engraved by Hen. Roberts, 1762.*

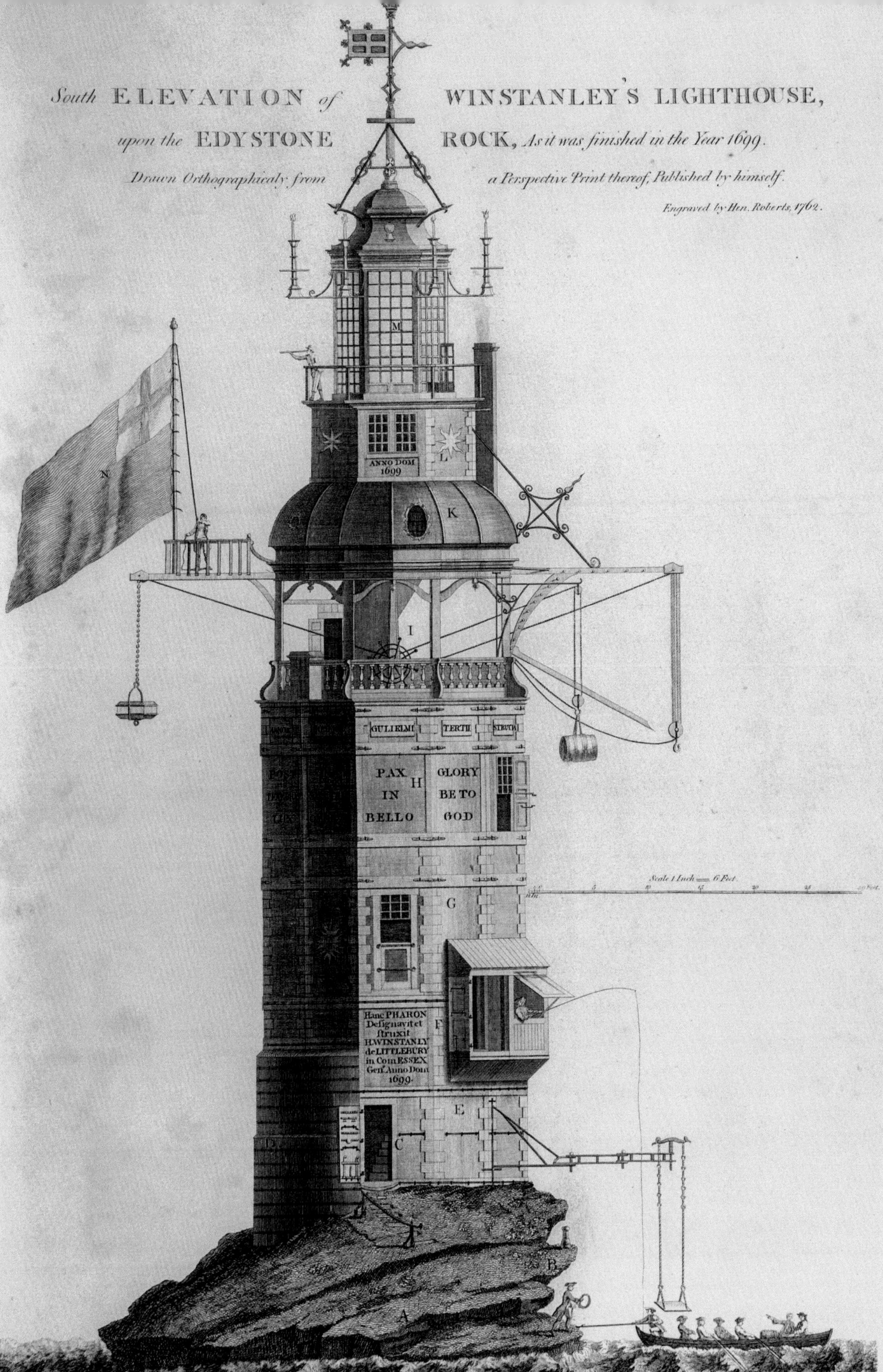

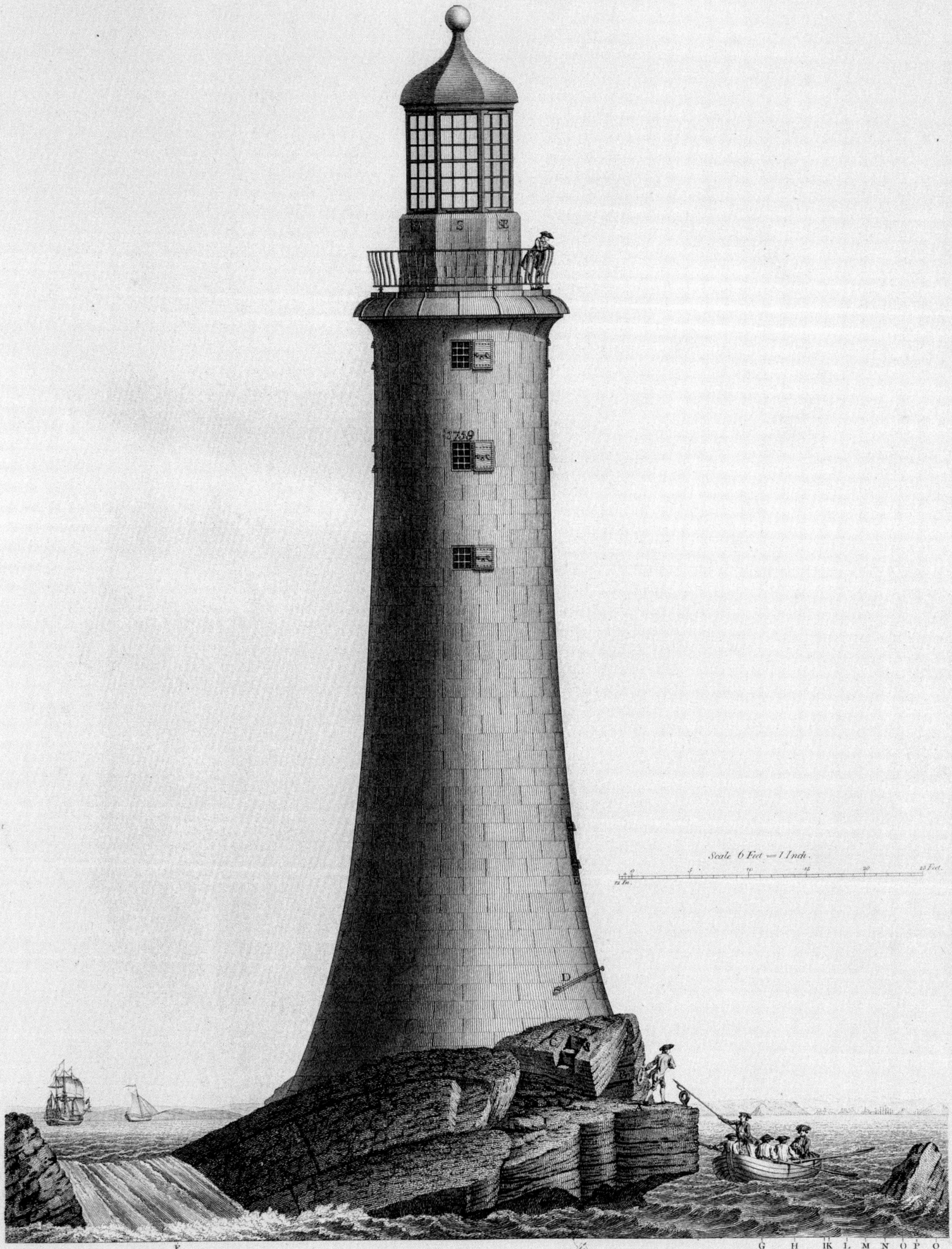


*South* **ELEVATION** *of the* **STONE LIGHTHOUSE** *completed upon the* **EDYSTONE** *in 1759.*

*Shewing the Prospect of the nearest Land, as it appears from the Rocks in a clear calm Day.*

*Engraved in the Year 1763, by Mr. Edwd. Rooker; The figures by Mr. Sam. Wale.*

Gwaith John Smeaton, a gofir bellach fel tad peirianneg sifil, oedd y trydydd goleudy, a'r mwyaf llwyddiannus. Ganed Smeaton (1724–92) yn swydd Efrog, yn fab i gyfreithiwr, William Smeaton, a'i wraig, Mary. Ar ôl dewis peidio â dilyn ei dad i fyd y gyfraith, ymsefydlodd fel gwneuthurwr offer gwyddonol. Datblygodd ddiddordeb ymarferol yng ngweithrediad peiriannau, gan gynnwys melinau gwynt a dŵr.

Ar ôl i ail oleudy Eddystone losgi'n ulw, gofynnodd ei berchennog, Robert Weston, i Lywydd y Gymdeithas Frenhinol, Iarll Macclesfield, argymell rhywun i gynllunio goleudy newydd. Penodwyd John Smeaton ym mis Chwefror 1756. Roedd y dasg yn un feichus a'r gwaith yn galed. Dim ond yn ystod misoedd yr haf y gellid bwrw ymlaen â'r gwaith adeiladu; defnyddid y gaeaf i baratoi'r gwaith maen. Yn wahanol i'w ragflaenwyr, penderfynodd Smeaton ddefnyddio adeiladwaith wedi'i wneud yn gyfan gwbl o feini. Byddai hynny'n gadarnach, ac yn lleihau'r risg o dân. Gwenithfaen Cernyw oedd y garreg fyddai'n wynebu'r môr, a chalchfaen Portland ar gyfer y gwaith mewnol. Yn nodweddiadol, treuliodd Smeaton oriau lawer yn ymchwilio i natur gwahanol galch hydrolig, a fyddai'n caledu o dan ddŵr. Ar gyfer y cymalau, defnyddiodd forter *pozzolana* / calch o'i greadigaeth ei hun.

Seiliodd Smeaton ei dŵr ar siâp derwen goesynnog, gyda gwaelod trwm, llydan a philer crwm uwchben. Roedd y craidd disgyrchiant yn isel a'r siâp pigfain yn cynnig sefydlogrwydd ac yn lleihau'r llwythi gwynt. Llwyddodd hefyd i greu ffordd unigryw o dryfalu cerrig. Roedd y gwaith maen wedi'i gloi at ei gilydd cystal nes ei bod yn amhosib tynnu'r un garreg ar ôl ei gosod, heblaw yn y drefn groes i drefn y gosod. Roedd gofyn i'r arwyneb allanol fod mor llyfn â phosib er mwyn bwrw'r tonnau i'r naill ochr.

Roedd rhan uchaf y strwythur – oedd bron i ddau fetr ar hugain (72 troedfedd) o uchder – yn cynnwys pedwar llawr ar gyfer ceidwaid y goleudy a'r storfeydd. Roedd Smeaton yn gwybod bod Syr Christopher Wren wedi defnyddio cadwyni i wrthsefyll gwthiad cromen Eglwys Gadeiriol Sant Paul. Gan ddefnyddio'r syniad hwn, gosododd gadwyn haearn mewn rhigol yn wal allanol pob llawr, cyn arllwys plwm tawdd drosti.

Gorffennwyd y gwaith yn haf 1759; gosodwyd y llusern haearn wythonglog â chrymdo copr ym mis Medi'r flwyddyn honno. Mae Skempton yn nodi mai hwn oedd prototeip yr holl oleudai gwaith maen a adeiladwyd wedi hynny ar y môr mawr.[2]

John Smeaton a Samuel Wale,
*South Elevation of the Stone Lighthouse completed upon the Edystone in 1759*,
1763, ysgythrwyd gan E. Rooker

Gofynnodd Tŷ'r Drindod i Smeaton ysgrifennu cyfrif o waith adeiladu'r goleudy, er mwyn sicrhau, pe bai'r adeilad presennol yn cael ei ddinistrio, y gallent ganfod pob gwall ac amherffeithrwydd. Cyhoeddwyd yr argraffiad cyntaf 35 mlynedd yn ddiweddarach yn 1791. Yn ei ragair, nododd Smeaton, 'to write a book, tolerably well, is not a light or an easy matter . . . In truth I have found much more difficulty in writing, than I did in building'. Disgrifiodd y gwaith o adeiladu'r ddau oleudy Eddystone cynharach, cyn cynnig cyfrif manwl o'i waith ei hun. Defnyddiodd ffurf llyfr lòg, sy'n dal i fod yn ffurf hollbwysig i beirianwyr.

Mae'r llyfr gorffenedig yn ffolio eliffant godidog (58 × 39 cm neu 23 × 15 modfedd); roedd Smeaton am osgoi gweld y printiau'n cael eu difetha fel 'lluniau cynrychioliadol' wrth gael eu plygu. Mae'r tri phlât ar hugain yn cynnwys siartiau, cyfres o gynlluniau a lluniadau mewn persbectif o'r graig a'r goleudy, â manylion y gwaith adeiladu. Mae plât o syniadau gwreiddiol, awgrymiadau a brasluniau yn cynnwys darlun o ysbrydoliaeth Smeaton, y dderwen.

Cyflwynwyd y gyfrol i Siôr III. Fodd bynnag, dim ond nifer fach o gopïau a argraffwyd i ddechrau. Fel y nododd Smeaton, 'the greatest real praise of the edifice, being that nothing has happened to it, nothing has occurred to keep the talk of it alive'. Doedd dim angen i Smeaton fod mor wylaidd; doedd dim digon o gopïau wedi'u hargraffu ac fe argraffwyd rhagor yn 1793, flwyddyn ar ôl ei farwolaeth. Mae gan Lyfrgell Roderic Bowen gopi o'r ail argraffiad, a gyhoeddwyd yn 1813; fe'i cyflwynwyd gan Thomas Phillips yn 1846.

Yn 1818, adroddodd Robert Stephenson, ceidwad goleudy o'r Alban, y gallai diffyg cryfder y graig oddi tano beryglu goleudy Eddystone. Gwnaed gwaith adfer yn 1838, ond erbyn y 1870au roedd craciau'n ymddangos yn y creigiau. Roedd angen ailosod tŵr 120 mlwydd oed Smeaton. Datgymalwyd yr hanner uchaf, ac fe'i hailgodwyd ar Plymouth Hoe fel cofeb i'w adeiladwr. Mae'r sylfaen yn aros ar graig Eddystone hyd heddiw.

*Ruth Gooding*

1 Paul Waterhouse a Mike Chrimes, 'Winstanley, Henry (bap. 1644, d. 1703), engineer and engraver', *Oxford Dictionary of National Biography* (Oxford: Oxford University Press, 2005).

2 A. W. Skempton, 'Smeaton, John (1724–1792), civil engineer', *Oxford Dictionary of National Biography* (Oxford: Oxford University Press, 2013).



John Smeaton, *Original Ideas, Hints, & Sketches, from whence the Form of the Present Building was taken*, 1786, ysgythrwyd gan J. Record

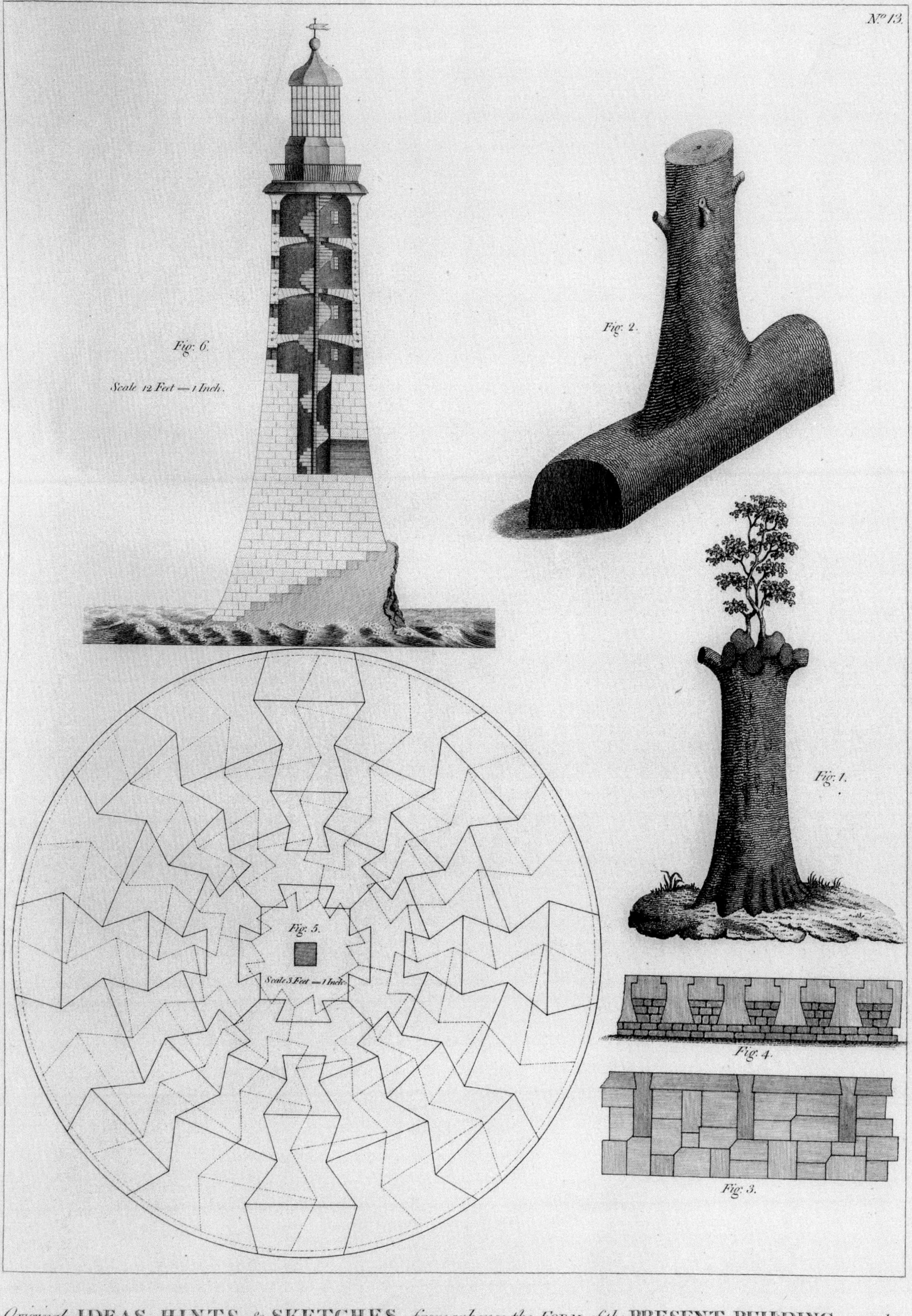


*Original* **IDEAS, HINTS, & SKETCHES,** *from whence the* FORM *of the* **PRESENT BUILDING** *was taken.*

# Hanes Difyr Teithio yn y Famwlad

**Edward Pugh, *Cambria depicta: a tour through North Wales, illustrated with picturesque views by a native artist* (London: Printed by W. Clowes for E. Williams, 1816)**

*Cambria depicta* gan Edward Pugh oedd cyfrol ddifyrraf ei dydd am hanes teithio yng Nghymru.

Ganwyd Pugh (bedyddiwyd yn 1763, bu farw yn 1813) yn Rhuthun; barbwr oedd ei dad, David. Ychydig a wyddys am fywyd cynnar Edward. Er ei fod o dras isel, cafodd addysg dda, yn ysgol ramadeg Rhuthun, mae'n debyg. Roedd yn amlwg ei fod wedi derbyn ei addysg yn Saesneg; er iddo gael ei fagu yn siarad Cymraeg, nid oedd yn gallu ei hysgrifennu.

Ni wyddys dim sut y daeth Pugh i hyfforddi i fod arlunydd. Fodd bynnag, erbyn 1793 yr oedd yn arddangos ei waith; rhwng 1793 ac 1808 dangoswyd tri ar hugain o luniau, portreadau bychain yn bennaf o wŷr bonedd Cymru, yn yr Academi Frenhinol. Yn 1794 cyhoeddodd Pugh gyfres o acwatintau'n seiliedig ar ei luniau ei hun, gan eu hysbysebu fel *Six Views, in Denbighshire*. Ceisiodd dynnu sylw oddi wrth dirweddau dramatig Eryri at olygfeydd mwynach yn Llangollen a Chlwyd. Cyfrannodd Pugh hefyd ddarluniau topograffig a phensaernïol i gyhoeddiadau Llundain, gan gynnwys *Remarks on a Tour to North and South Wales* (1790) gan Henry Wigstead a *Modern London* (1805), Richard Phillips. Mae'n debyg iddo dreulio'r rhan fwyaf o'i amser yn Llundain, gan dreulio'r haf yn Rhuthun a gweithio am rai wythnosau yn ystod y rhan fwyaf o flynyddoedd yng Nghaer.

Cododd *magnum opus* Pugh, *Cambria depicta,* o sgwrs yn y Shakespeare Gallery yn Pall Mall gyda'r cyhoeddwr printiau John Boydell. Ysgrifennodd Pugh yn ei ragair:

> Mr Boydell lamented that the landscape painters, whom he had employed in Wales, confined the efforts of their pencils to the neighbourhood of Snowdon: thus multiplying copies upon copies of the same sketches, and frustrating the worthy Alderman's intention of publishing a just series of Welsh views. This practice they defended on the ground of the difficulty in which a stranger, unacquainted with the language or the country, involved himself, the moment that he quitted the high roads, and plunged into the intricacies of the mountains.



Edward Pugh, *The Perilous Situation of Robert Roberts*, 1814, ysgythrwyd gan T. Cartwright

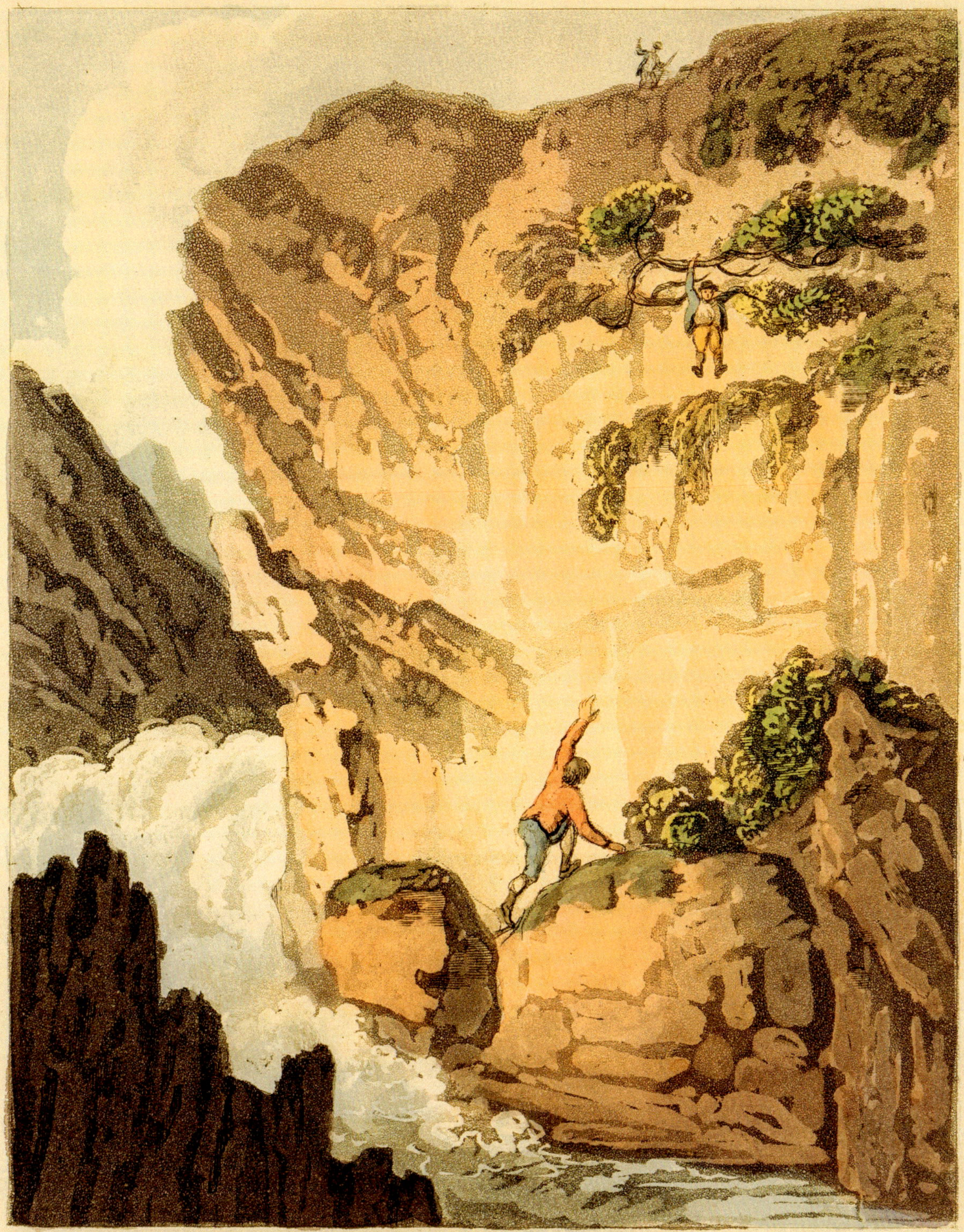

E. Pugh delt.        T. Cartwright sculpt.

THE PERILOUS SITUATION OF ROBERT ROBERTS.

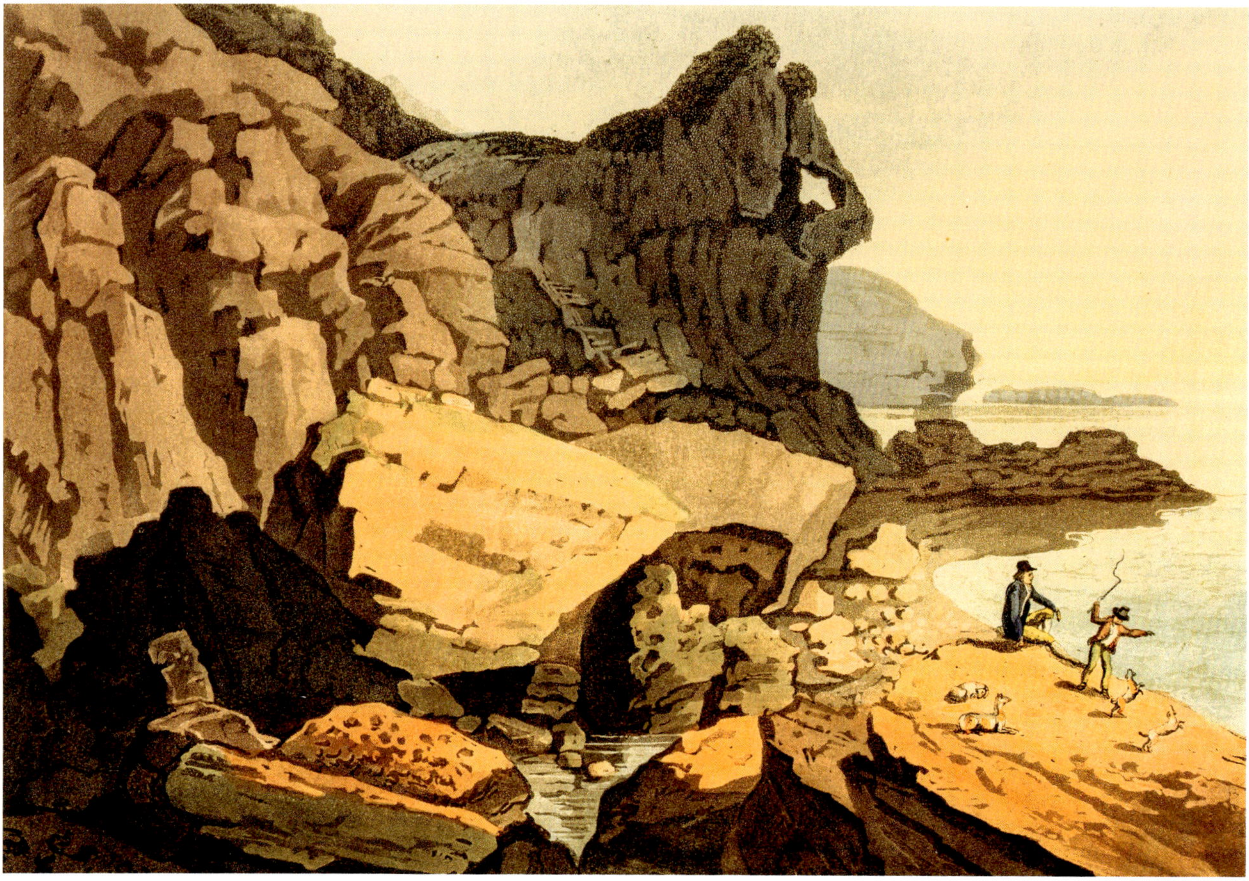

Edward Pugh, *Bishop's Throne, Anglesey*, 1813, ysgythrwyd gan T. Cartwright

Awgrymodd Boydell y byddai'n ddefnyddiol cyhoeddi cyfrol fechan o gyfarwyddiadau, wedi'i hysgrifennu gan rywun o Gymru oedd â gwybodaeth leol.

Er i'r sgwrs ddigwydd tua 1800, mae'n debyg, ni ddechreuodd Pugh ar ei dasg tan wanwyn 1804. Dros y naw mlynedd nesaf, cerddodd ledled gogledd Cymru, yn ysgrifennu'r testun sylweddol a pharatoi darluniau gwreiddiol ar gyfer saith deg dau o acwatintau. Cychwynnodd ar ei daith o Ruthun, gyda'i gi, Miss Wowski, a dim ond bag ysgafn, ambarél a phortffolio bach ynghlwm wrth ei ysgwydd â darn llydan o dâp. Mae'n rhaid fod y daith gyfan tua 850 o filltiroedd, bron i gyd wedi'i gwneud ar droed. Gan ddechrau yng Nghaer a gorffen yn Amwythig, aeth mor bell i'r gorllewin â Nefyn yn Llŷn a chyn belled i'r de â Llanidloes.

Mae John Barrell yn disgrifio *Cambria depicta* fel 'long, beautifully written, amusing, and informative', a 'by some way the best of the numerous tours of Wales written around 1800'.[1] Roedd hefyd yn wahanol iawn i'r cyfrolau o'r math hwn a luniwyd cyn hyn.

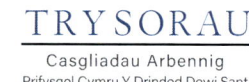

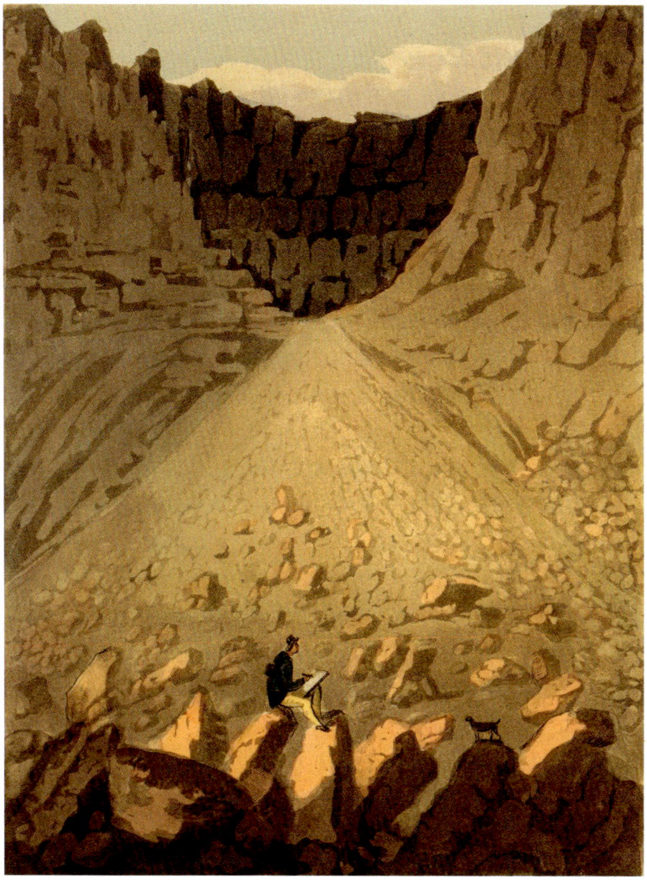

Edward Pugh, *A Fall of Rocks*, 1814, ysgythrwyd gan T. Cartwright

Hon oedd yr unig daith i beidio â chael ei hysgrifennu gan aelod o'r dosbarth bonedd a'r unig un i'w hysgrifennu gan siaradwr Cymraeg oedd yn gallu sgwrsio â'r bobl y cyfarfu â nhw. Cyfeiriodd Pugh ei hun at ei 'knowledge of the ancient British language' a'i 'intimacy with my native country and its inhabitants, their economy, customs, and character'. Mae Peter Lord wedi tynnu sylw at y ffaith fod tinc o ysbryd democrataidd yn llais Pugh, yn wahanol iawn i lais yr awdur taith brodorol arall o Gymru, Thomas Pennant.[2] Yn ogystal â disgrifio hanes a thopograffeg Cymru, diddanai Pugh ei ddarllenwyr â digwyddiadau diddorol, clecs a'i farn unigryw ei hun. Dywed Barrell fod llawer o'r pethau gorau yn y llyfr yn ganlyniad uniongyrchol i anallu Pugh i fforddio'r cerbyd post a fyddai wedi ei godi uwchben y bobl y cyfarfu â nhw.[3] Treuliodd Pugh amser yn siarad â'r trigolion lleol, yn gyfoethog ac yn dlawd, gan werthfawrogi eu caredigrwydd mawr. Ar y pryd, roedd yn rhyfel rhwng Prydain a Ffrainc; roedd rhywfaint o amheuaeth o ddieithriaid, yn enwedig pan nad oedd siaradwyr Cymraeg uniaith yn gallu adnabod yr iaith Saesneg. O bryd i'w gilydd byddai Pugh yn esgus nad oedd yn gallu siarad Cymraeg er mwyn iddo allu clywed beth oedd barn pobl amdano. Fodd bynnag, roedd Pugh yn awyddus i gyfiawnhau cymeriad ac ymddygiad 'the different classes of the ancient Britons'. Mynegodd hefyd ei obeithion am wella diwylliant cyfoes Cymru, er enghraifft drwy awgrymu sefydlu academi genedlaethol.

Roedd y darluniau'n bennaf o leoedd oddi ar y llwybrau cyfarwydd, nad oeddent wedi'u darlunio mewn llyfrau o'r blaen. Esboniodd Pugh, 'I have abandoned the common practice of giving portraits of towns, castles, &c., which have been so often repeated that they now fill every portfolio.' Dim ond tuag ugain y cant o'r delweddau sy'n cynnwys golygfeydd mynyddig y gogledd-orllewin. Fel Alfred Hitchcock, roedd Pugh yn hoff o ymddangos yn ei luniau ei hun; fodd bynnag, fe'i ceir bob amser yn y

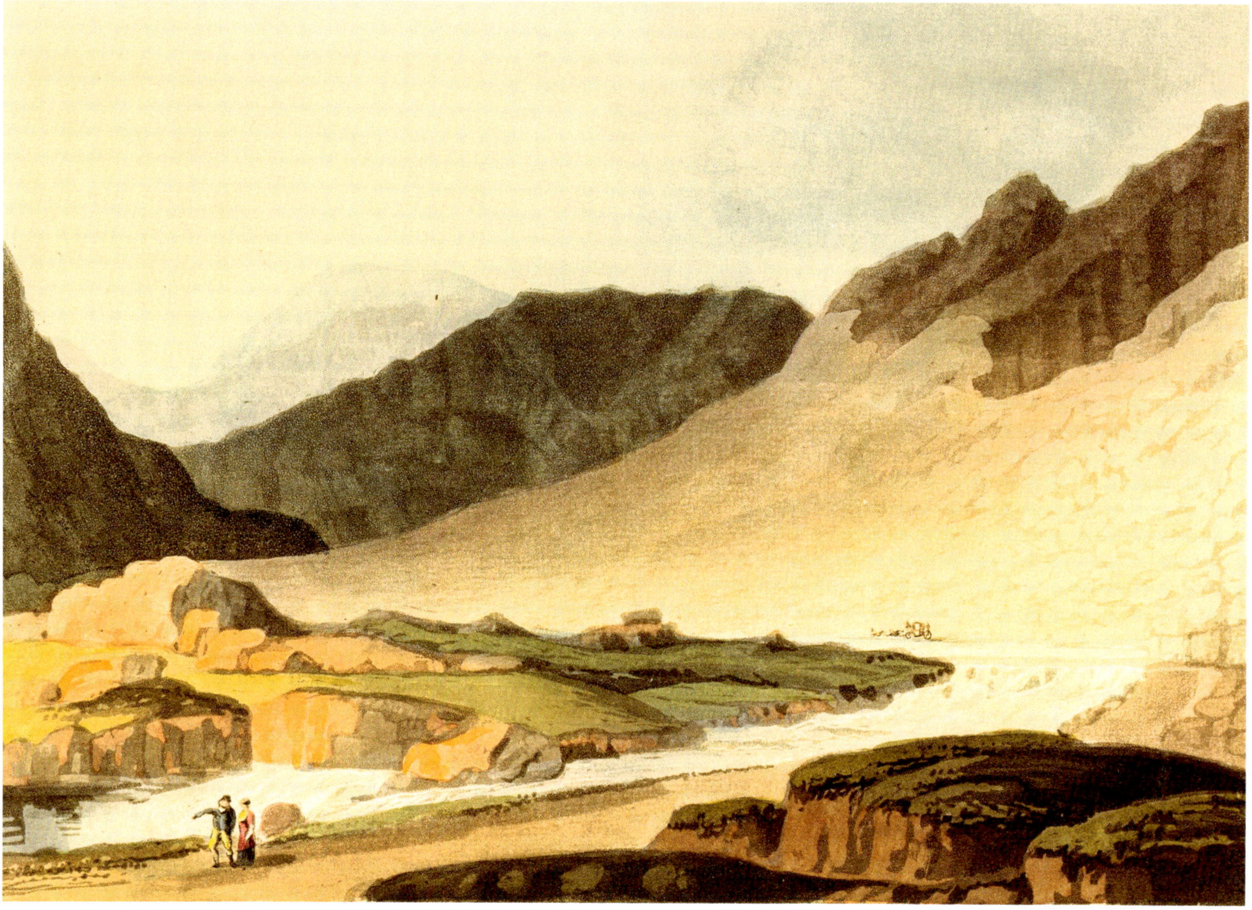

Edward Pugh, *Nant Francon*, 1813, ysgythrwyd gan T. Cartwright

pellter canol. Darluniau llwyd, *en grisaille*, a ddarparwyd gan Pugh yn bennaf. Gwnaed y rhan fwyaf o'r acwatintau gan Thomas Cartwright, er iddo weithiau alw ar eraill i'w helpu. Fodd bynnag, dywed Barrell ei fod yn ei chael yn anodd edmygu'r acwatintau hyn cymaint ag y byddai'n ei ddymuno.[4] Er i'r golygfeydd gael eu dewis yn dda a bod eu cyfansoddiad weithiau'n cael ei reoli'n dda iawn, collodd rhai o'r acwatintau lawer o fanylion a gwead darluniau Pugh. Yn anffodus hefyd, mae'r platiau lliw yn tueddu i fod â nam arnynt ac weithiau'n orliwgar. Roedd y cyntaf o'r ddau liwiwr hefyd yn gwneud y tywydd yn gyson heulog. Mae darluniau Pugh yn dangos Nant Ffrancon yn ystod glaw trwm; addasodd y lliwiwr y ddelwedd i bortreadu diwrnod hyfryd o haf!

Yn anffodus, dim ond pum wythnos ar ôl gorffen ei lawysgrif, bu farw Pugh o strôc baralytig yn Rhuthun yn 1813. Cyhoeddwyd *Cambria depicta* wedi ei farwolaeth gan Evan Williams, y prif gyhoeddwr Cymreig yn Llundain, yn 1816. Roedd yn gyhoeddiad

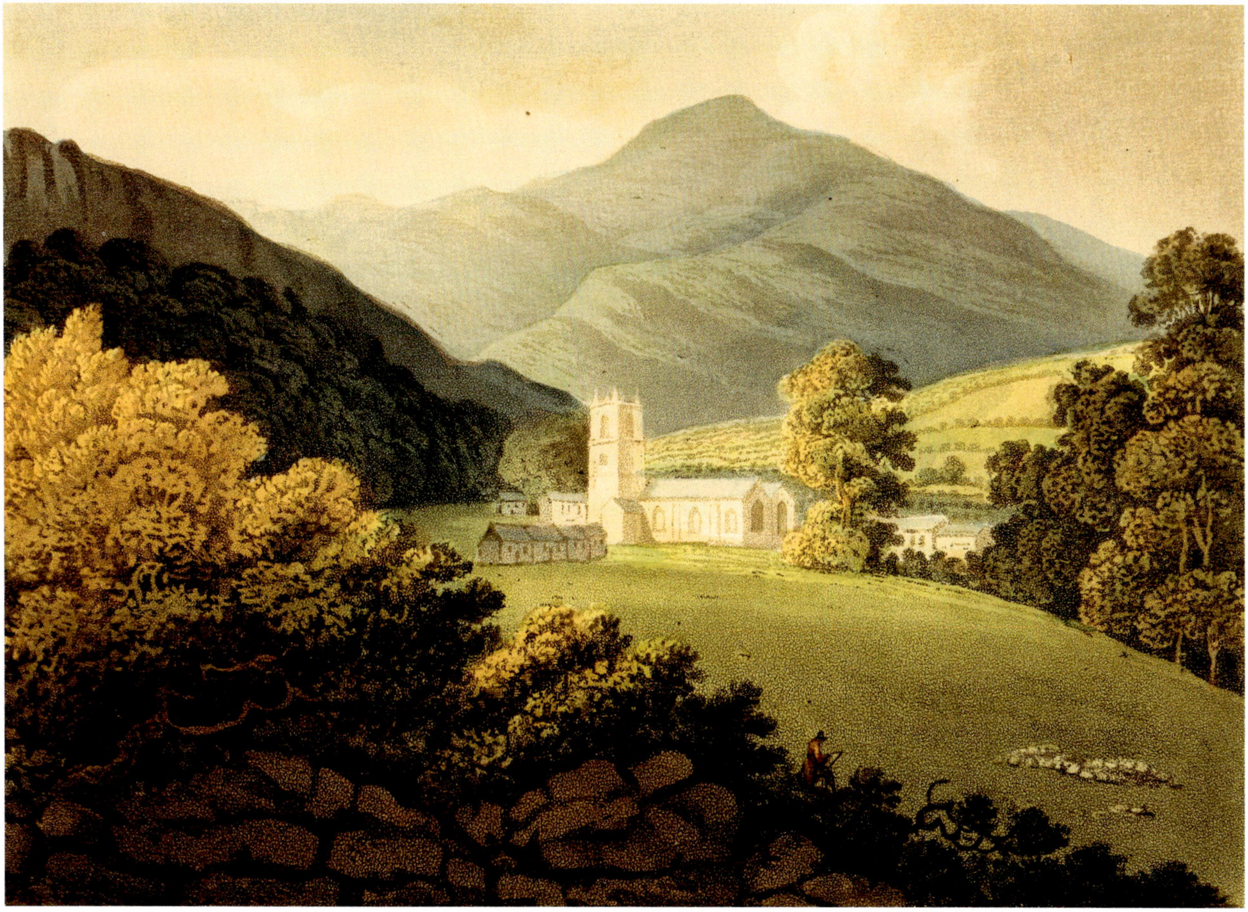

Edward Pugh, *Llangollen*, 1813, ysgythrwyd gan E. Williams

pedwarplyg drud, ac yn cynnwys llawer o ddarluniau cain; mae'n amlwg fod Williams eisiau gwneud yr elw mwyaf posibl.

Cyflwynwyd copi Llyfrgell Roderic Bowen o *Cambria depicta* yn rhodd gan Thomas Phillips yn 1847. Mae gan Lyfrgell Genedlaethol Cymru hefyd gyfrol wedi'i rhwymo sy'n cynnwys y rhan fwyaf o'r darluniau dyfrlliw a wnaed gan Pugh i baratoi ar ei chyfer.

*Ruth Gooding*

1 John Barrell, 'Edward Pugh in modern London', *London Journal*, 37/3 (2012), 174–95.

2 Peter Lord, *Diwylliant Gweledol Cymru: Delweddu'r Genedl.* (Caerdydd: Gwasg Prifysgol Cymru, 2000).

3 John Barrell, *Edward Pugh of Ruthin 1763–1813: 'A Native Artist'* (Cardiff: University of Wales Press, 2013).

4 Ibid.

# Tynnu Llun yr Arctig

**John Ross, *A voyage of discovery made under the orders of the Admiralty, in His Majesty's Ships Isabella and Alexander, for the purpose of exploring Baffin's Bay, and inquiring into the probability of a North-West passage* (London: John Murray, 1819)**

Môr-lwybr 1450 cilometr (900 milltir) o hyd ar arfordir gogledd Canada sy'n cysylltu Môr Iwerydd â'r Môr Tawel yw Tramwyfa'r Gogledd-orllewin. Ers yr unfed ganrif ar bymtheg, y gobaith oedd y gallai fod yn llwybr ymarferol ar gyfer masnach â Tsieina a'r Dwyrain Pell.

Ar ddiwedd rhyfeloedd Napoleon, roedd gan Brydain lynges fawr y gellid ei defnyddio ar gyfer fforio yn gyffredinol, ac ar gyfer teithiau ymchwil gwyddonol yn benodol. Roedd John Barrow, ysgrifennydd parhaol y Trysorlys, yn frwd iawn dros archwilio'r Arctig. Ymhellach, roedd y tywydd fel petai'n newid. Yn 1817, dywedodd William Scoresby yr ieuengaf, capten llong hela morfilod ac un oedd â meddwl gwyddonol chwilfrydig, ei fod wedi darganfod môr heb rew ynddo mor bell ag 80° gogledd. Rywsut, llwyddodd Barrow i gael sêl bendith ar gyfer dwy daith i'r Arctig, a chychwynnodd y rhain yn 1818.

Ar y gyntaf o'r teithiau hyn, roedd y Capten David Buchan a'r Lefftenant John Franklin i hwylio i'r gogledd gan fynd heibio Svalbard ac ymlaen tuag at Gulfor Bering a'r Môr Tawel. Roedd yr ail daith yn swnio'n fwy addawol, wedi'i harwain gan y Comander John Ross, gyda'r Lefftenant William Edward Parry yn ddirprwy. Roeddent i chwilio am Dramwyfa'r Gogledd-orllewin drwy Gulfor Davis, sef y culfor rhwng yr Ynys Las ac Ynys Baffin. Y gobaith oedd y byddai eu dwy long yn hwylio o amgylch pwynt gogledd-ddwyreiniol cyfandir Gogledd America, yn mynd ymlaen tuag at Gulfor Bering ac yna yn y pen draw yn cyrraedd y Môr Tawel. Ychydig o ynysfor Canada oedd wedi'i fapio ar y pryd.

Ross (1777–1856) oedd pedwerydd mab Andrew Ross, clerigwr o'r Alban, a'i wraig, Elizabeth. Ymunodd â'r llynges yn 1786, yn naw oed. Cododd yn raddol drwy'r rhengoedd i fod yn ganol-longwr, yna'n lefftenant, ac yn y diwedd yn gomander. Dywedwyd iddo gael ei glwyfo dair gwaith ar ddeg a'i ddal mewn carchar yn Ffrainc dair gwaith. Erbyn hyn roedd yn gyfrifol am yr *Isabella*, llong hela morfilod 385 tunnell oedd wedi'i llogi ar gyfer y daith. Yr ail long, o dan arweinyddiaeth Parry, oedd yr *Alexander*. Roedd offer a chyfarpar da ar y ddwy long. Cawsant eu cryfhau i'w galluogi i wthio'u ffordd drwy iâ,



Henry Parkins Hoppner, *Kallie, a Woman of Greenland*, 1819, ysgythrwyd gan D. Havell

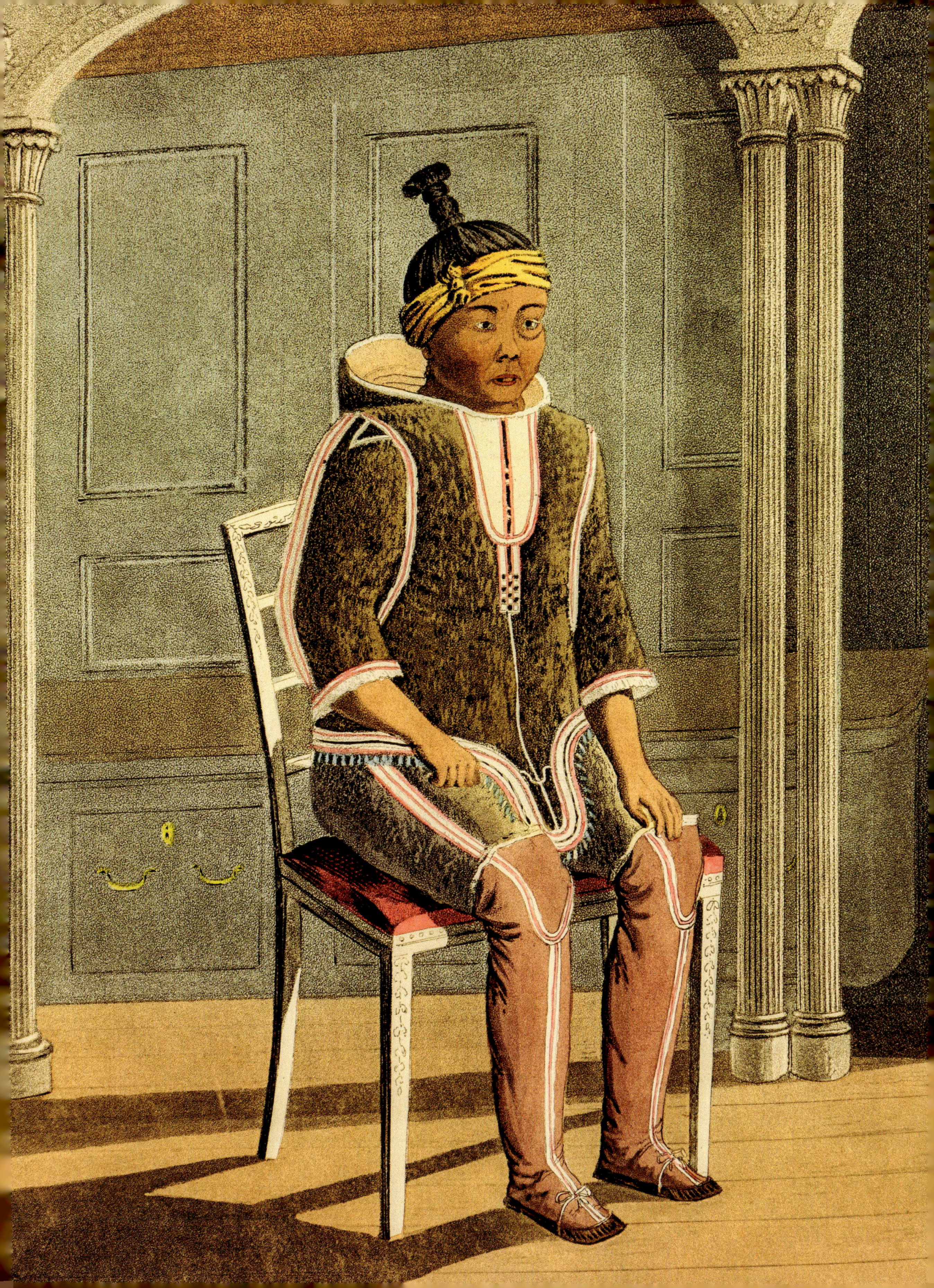

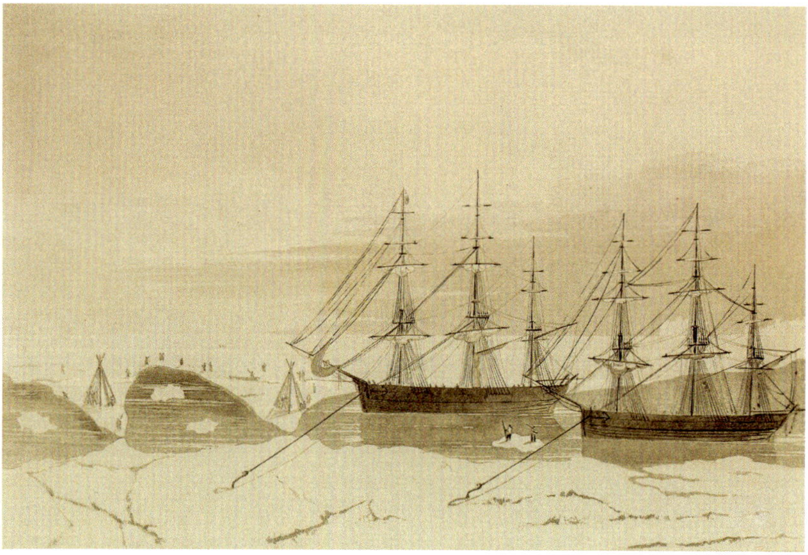

John Ross, *Crews of the Isabella and Alexander, Sawing a Passage through the Ice*, 1819, ysgythrwyd gan D. Havell

a'u cyflenwi â phopeth oedd ei angen i oroesi gaeafau'r Arctig, ynghyd â chasgliad o'r offer gwyddonol diweddaraf. Roedd y criw yn cynnwys seryddwr, Capten Edward Sabine; ef oedd i bennu'r lledred a'r hydred, yn ogystal â mesur cyfeiriad a dwysedd magnetedd a disgyrchiant y ddaear, gwneud arsylwadau gofalus a chynorthwyo ag arsylwi ar fyd natur. Byddai Inuk o'r Ynys Las, John Sackheouse, yn gyfieithydd. Roedd dau fforiwr fyddai'n dod yn adnabyddus yn y dyfodol hefyd yn bresennol, sef John Franklin a nai Ross, James Clark Ross, a oedd yn ddeunaw oed. Cychwynnodd y llongau am yr Ynys Las ym mis Ebrill 1818. Ar eu ffordd yno, roeddent wedi gallu profi nad oedd tir isel Ynys Buss yn bodoli.

Ar ddechrau'r ail ganrif ar bymtheg, roedd William Baffin wedi darganfod tri chulfor mawr, yn arwain o ogledd Bae Baffin. Roedd Ross i archwilio'r cilfachau hyn, yn y gobaith y byddai'n dod o hyd i ffordd drwodd. Yn gyntaf aeth Ross i fyny Swnt Smith, gan roi'r un enw â'i longau i'r ddau bentir bob ochr i fynedfa'r culfor. Fodd bynnag, daeth i'r casgliad anghywir fod tir yn amgylchynu'r gilfach yn y gogledd. Aeth felly yn ei flaen i Swnt Jones; penderfynodd mai dim ond bae bach oedd hwn wedi'i amgáu gan fynyddoedd ac ni wnaeth unrhyw ymgais i'w archwilio. Ddiwedd Awst, hwyliodd tua wyth deg cilometr (hanner can milltir) i Swnt Lancaster. Yma y gwnaeth gamgymeriad fyddai'n ei ddilyn weddill ei oes. Ar 30 Awst, tua phedwar o'r gloch y bore, credai Ross iddo weld cefnen o fynyddoedd uchel ar draws gwaelod y gilfach. Ysgrifennodd: 'The land which I then saw was a high ridge of mountains, extending directly across the bottom of the inlet. This chain appeared extremely high in the centre, and those towards the north had, at times, the appearance of islands, being insulated by the fog at their bases.'

Yna, am dri o'r gloch y prynhawn, gwelodd unwaith eto yr hyn a edrychai fel mynyddoedd i'r gorllewin. Rhoddodd yr enw Mynyddoedd Croker arnynt, ar ôl John

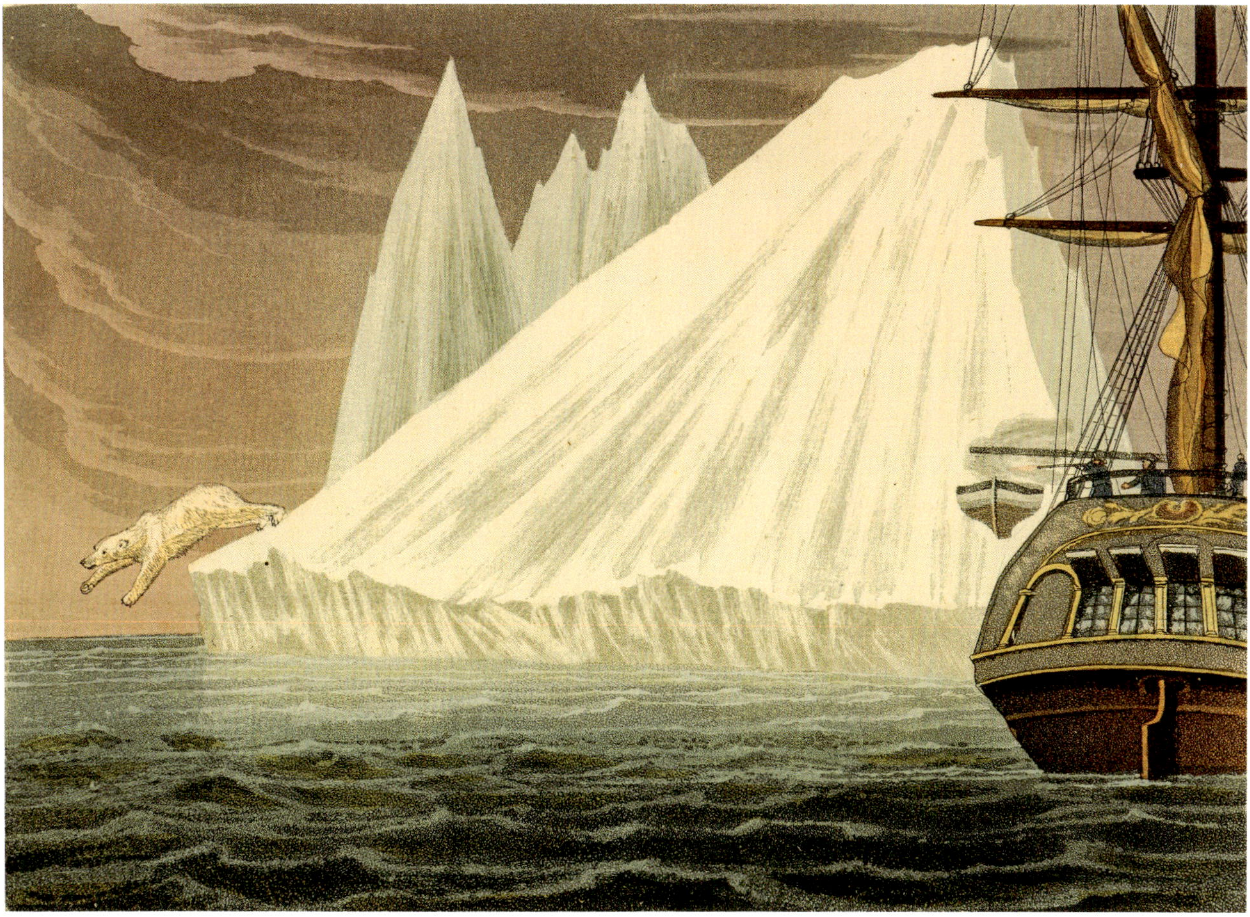

John Ross, *A Bear Plunging into the Sea*, 1819, ysgythrwyd gan R. Havell & Son

Wilson Croker, ysgrifennydd cyntaf y Morlys. Yn erbyn dymuniadau ei is-swyddogion, penderfynodd droi'n ôl. Ar ôl cael ei dwyllo gan gefnen o niwl iâ neu dwyll llygaid o ryw fath, roedd wedi rhoi'r gorau i'w unig gyfle i ddod o hyd i Dramwyfa'r Gogledd-orllewin. Ar ei ffordd tua'r de, aeth heibio Culfor Cumberland, gan y credai y byddai'r fan honno yn cynnig cyfle gwell i gael llwybr drwodd. Fodd bynnag, gan ei bod hi eisoes yn fis Hydref, nid aeth ar ei hyd i ymchwilio. Cyrhaeddodd yn ôl ym Mhrydain ganol mis Tachwedd 1818, wedi mapio sawl ynys newydd o leiaf a chywiro rhai gwallau ar fapiau cynharach.

Ar y dechrau, derbyniwyd adroddiad Ross ac fe gafodd ddyrchafiad yn gyflym i reng capten. Fodd bynnag, roedd John Barrow, ysgogydd y cynlluniau i archwilio'r Arctig, yn gandryll fod yr ymdrech i ddarganfod môr agored ar y pegwn wedi bod yn fethiant. Teimlai fod Ross wedi troi'n ôl 'at the very moment which afforded the brightest prospect of success'.[1] Credai William Edward Parry mai culfor agored oedd Swnt Lancaster.

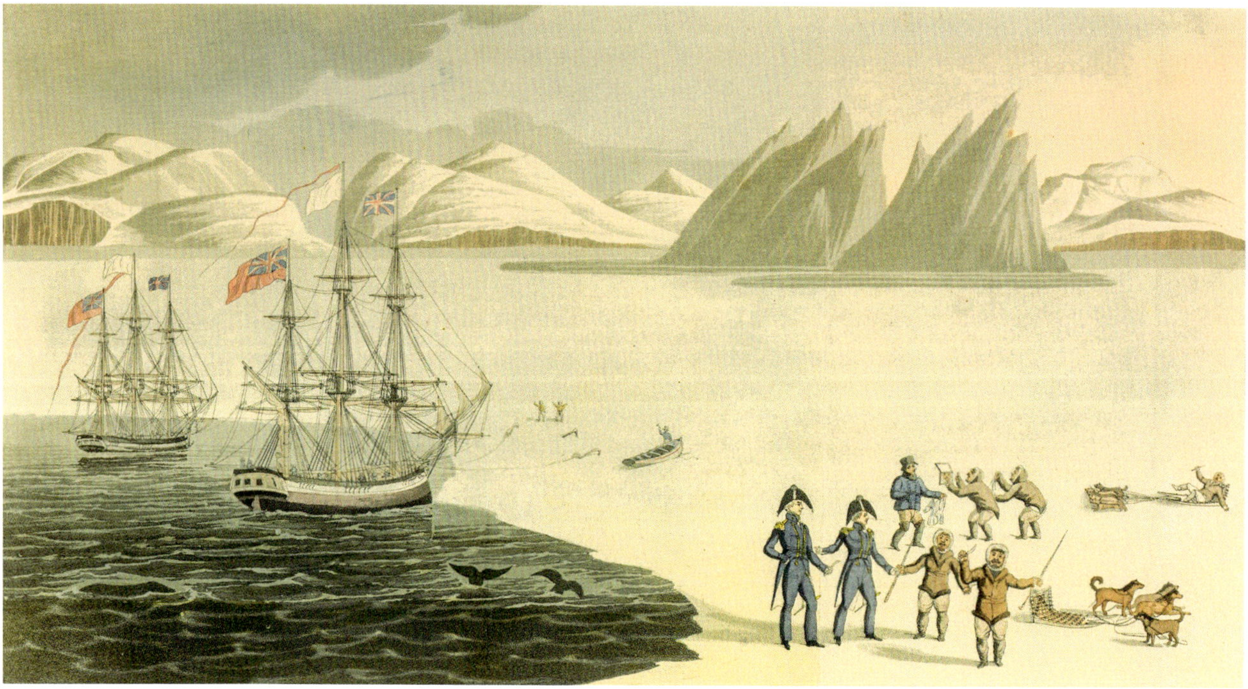

John Sackheouse, *First Communication with the Natives of Prince Regent's Bay*, 1819

Honnai Edward Sabine mai Ross oedd yr unig un a welodd Fynyddoedd Croker, a'i fod hefyd wedi camddehongli rhai canlyniadau gwyddonol o'r daith.

Ddechrau 1819, cyhoeddodd Ross ei adroddiad swyddogol ar y daith. Yn y cyflwyniad, rhestrodd enwau swyddogion y llongau, yn ogystal â rhoi manylion am eu cyfarpar a'u criw. Fodd bynnag, ei ddyddiaduron yw cynnwys y rhan fwyaf o'r llyfr. Dywedodd, 'I have here attempted nothing beyond the journal of a seaman.' Gan ddilyn yr arfer ar y pryd, cyhoeddwyd y llyfr gan John Murray, 'Official Publisher to the Admiralty', mewn fformat cwarto drud. Hyd yn oed cyn iddo gael ei gyhoeddi, roedd Barrow wedi ysgrifennu sylwadau hir a gwawdlyd amdano yn *The Quarterly Review*. Dywedodd am Ross: 'he knows no more, in fact, than he might have known by staying at home; and however invidious it may seem, we cannot but contrast the indifference and want of perseverance on the present occasion with that of former navigators sent on voyages of discovery'.[2] Er hynny, roedd Ross wedi cynhyrchu llyfr hardd, oedd yn cynnwys yr hyn sy'n dal i fod ymhlith darluniau mwyaf trawiadol a deniadol o'r Arctig. Mae 32 o fapiau, siartiau a phlatiau wedi'u hysgythru, gan gynnwys pymtheg acwatint wedi'u hysgythru gan Havell & Son. Ross ei hun oedd yn gyfrifol am lawer o'r brasluniau a'r darluniau lliw, gan gynnwys yr un yn dangos Mynyddoedd Croker. Mae un darlun yn dangos y cyfarfod cyntaf rhwng y fforwyr a'r Inuitiaid ym Mae'r Rhaglyw Dywysog (Prince Regent's Bay), â'r llun yn seiliedig ar waith John Sackheouse, y cyfieithydd.

Credir mai dyma'r gwaith cynharaf i'w atgynhyrchu fel hyn gan artist o blith brodorion America. Yn naturiol ddigon, roedd llyfr Ross yn ddrud: gwerthwyd y 1,250 o gopïau am dair gini a hanner yr un. Rhodd gan Thomas Phillips yn 1846 yw copi Llyfrgell Roderic Bowen.

Yn 1819, dychwelodd Parry i Swnt Lancaster, ac arwain taith arall ar ran y Morlys, taith fwy llwyddiannus y tro hwn. Ni weithiodd Ross byth wedyn i'r Morlys. Yn 1830, aeth ar ail daith ymchwil i'r Arctig, y tro hwn mewn agerlong, wedi'i noddi gan Felix Booth, gŵr busnes amlwg yn y diwydiant cynhyrchu'r ddiod jin. Ei daith olaf i ogledd Canada, a wnaeth pan oedd bellach yn ei saithdegau, oedd taith i chwilio am ymgyrch olaf Syr John Franklin.

*Ruth Gooding*

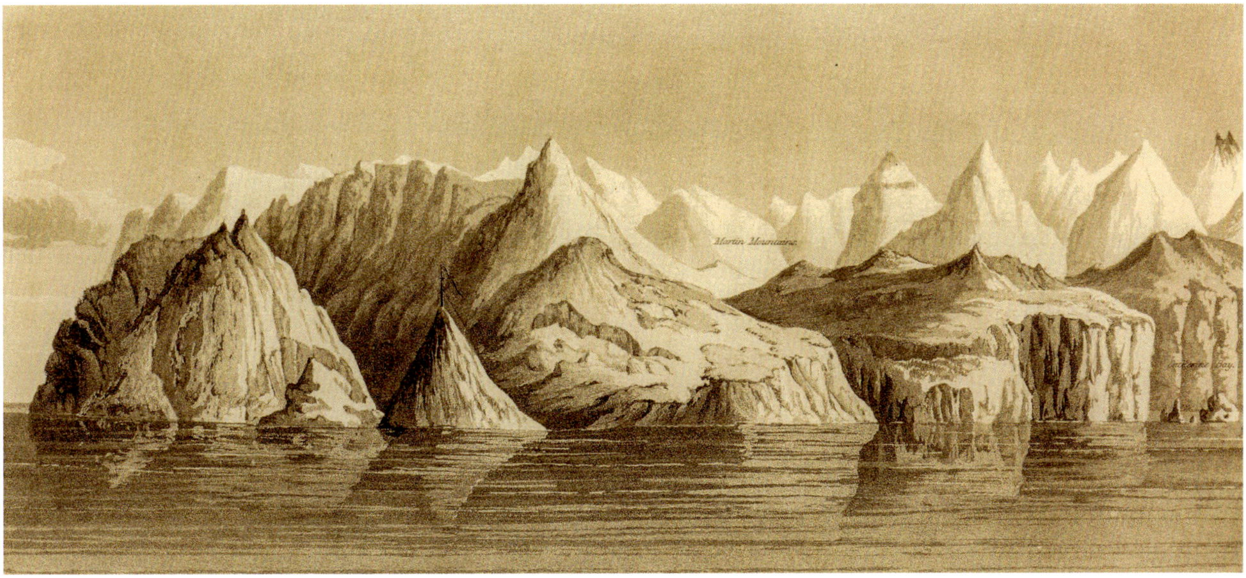

John Ross, *Cape Byam Martin, Possession Mount, and Cape Fanshawe*, 1819, ysgythrwyd gan D. Havell

1 John Barrow, 'ART. XI. A voyage of discovery, made under the order of the Admiralty, in His Majesty's Ships Isabella and Alexander, for the purpose of exploring Baffin's Bay, and inquiring into the probability of a North-west Passage', *The Quarterly Review,* 21/41 (1819), 213–62.

2 Ibid.

# Prydferthwch mewn Manylder Gofalus

**John Frederick Lewis, *Lewis's sketches and drawings of the Alhambra, made during a residence in Granada in the years 1833–4*, drawn on stone by J. D. Harding, R. J. Lane, W. Gauci & John F. Lewis (London: Hodgson, Boys & Graves, 1835)**

Peintiwyd rhai o'r delweddau mwyaf prydferth a grëwyd erioed o'r Alhambra gan John Frederick Lewis.

Perthynai Lewis (1804–76) i deulu artistig; fe'i dysgwyd i beintio gan ei dad, yr ysgythrwr nodedig Frederick Christian Lewis. Yn ddiweddarach byddai John Frederick yn cael y llysenw 'Spanish Lewis', er mwyn gwahaniaethu rhyngddo a'i frodyr Frederick Christian (Indian Lewis), a Charles George (Swiss Lewis). Datblygodd gyfeillgarwch â'r teulu Landseer ac, yn debyg i Edwin Landseer, roedd ei weithiau cynnar bron i gyd yn canolbwyntio ar fywyd anifeiliaid. Y darn cyntaf iddo ei arddangos oedd *A Donkey's Head*, yn y Sefydliad Prydeinig yn 1820. O 1827 ymlaen, ei brif gyfrwng oedd dyfrlliw. Yn yr un flwyddyn bu ar ymweliad â chyfandir Ewrop, gan aros yng ngwlad Belg, y Swistir a'r Eidal. Yn raddol dechreuodd golygfeydd *genre* ddisodli anifeiliaid fel prif ffocws iddo; daeth teithio i safleoedd darluniadwy yn sail i'w waith.

Yn y cyfnod hwn, roedd Sbaen yn gyrchfan ffasiynol, gyda'r Saeson yn ei hystyried yn egsotig neu hyd yn oed yn gyfriniol. Roedd teithwyr yn awyddus i ymweld â diwylliannau llai cyfarwydd, ac roedd Sbaen, â'i chyfuniad o arferion Arabaidd a Gothig, yn arbennig o ddeniadol. Roedd yn cael ei hystyried yn 'borth' i'r Dwyrain. Teithiodd yr artist o'r Alban David Wilkie i Sbaen yn 1827; daeth yn 'ffigur tadol' i lawer o bobl eraill a ddilynodd yn ôl ei droed.

Teithiodd Lewis o gwmpas Sbaen rhwng canol 1832 ac 1834. Y daith hon fyddai man cychwyn archwiliad dros ugain mlynedd o'r darluniadwy a'r egsotig yn Ewrop a'r Dwyrain Canol. Derbyniodd gomisiynau gan albymau menywod ifanc a chan lyfrwerthwyr am argraffiad darluniadol o waith Byron. (Roedd *Childe Harold* a *Don Juan* gan Byron wedi sbarduno diddordeb ym mhopeth oedd yn ymwneud â Sbaen.) Ar ôl copïo lluniau'r Hen Feistri yn y Prado ym Madrid, teithiodd Lewis i Andalwsia yn y de. Treuliodd amser yn Seville gyda Richard Ford, awdur ac arbenigwr ar ddiwylliant Sbaen, a'i wraig, Harriet. Bu'n gohebu â'i gyd-artist David Roberts, oedd hefyd ar ymweliad â Sbaen. Ar y pryd, roedd adfywiad yn y diddordeb yn yr Alhambra yn sgil gweithiau rhamantaidd, gan gynnwys *Tales of the Alhambra* gan Washington Irving.



John Frederick Lewis,
*Entrance to the Baños*, 1835,
ysgythrwyd gan J. D. Harding

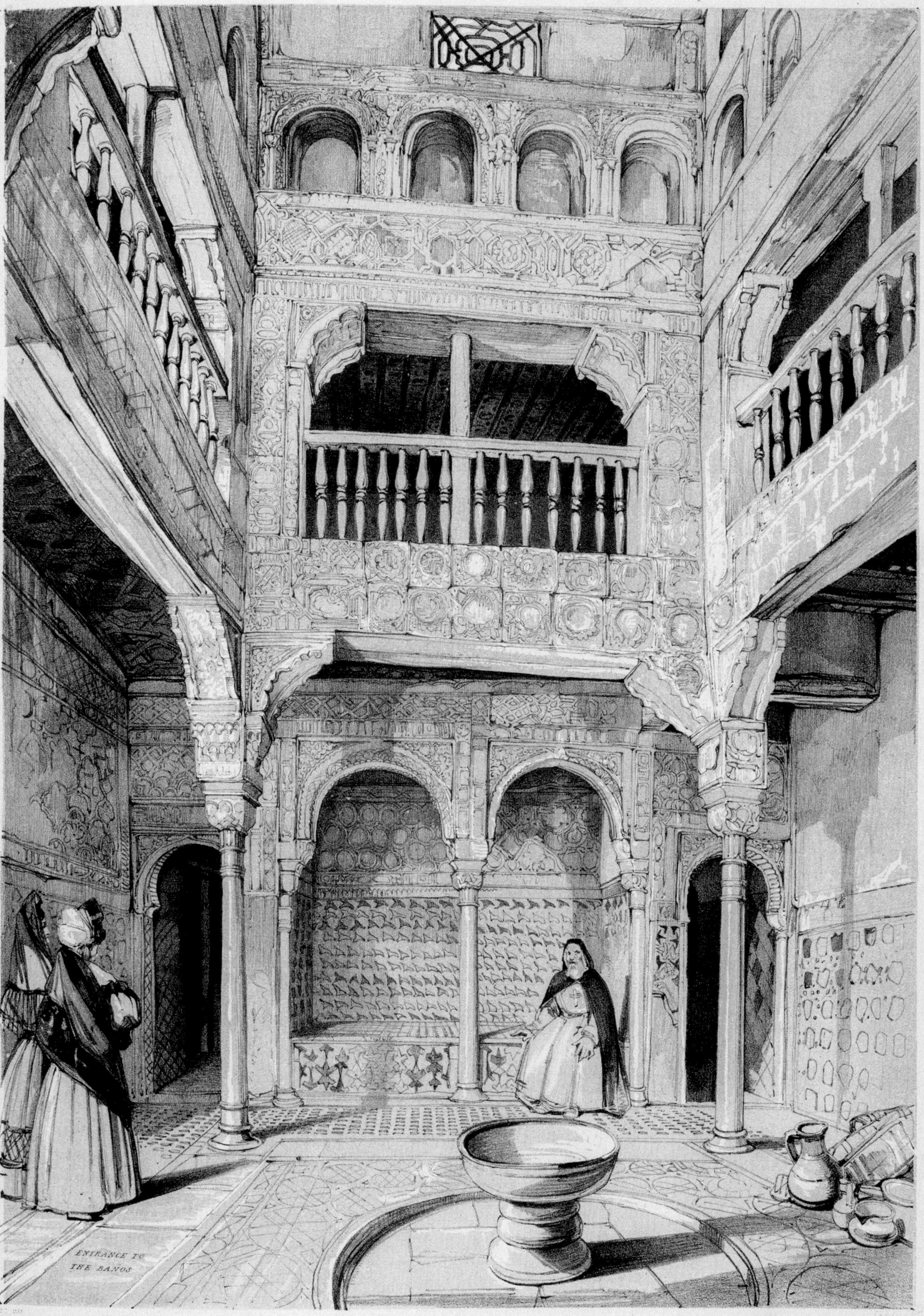
ENTRANCE TO
THE BANOS

Mae llofnod Lewis i'w weld ar 20 Hydref 1832 yn y llyfr ymwelwyr. Mewn llythyr at David Roberts, ysgrifennodd:

> I trust you may meet with the same satisfaction and delight I did in the short time I stayed there . . . To be in the Alhambra, under any circumstances, to you will be everything.  I regretted then, for the first time in my life, that I did not draw architecture, and almost intended to commence . . . I wish much to see it again.

Dyma'i gysylltiad cyntaf â gweddillion diwylliant Mwslimaidd a chyda 'ffabrig tyllog gwawn' pensaernïaeth Islamaidd. Cafodd y profiad ddylanwad mawr ar weddill ei yrfa. Rhwng mis Ebrill a mis Medi 1833, roedd yn byw gyda'r Fordiaid yn y Casa Sánchez (a elwir bellach yn Torre de las Damas) yn y Partal yn yr Alhambra. Roedd David Ford yn ddarluniwr amatur medrus ac mae'n bosibl i'w waith ar yr Alhambra ddylanwadu ar Lewis.

Er i Lewis arddangos nifer o ddyfrlliwiau, prif ganlyniadau'r daith oedd dwy gyfrol o lithograffau, *Lewis's sketches and drawings of the Alhambra* (1835) a *Lewis's sketches of Spain and Spanish character* (1836).

Dyfrlliwiau Lewis o'r Alhambra oedd ei ymgais gyntaf mewn gwirionedd i ddarlunio pensaernïaeth o ddifrif. Yn wahanol i'w gyfoedion James Cavanah Murphy a David Roberts, dewisodd beidio â gorliwio graddfa'r bensaernïaeth. Fodd bynnag, mae ei olygfeydd o'r tu mewn yn dangos dyluniadau cymhleth y palas yn wych. Ymddengys fod Lewis wedi deall gallu'r Alhambra i ysbrydoli parch, hyd yn oed yn y mannau mwyaf preifat. Mae'n cynnwys a hyd yn oed yn gorliwio dirywiad darluniaidd y bensaernïaeth. Yn ei ddarlun o Glos y Mexuar, mae darnau mawr o'r ffasâd wedi'u colli, gan ddangos y briciau oddi tanodd. Yn yr un llun, mae Lewis yn peintio pentwr o sbwriel a drws sydd wedi disgyn oddi ar ei golfachau. Pwysleisia hefyd yr anghysondeb yn llinellau'r toeon a'r balwstradau; ymddengys fod y rhain wedi setlo ac ysigo dros amser. Ceir lle mwy amlwg yn ei waith i ffigurau nag a geir mewn rhai delweddau o'r Alhambra. Mae'n cynnwys nifer o fathau lliwgar o bobl: gwerinwyr, mynachod, lleianod, gwragedd Sbaenaidd ac yn achlysurol ffigurau Mwraidd yn gwisgo twrban. Wrth geisio dangos cymeriad a naws Sbaen, mae Lewis hefyd yn tueddu at ystrydebau. Mae nifer o ddelweddau'n dangos diogi neu ddiffyg symud; ceir cardotwyr posibl mewn nifer o brintiau. Mae Lewis yn awyddus i bwysleisio dirywiad y palasau Mwslimaidd a fu unwaith yn adeiladau godidog; yn hytrach na thrysori'r henebion, mae'n ymddangos nad oes gan y Sbaenwyr unrhyw syniad am eu harwyddocâd.

Peintiwyd lluniau Sbaenaidd Lewis yn fanwl ofalus, gan ddefnyddio techneg dotwaith mân. Mae'r dull gorofalus hwn yn rhagflaenu Cyn-Raffaeliaid canol y ganrif. Fodd bynnag, nid yw gwaith Lewis yn cynnwys yr un dwyster theatrig ac mae'n peintio ffigurau safonol yn gwenu yn hytrach nag unigolion anarferol.

Yn *Lewis's sketches and drawings of the Alhambra* ceir chwe phrint ar hugain; nid oes unrhyw destun ar wahân i'r cyflwyniad i Ddug Wellington. Yr argraffydd oedd C. J. Hullmandel, un o brif arloeswyr lithograffeg ym Mhrydain. Lithograffwyd rhai o'r platiau gan Lewis ei hun; gwnaed y lleill gan J. D. Harding, R. J. Lane, ac W. Gauci. Mae'r delweddau oddeutu un fodfedd ar ddeg wrth bymtheng modfedd.

Bu profiad Lewis o bensaernïaeth Islamaidd Granada yn ddylanwad pwysig arno weddill ei oes. Yn ddiweddarach, treuliodd ddeng mlynedd yn yr Aifft, a sefydlu enw iddo'i hun fel prif artist dwyreiniol Lloegr. Ei frasluniau o fasarau, mosgiau, henebion, strydoedd, ystafelloedd a phobl oedd sylfaen ei ddelweddaeth o hynny ymlaen. Ymhen amser, trodd oddi wrth ddyfrlliw at beintio ag olew, a hynny oherwydd bod y cyfrwng hwnnw'n talu'n well. Bu farw yn ei gartref yn Walton-on-Thames ym mis Awst 1876.

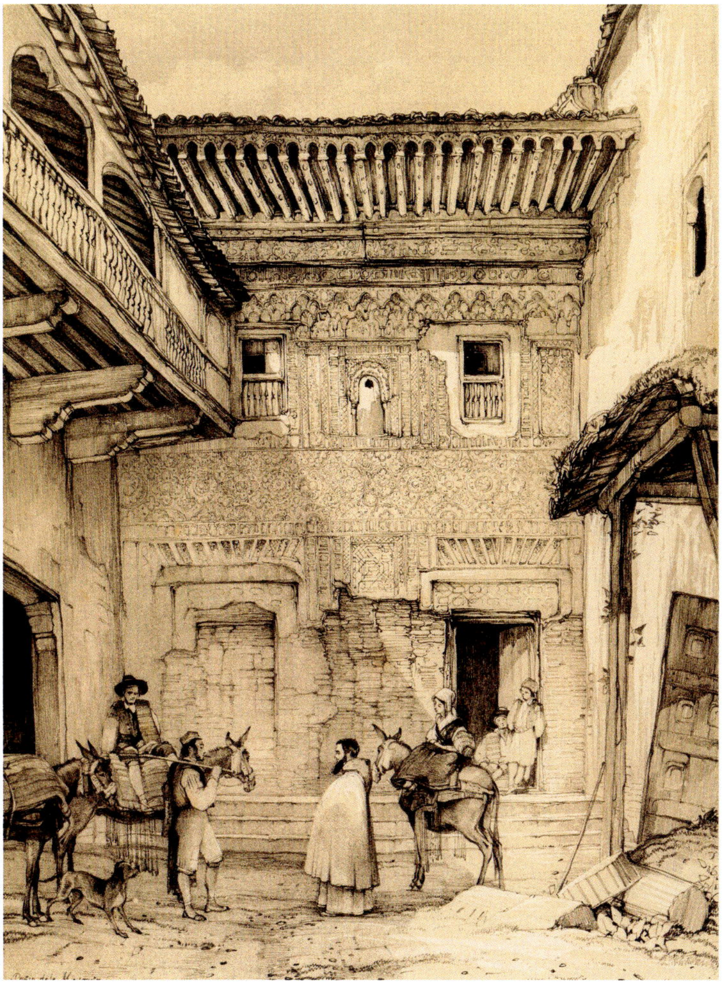

Cyflwynwyd copi Llyfrgell Roderic Bowen gan Thomas Phillips yn 1846.

*Ruth Gooding*

John Frederick Lewis,
*Patio de la Mesquita*, 1835

**John C. Bourne, *Drawings of the London and Birmingham railway, by John C. Bourne, with a historical and descriptive account by John Britton F.S.A.* (London: Published by the proprietor J. C. Bourne . . . Ackermann and Co. 1839)**

Rheilffordd Llundain a Birmingham oedd rheilffordd fawr gyntaf Prydain, yn ogystal â'r llinell pellter hir gyntaf o'r brifddinas. Roedd rheilffordd Stockton a Darlington, y gyntaf i gludo teithwyr a llwythi fel ei gilydd, wedi agor yn 1825. Wyth mlynedd yn ddiweddarach, aeth mesur Rheilffordd Llundain a Birmingham drwy'r Senedd ar yr ail ymgais, er gwaethaf gwrthwynebiad llawer o'r tirfeddianwyr perthnasol. Byddai'n 112 o filltiroedd (180 km) o hyd, o Euston i orsaf Curzon Street, lle cysylltai â'r Grand Junction Railway a thrwy hynny â'r llinell o Lerpwl i Fanceinion. Y prif beiriannydd oedd Robert Stephenson (1803–59).

Nid oedd unrhyw ymgais wedi bod i wneud dim byd tebyg cyn hyn. Credai'r arloeswr rheilffyrdd George Stephenson, tad Robert, na ddylai graddiant llywodraethol y llinell newydd fod yn fwy serth nag 1 mewn 330. Serch hynny, roedd y llwybr yn mynd drwy gyfres o gadwyni o fryniau a thir isel rhyngddynt. Adeiladodd dros ugain mil o gloddwyr gyfres o hafnau hir a dwfn, er enghraifft yn Tring a Roade, yn ogystal â sawl twnnel hir (Primrose Hill, Watford a Kilsby), ac argloddiau hir ac uchel rhyngddynt.

Cyflawnodd y cloddwyr hyn orchestion rhyfeddol mewn nerth a dycnwch, ag ychydig yn unig o gymorth mecanyddol. Er eu bod yn cael eu talu'n gymharol dda, yr oedd eu bwyd a'u llety'n wael a byddent yn gweithio hyd at un awr ar bymtheg y dydd. Ar ben hynny, yr oedd eu gwaith yn beryglus; yn Watford, er enghraifft, lladdwyd deg o ddynion pan gwympodd un o'r siafftiau.

Dechreuwyd defnyddio rhan gyntaf y llinell newydd ym mis Gorffennaf 1837. Ar 17 Medi 1838 agorwyd y rheilffordd yn ffurfiol; y gost derfynol oedd pum miliwn a hanner o bunnoedd (cyfartaledd o £50,000 y filltir). Cymerai'r trenau cyflymaf bum awr a hanner i gwblhau'r daith (o'i gymharu â rhyw un awr ar ddeg ar hyd y ffyrdd).

Dechreuodd artist ifanc o'r enw John Cooke Bourne (1814–96) wneud cyfres o ddarluniau o waith adeiladu'r rheilffordd, yn y lle cyntaf heb unrhyw fwriad o'u cyhoeddi. Fel 'subjects of professional study, as scenes and compositions replete with picturesque effect and artistic character' yn unig yr oedd ei luniau wedi'u bwriadu. Fodd bynnag,



John Cooke Bourne, *Entrance to Locomotive Engine House Camden Town*; *Primrose Hill Tunnel*, 1839

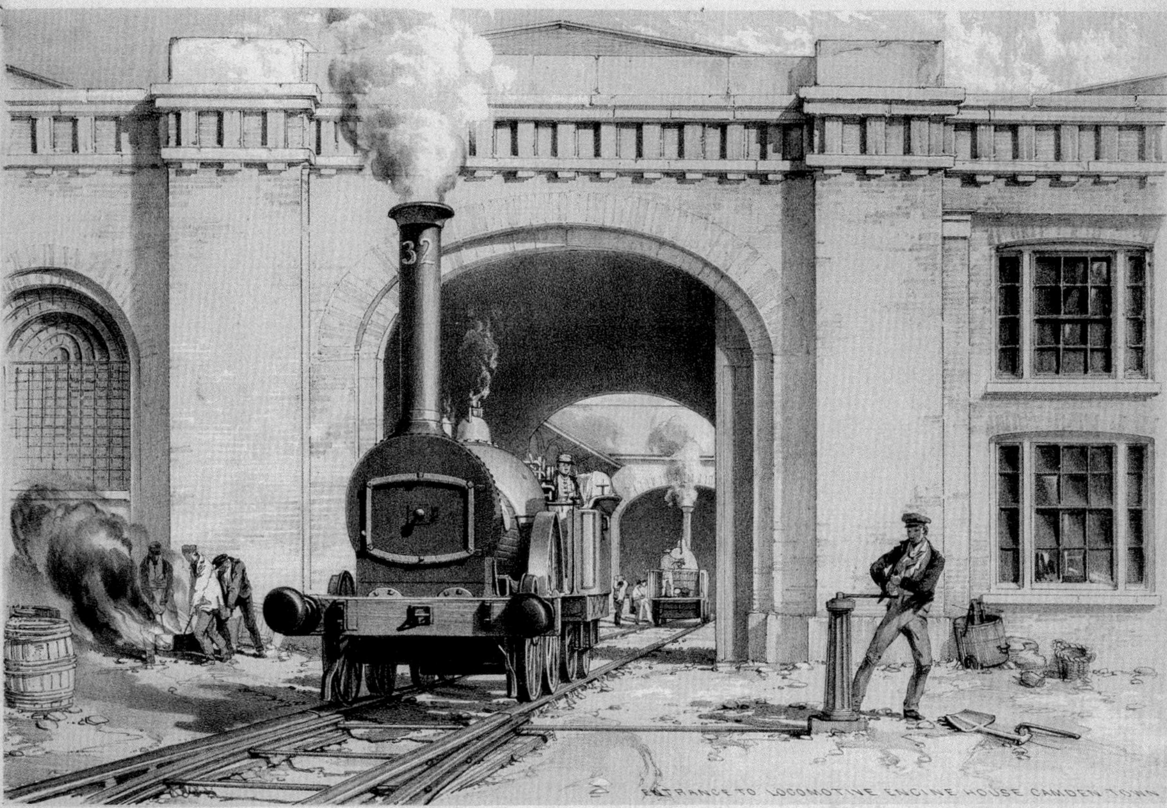

ENTRANCE TO LOCOMOTIVE ENGINE HOUSE CAMDEN TOWN

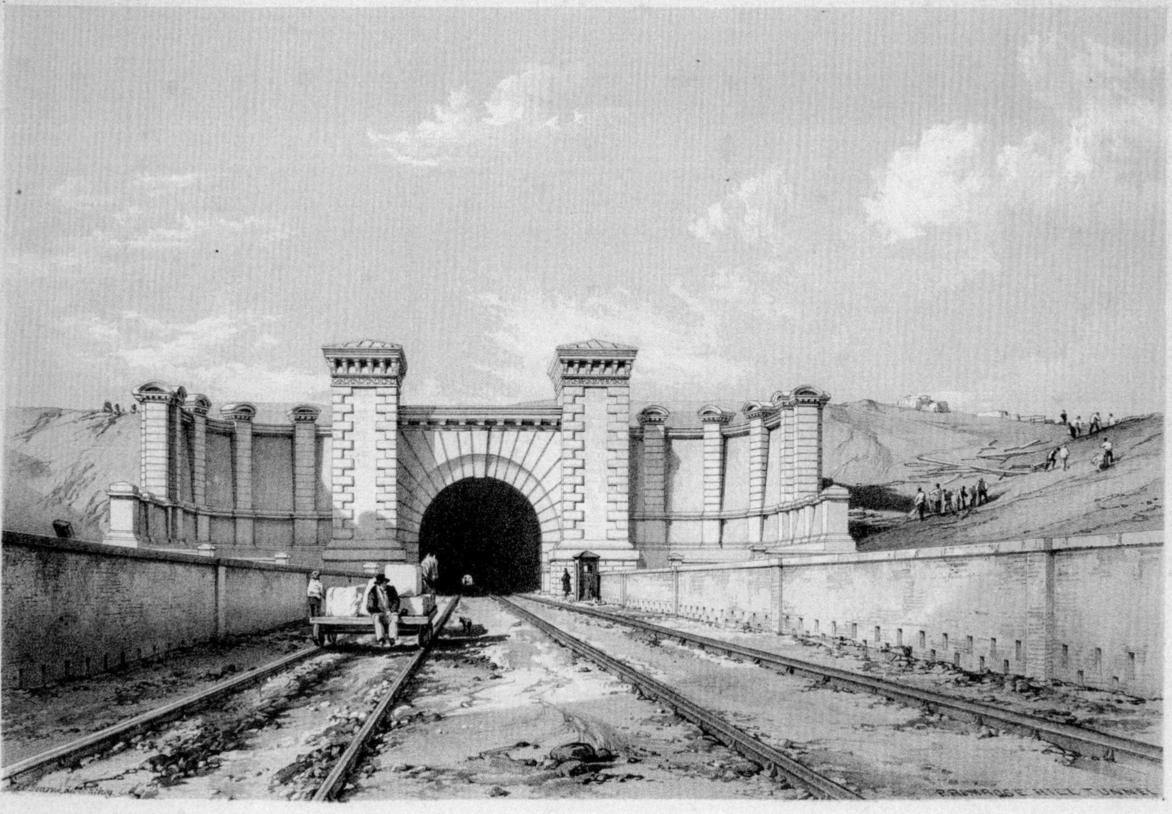

PRIMROSE HILL TUNNEL

London. Published 1839, by the Proprietor, J.C.Bourne, 19, Lamb's Conduit Street and Ackermann & C°. Strand

Printed by C. Hullmandel

daeth gwaith Bourne i sylw'r awdur, y cyhoeddwr a'r hynafiaethydd John Britton (1771–1857). Gwelodd Britton y posibilrwydd o gynhyrchu cyhoeddiad masnachol, a allai hefyd gyflwyno'r rheilffordd mewn golau ffafriol. Ysgrifennodd at Richard Creed, ysgrifennydd y llinell: 'Fully aware that we have jealous and fastidious critics to deal with, both in the houses of parliament, & out of them, I wish to remove, or at least to check, the tide of prejudice against us, & display our powers, capabilities, & efforts.'

Cynhyrchodd Bourne dros hanner cant o olchluniau godidog, a dethol tri deg chwech o'r rhain i'w cyhoeddi. Er mai'r gred yw nad oedd ganddo ddim profiad blaenorol o'r dechneg, gweithiodd ei ddarluniau'n gyfres o lithograffau â chryn lwyddiant. Cyhoeddwyd y darluniau'n wreiddiol yn bedair rhan am bris o £1 1s yr un, a'r rhan gyntaf yn ymddangos ym mis Medi 1838. Ymddangosodd y drydedd a'r bedwaredd ran, a gyhoeddwyd gyda'i gilydd, ym mis Gorffennaf 1839 ynghyd â naratif topograffig a disgrifiadol Britton. Mae gan Lyfrgell Roderic Bowen gopïau o'r ddwy ran olaf, a gyflwynwyd gan Thomas Phillips yn 1847; yr oedd ei gartref yn Brunswick Square o fewn pellter cerdded neu daith fer mewn cerbyd i'r orsaf derfynol yn Llundain. Yn ddiweddarach yn 1839, cyhoeddwyd y rhannau'n un gyfrol, yn dwyn y teitl *Drawings of the London and Birmingham railway*. Roedd ei maint, ei phris a'i chynnwys yn golygu mai i lyfrgell y gŵr bonheddig yr oedd wedi'i bwriadu'n bennaf.

Roedd darluniau Bourne wedi'u bwriadu '[to] gratify both the lover of the picturesque and the man of science'. Daeth â gwerthfawrogiad yr artist hyfforddedig o gyfansoddiad clasurol, wedi'i gyfuno â manwl gywirdeb y drafftsmon, at destun y rheilffyrdd.[1] Olrheiniodd lwybr y trac newydd fesul tipyn, gan gofnodi ei adeiladu'n gywrain o fanwl. Mae'r dudalen deitl yn dangos y cwt ymadael yn Euston; dengys y darlun olaf orsaf Curzon Street yn Birmingham. Pwysleisiai Bourne waith peirianyddol: argloddiau, hafnau, twneli a thraphontydd. Dangosir rhai o'r rhain wrth iddynt gael eu hadeiladu, a rhai eraill yn orffenedig. Noda Matt Thompson fod Bourne yn rhoi cipolwg uniongyrchol ar y profiad o weld cyffro cychwynnol gwaith adeiladu'r rheilffyrdd a phŵer y Chwyldro Diwydiannol.[2] Cofnododd yn ofalus y peiriannau a'r cyfarpar a ddefnyddiwyd wrth adeiladu'r llinell, yn ogystal â'r cloddwyr yn eu heidiau wrth y gwaith. Y mae i bob ffigur swyddogaeth a phwrpas, ac mae pob elfen yn disgyn i le rhesymegol. Ceisiodd Bourne hefyd ddangos y gallai'r rheilffyrdd orwedd yn esmwyth yn eu tirwedd ac weithiau ei chyfannu. Er enghraifft, y mae ei lun o afon Blythe yn dangos y draphont newydd ochr yn ochr â'r hen bont.

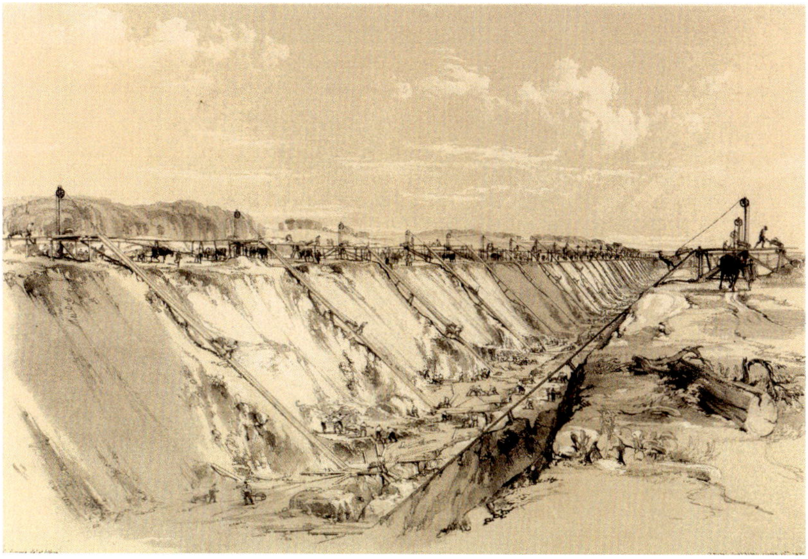

John Cooke Bourne,
*Tring Cutting*, 1839

Bu'r adolygiadau i gyd fel ei gilydd yn rhagorol. Yng nghylchgrawn John Herapath, *The Railway Magazine*, cafwyd y sylw: 'Mr Bourne seems to have adopted the method of all others best calculated for the illustration of his subject, and his drawings may fearlessly challenge a comparison with those of the first landscape painters of the day'.[3] Teimlai *The Gentleman's Magazine*: 'There is perhaps, no object less picturesque . . . than the dull strait level of a rail-road; but in the hands of Mr Bourne, the subject seems to have lost much of its intractable character.'[4]

Eto, er gwaethaf y ganmoliaeth hael yn yr adolygiadau, cymharol anadnabyddus fyddai Bourne o hyd fel artist; nid oedd noddwyr celf cefnog am gael eu hatgoffa o'r chwyldro cymdeithasol a thechnegol o'u hamgylch. Cyhoeddodd Bourne ail set o ddarluniau rheilffordd yn 1846, *The History and Description of the Great Western Railway* (D. Bogue). Ar ôl hynny treuliodd ddeuddeng mlynedd yn Rwsia, yn darlunio cynllun Charles Vignoles ar gyfer pont ffordd dros afon Dnieper yn Kiev ac wedyn yn gweithio'n artist preswyl i nifer o brosiectau peirianneg sifil.

*Ruth Gooding*

1 Francis D. Klingender, *Art and the Industrial Revolution*, edited and revised by Arthur Elton (New York: Augustus M. Kelley, 1968).

2 Matt Thompson, *John Cooke Bourne: Railway Artist and Visionary* (History West Midlands, n.d.). *https://www.historywm.com/file/historywm/e10-john-cooke-bourne-railway-artist-visionary-42057.pdf* (cyrchwyd 9 Medi 2021).

3 John Herapath, 'Review of books', *The Railway Magazine and Steam Navigation Journal*, cyfres newydd 6 (1839), 266–7.

4 Sylvanus Urban, 'Fine Arts', *The Gentleman's Magazine*, cyfres newydd, 13 (1840), 187–8.

# Athro Arlunio yn Ymweld â Chanada

**John Richard Coke Smyth, *Sketches in the Canadas* (London: Published by Thos McLean, [?1840])**

*Sketches in the Canadas* yw un o'r cofnodion darluniadol gorau o Ganada yn y bedwaredd ganrif ar bymtheg. Fodd bynnag, mae ei artist Prydeinig, John Richard Coke Smyth (1808–82), yn parhau i fod yn ffigwr o gryn ddirgelwch.

Coke Smyth oedd unig fab Richard Smyth ac Elizabeth Coke. Ymddengys mai gŵr bonheddig annibynnol ydoedd; mae ei basbort yn dangos ei fod wedi teithio'n eang yn Ewrop. Yr oedd yn Istanbwl o 1835 hyd 1836, yn ôl pob tebyg fel *attaché* di-dâl. Yn dilyn hyn, cyhoeddodd *Lewis's sketches of Constantinople, made during a residence in that city in the years 1835–6*. Roedd y gyfrol yn cynnwys chwech ar hugain o lithograffau, wedi eu cynhyrchu o luniau Coke Smyth gan yr artist nodedig John Frederick Lewis.

Athro arlunio ar aelwyd John George Lambton, iarll cyntaf Durham, oedd swyddogaeth nesaf Coke Smyth. Roedd ei gyflogwr newydd yn aelod o deulu o dirfeddianwyr o Durham, yn wleidydd Chwigaidd radical blaenllaw a chyn-lysgennad i Rwsia.

Yn 1837 ac 1838, cododd Canada Isaf ac Uchaf mewn gwrthryfel. Yng Nghanada Isaf (a ailenwyd yn Quebec yn ddiweddarach), roedd awdurdodau Prydain wedi gwrthod Naw Deg Dau Cynnig y *Patriotes*, yn gofyn am newid cyfansoddiadol. Yn fuan, daeth y grŵp yn fudiad annibyniaeth, gan baratoi ar gyfer rhyfel cartref. Yng Nghanada Uchaf, hawliodd William Lyon Mackenzie: 'if we rise with one consent to overthrow despotism, we will make quick work of it'. Fodd bynnag, yn yr unig ddigwyddiad 'mawr', cafodd y gwrthryfelwyr eu gwasgaru. Byrhoedlog oedd y ddau wrthryfel. Yn ôl ym Mhrydain, penododd y prif weinidog, yr Arglwydd Melbourne, gyflogwr Coke Smyth, Iarll Durham, yn brif lywodraethwr Gogledd America Brydeinig ac yn uwch-gomisiynydd. Fel Durham, hwyliodd Coke Smyth ar HMS *Hastings*, gan gyrraedd Dinas Quebec ar 28 Mai 1838. Ysgrifennodd yn ei ddyddiadur ar gyfer y diwrnod hwnnw: 'very much delighted with the general appearance of the country – towards this Part, it resembles the Highlands much – Anticipate good sketching.'

Teithiodd Durham yn eang yn ystod ei gyfnod yng Nghanada, felly roedd digon o gyfle i Coke Smyth a'i ddisgyblion fraslunio tirwedd Canada yn y fan a'r lle. Ymhlith y disgyblion hyn yr oedd merched Durham, gan gynnwys y Fonesig Mary Louisa Lambton, Katherine Jane Ellice (gwraig ysgrifennydd Durham), a Durham ei hun, o bosibl. Fodd

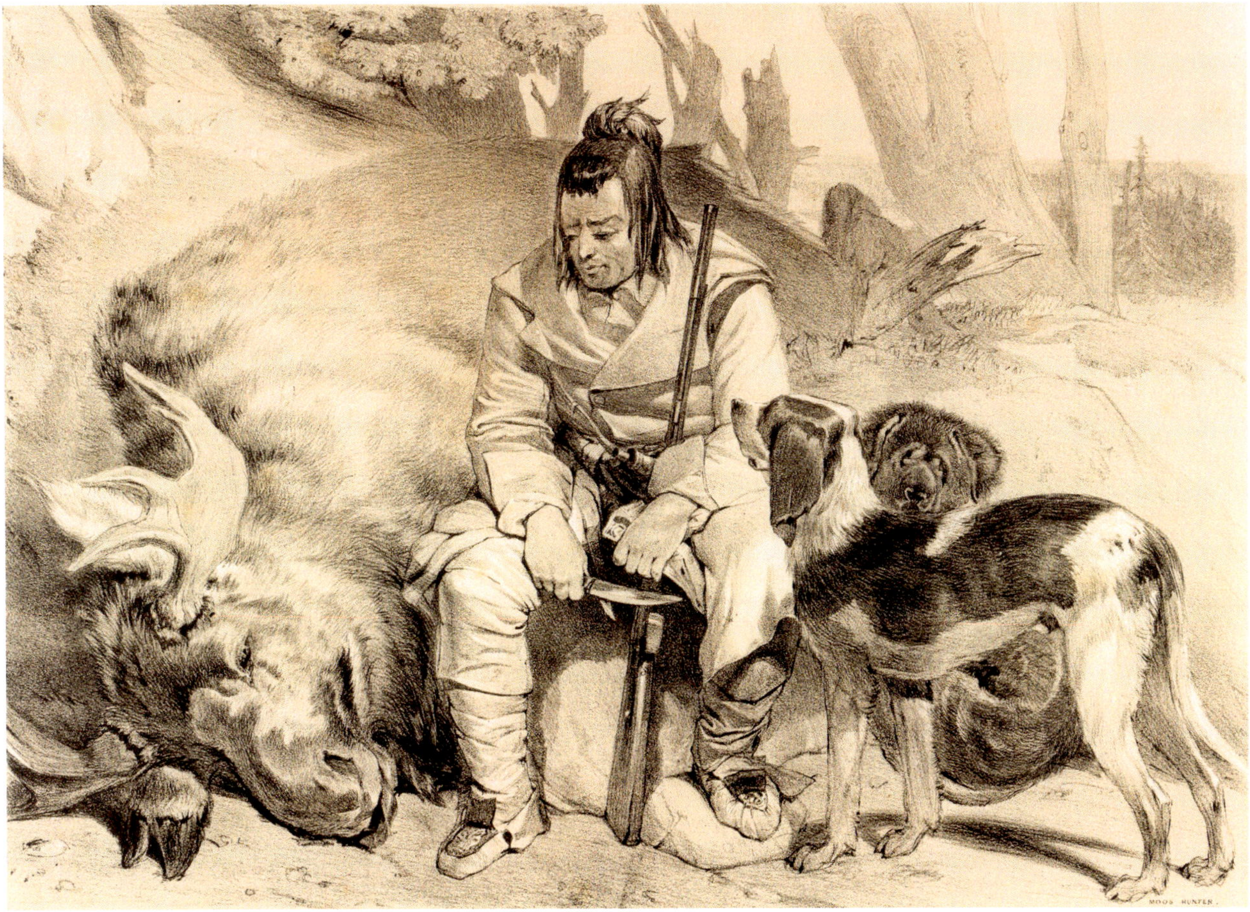


John Richard Coke Smyth, *Moos Hunter*, [1839]

bynnag, roedd amser Coke Smyth yng Nghanada yn fyr. Hwyliodd Durham yn ôl i Brydain ar ôl pum mis yn unig; yn ôl pob tebyg dychwelodd Coke Smyth gydag ef.

Daeth Coke Smyth â nifer o luniau pensil plwm adref gydag ef; y rhain oedd sail y tair golygfa ar hugain o lithograffau a gyhoeddwyd fel *Sketches in the Canadas*. Dyfeisiwyd lithograffeg gan Aloys Senefelder yn 1798. Mae'r dechneg yn seiliedig ar y ffaith nad yw saim a dŵr yn cymysgu. Mae'n un o'r ychydig brosesau sy'n galluogi cyflwyno gwaith artistiaid i'r cyhoedd, heb gyfryngwr ar wahân i'r wasg argraffu. Ym Mhrydain, datblygodd fel cyfrwng ar gyfer topograffeg yn bennaf, a chyhoeddwyd llawer o gyfresi o olygfeydd darluniadwy. Cyhoeddwyd llyfr Coke Smyth gan Thomas McLean a'i argraffu gan Alfred Ducôte. Fe'i cyflwynwyd i gyflogwr Coke Smyth, Iarll Durham. Efallai fod Coke Smyth am gynyddu'r gwerthiant drwy arddangos enw o fri; neu, o bosibl, roedd yn awyddus i ddangos ei fod yn ddiolchgar am nawdd Durham.

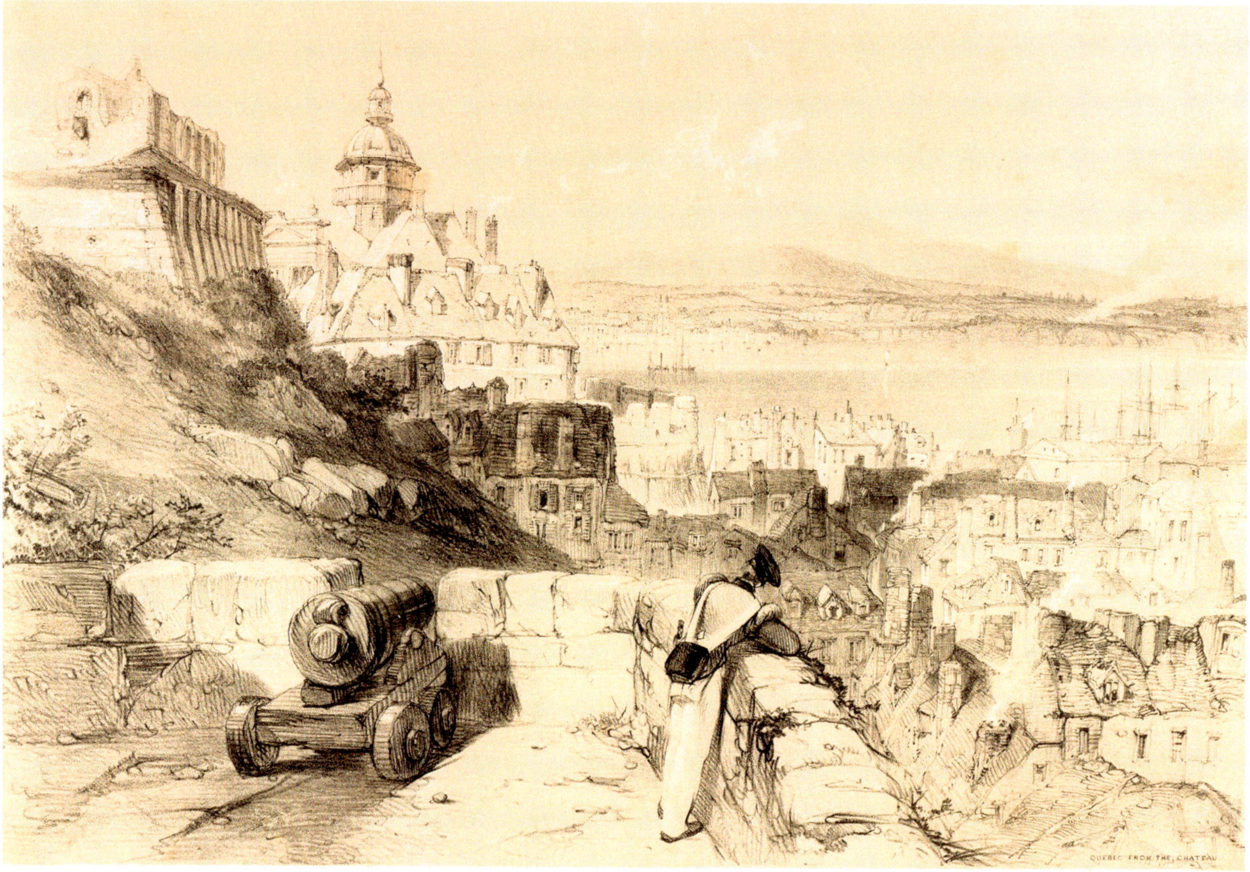

John Richard Coke Smyth, *Quebec City from the Chateau*, [1839]

Mae'r darluniau'n cwmpasu amrywiaeth o bynciau: golygfeydd topograffig (rhaeadrau Niagara a Montmorency); golygfeydd genre (Indiaid yn ffeirio nwyddau, hela'r byfflo); golygfeydd o drefi (Montréal, *Quebec from the Chateau*), a gohebu hanesyddol (ymosodiad ac amddiffyniad y gwrthryfelwyr yng Nglaniad Dickinson, *Engagement in the Thousand Islands*). Yn anarferol iawn ar gyfer celf Quebec, mae'n cynnwys un olygfa o'r tu mewn: capel preifat cwfaint Ursuline. Gallwn ddilyn teithiau Coke Smyth o Ddinas Quebec i Beauharnais, Montréal, Toronto a rhaeadr Niagara. Mae ei luniau'n rhyfeddol oherwydd eu natur ddigymell; mae'r arddull egnïol yn mynd yn syth at galon y pwnc ond gan geisio cadw ffresni'r argraff gyntaf yr un pryd. Roedd nifer o artistiaid Prydeinig, yn cynnwys swyddogion milwrol, wedi ymweld â Chanada. Er iddo ddarlunio llawer o'r un golygfeydd â'r rhagflaenwyr hyn, roedd Coke Smyth ymdrin â'i destunau mewn modd gwahanol. Er enghraifft, yn ei ddarlun *Quebec from the Chateau*, mae'r groeslin amlwg yn y blaendir yn gwneud i adfeilion Château Saint-Louis ymddangos fel nyth eryr uwchben y ddinas. Mae'r pentwr o dai a thoeau'n ymdoddi i'r llorweddol yn y cefndir. Mae'r parapet, sy'n amlwg yn mlaen y llun, yn symbol o bŵer milwrol Prydain.

Cyflwynwyd y copi o lyfr Coke Smyth sydd yn Llyfrgell Roderic Bowen yn rhodd gan Thomas Phillips yn 1846. Ar ei fordaith gyntaf yn 1780, roedd Phillips wedi croesi'r Iwerydd yn y *Danae* ac yna wedi ymweld â gorsafoedd milwrol ar hyd afon Sant Lawrence. Byddai lluniau Coke Smyth o Ddinas Quebec a'r ardal gyfagos wedi darlunio golygfeydd cyfarwydd iddo.

Ar ôl dychwelyd i Brydain, parhaodd Coke Smyth â'i yrfa, gan ganolbwyntio ar bortreadu ac ar bensaernïaeth. Datblygodd ddiddordeb arbennig mewn peintio gwisgoedd a gwisg hanesyddol ac yn 1842 comisiynodd y Frenhines Victoria ef i ddarlunio cyfrol i gofio'i dawns fwgwd. Bu hefyd yn arddangos yn yr Academi Frenhinol rhwng 1842 ac 1855 ac yn Sefydliad Prydeinig a Chymdeithas Artistiaid Prydain hyd at 1867. Mae enghreifftiau o'i waith i'w gweld mewn amrywiaeth o gasgliadau ym Mhrydain a Chanada.

*Ruth Gooding*

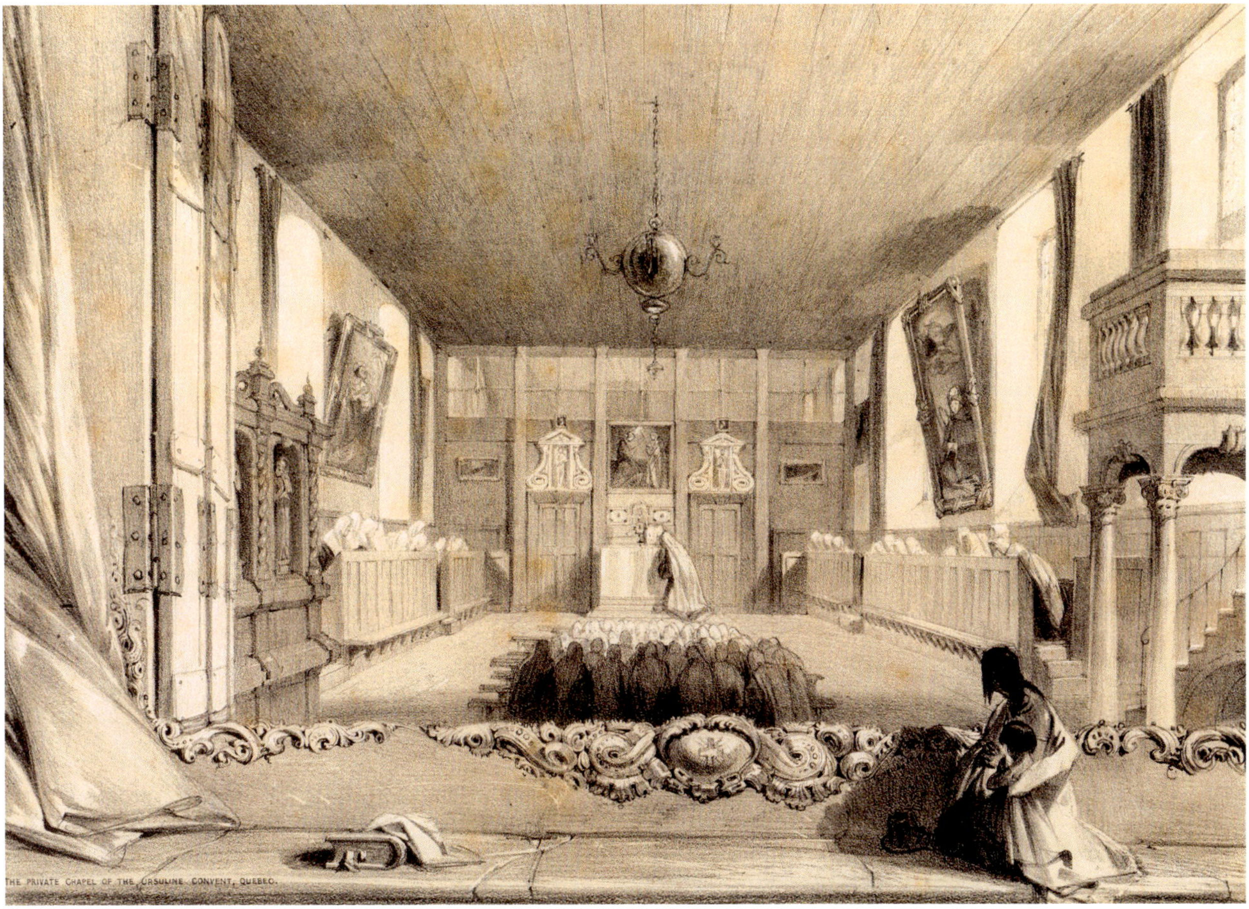


John Richard Coke Smyth, *The Private Chapel of the Ursuline Convent, Quebec,* [1839]

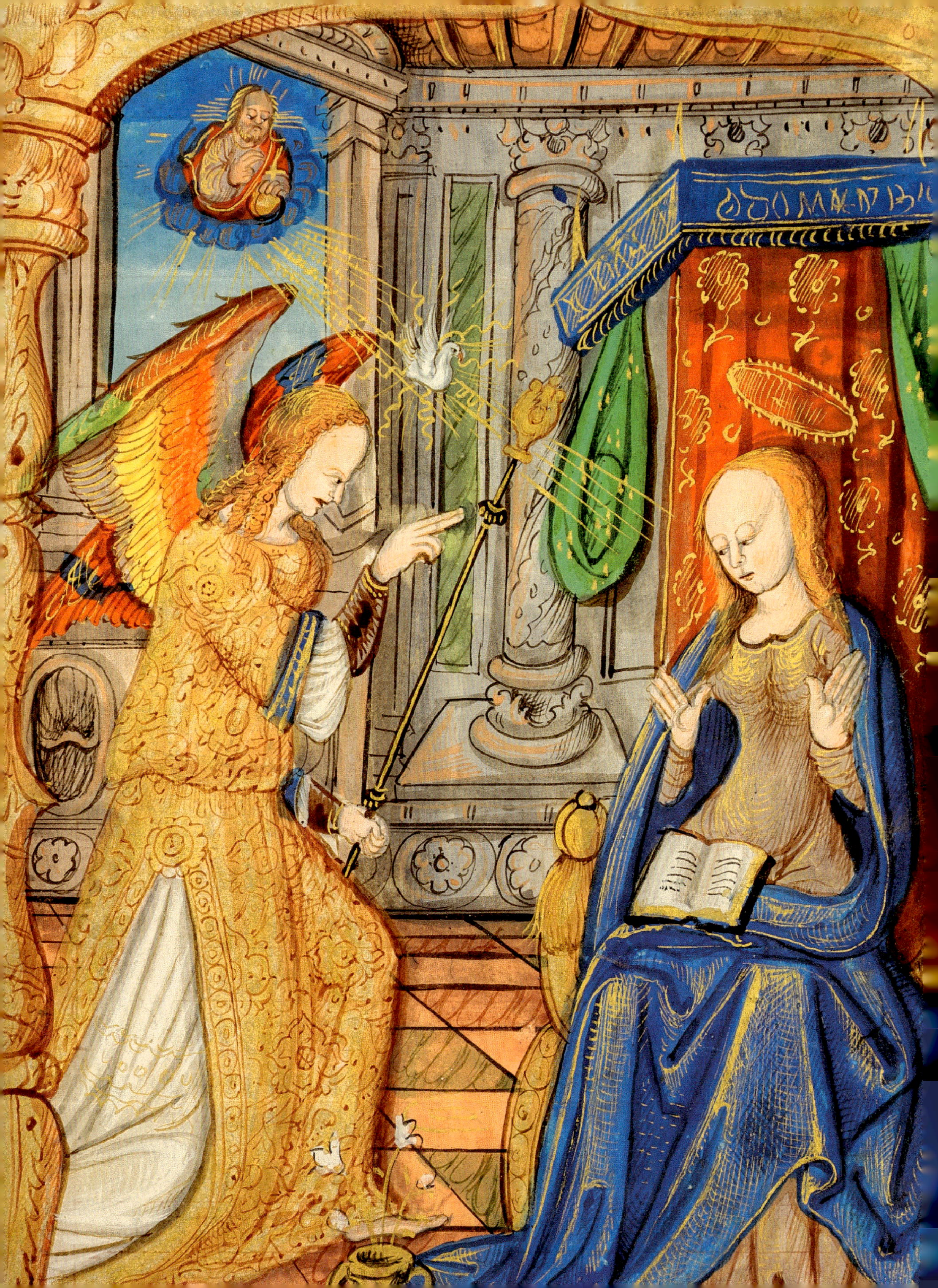

# Dyfodol y Casgliadau Arbennig ac Archifau

Felly, beth am y dyfodol? Wrth i ni edrych yn ôl dros ddeucan mlynedd cyntaf Casgliadau Arbennig ac Archifau Prifysgol Cymru Y Drindod Dewi Sant, beth allai ddigwydd yn y degawd nesaf? Ein llyfrgell ni oedd y llyfrgell fawr gyntaf yng Nghymru ac mae ein casgliad o bwysigrwydd cenedlaethol. Mae ein casgliadau'n adlewyrchu ymdeimlad o hunaniaeth genedlaethol, ac mae gan ein deunyddiau lawer o straeon grymus i'w hadrodd. Dyma un ffordd i'r brifysgol estyn y tu hwnt i'w champysau i'r cymunedau cyfagos ac yna i'r byd mawr.

Bydd technoleg gynyddol soffistigedig yn ein galluogi i wasanaethu cynulleidfa nad yw byth yn mynd ar gyfyl adeilad llyfrgell, ac yn wir na fydd yn ymweld â Chymru. Mae digido, y broses o drosi copi gwreiddiol analog i fformat digidol, yn aml yn cynnig fersiynau amgen o ddeunyddiau prin ac unigryw. Yn ogystal â gwarchod copïau gwreiddiol bregus, mae'n ein galluogi i rannu ein casgliadau â phobl ledled y byd. Gall hyn hefyd roi mwy o werth ymarferol i'r gwreiddiol, fel y bydd y fersiwn sydd wedi'i atgynhyrchu yn rhywbeth mwy na dim ond ffacsimili. Er enghraifft, gellir chwyddo delwedd, gan ganiatáu i ddefnyddiwr weld manylion bach sydd fel arall yn anweledig i'r llygad noeth. Mewn sawl achos, bydd trawsgrifio yn cyd-fynd â digido. Yn gyffredinol, nid oes modd chwilio cofnodion mewn llawysgrifen – er enghraifft, rhestrau cynnar o fyfyrwyr – oni bai fod y testun gwreiddiol yn cael ei fewnbynnu ar wahân. Mae'r math hwn o dasg yn llafurus a gall fod yn gostus, sy'n golygu mai'r ffordd orau o'i gwneud yn aml yw drwy ddefnyddio torfoli. Gall gwirfoddolwyr ychwanegu gwerth enfawr at wasanaethau casgliadau arbennig, a'r un pryd ennill profiad o weithio gyda ffynonellau gwreiddiol.

Mae angen i ni ystyried dulliau newydd o gasglu deunydd archif, gan fod technoleg yn lleihau maint yr effemera sy'n dod â bywyd i archif. Disodlwyd llythyrau personol gan negeseuon testun a thoriadau papur newydd gan bapurau newydd ar lein. Bellach mae ffotograffau'n cael eu storio ar ffonau yn hytrach na'u hargraffu. Dros y degawdau diwethaf, mae llawer o gofnodion wedi cael eu storio ar fformatau a fydd yn darfod cyn hir (er enghraifft, tapiau fideo a chasét yn ogystal â disgiau hyblyg). Un o ddyletswyddau archifydd yw sicrhau bod deunydd o bwys yn cael ei drosi i gyfrwng digidol a'i gadw felly ar gyfer y dyfodol.

Yn ôl eu natur, mae eitemau mewn Casgliadau Arbennig yn aml yn weledol iawn. Yn gynyddol, bydd delweddau o'n trysorau yn cael eu harddangos drwy gatalogau llyfrgelloedd ac ystorfeydd ar lein.

Yr Angel Gabriel yn cyfarch Mair,
o Lyfr Oriau Boddam

Mae gwaith craidd casgliadau arbennig bob amser wedi cynnwys curadu a chynnal arddangosfeydd. Mae'r rhain wedi ein galluogi i ddysgu, i estyn allan, i ddathlu cerrig milltir, i hyrwyddo ac i rannu. Yn draddodiadol, arddangos llyfrau neu lawysgrifau a wneid. Er bod yr arddangosiadau hyn yn aml yn drawiadol, roedd eu cyfyngu i gasys arddangos yn golygu eu bod yn gyfyngedig o ran amser a gofod. Gan fod y rhan fwyaf o'r eitemau'n fregus a gwerthfawr, mae symud cyfrolau o'u cartref yn Llanbedr Pont Steffan bob amser wedi bod yn broblem. Yn fwy diweddar, rydym wedi ategu at arddangosfeydd yn yr adeilad ag arddangosfeydd ar lein. Gan eu bod ar gael i unrhyw un sydd â mynediad i'r rhyngrwyd ac yn hawdd eu hyrwyddo trwy'r cyfryngau cymdeithasol, mae ganddynt botensial enfawr i ychwanegu at broffiliau ein casgliadau. (Mae ein hystadegau diweddaraf yn ymdrin â chyfnod o ddeng mis yn 2020 a 2021; edrychwyd ar yr arddangosfeydd mwyaf poblogaidd dros 1,300 o weithiau yr un.) Gall arddangosfeydd ar lein hefyd fod yn fwy hyblyg. Gallwn arddangos llawer o ddelweddau o'r un gyfrol, yn hytrach na dangos un dudalen ddwbl yn unig. Gallwn dynnu sylw at fanylion bach, drwy chwyddo'r ddelwedd berthnasol. Gallwn gynnwys dolenni at adnoddau eraill. Efallai y bydd yn bosibl curadu arddangosfeydd ar y cyd â llyfrgelloedd, amgueddfeydd neu orielau eraill sydd â chasgliadau fyddai'n ategu ein deunyddiau ni. (Er enghraifft, gellid cymharu dwy lawysgrif y credir eu bod wedi'u hysgrifennu gan yr un awdur neu o bosibl o'r un gweithdy.)

Yr ydym yn gobeithio tynnu sylw at rai o'n harddangosfeydd trwy gynnal digwyddiadau lansio. Gallai'r rhain fod yn ddigwyddiadau a gynhelir yn Llanbedr Pont Steffan, yn Abertawe neu yng Nghaerfyrddin, neu'n ddigwyddadau electronig. Yn sicr, mae potensial i gynnal sgwrs rithiol wrth agor arddangosfa. Efallai y byddwn hefyd yn hyrwyddo ein casgliadau ac yn addysgu ein cymuned trwy gynnal darlithoedd, boed mewn lleoliad penodol, ar lein neu'n hybrid. Yn draddodiadol, mae Llanbedr Pont Steffan wedi ei hystyried ei hun yn ynysig yn ddaearyddol, â dim ond cymuned fach iawn o'i chwmpas. Mewn byd ôl-bandemig, gallwn gyfathrebu'n rhithiol â chynulleidfa fyd-eang.

Fodd bynnag, hyd yn oed mewn byd digidol, ni fydd arteffactau gwreiddiol yn colli eu harwyddocâd. Wrth i'r wybodaeth mewn cyfrolau cynnar fod ar gael trwy ddulliau eraill, bydd astudio llyfrau fel gwrthrychau yn dod yn bwysicach fyth. Gall dim ond gafael mewn llyfr fod yn brofiad cyffrous, gan gynnig cyfleoedd addysgol unigryw. Mewn llawer achos, bydd gan ysgolheigion ddiddordeb mewn eitemau unigol. Mae pob copi o lyfr o'r cyfnod argraffu â llaw (1450–1800) yn unigryw. Yna, byddai pobl yn

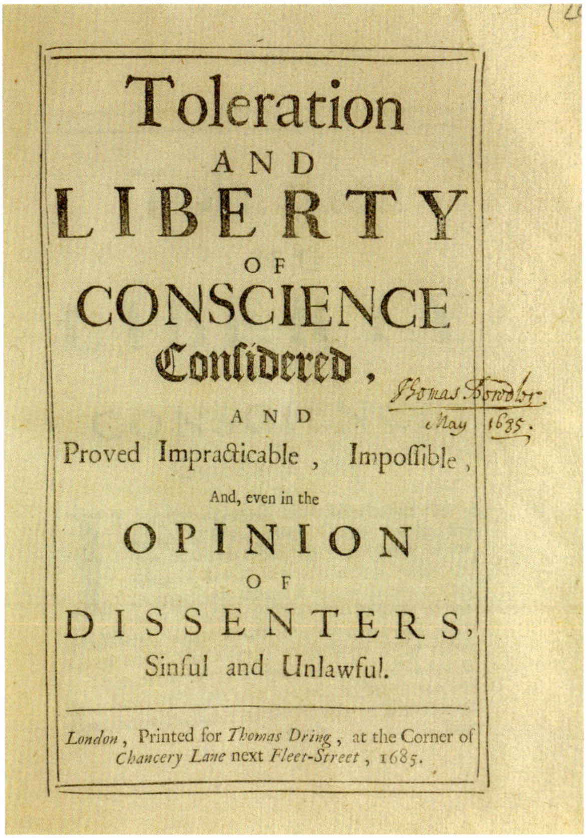
Toleration
AND
LIBERTY
OF
CONSCIENCE
Consider'd,
AND
Proved Impracticable, Impossible,
And, even in the
OPINION
OF
DISSENTERS,
Sinful and Unlawful.

*London*, Printed for *Thomas Dring*, at the Corner of *Chancery Lane* next *Fleet-Street*, 1685.

Thomas Bowdler
May 1685.

Traethodyn wedi ei lofnodi gan Thomas Bowdler II

trefnu i'r llyfrau hyn gael eu rhwymo ar ôl eu prynu. Mae hyn yn golygu bod pob rhwymiad yn wahanol. Yn aml, bydd llyfr wedi'i lofnodi gan ei gyn-berchennog neu ei gyn-berchnogion. Byddai Thomas Bowdler II, oedd yn bennaf cyfrifol am gywain ynghyd gasgliad traethodynnau Llanbedr Pont Steffan, yn aml yn nodi dyddiad prynu eitemau, ynghyd ag enwau awduron gweithiau anhysbys. Mae ei nodiadau'n cynnig llawer iawn o dystiolaeth sy'n gwrth-ddweud neu'n cadarnhau tybiaethau ysgolheigion modern. Mae'n ddigon posib y bydd gan ymchwilwyr ddiddordeb mewn llyfrau sy'n eiddo i unigolion o bwys. Byddai academydd sy'n gweithio ar John Locke am weld copi Locke o *Dissertationes de origine ac progressu idolatriæ et superstitionum*gan Antonii van Dale, a gedwir yng nghasgliadau Prifysgol Cymru Y Drindod Dewi Sant.

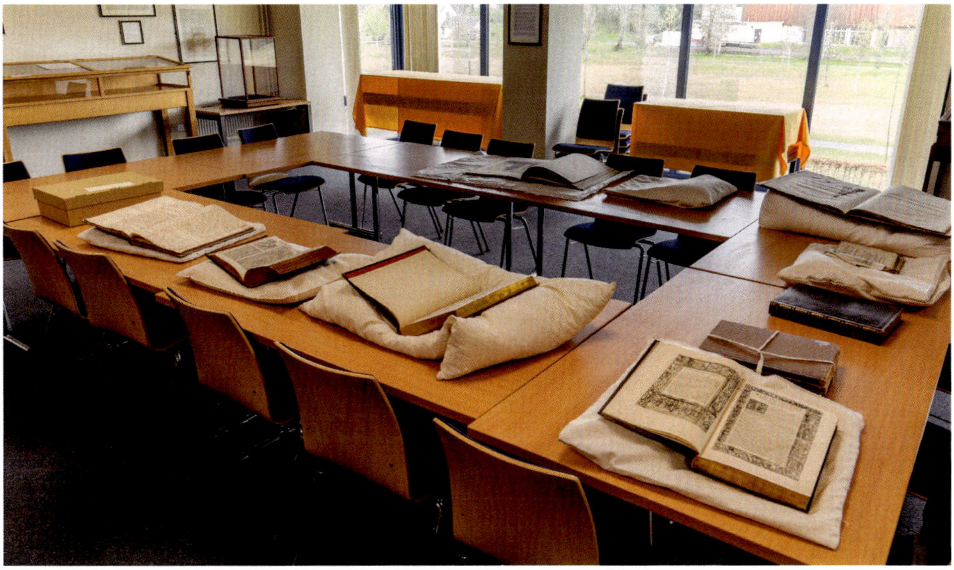

Ystafell ddarllen Llyfrgell ac Archifau Roderic Bowen

Mae trigolion gwledydd Prydain yn ei chael hi'n anodd dod i delerau â gwaddol y fasnach gaethweision ar draws yr Iwerydd. Rhwng diwedd yr unfed ganrif ar bymtheg a dechrau'r bedwaredd ganrif ar bymtheg, cludwyd dros un miliwn ar ddeg o Affricaniaid i'r Byd Newydd. Erbyn canol y ddeunawfed ganrif, Prydeinwyr oedd yn rheoli'r fasnach hon, i bob pwrpas. Bydd casgliad cyfoethog Prifysgol Cymru Y Drindod Dewi Sant o ffynonellau gwreiddiol yn ein galluogi i gefnogi ymchwil i gaethwasiaeth ac, yn fwy cyffredinol, i wladychu. Mae cyfrolau o amrywiol safbwyntiau ymysg ein casgliadau. Nid yw'r tri Thomas Bowdler wedi'u rhestru yng nghronfa ddata 'Legacies of British Slavery' fel rhai oedd yn berchen ar bobl wedi'u caethiwo. Fodd bynnag, mae eu casgliad o bamffledi yn cynnwys deunydd a ysgrifennwyd gan berchnogion planhigfeydd; er enghraifft *The groans of the plantations*, Edward Littleton (cyhoeddwyd gan M. Clark, 1689), ac *A detection of the state and situation of the present sugar planters, of Barbadoes and the Leeward Islands* Robert Robertson (argraffwyd a gwerthwyd gan J. Wilford, 1732). Dri chan mlynedd yn ddiweddarach, mae peth o'r deunydd hwn yn ymddangos yn wirioneddol erchyll (er enghraifft, mae mantolenni'n rhestru pris pobl gaeth a gludwyd o Affrica ochr yn ochr â'r symiau a delir am fwyd a gwin). Ar y llaw arall, roedd yr Esgob Thomas Burgess yn ddiddymwr, ac yr oedd ei lyfrgell yn cynnwys deunydd gwrthgaethwasiaeth. Yn ddadlennol iawn, prin yw'r deunydd sydd gennym sy'n cynrychioli'r bobl a gaethiwyd eu hunain. Y prif waith yw clasur Olaudah Equiano, *The interesting narrative of the life of Olaudah Equiano: or Gustavus Vassa, the African* (yr hanes cynharaf gan gaethwas sy'n enwog yn rhyngwladol a'r prototeip ar gyfer gweithiau diweddarach). Er gwaethaf y diffyg hwn, mae'r cyfuniad o safbwyntiau'n golygu bod gennym ddigon o adnoddau i gefnogi ymchwil i gaethwasiaeth ac, yn ehangach, i gyflwyno hanes y Gorllewin.

Serch hynny, rydym yn cydnabod yn agored mai adlewyrchu cyd-destun hanesyddol caethwasiaeth o safbwynt y Gorllewin a'r Gogledd Byd-eang yn unig a wneir yn ein casgliadau, ac yn wir y dirwedd drefedigaethol yn ehangach. Yn yr un modd â'r sector treftadaeth ehangach, rydym yn cydnabod bod angen i ni wneud llawer mwy o waith i sicrhau bod lleisiau a straeon y rhai sydd wedi'u heithrio o'r naratif hwn yn cael eu clywed yn llawer mwy eglur yn ein casgliadau, ein harddangosfeydd a'n gwasanaethau ehangach. Mae absenoldeb y lleisiau hyn yn golygu nad yw ein casgliadau yn adlewyrchu gwaddol trefedigaethol y sefydliad yn gywir, nac yn wir naratif cymhleth ac amrywiol y sefydliad fel y mae heddiw.

Rhaid i Brifysgol Cymru Y Drindod Dewi Sant gydnabod ei gorffennol ei hun hefyd. Fel llawer o sylfaenwyr Coleg Dewi Sant, roedd Thomas Scandrett Harford, a gyflwynodd safle'r coleg yn rhodd, yn ddiddymwr gweithredol. Fodd bynnag, daeth llawer o gyfoeth ei deulu o fasnachu ar draws yr Iwerydd; ar ben hynny, roedd ei bartner busnes, Philip John Miles, yn berchen ar blanhigfeydd siwgr yn Jamaica a Thrinidad. Yn fwy arwyddocaol, roedd Thomas Phillips, a gyflwynodd dros 22,000 o gyfrolau i'r coleg rhwng 1834 ac 1852, yn berchen ar blanhigfa siwgr sylweddol yn St Vincent. Yn dilyn y rhyddfreinio, derbyniodd £4,737 8s 6d yn 1836 yn iawndal am golli ei 167 o bobl wedi'u caethiwo. Mae hyn yn cyfateb i swm o tua £670,000 mewn arian cyfredol yn yr unfed ganrif ar hugain. Nid oes gennym unrhyw fodd o wybod faint o'r swm hwn a ddefnyddiodd i ariannu ei roddion i Lanbedr Pont Steffan. Yn y gorffennol, prin y mae haneswyr prifysgol wedi cyffwrdd ag ochr dywyll gweithgareddau Phillips. Mae'n gynyddol anos cyfiawnhau safbwynt o'r fath. Eisoes, mae modiwlau addysgu israddedig yn archwilio rhai o'r dylanwadau y tu ôl i'r hyn a gasglwyd, gan gynnwys y gwaddol trefedigaethol cryf. Yn ogystal, mae Prifysgol Cymru Y Drindod Dewi Sant yn gweithio'n raddol i roi cyfiawnder ar waith, gan sefydlu cysylltiadau â sefydliadau addysgol ac academyddion yn St Vincent. Y gobaith yw y bydd y berthynas hon yn cael ei harwain gan gymuned St Vincent fel y gallant lywio agwedd y sefydliad tuag at gyfiawnder a chymod.

Nod Prifysgol Cymru Y Drindod Dewi Sant yw 'cyfrannu at fywiogrwydd diwylliant, celfyddydau gweledol, treftadaeth ac iaith Cymru'. Mae Theatr Byd Bychan, Aberteifi, wedi'i hysbrydoli gan ein casgliadau yn y gorffennol: er enghraifft, wrth greu eu hanghenfil môr mytholegol, Cragen. Rydyn ni'n gobeithio bod yn rhan o brosiectau tebyg yn y dyfodol, gyda neges amgylcheddol gref o hyd. Mae testunau llawer o faledi Cymraeg ynghadw gennym; gobeithiwn y bydd artist gwerin dawnus yn gallu cyfansoddi cerddoriaeth ar gyfer y geiriau ysgrifenedig. Y ffordd orau o wneud rhai pethau yw cydweithio â llyfrgelloedd eraill; er enghraifft, mae'r

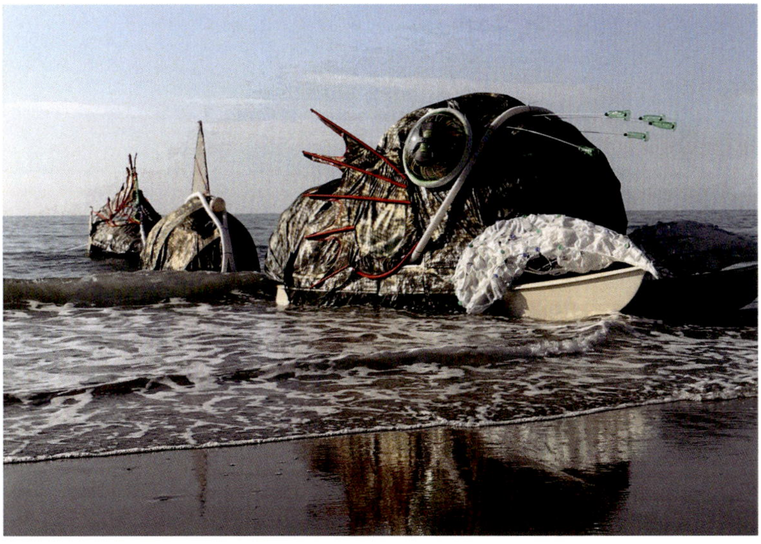

*Cragen Moroedd Glân*, a grëwyd gan Theatr Byd Bychan, Aberteifi, 2019
Llun © Theatr Byd Bychan

rhan fwyaf o adrannau Casgliadau Arbennig ac archifau Cymru yn cynhyrchu llyfr lliwio i oedolion yn flynyddol, sef *Lliwiwch ein Casgliadau*. Gallwn wneud mwy; mae daucanmlwyddiant Prifysgol Cymru Y Drindod Dewi Sant wedi rhoi sbardun inni chwilio am gyfleoedd newydd.

Dywedir bod profiad addysg uwch yn gwneud ymennydd unigolyn yn lle gwell i fyw ynddo weddill ei oes. Mae deunyddiau Casgliadau Arbennig yn aml yn brydferth, yn aml yn hynod ddiddorol, yn aml yn unigryw. Maent yn cyfrannu'n enfawr at brofiad bywyd prifysgol.

*Alison Harding*
*Ruth Gooding*
*Nicky Hammond*

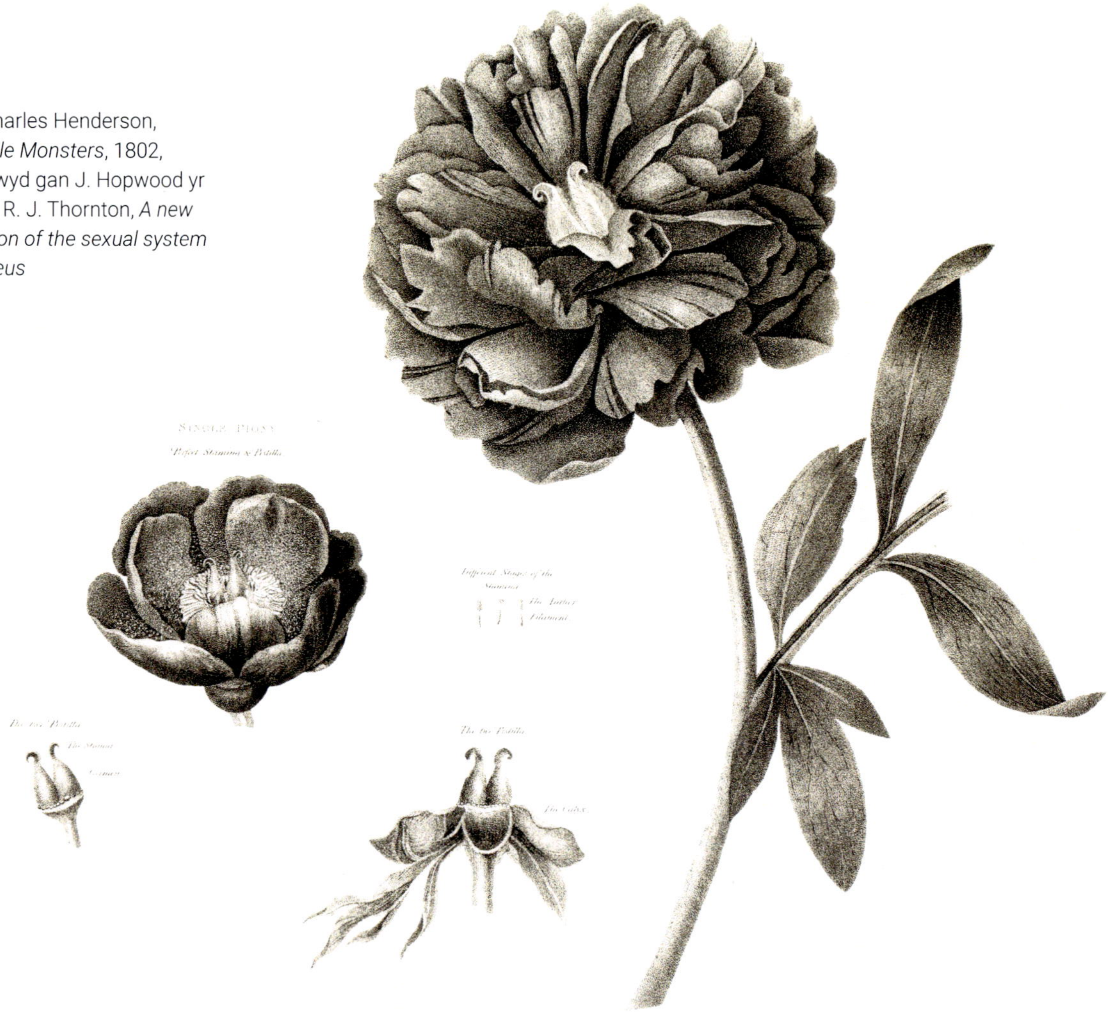

Peter Charles Henderson, *Vegetable Monsters*, 1802, ysgythrwyd gan J. Hopwood yr hynaf, o R. J. Thornton, *A new illustration of the sexual system of Linnæus*

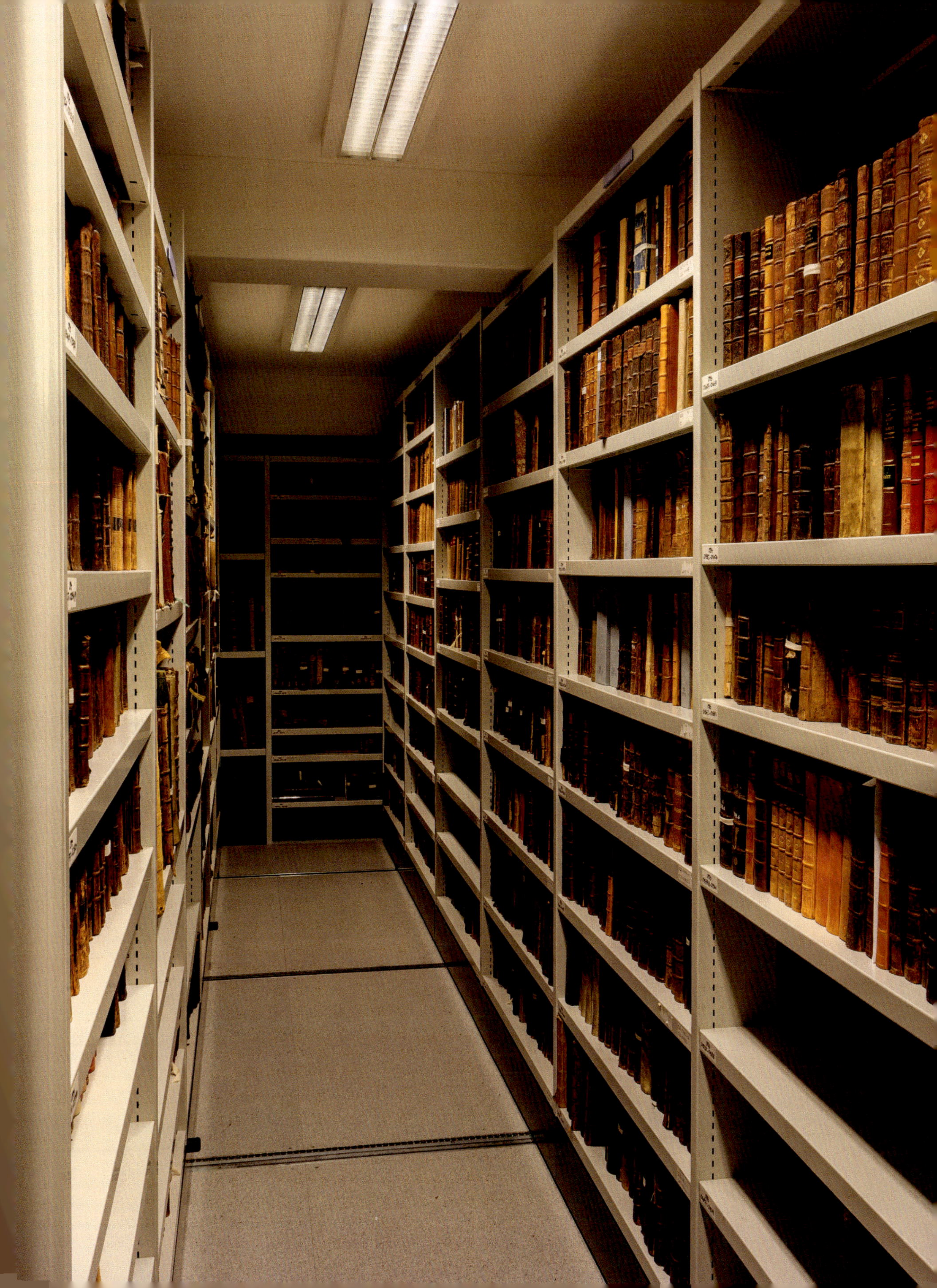

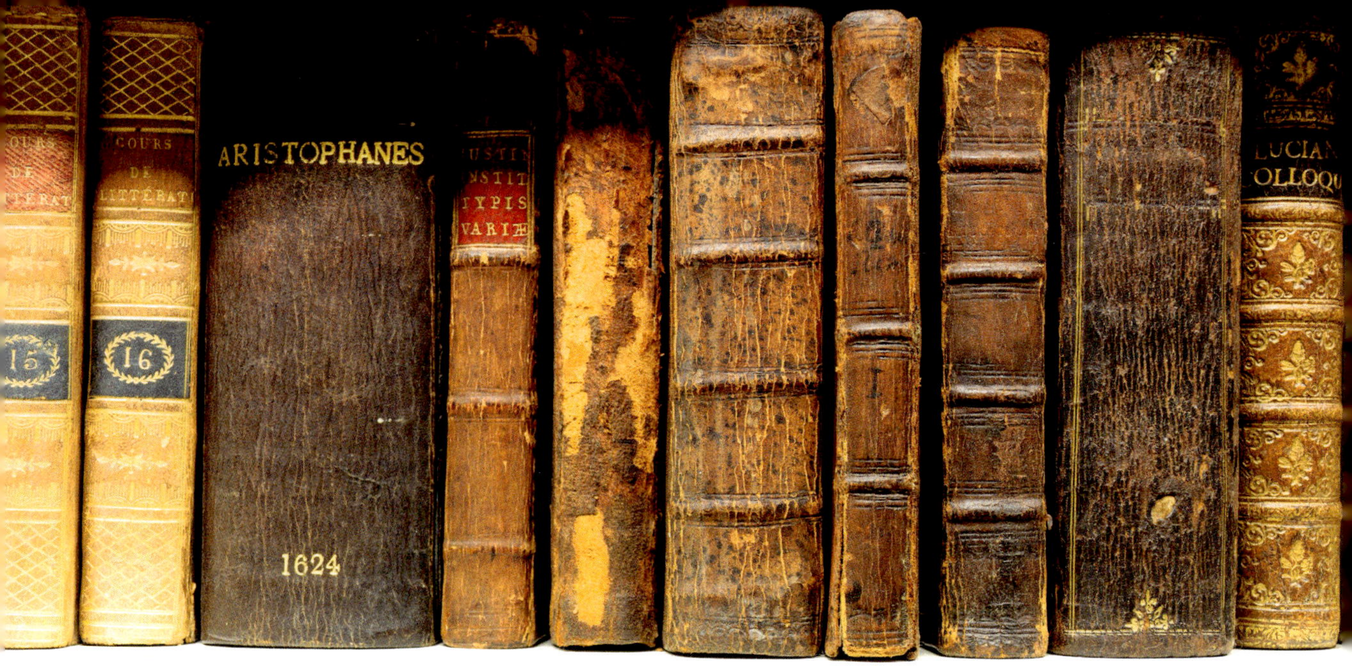


## Llyfryddiaeth Ddethol

*Nid y bwriad yw darparu llyfryddiaeth lawn, ond dyma restr sy'n cynnwys y rhan fwyaf o'r prif ffynonellau y cyfeirir atynt yn y testun.*


Abbey, Charles J., ac Overton, John H., *The English Church in the Eighteenth Century* (2 gyf., London: Longmans, Green & Co., 1878)

Ackroyd, Peter, *Blake* (London: Sinclair Stevenson, 1995)

Acworth, Bernard, *Swift* (London: Eyre & Spottiswoode, 1947)

Anderson, Æeneas, *A narrative of the British Embassy to China: in the years 1792, 1793 and 1794* . . . (London: printed by J. Debrett, 1795)

Backhouse, Janet, *Books of Hours* (London: British Library, 1985)

Barański, Zygmunt G., *Dante, Petrarch, Boccaccio: Literature, Doctrine, Reality* (Cambridge: Legenda, 2020)

Barrell, John, *Edward Pugh of Ruthin 1763–1813: 'A Native Artist'* (Cardiff: University of Wales Press, 2013)

Beer, A., ' "Left to the world without a Maister": Sir Walter Ralegh's *The History of the World* as a public text', *Studies in Philology*, 91/4 (1994), 432–63

Bentley, G. E., Jr., 'Richard Edwards, publisher of church-and-king pamphlets and of William Blake', *Studies in Bibliography*, 41 (1988), 283–315

Bryant, Julius, *Robert Adam 1728–92: Architect of Genius* (London: English Heritage in association with the National Library of Scotland, 1992)

Byrne, Paula, *Jane Austen and the Theatre* (London: Hambledon and London, 2002)

Colish, Marcia L., 'Scholastic theology at Paris around 1200', yn Spencer E. Young (gol.), *Crossing Boundaries at Medieval Universities* (Leiden: Brill, 2011)

Cook, Andrew S., 'Alexander Dalrymple (1737–1808), hydrographer to the East India Company and to the Admiralty as publisher' (3 cyf., traethawd PhD anghyhoeddedig, Prifysgol St Andrews, 1993)

Coppola, A., ' "Without the help of glasses": the anthropocentric spectacle of Nehemiah Grew's botany', *The Eighteenth Century*, 54/2 (2013), 263–77

Culpin, D. J., *Catalogue des Ouvrages du Fonds Français 1601–1850, conservés dans la 'Founders' Library', Université du Pays de Galles, Lampeter* (Cardiff: University of Wales Press, 1996)

Davis, Natalie Zemon, *Women on the Margins: Three Seventeenth-Century Lives* (Cambridge, Mass.: Harvard University Press, 1995)

Duffy, Eamon, *Marking the Hours: English People and their Prayers 1240–1570* (New Haven: Yale University Press, 2006)

Eaves, M. (gol.), *Cambridge Companion to William Blake* (Cambridge: Cambridge University Press, 2003)

Ehrenpreis, Irvin, *Swift: The Man, his Works, and the Age* (2 gyf., London: Methuen, 1967)

Ford, Brian J., *Images of Science: A History of Scientific Illustration* (London: British Library, 1992)

Ford, E., 'Some early Australian medical publications', *Medical History*, 16/3 (1972), 205–25

George, Frank, *Anchovy Paste, by Appointment: The History of John Burgess & Son and a Guide to Collecting Victorian Fish Paste Pot Lids* ([Orpington]: printed for the author, 1976)

Gilson, David, *A Bibliography of Jane Austen* (Winchester: St Paul's Bibliographies, 1997)

Harford, John S., *The Life of Thomas Burgess, DD* (London: Longman, Orme, Brown, Green & Longmans, 1840)

Harris, J., *Sir William Chambers: Knight of the Polar Star* (London: A. Zwemmer, 1970)

Harris, L. J., 'The missing number of Defoe's *Review*', *The Library*, 5ed gyfres, 28/4 (1973), 329–32

Hewerdine, C. V., 'A study of the hours of Charles Boddam' (traethawd MA anghyhoeddedig, Prifysgol Cymru, 1981)

Hewerdine, C. V., 'Symbolic decoration in a fifteenth-century book of hours', *Trivium*, 18 (Lampeter: Trivium Publications, 1983), 49–54

James, Brian Ll., *A Catalogue of the Tract Collection of St David's University College, Lampeter* (London: Mansell, 1975)

Ker, N. R., *Medieval Manuscripts in British Libraries, vol. 3: Lampeter–Oxford* (Oxford: Oxford University Press, 1983)

Keuning, J., 'The history of an atlas. Mercator-Hondius', *Imago Mundi*, 4 (1947), 37–62

Klingender, Francis D., *Art and the Industrial Revolution*, golygwyd a diwygiwyd gan Arthur Elton (New York: Augustus M. Kelley, 1968)

Margócsy, D., 'The camel's head: representing unseen animals in sixteenth-century Europe', *Nederlands Kunsthistorich Jaarboek*, 61 (2011), 61–85

Marx, William (gol.), *The Founders' Library, University of Wales, Lampeter, Bibliographical and Contextual Studies. Essays in Memory of Robin Rider*, *Trivium*, 29–30 (Lampeter: Trivium Publications, 1997)

Nicholls, Mark, a Williams, Penry, *Sir Walter Raleigh: In Life and Legend* (London: Bloomsbury, 2011)

O'Malley, A. (gol.), *Literary Cultures and Eighteenth-Century Childhoods* (London: Palgrave Macmillan, 2018)

Pennant, Thomas, *The Literary Life of the late Thomas Pennant, Esq., by himself* (London: sold by Benjamin & John White, 1793)

Popper, Nicholas, *Ralegh's History of the World and the Historical Culture of the Late Renaissance* (Chicago: University of Chicago Press, 2012)

Price, D. T. W., *A History of Saint David's University College, Lampeter. Volume 1: to 1898* (Cardiff: University of Wales Press, 1977)

Price, D. T. W., *A History of Saint David's University College, Lampeter. Volume 2: 1898–1971* (Cardiff: University of Wales Press, 1990)

Robbins, Keith, Morgan-Guy, John, a Thomas, Wyn (goln), *A Bold Imagining: University of Wales, Lampeter: Glimpses of an Unfolding Vision: 1827–2002* (Cardiff: University of Wales Press, 2002)

Roberts, W. (gol.), *Memoirs of the life and correspondence of Mrs Hannah More*, ail argraffiad (London: R. B. Seeley and W. Burnside, 1834)

Rupp, Gordon, *Religion in England 1688–1791* (Oxford: Clarendon Press, 1986)

Scott-Stokes, Charity (gol.), *Women's Books of Hours in Medieval England* (Cambridge: D. S. Brewer, 2006)

Sloboda, S., 'Picturing China. William Alexander and the visual language of chinoiserie', *British Art Journal*, 9/2 (2008), 28–36

Solly, N., *Memoir of the life of David Cox* (London: Chapman & Hall, 1873)

Stones, Alison, *Gothic Manuscripts 1260–1320* (London: Harvey Miller, 2013)

Taylor, Jeremy, *A vindication of the sacred order and offices: divine institution, apostolical tradition, and Catholick practice of episcopacy* (London: printed for Austine Rice, 1660)

*The Charters, Special Statutes and Ordinary Statutes of St David's College in the County of Cardigan* (Lampeter: Welsh Church Press, 1913)

Thomas, J. R. Lloyd, *Moth or Phoenix? St David's College and the University of Wales and the University Grants Committee* (Llandysul: Gomer, 1980)

Valiant, S., 'Maria Sibylla Merian: recovering an eighteenth-century legend', *Eighteenth-Century Studies*, 26/3 (1993), 467–79

Watkin, David, *The Life and Work of C. R. Cockerell* (London: A. Zwemmer, 1974)

Wildman, Stephen, Lockett, Richard, a Murdoch, John, *David Cox 1783–1859* (Birmingham: Birmingham Museums and Art Gallery, 1983)

Wilkins, Ernest Hatch, *The Trees of the Genealogia Deorum of Boccaccio* (Chicago: Caxton Club, 1923)

Wilks, Austen (gol.), *The Foundation Stone of Saint David's University College* (Llandysul: Gomer, 1977)

Woodbridge, E., 'Boccaccio's Defence of Poetry; as contained in the fourteenth book of the "*De Genealogia Deorum*" ', *Publications of the Modern Language Association*, 13/3 (1898), 333–49

Young, Spencer E., 'Parisian Masters of Theology, 1215–48: a biographical register', yn idem, *Scholarly Community at the Early University of Paris: Theologians, Education and Society, 1215–1248* (Cambridge: Cambridge University Press, 2014)

Zuber, M. A., 'The armchair discovery of the unknown southern continent: Gerardus Mercator, philosophical pretensions and a competitive trade', *Early Science and Medicine*, 16/6 (2011), 505–41

sericordiam a[..]aham: que iu
nr̄is a dieb3 antiquis. Explicit

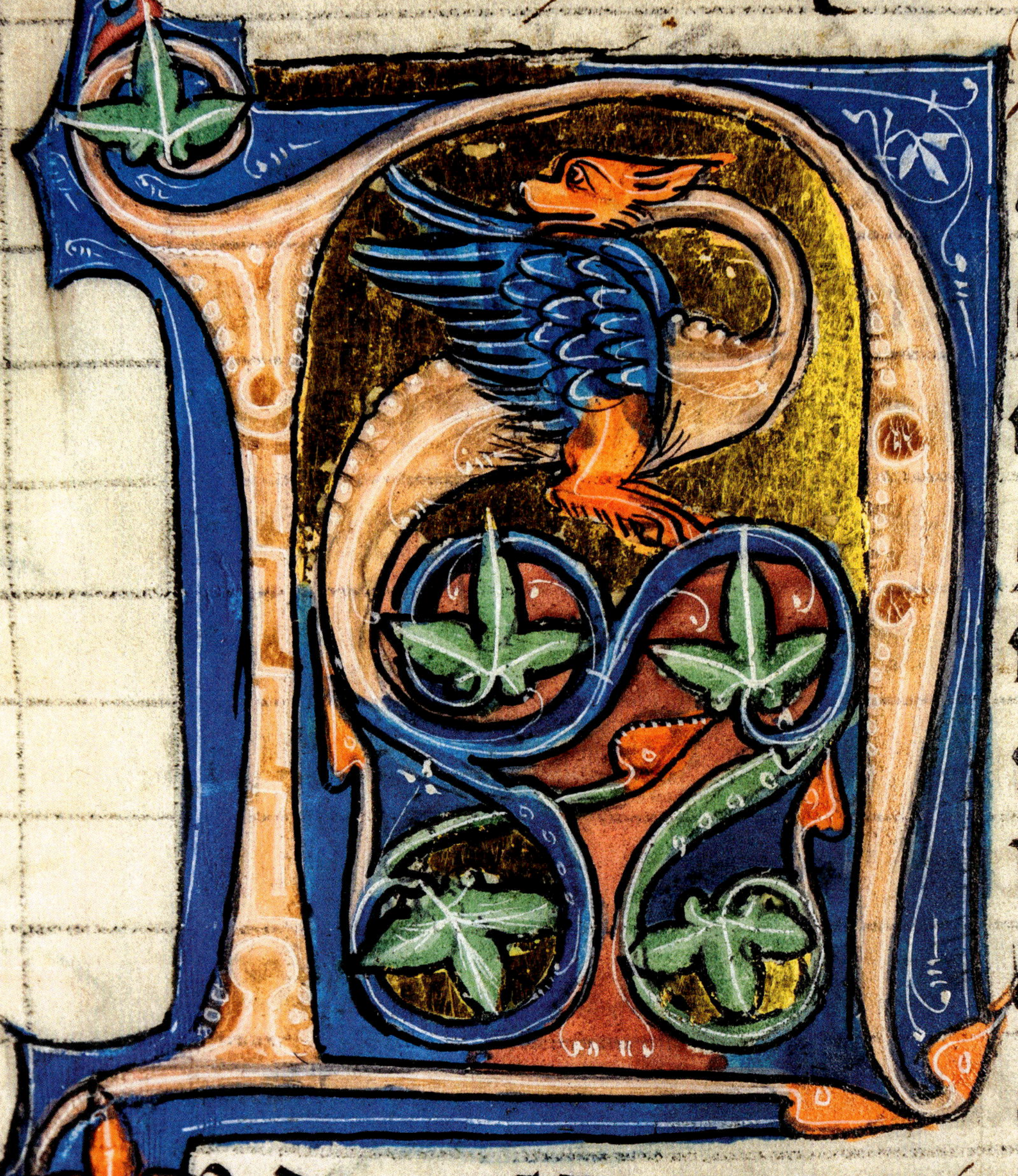

Aum pr
ante adu
gis assyri
isrl' capt
giones t
se hebreor
mat. Si
h9 lection
aduentū
annūciat

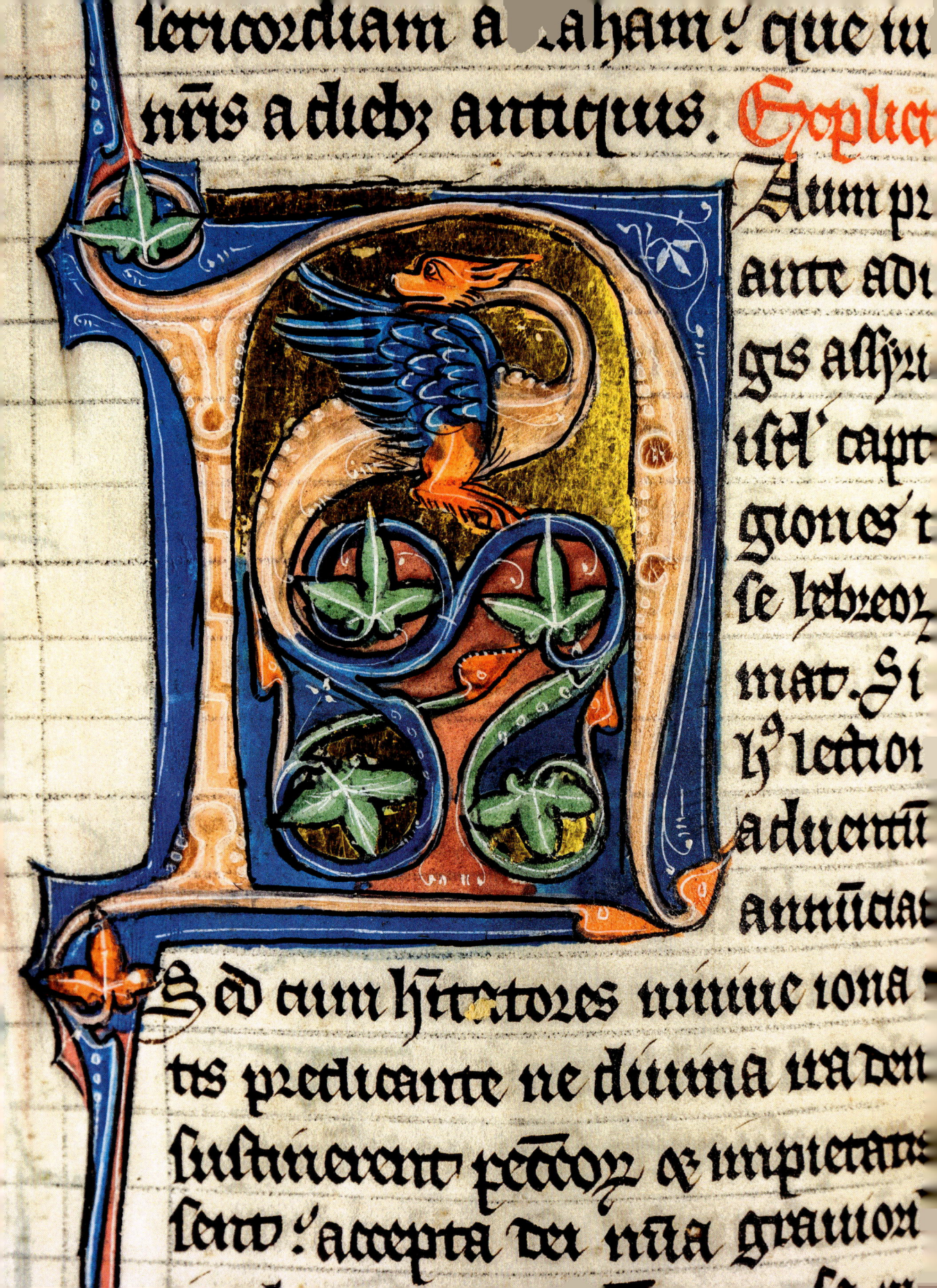

Sed cum hītatores niniue iona
tis predicante ne diuina ira deu
sustinerent peccator ex impietat
sentu: accepta dei uia grauior

# Mynegai

Rhoddir y rhifau tudalen ar gyfer delweddau mewn print trwm.





Priflythyren o Feibl Llanbedr Pont Steffan

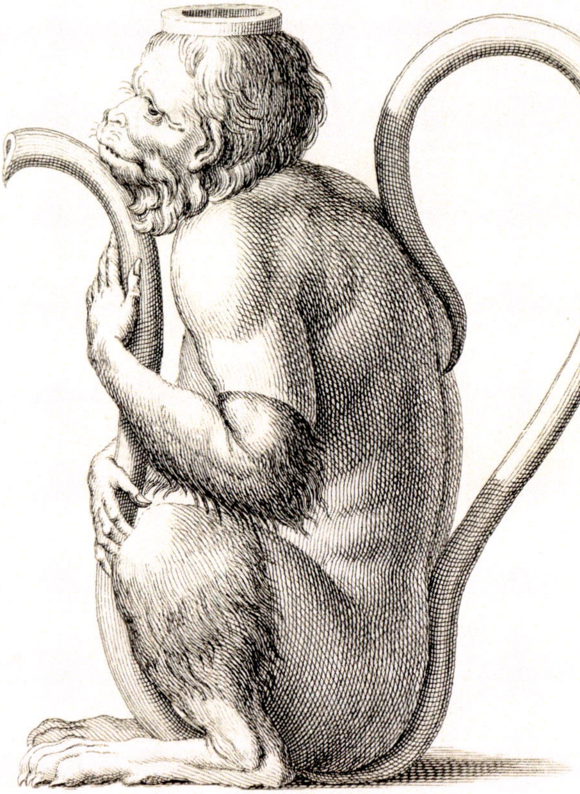

Darlun o gyfrol William Chambers, *Desseins des edifices, meubles, habits, machines, et ustenciles des chinois*, 1757